汤之《盘铭》曰：苟日新，日日新，又日新。

《康诰》曰：作新民。

《诗》曰：周虽旧邦，其命维新。

是故，君子无所不用其极。

——《大学》

政治与法律思想论丛
SERIES OF POLITICAL AND LEGAL THOUGHTS

主　编：高全喜
学术委员：李　强　季卫东　王　焱　高全喜
　　　　　张千帆　曹卫东　杨立范　陈　明
　　　　　谢鸿飞　刘海波

立宪的技艺

秋风 著

图书在版编目(CIP)数据

立宪的技艺/秋风著. —北京:北京大学出版社,2005.1
(政治与法律思想论丛)
ISBN 7-301-08381-5

Ⅰ.立… Ⅱ.秋… Ⅲ.宪法-研究-文集 Ⅳ.D911.04-53

中国版本图书馆 CIP 数据核字(2004)第 128033 号

书　　　名:	立宪的技艺
著作责任者:	秋　风　著
责　任　编　辑:	毕洪海　谢海燕
标　准　书　号:	ISBN 7-301-08381-5/D·1043
出　版　发　行:	北京大学出版社
地　　　址:	北京市海淀区中关村北京大学校内　100871
网　　　址:	http://cbs.pku.edu.cn
电　　　话:	邮购部 62752015　发行部 62750672　编辑部 62752027
电　子　信　箱:	pl@pup.pku.edu.cn
排　　版　者:	北京高新特打字服务社　51736661
印　　刷　者:	三河新世纪印务有限公司
经　　销　者:	新华书店
	650 毫米×980 毫米　16 开本　22.75 印张　338 千字
	2005 年 1 月第 1 版　2005 年 8 月第 2 次印刷
定　　　价:	30.00 元

未经许可,不得以任何方式复制或抄袭本书之部分或全部内容。
版权所有,翻版必究

献给我的妻子和儿子

如果没有妻子的辛劳,我不可能有时间阅读和写作
我的知识探索,正是在儿子出生以后开始的

通过市场学习规则　64
　　问题的提出　64
　　规则与传统　65
　　个体本位的传统　67
　　市场的力量　70
　　开放状态与演进方向　72

SARS危情后的社会重建　76
　　知识问题与社会自治　76
　　自治缺失的灾难　79
　　宗教的社会功能　82
　　专业团体的功能不足　84
　　宪政建设与社会重建　86
　　结语　90

第二部分　立宪的技艺

立宪失败的个案：阿克顿论法国大革命　93
　　需要重写的历史　94
　　全盘革命的狂妄　95
　　政治激进化的恶性循环　99
　　摧毁宗教的悲剧与闹剧　101
　　政体设计原理的谬误　104

柏克、阿克顿论法国大革命时期的宗教问题　112
　　法国启蒙哲学对于宗教的仇视　113
　　革命政府的宗教政策及其恶果　118
　　理性宗教的闹剧　125
　　理性与宗教：英国人的立场　128
　　教会与宪政　131
　　理性的谦卑　134

CONTENTS 目 录

第一部分 自发地发现法律的程序

试论自发地发现法律的程序与两权分立的政体框架   3
    法律的自发生成机制   4
    自发地发现法律的程序   10
    理性之治,而非权力之治   21
    普通法宪政主义   29
    余论   41

司法至上与自发秩序的法律体系
——评《法律秩序与自由正义——哈耶克的法律与宪政思想》   46
    司法与统治   47
    萨维尼、门格尔论自发秩序的法律观   50
    司法约束统治   52

教会法与法律实证主义间的张力
——读《教会法研究》   55
    理性制造迷信   56
    在法律之上   58
    立法的垄断对自发的法律秩序   60

研究宪政超验之维的方法论问题　139
  一种决定论的研究方法
    及对它的经验反驳　139
  历史的方法与逻辑的方法　143
  宪政建设两阶段：制宪与宪政巩固　149
  结语　152

人身保护状制度源流略考　154
  各国宪法之人身自由保护条款　154
  人身保护状制度的源流　157
  "人身保护状"制度在中国　160
  目前法律在人身自由方面的制度性缺失　164
  恢复人身保护状制度　168
  结语　171
  附录　香港高等法院规则：人身
    保护状的申请　172

私人财产权保障的宪法设计　175
  宪政框架中的宪法财产权条款　176
  中国宪法的财产权保障传统　180
  扭曲的财产权条款　184
  如何修改宪法财产权条款　186
  结语　190

探讨一部优良宪法的文本形式
——以欧洲宪法草案、美国宪法和中国宪法为例　191
  宪法总体结构的对比　192
  宪法序言与总纲：简洁为上　194
  权利目录：越长越好吗？　199

否定性权利与肯定性权利	204
权利是宪法赋予的吗？	206
关于财产权的规定	208
救济是最重要的	210
不应写入义务条款	211
批评性结论	213
宪法关于政府的规定	215
宪法应当写入政策吗？	217
制宪的限度：有限理性的宪法观	218
结论	220

地方自治之宪法安排的比较性研究   221

20世纪的中央集权潮流	223
欧盟政体结构中的地方自治	226
转型国家宪法中对地方自治的安排	246
东亚国家地方自治的宪法安排	251
中国地方自治的历史与前瞻	258
结论	273

第三部分　古典的宪政主义解读

传统、自由与启蒙   279

传统的叙述	280
启蒙心态	283
自由与传统	285
启谁之蒙？	286
自由政体与传统	291
结语	293

经过哈耶克重新发现和转化传统　　295

　　现代中国自由主义的误区　　296
　　哈耶克理论的双重意义　　298
　　以周德伟、林毓生为例　　303
　　传统的创造性转化：范式的扩大　　311
　　结语　　316

孔子反对铸刑鼎的宪政涵义　　318

　　古典法律家与贵族共和政体　　320
　　以法律约束权力　　324
　　成文法典与君主专制政体的关联　　326
　　以罗马法法典化过程为参照系的讨论　　331
　　结语　　334

老、韩分野的秘密　　336

　　老子无为理论所蕴涵的自发
　　　秩序法律观　　336
　　韩非转化老子的关节：体道　　341
　　从自然到作为权力的法律　　343
　　从"无为而无以为"到"无为而无不为"　　346
　　发现道法的程序：绕开韩非的理论陷阱　　349
　　结语　　354

后记　　356

第一部分

自发地发现法律的程序

第一暗代

试论自发地发现法律的程序与
两权分立的政体框架*

任何稍微文明一些的统治都不能离开法律。因此,法律是正当的统治的必要条件。然而,问题在于,什么样的法律,才能够带来真正的法治?本文将主要根据弗里德里希·冯·哈耶克、布鲁诺·莱奥尼所阐述的关于法、立法与自由的思想,以法典化之前的古典罗马法和英国普通法为范本,探讨一个自发地发现法律的程序之理论,并进而据此探讨一个以此种程序为条件、基于判断与统治两权分立的宪政模式。

本文第一部分将探讨先贤有关法律规则的自发生成机制的理论,并将指出,仅仅指出这种法律规则生成之自发机制是不够的,重要的是怎样才能发现这些自发地生成之法律规则转换为真正具有普遍的拘束力的法律。这将是第二部分内容,这一部分将分析指出,以古典罗马法和英国普通法为范本的"自发地发现法律的程序",比起近代以法律实证主义原则为前提、以制定法为惟一法律的集中立法模式,具有显著的优越性。第三部分将论证,在自发地发现法律的程序下,法律的权威来自司法的技艺理性和实践理性,而非来自国家之权力,此种经由理性所发现的法律,是在进行统治的国家机构之外发展起来的。第四部分将以此为依据展开讨论,提出判断权与统治权两分的分析框架,进而构想一个自由宪政模式。

---

* 本文的写作,极大地得益于笔者定期与刘海波、范亚峰博士进行的学术讨论。是刘海波博士最早提出了统治权与判断权两分的概念,而范亚峰博士则向笔者介绍了普通法宪政主义的概念。本文试图结合笔者对于古典罗马法和英国普通法的理解,将这两组概念融合为一个连贯的政体分析框架。当然,其中的不足、矛盾之处悉由作者负责。

法律的自发生成机制

18世纪是欧洲大陆、尤其法国的启蒙时代。其主要观念是对传统权威和宗教的怀疑,对于理性力量的高扬,对于进步的绝对信心。诚如托克维尔所说,启蒙时代知识分子的根本信念是,"应该用简单而基本的、从理性与自然法中汲取的法则来取代统治当代社会的复杂的传统习惯"①,当然也包括传统的法律。他们追求法律的清晰、准确和统一。这种追求与刚刚觉醒的民族国家主权意识结合,便形成了以国家为惟一立法主体的法典化运动,在这个运动的背后是这样一种观念:"本质且惟一真实的法律形式是立法"②。这正是哈耶克所批评的"建构论的唯理主义"③。

一种有关法律规则的自发生成的理论,正是作为对这种建构论唯理主义的一种反弹而出现的。

这种观念传入英国,有一些激进分子试图根据理性原则,重新设计英国的宪制,柏克对此予以了猛烈抨击,在下面一段话中柏克强调,英国宪法是自发地形成的,或者用门格尔的话说是"有机地、非意图地"形成的:

> 从《大宪章》到《权利宣言》,我们的宪法一以贯之的做法是,在要求及主张我们的自由时,将其作为我们得自于我们的祖先、我们又将其传之我们的后代的不可剥夺的遗产……在我看来,这种做法乃是深思熟虑的结果,或许毋宁说是依循自然的幸运的效果,而自然是一种不需要反思、而高于反思的智慧。而创新的精神一般都源于一种自私的气质和局限的眼光。④

---

① 托克维尔著,桂裕芳、张芝联译:《旧制度与大革命》,商务印书馆1996年版,第175页。
② J.M.凯利著,王笑红译:《西方法律思想简史》,法律出版社2002年版,第298页。
③ 关于其完整含义,参见弗里德里希·冯·哈耶克著,邓正来等译:《法律、立法与自由》第一卷,中国大百科全书出版社2000年版,第一章《进化与理性》;弗里德里希·冯·哈耶克著,邓正来译:《自由秩序原理》上册,三联书店1997年版,第四章《自由、理性与传统》。
④ 笔者根据英文本译出,可参考中译本,柏克著,何兆武等译:《法国革命论》,商务印书馆1998年版,第43—44页。

在德国，蒂博也鼓吹制定一部德国民法典，有论者指出，"蒂博的设想忠实地反映了其理性主义[即本文所说的'唯理主义'——引者注]的哲学诉求，这一诉求相信人类理性的力量足以摹写人类的心思，并转而据此设计出人类行为的完美规则，为人世生活编织恰切法网。"① 萨维尼对此种抱负提出批评，他强调说，法律乃是民族在其历史过程中自发形成的"共同意识"和"共同信念"：

> 在人类信史展开的最为远古的时代，可以看出，法律已然秉有自身确定的特性，其为一定民族所特有，如同其语言、行为方式和基本社会组织体制。不仅如此，凡此现象并非各自孤立存在，它们实际乃为一个独特的民族所特有的根本不可分割的禀赋和取向，而向我们展现出一副特立独行的景貌。将其联结为一体的，乃是排除了一切偶然与任意其所由来的意图的这个民族的共同信念，对其内在必然性的共同意见。②

萨维尼指出，法律乃是民众的信念的体现，而非立法者的专断意志所能任意规定者：

> 一切法律均缘起于行为方式，在行为方式中，用习常使用但却并非十分准确的语言来说，习惯法渐次形成；就是说，法律首先产生于习俗和人民的信仰（polpular faith），其次乃假手于法学——职是之故，法律完全是由沉潜于内、默无言声而孜孜的伟力，而非法律制定者的专断意志所孕就的。③

萨维尼由此开创了历史法学派，这个学派是对于法国大革命所带来的唯理主义的法律观念的一种反弹，E. Kuntze 曾将历史法学派的基本思想概括如下："法律不是被创制出来的，而是生长出来的；法律不是仅具有有限理解力人有意识地随心所欲地造出来的，相反，法律是有机地生成、生长出来的。"Stahl 则认为，"法律是一个民族整个生活的一个方面，与该民族生活的其他方面和其他活动，比如语言、习俗、艺术等等不

---

① 萨维尼著，许章润译：《论立法与法学的当代使命》，中国法制出版社2001年版，中译本序言，第6页。
② 萨维尼著：《论立法与法学的当代使命》，第7页。
③ 同上书，第11页。

可分割地联系在一起。因而，与这些东西一样，法律最初不是通过选择和反思形成的，而是借助某种内在的感觉和本能、由于意识到某些迫切需要而形成的……历史学派的基本学说如下：法律与民族及民族意识有密切关系，它最初是非意图地形成的，其进一步的发展也需要保持连续性。"[1] 也就是说，历史法学派的根本观点是，法律规则乃是在本民族的民众之日常生活中自发地形成，其形成是"非意图的"，也即不在任何行为主体的有意设想范围之内。总之，法律不是像建构论唯理主义者所设想的那样，是国家在法学家的帮助下、模仿某个国家的法典，脱离民族的生活而制造出来。

不过，尽管历史法学派反对法国人的立法自负[2]，萨维尼也指出了，受法国唯理主义影响的法典化立法活动必被用于切断当代与历史的联系，从而构造一个全新的社会，而这个构造者就是国家，因而，法国人的立法观念在现实操作中，必将沦为法律的国家主义[3]，而且历史法学派也确实有效地阻止了德国民法典之仓促制定，使之延后达百余年。然而，萨维尼最终仍然归宗于法典之编纂，他并不否认德国也需要一部整全的民法典。只不过，他认为，当时之德国，以法学家之学识，尚不具备编纂统一法典的条件而已。因此，德国不能匆忙模仿法国制定法典，而应对包括法律在内、体现着德国民族精神的各种制度进行透彻研究。

在萨维尼看来，法典固然不是统治者可以随意制定的，但法学家则有能力根据其深入研究而为本民族制定出法典。制定法典的使命不可避免地落在法学家身上，于是，历史主义运动竟然也"以实证主义的形

---

[1] 转引自 Carl Menger, *Investigations into the Method of the Social Sciences*, Libertarian Press, 1996, p.157。

[2] 萨维尼说："人们渴求一旦订定完毕，即能确保获得一种体制化的、精确的司法运作下的新的法典；如此这般，则法官们亦能免于一己私见，而仅于围限于将法律作文字性的适用即可；与此同时，它们将祛除所有的历史联系，在纯粹抽象的意义上，为所有国族、一切时代所同等继受。"（萨维尼著：《论立法与法学的当代使命》，第4页）

[3] "根据这一理论，所有的法律，就其具体形式而言，均系奠立于作为最高权力的确切宣示的具体立法基础之上"（萨维尼著：《论立法与法学的当代使命》，第5页）。作者接下来谈到了这样的法律"全然秉具偶然而变动不居之特性；极有可能，明日之法，或会全然迥异于今日之法"。布鲁诺·莱奥尼也在《自由与法律》中反复申说，立法之法尽管以白纸黑字将规则书写下来，但反而不具有法律之真正美德：长远的"确定性"。

式到达其顶点"①,因为,对德国民族的法律、其实也就是对德国法律史之研究的呼吁,导致了罗马法研究的全面复兴,萨维尼本人就是当时罗马法研究的权威。这些法学家从罗马法中抽象出了一个纯粹由概念组成的世界:原则、规则和理论,它依然是"以完全理性的基本假定为基础创设了整个制度"②,而德国的民法典正是据此制定出来的,从某种意义上说,它比法国民法典具有更为强烈的理性主义建构色彩。

主要是为了反驳从历史法学派中派生出来的经济学的历史学派,到了19世纪下半期,奥地利学派经济学的创始人卡尔·门格尔,更为清晰地提出了一种自发秩序的法律观。在《社会科学、尤其是经济学方法论探究》一书中,门格尔发展了他在《国民经济学原理》中根据对于货币起源的观察而形成的自发秩序理论,解释了国家的自发形成过程。接下来,门格尔写道:

> 同样,我们可以说,其他社会制度、语言、法律、道德规范,尤其是大量经济制度,也是在没有明文的协定、没有立法强制、甚至在不考虑公共利益的情况下,而纯粹是在自身利益的驱动下、作为追求这些利益的活动的产物而形成的。③

在这本书的附录八《法律的"有机的"起源》中,门格尔详尽地解释了法律是如何作为个人的行动的"非意图的后果"而自发地生成的过程。

> 法律不是作为实证性立法(有确定意图的共同意志)之结果而出现的,而是作为某种"有机"过程之产物出现的,则情况就不同了。因为在这里,如同前述货币的起源一样,我们会看到的是一种社会构造物,它极大地有益于社会的共同福利。事实上,这种社会构造物决定着社会的共同福利,然而,它又不是作为社会旨在建构它的某种意志的产物而出现的。它是社会发展的一种非意图的产物,决定着并增进着社会的福利,其程度甚至超过人的意图和设计计算所形成之一切社会制度。④

---

① J.M.凯利著:《西方法律思想简史》,第309页。
② 同上书,第310页。
③ Menger, *Investigations into the Method of the Social Sciences*, p.137。
④ 同上书,第210页。

门格尔尽管认同柏克和萨维尼的看法,但他采用的乃是他自己所说的社会科学的"精确研究方法",而非历史主义的方法。他不再笼统地谈论民族精神、共同信念,而是清晰地指出了法律生成的内在动力机制:法律是一种有益于社会福利的制度,但它并不是社会共同体有意识地借助于协约等形式创造出来的;相反,推动法律形成的是个人对于自己的利益的认知;然而,个人又不是直接根据某个蓝图自觉地制定法律规则的,相反,法律规则是人的行动的一种"非意图的后果"。后来哈耶克以更为醒目的语句重新阐释了门格尔的这一洞见:人的行动的结果,而非人的设计的产物。①

据此,门格尔当然反对唯理主义的立法观念:

> 有一些人,他们将国家及国家制度、社会及社会制度仅仅视为一块疆域中的民众或其统治者的有目的的活动的产物。很自然地,他们从一开始就认为,所有有机地形成或受有机的力量之影响而形成的社会制度,是弊端,是社会的灾祸,因为他们并不明白这些制度对于社会之维续、发展的重要性。他们热衷于按照某种方针改良这些制度,而他们所奉行的这种方针,越是趋于绝对地随心所欲,其背后所依据的见识的缺点也就越多。总的来说,蕴涵在有机地发育而成的社会制度中的"直觉的智慧"(intuitive wisdom)……被采用这一研究取向的代表人物忽视了。用这种取向研究现实政治领域所得出的结果只能是,对现有的社会制度提出某种幼稚的批评,并试图对这些制度进行同样幼稚的改革。因此,在那些利用改革家之权力的人士以为他们在为共同利益而奋斗的时候,他们理论上的片面性与荒谬的创新欲望,却常常会损害该国的法律。而如果统治者与法律家联起手来,要用仅仅服务于统治者的法律,取代从国民中形成的、服务于国民的那些普通法,则结局将会更糟。②

在这里,服务于统治者的法律,大体上就是指为了达成统治者之目

---

① 参见《人类行为的结果,但不是人类设计的结果》,收入哈耶克著,冯克利译:《经济、科学与政治——哈耶克思想精粹》,江苏人民出版社 2000 年版。此处译为"人类行为"显然不妥,因为奥地利学派经济学的一个重要方法论原则就是个人主义。在生成法律规则的非意图的行动中,主体也只能是分立的个人,而不可能是作为一个集体的民族,更不可能是抽象的"人类"。

② Menger, *Investigations into the Method of the Social Sciences*, pp. 220—221.

的而刻意通过的立法,而"从国民中形成的、服务于国民的那些普通法",就是萨维尼所说的"民族的心声",或者用秘鲁政治经济学家赫尔南多·德·索托的话说,它们是"人民的法律"①。

当然,门格尔也并不完全反对立法,"普通法律也经常被证明有害于公共利益,而立法经常也可以改革普通法律,使之有益于公共利益"②,但这并不能否定那些自发形成的法律的功用:

> 国民法律[即也自发形成的法律规则——引者注]是从民众的要求和信念、从民众的基本特质中发育出来的,是从数百年间那些合乎具体状况的稳定的习惯做法中发育出来的。作为源远流长的、经过考验的国民智慧的结晶,它存活于民众的心中,民众本能地遵守着它们。甚至在他们早就记不起这些法律规则与当时形成这些规则的具体状况间的联系的时候,也遵守着这些规则。在国民法律中,有大量智慧,现在的人们只能感受到,却并不能清楚地说出来了。③

在这里,我们可以看出极其类似于柏克的保守主义倾向。在门格尔看来,自发形成的法律规则之所以是珍贵的,因为它们蕴涵着"源远流长的、经过考验的国民智慧",这些智慧对于社会之维系具有决定的价值,而处于此一生成法律规则的自发过程之外的立法者,由于知识的局限性,是很难获得这些智慧之结晶的。

哈耶克后来更清晰地阐述了这一点,从而构建了一个基于知识论——其实是"无知论"——的法律理论。④ 在哈耶克看来,早在人类发明

---

① 赫尔南多·德·索托著,王晓冬译:《资本的秘密》,江苏人民出版社 2001 年版,第 186 页。德·索托认为,目前非西方的不发达国家大多数照搬西方成熟的法典,然而,这些法典根本不能用于描述、更不用说处理这些国家现存的财产所有权,因而,法典本身将大量民事、商事活动置于非法境地。他的主要论旨是:国家必须"发现"这些民间所普遍承认的惯例,将其纳入正规法律体系中,他说,应当"破译"主宰民间经济社会活动的这种法律。这一观点明显地受到了布鲁诺·莱奥尼的影响。特别参见该书第六章《法律制度上的不足》。

② Menger, *Investigations into the Method of the Social Sciences*, p.222.

③ 同上书,第 220 页。

④ 哈耶克从 20 世纪 30 年代中期即开始讨论这一知识问题,其早期论文收入《个人主义与经济秩序》,并成为他反驳计划经济的核心理据。此后他不断发展这一理论,在《法律、立法与自由》中,他提出人的知识的"必然的且无从救济的无知"(哈耶克著:《法律、立法与自由》第一卷,第 8 页)或"知识上的构成性的局限"(第 12 页)。

语言之前，个人便必定遵守本群体之规则，尽管无人能够明确地阐明这些规则，这些规则是一种"知道如何"（knowledge how）行事的知识，是一种"未阐明的规则"（unarticulated rule）[①]；与此所对应的是"阐明的规则"。人类早期的立法，无非就是一个阐明那些"未阐明的规则"的过程，而非任意地创制法律规则的活动。我们下面所要论证的自发地发现法律的程序，就是这样的一个阐明过程。

自发地发现法律的程序

仅仅指出"法律是有待于发现的东西"是不够的

就反驳建构论唯理主义的立法崇拜而言，重要的不是解释法律规则本身是怎样生成的，而是要解释，法律规则是如何被发现、并被阐明、确认为普遍的法律的。

如上所论，在很大程度上，法律规则乃是在有意识的立法活动之外自发生成的，这一点，为很多法律思想家所承认。哈耶克和莱奥尼以非常简洁的方式总结了这一点：法律不是现成的东西，而是"有待于探索发现的"。哈耶克坚持，法先于立法，甚至先于国家：

> 直至今天，我们仍然运用同一个术语即"law"（法律或规律）来同时指称下述两种规则：一是那些支配自然界的恒定不变的规则，二是那些支配人之行为的规则；当然，这种做法绝对不是偶然的。无论是自然界的规律还是人类社会的法律，最初都被认为是某种独立于人之意志而存在的东西。虽然原始思维的拟人化取向往往会使当时的人们把这两种law都归之于某种超自然力量的造物，但是它们却仍然被奉为永恒的真理：人只能努力发现它们，而不能改变它们。[②]

莱奥尼以英国和罗马为例说明，法律是有待于发现的："罗马人和英

[①] 参见哈耶克著：《法律、立法与自由》第一卷，第四章《变化中的法律概念》。
[②] 哈耶克著：《法律、立法与自由》，"法律先于立法"一节。顺便说一句：由本段引文可以清楚地看出，本书书名翻译是有问题的，因为，书名第一个词，显然是指独立于立法机构之外所生成的规则体系，即罗马人所说的法（ius），它是不同于通过立法所制定的法律规则的。

国都坚持同一个理念：法律是有待于发现的东西，而不是可以制订颁布的东西，社会中的任何人都不可能强大到可以将自己的意志等同于国家之法律。"①

但是，以建构论唯理主义为哲学基础的立法至上主义，其实可能也并不反对这一点，相反，它甚至可以在承认这一点的基础上，继续坚持惟一的法律就是主权者的立法。因为，建构论的唯理主义已经为它提供了一种解决之道：理性本来就能够洞悉人类生活所需要的全部规则；就像自然科学家那样可以把握自然的规律一样。他们认为，真理是客观的，也是可以为人所认知的，从而可以根据这些关于社会生活的真理引导人们走向一种最佳状态：

> 所有的罪恶、劣行和不幸都是由于人们或者没有按照自己的本性来办事，或者因为无知——既得利益的特权阶级使得这种无知得以流传和蔓延——而不能按照自己的本性行动。如果人们愿意深入探究一下自己真正本性的话，那么，他们就会发现若干普遍自然法留下了痕迹；如果自己一个人循着自己的本性去行动，那么，他的行为自然而然地与大自然的法则从整体上保持一致，这样就可以避免历史生活中一切的纷扰和冲突。②

这些唯理主义狂热地追求一种"新的单一原理"，他们也相信"理性的同一性"③，也就是说，理性所发现的原则、规则，是合乎自然的，因而也是普适的，不仅适用于现时代的每个人，也适用于一切时代。对于立法至上主义者来说，这是一个最为重要的前提。据此，唯理主义法学理论相信，在法学家的协助下，立法者可以发现普适的法律规则，并以自然科学式的高度精确的方式，清晰地描述这些规则，从而规范社会生活的方方面面，而且是规范从此以后的一切时代。这样的法律本身就是完美无缺的，因而，拒绝任何法学的解释，法官当然也只能机械地适用它，而不得拥有任何自由裁量权。

因此，仅仅强调"法律是有待于发现的东西"，显然是不够的。问题

---

① 布鲁诺·莱奥尼著，秋风译：《自由与法律》，吉林人民出版社2004年版，第16页。
② J.F.塔尔蒙著，孙传钊译：《极权主义民主的起源》，吉林人民出版社2004年版，第32页。
③ 同上书，第20页。

在于,什么样的发现程序,才是恰当的,比较有效率的,并且更能保障个人的自由。这将是本文所要着重探讨的问题。

自发地发现法律的程序

近代以来,以建构论唯理主义为哲学基础的立法活动,是一种集中的、自上而下的发现法律的程序,类似于经济制度分类中的计划经济。莱奥尼和哈耶克所阐述的则是一种与自由市场相类似的、分散的、自发的发现法律的程序,他们的观点可以归结为一点:真正能够确立并保障个人自由的,是自发的法律发现程序,这种程序有两个范本,即共和制时代的古典罗马法和其最为成熟的时代的英国普通法。

伟大的罗马政治家监察官加图的一段话,精辟地概括了罗马法的特点:

> 我们的政治制度优越于所有国家的制度的原因就在于:其他国家的政治制度是按照某些个人的提议实行某些法律或制度而创造出来的,比如克里特岛的弥诺斯,斯巴达的莱克格斯,而在雅典,政治制度也曾经数度变易,并出了很多这样的人物,包括泰西尤斯、梭伦、克莱塞尼兹等等……与之相反,我们的国家则不是由一个人独力创建的,而是由很多人共同创建的;她不是在具体某一个人的有生之年建成的,而是通过若干代人在几百年间建成的。他指出,在这个世界上,没有谁会聪明到可以洞悉万物,即使我们将所有人的智慧都集中到某个人的头脑中,但由于他不具有从漫长的历史实践获得的经验,也不可能一劳永逸地解决所有问题。①

莱奥尼解释说,在罗马,"造法的过程,绝不是某个具体的个人、某个集中了一切人的智慧的人(brain trust)、某个时代,或某代人所能完成的。"② 关于罗马法历史的研究也告诉我们,罗马法是几个世纪的时间中,无数祭司、法学家、裁判官通过解决一个个案件,逐渐地积累、发展出来的。

---

① 转引自莱奥尼著:《自由与法律》,第92页。另见西塞罗著,沈叔平、苏力译:《国家篇·法律篇》,商务印书馆1999年版,第56—57页。
② 莱奥尼著:《自由与法律》,第93页。

朱塞佩·格罗索在其权威的《罗马法史》中指出,作为罗马法之基料的市民法,是"一种自发出现的制度"[①]。最初,保存和解释法律的是祭司,祭司们不能立法,而是通过对法的解释来发展、完善法,"人们从祭司那里了解为进行诉讼或实施某些活动而需遵循的程式"[②]。到公元前三世纪,法学家取代了祭司的位置,因此,《学说汇纂》把市民法定义为"以不成文法形式由法学家创造的法",莱奥尼也就据此把罗马法称为"法学家之法"。

不管是祭司还是法学家,他们创制法律的形式,都是分散的、个别的,而非集中的立法:

> 早期的祭司与后来的世俗法学一样,在形式上并不创造规范,因为它不具有制定规范的权力,但是,它是传统的解释者,它揭示规范,它把规范纳入适当的结构,将规范适用于具体的情况之中,也就是说进行解释工作。它不是一种将规范强加于人的意志,而是一种用不同的态度研究、遵循并调整规范的悟性。[③]

除了法学家之法外,罗马法的另一重要来源是裁判官法,或"荣誉法"。裁判官并不拥有立法权,但是,他可以通过拒绝当事人的某些诉讼请求或授予某些当事人以诉权,而在事实上完善、改变或创制法律,即罗马法学家伯比尼安所说,裁判官"在保证市民法适用的同时,补充市民法和修改市民法"[④],从而发展市民法。裁判官法的主要表现形态是裁判官告示。"人们根据从个案裁决中积累起来的经验,总结出一些一般的规范,裁判官将这些一般规范编入在任职年度之初发布的告示之中"[⑤],这种告示对后任裁判官没有约束力,但后任裁判官如果认为其适宜的话,可予采用,如不适宜,即可摒弃或修改,提出新的观点。这样,以非立法的方式,一代又一代裁判官为罗马法的发展提供了"最伟大的推动力"[⑥]。

---

① 朱塞佩·格罗索著,黄风译:《罗马法史》,中国政法大学出版社1994年版,第96页。
② 同上书,第101页。
③ 同上书,第103页。
④ 查士丁尼著,张企泰译:《法学总论》,商务印书馆1997年版,第10页脚注。
⑤ 格罗索著:《罗马法史》,第249页。
⑥ 同上。

显然，不管是法学家之法，还是裁判官法，都不是通过集中的立法形式创制出来的，而是由个别的法学家和裁判官，在解决具体的争议或规范个别的诉讼程式的过程中，自发地积累形成的。

众所周知，英国的普通法，也是一种非集中的创制法律的模式，整个普通法的法律体系是由一代又一代法官分散地创制出来的，普通法就是一种"法官法"：

> 普通法系国家中有很多伟大的名字属于法官……普通法系的最初创建、形成和发展，正是出自他们的贡献。他们逐案严密地进行推论，建立了一个法律体系，使得其后的法官只能遵守"遵循先例"的原则，依据相同的判例审理类似的案件。虽然在普通法国家中立法的作用得到普遍承认，而且也有大量有效成文法规存在，但是，对我们来说，普通法是由法官创造和建立起来的。①

哈耶克曾在一篇题为《政治思想中的混乱》的文章中总结说：

> 创设法律的行为出现在公法领域，而在私法领域，数千年的发展是一个发现法律的过程，在这个过程中，法官和法学家仅仅致力于对长期支配着行为的规则和"公正意识"作出明确的表述。
>
> ……
>
> 记住一点是有益的：nomos[内部规则——引者注]这个意义上的法律概念（即同任何人的特殊意志无关、不管具体条件下的结果而普遍适用的抽象规则，它是可以被"发现"但不是为具体目的而创设的法律），只在古罗马和近代英国这些国家存在，并同个人自由的理想一起被保留下来。在这些地方，私法的发展是以案例法而不是成文法为基础，也就是说，它是掌握在法官或法学家手里，而不是掌握在立法者手里。一旦把法律理解成达到政府自身目标的工具，法律就是 nomos 的观念，以及个人自由的理想，便会迅速消失。②

---

① 约翰·亨利·梅利曼著，顾培东等译：《大陆法系》，法律出版社2004年版，第35页。
② 哈耶克著：《经济、科学与政治——哈耶克思想精粹》，第367—368页。

自发地发现法律的程序之可欲性

这种自发地发现法律的程序,相比于集中地发现法律的程序,何以是可欲的?大体上说来,从技术的角度看,这样的法律更能确保法律之为法律。

哈耶克曾概括法治下的法律之要件:法律应是一般且抽象的规则,即"这些规则在本质上乃是长期性的措施,指涉的也是未知的情形,而且不指涉任何特定的人、地点和物",与之相对应的,则是具体的命令;其次,法律应当是公知的且确定的;第三个要件则是平等。① 从这几个指标考察,自发地发现法律的程序更为可取。

首先,霍布斯、奥斯丁等法律实证主义者已经清楚地指出,法律乃是主权者的命令。作为实证主义的一种极端表现,马克思主义法学理论认为,法律就是统治阶级意志的表现,是统治阶级维护和扩大本阶级之政治、经济利益的工具。即使是在民主制度下,立法所通过的法案,也经常是临时形成的多数剥夺少数以增加自身利益的手段。法国政治经济学家巴斯夏早就指出了这一点②,莱奥尼也论述了这一点:

> 法律越来越类似于立法机构中获胜的多数强加于少数的某种绝对命令(diktat),其结果通常是颠覆个人长期建立起来的预期,使其不得不建立全新的预期。在这之后,失败的少数会调整自己适应这种败绩,因为他们希望自己早晚也变成多数,从而也可以以同样的办法对付如今偶然属于多数派的人。事实上,在立法机构中,多数是可以制造出来的,也可以被推翻的……某些集团如果在立法机构中没有足够的代表可以使其将自己的意志强加于与他们持不同意见的集团,他们就会竭尽所能与立法机构中之中立集团进行选票交易,从而将他们预谋好的"受害者"推到少数位置。每个今天受贿的"中立"集团都有可能反过来第二天贿赂其他集团,从而将自己的意志强加于他们锁定的"受害者"。于是,立法机构中的多数在变来

---

① 参见哈耶克著:《自由秩序原理》上,第263—267页。
② 见巴斯夏著:《财产、法律与政府——巴斯夏政治经济学文粹》,秋风译,贵州人民出版社2003年版,尤其是《法律》一文。

变去,但总有"受害者",也总有人从中这些"牺牲品"中受益。①

哈耶克对代议民主制的担心的批评以及他所提出的替代性的宪法模式——即区分立法性议会与政府治理议会②,正是由于洞察到,在立法主导的体制下,法律已经变成损害法治的手段。

相反,在自发地发现法律的模式下,法律具有更高的抽象性,从而也更为公平。在这种程序下,法律是在解决具体纠纷的过程中被发现、确认的,而一个法官要解决摆在他面前的争议,就必须按照业已存在的、且得到当事人认可的正当行为规则进行裁决,对于这些规则,"公平的旁观者"③,也即具有正常的理智与情感的普通人,或者更直接地说,就是法庭上的陪审团,也予以认可,从而确保了法官据以作出判决的乃是一种普适性的正当行为规则:

> 普通法法官的主要关注点必定是一项交易中的各方当事人所可能合理形成的那些预期,亦即当事人根据一不断展开的行动秩序所赖以为基础的一般性惯例而形成的那些预期。在裁定哪些预期在这一意义上是合理的过程中,普通法法官所能够考虑的只是那些实际上决定当事人之预期的惯例(习俗或规则)以及那些假设已为当事人所知道的事实。再者,这些当事人之所以能够在一个从某些方面来讲必定是独一无二的情势中形成共同的预期,只是因为他们都是根据那种被认为是合适的行为标准来解释这一情势的,而这种合适的行为标准则未必是以一种阐明的规则的形式为他们所知道的。④

人们的预期乃是根据未阐明之规则形成的,这样的规则乃是在长期的合作与交换活动中自发形成的,而普通法法官会假定,他们尽管不能阐明它,但却是按照它行事的,原告之所以起诉,实在是因为他根据此一规则所形成的预期,却落空了。法官的审理活动,不过就是阐明那些

---

① 莱奥尼著:《自由与法律》,第17—18页。
② 参见哈耶克著:《法律、立法与自由》第三卷,第十七章,一种宪法模式。
③ 在斯密和休谟的理论中,都有这个概念,分别见于斯密的《道德情操论》与休谟的《人性论》。
④ 哈耶克著:《法律、立法与自由》第一卷,第133页。

规则而已,借此解决双方的纠纷。法官的职责就是要告诉他们那些本应当指导他们预期的规则、惯例。而这样的阐明过程,即为创制法律的活动。

这样的规则是抽象的且一般的,是独立于统治者的目的之外,也是独立于任何个人的具体目的之外的:

> 那些被认为在以往的诸多相似的情势中指导人们预期的规则,必定在下述两个意义上是抽象的:一是它们所指涉的乃是无数的相关情势,二是不论对这些规则的适用现在看来会导致何种特定的后果,它们都是可以适用的。……法官在这个时候……所能关注的惟一的公益,就是要求人们对个人能够合理信赖的那些规则予以遵循。法官并不关注其本人在很大程度上必定不知道的任何隐而未宣的目的,尽管某人希望这些规则能有助益于这种目的的实现;再者,即使在特定情势中,适用这些规则的已知后果在法官看来是完全不可欲的,他们也不得不适用它们。在履行这项职责的时候,一如普通法法官所时常强调的那样,法官不得考虑统治者的任何愿望或任何"国家理由"(reasons of state)。那种必须用来指导法官审判的知识,并不是任何有关整个社会在特定时刻所提出的要求的知识,而只能是有关持续展开的社会秩序所赖以为基础的一般性原则所提出的要求的知识。①

由此所发现的法律,不是专制的统治者意志的体现,也不是立法机构中临时凑合而成的多数的意见的体现,而是反映了社会成员普遍认可的正当行为规则。因此,用莱奥尼的话说,这些法律的发现程序,将更能充分地反映"公意"②。

近代法典化立法运动的一个主要理由,是增加法律的确定性。诚如边沁所说:"在一些国家,一大部分法律仅以那种在英国叫做普通法、然而或可更明确地称为审判法的形式而存在。凡是这样的国家,必定有许许多多的法律,若不通过查询这普通法来或多或少地获知其说明性内

---

① 哈耶克著:《法律、立法与自由》第一卷,第133—134页。
② 参见莱奥尼著:《自由与法律》,第七章《自由与公意》。

容,就无法充分地理解其含义以付诸实施。……由于不确定性是每个被如此命名的法律的本质属性,因而在这里的国家里存有的一大部分法律始终是不确定和不完整的"①,而"法典化(这个词是他偶然发明的)是疗救英国法随意和不确定性的特征的惟一途径"②。事实上,十九世纪,每个欧洲大陆国家都采用了成文法典和成文宪法,因为,

> 政府和法院都接受了对法律的确定性的这种解释:法律的确定性就是立法机构所颁布之成文法规的精确无误。这一点并不是欧陆国家采行成文法典和宪法的惟一原因,但至少也是一个重要原因。简而言之,欧陆所说的法律的确定性,就等于用明晰的词句对法律规则予以书面表述。这种确定性概念在很大程度上可以理解为"精确"。③

然而,在莱奥尼看来,立法文本并不能赋予法律以确定性,或者说,不能赋予法律以长远的确定性。莱奥尼区分了法律的短期确定性与长期确定性:

> 对于法律的确定性,却存在两种看法,而这种两种看法可能是不相容的:第一种看法认为,确定性就是指立法者颁布的成文法文本之精确,第二种看法是,尽可能地允许个人根据几个世纪、数代人形成的一整套规则制订长远计划,这套规则是民众自发采行,而由法官揭示出来的。④

白纸黑字的法律文本确实能够以确定而精确的语句对法律规则作出界定,然而,立法本身内在地会减弱这种法律文本的长远确定性。因为,立法是主权者的命令,或者是专制的统治者意志的体现,或者是立法机构中临时凑合而成的多数意志的体现,或者体现一届政府的政策取向,而这样的意志和政策,是随时有可能发生变动的:

> 法律的确定性,如果指的就是书面表述非常精确,那么,不可避

---

① 边沁著,时殷弘译:《道德与立法原理导论》,商务印书馆2002年版,第377—378页。
② 剀利著:《西方法律思想简史》,第255页。
③ 莱奥尼著:《自由与法律》,第78页。
④ 同上书,第98页。

免地就会形成这样一种状态：现有的法律不断地被后来的法律所取代。造法的过程越密集、越高速，现有的法律还能生效多长时间就越不确定。而且，也无法避免出现下面的情况：一部法律，确实完全具有上面所说的确定性，但谁也无法预料，这部法律何时会被一部同样"确定"的法律所取代。①

中国当代的很多立法，已经表现了这种反确定性的性质，比如各个城市前几年关于禁止燃放鞭炮的立法。同时，政府政策的更替，导致财产权规则的不断变动。更不要说政权的更替，在集中地发现法律的模式中，经常会导致法律的全盘变动，从而彻底扰乱人们的长远预期。

相反，自发地发现法律的程序反而能够更有效地维持人们的长远预期。比如，

> 罗马人所拥有的法律，完全能够使其公民自由而充满信心地制订未来的计划，而这种法律并非成文法，也就是说，不是类似于成文法规中包含的、用精确词句表述的整套规则。……罗马私法是某种有待描述或有待发现的东西，而不是有待制订颁布的东西——就是说，东西已经在那儿了，构成它的就是所有罗马公民的共同遗产。这当然不是说就没有变化，而是说不会出现这种情况：人们晚上上床的时候根据现有的规则制订了一个计划，一觉醒来却发现，立法机构心血来潮颁布的法规却废止了该规则。

> 我们可以说，罗马人所接受并实施的法律的确定性概念的含义就是：法律永远不会在谁也预料不到的情况下突然改变。而且，一般情况下，法律也永远不会受制于某次立法会议或某个人（包括元老或国家的其他执政者）的随心所欲或专断权力。这就是长远意义上的法律的确定性，或者，如果你乐意，也可以称之为罗马人的法律确定性概念。②

用哈耶克的话说，在英国的普通法制度下，法官造法也是在传统的边缘上进行创新。法律不过是有关普通人行为的规则之综合而已，法官

---

① 莱奥尼著：《自由与法律》，第84页。
② 同上书，第87—88页。

只不过是发现、确认这些规则,并据以解决呈现于他面前的争议,因而,他绝无可能在一夜之间改变法律的原则。因此,伟大的英国普通法法律家马修·黑尔说:

> 在普通法传统中最足以称道的,几乎可以肯定地说,就是其法律的确定性,它内部始终保持一致,每个时代和每个法庭说的是同样的东西,尽可能地遵循着统一的法律规则;否则,各个地方、各个时代的法律内部将一直互相争斗,如果对法官及其辩护士的理性不予以限制,则用不了多长时间,就会丧失法律的确定性,就不可能避免法律的随意和越轨。除非人们深入地研究、解读历代法官所作出的判决书、裁决、判定和解释,否则,就不可能将法律保持在其应有的范围和限度内。①

法律的这种长远确定性使得个人可以就他人的行动形成一些极有机会得到兑现的长远预期,从而使其可以确信,他的权利和利益将会得到法律的保障,而不管未来谁是国王、谁是多数党。这样的长远确定性,对于社会生活和经济增长来说,具有极端重要的意义。从效率的层面上说,自发地发现法律的程序,更能有效地回应社会现实的变化和民众对于规则供给的需求。有论者是这样评论罗马的裁判官法的:

> 大法官法[即裁判官法——引者注]完全是在司法实践的基础上建立起来的,告示中的任何创新部分,目的都是为求适应剥削阶级[暂且不管这个词的荒谬——引者注]的某种实际需要;在一年有效期间,它将受到考验,法学家们也会对它提出批评。如不合用,后任大法官会把它废弃。这种办法,把立法和习惯法各自的优点相结合,把固定性与灵活性相结合,使罗马法既扎根在过去的经验中,又善于适应目前形势的变化。②

普通法同样具有这样的优势。因此,至少从经验上看,

> 如果我们探讨一下历史上自由市场与自由的造法过程之间的紧密关系,就能够清楚地看到,自由市场在英语国家鼎盛之时,也正

---

① 转引莱奥尼著:《自由与法律》,第96—97页。
② 查士丁尼著:《法学总论》,第9页脚注①。

是普通法实际上是调整私人生活和商业活动的惟一法律之时。像今天出现的政府频繁干预市场的现象,总是与成文法的增长,及英国人所说的司法权力"规范化"(officialization)联系在一起。①

有论者通过经验研究发现,在实行普通法的国家,平均的总体经济增长表现要优于以立法为主体的大陆法国家。②

理性之治,而非权力之治

然而,自发地发现法律的程序之可欲性,并不仅仅表现其发现法律规则的效率上。更重要的是,它是自由的保证,诚如莱奥尼所说:"在罗马、英国的法律体系中,对于人们的日常生活,立法机构是多么地超然,因而,当罗马法和英国法的法律制度处于颠峰状态时,罗马人和英国人的个人自由的范围是多么宽广。"③

因此,从价值的层面上说,自发地发现法律的程序,塑造了一种"真正的"自由主义的传统④。自发的法律秩序对于确立和维护个人自由居功至伟:"个人自由的理想似乎主要是在法官造的法律(judge-made law)居支配地位的民族中得到了相当程度的实现,至少在很长的一段时间内是如此。我们认为,这可以归因于这样一种情势,即法官造的法律必然拥有着立法者的律令未必拥有的某些特定属性,而且也只有当立法者以法官造的法律为其效仿的模式的时候,他所发布的律令才可能拥有这些属性。"⑤ 在哈耶克看来,真正的自由主义,也即英国式的自由主义思想家所利用的资源,也"主要是那种植根于普通法法理学中的思

---

① 莱奥尼著:《自由与法律》,第94页。
② 这方面的研究成果比如, Paul G. Mahoney, The Common Law and Economic Growth: Hayek Might be Right, in *Journal of Legal Studies*, 2001, vol. 30, issue 2, pages 503—25; Gerald W. Scully, *Constitutional Environments and Economic Growth*, Princeton, N.J., Princeton University Press, 1992, p.248; Law, *Liberty and Economic Growth*, NCPA Policy Report No. 189, December 1994, ISBN #1-56808-053-0。
③ 莱奥尼著:《自由与法律》,第16页。
④ 哈耶克:《个人主义:真与伪》,收入哈耶克著,邓正来译:《个人主义与经济秩序》,三联书店2003年版。按此处所谓个人主义,就是指自由主义。
⑤ 哈耶克著:《法律、立法与自由》第一卷,第152—153页。

想传统"①。

自发地发现法律的程序之所以能够有益于维护和增进个人自由,是因为,它从根本上体现了一种理性之治,它是一种以理性约束权力的制度,因而,它是自由的宪政制度之根基。

理性对权力

近代以来的法律实证主义的基本特征是:法律乃是主权者的命令,主权者通过这样的立法来命令人们为或不为某些行为,霍布斯对此进行过最经典的论述:

> 在所有的国家中,不论主权者像君主国家中那样是一个人,还是像民主与贵族国家中那样是多数人组成的会议,都唯有主权者能充当立法者。因为立法者就是制定法律的人,然而又唯有国家才能规定并命令遵守我们称为法律的法规;因之,国家便是立法者。但国家不是人,除开通过代表者以外也无法做出任何事情;而代表者就是主权者,所以主权者便是惟一的立法者。同样的道理,已订立的法律除开主权者以外便没有人能废除,因为一种法律除非用另外一种法律禁止其执行,否则就无法废除。②

在霍布斯看来,法律之所以是有效的,是因为法律由有权发布法律的人所颁布的,而立法者也保留了解释它所订立的法律的权力。激烈地反对普通法传统的霍布斯指出,"法律和建议在许多方面都不同,因为法律出自那些对接受他指令的人拥有**权力**的人,而建议出自无权者。"③而同样立志废除普通法的奥斯丁也坚持,法律是政治上位者颁布的,以威胁性的制裁为支持的命令。④ 立法性的法律乃是统治者意志的体现,不过统治者是专制君主,还是民主制度下声称代表人民的立法机构。在这里,将一些字句变成法律的,乃是权力。这种权力对于法律来说是本

---

① 莱奥尼著:《自由秩序原理》上,第63页。
② 霍布斯著,黎思复、黎廷弼译:《利维坦》,商务印书馆1995年版,第206—207页。
③ 霍布斯著,应星、冯克利译:《论公民》,贵州人民出版社2003年版,第145页。黑体为引者所加。
④ 参见剀利著:《西方法律思想简史》,第300—301页。

质性的要素,"在每个民法中都或隐或显地附有某种制裁"①。

同样,司法权也是从主权中派生出来的:

>……战争权和司法权这两种权力都是主权所固有的,它们从根本上出自国家的自然。
>
>既然司法权完全是掌握它的人按照他自己的意志运用司法的权利,那他就必然有就司法本身的运用作出决定或判决的权利。……因此,一个国家中作出所有判决的权利都属于掌握着司法权的人,即属于主权者。②

在《利维坦》等著作中,霍布斯一直明确指出,那些认为自己的法律意见是权威的,不需要主权者之认可的私人,自然也包括那些自己阐明法律、解释法律的普通法法官,以及法学家,乃是公共权威的篡夺者:

>法律的本质不在于其文字而在于其意向或意义,也就是在于权威的解释,即立法者的看法。因此,法律的解释便取决于主权当局,而解释者则只能是臣民惟一要服从的主权者所指派的人。因为不这样的话,法律便可能由于解释者的奸诈而带有与主权者原意相违背的意义,利用这种手段,解释者就变成立法者了。③

霍布斯对于法官的知识充满恐惧,因为知识、理性会赋予法官抗拒权力的勇气和力量。在他看来,法官是不需要学识的,"一个良好的法律解释者——法官所需具备的能力和一个律师不同,不是关于法律的研究。……成为一个良好的法官或良好的法律解释者的条件第一要对于自然法中主要的一条——公平要有正确的理解。这一点不在于读别人的书籍,而在于自己善良的天赋理性和深思熟虑。"④ 霍布斯,和绝大多数法律实证主义者一样,都具有这种绝对的反智主义倾向。在大陆法系下,法官也不过是机械地适用法律的木偶,并不需要运用自己的理性。

然而,在自发的发现法律的程序传统中,法律则始终被理解为理性的产物,而非权力的产物;它的效力也来自于理性的力量,而非权力的

---

① 霍布斯著:《论公民》,第149页。
② 同上书,第63页。
③ 霍布斯著:《利维坦》,第214页。
④ 同上书,第219—220页。

赐予；法律出自于法官的技艺理性或法学家的科学探究，而非主权者之颁布。

在罗马，"罗马法官是一类科学家，他从事研究的目标是为公民提交给他的案子提出解决方案，相当于今天的工业家请求物理学家或工程师解决他们的工厂或生产过程中碰到的某项技术难题"[①]。这一点，最为清楚地反映在罗马法学家的活动中。法学家的活动是一种知识活动。他们的权威来自于他们的知识能力，来自于他们对于案情的把握，对于传统规则的理解，及面对当事人的争执的审慎。总之，来自于理性的洞察力。

这是必须的。因为，法律不是别的，就是理性，西塞罗对此进行了最为深刻的论证：

> 真正的法律是与本性（nature）相合的正确的理性；它是普遍适用的、不变的和永恒的；它以其指令提出义务，并以其禁令来避免做坏事。[②]

> 法律是植根于自然的、指挥应然行为并禁止相反行为的最高理性……这一理性，当它在人类的意识中牢固地确定并完全展开后，就是法律。

同样，在普通法实践中，法律规则"绝不是某个人行使其专断意志的产物。它们是普通法院（courts of judicature）进行不带偏见的探究的结果"[③]。也就是说说，普通法"法官的使命乃是一种智识使命"[④]。

因此，理性在普通法中也居于中心位置。在普通法的语境中第一个谈论理性的，可能是利特尔顿，他是在提出承认地方习惯的条件时谈到理性的："只要不是有悖理性，就完全可以承认和允许。"爱德华·柯克则解释说："这不能被理解是没有学识的常人的理性，而是由法律的权威

---

① 莱奥尼著：《自由与法律》，第87页。
② 西塞罗著：《国家篇·法律篇》，第101页，第151—152页。
③ 莱奥尼著：《自由与法律》，第89页。
④ 哈耶克著：《法律、立法与自由》第一卷，第161页。

所保证的技艺的和法律的理性：法律乃是最高级的理性。"①

在柯克看来，普通法就是理性的产物：

> 因为理性是法律的生命，普通法无非就是理性而已，它可以被理解为通过长期的研究、深思和经验而实现的理性之人为成就，而不是普通人的天生的理性，因为没有人一生下来就技艺娴熟。这种法律理性乃是最高级的理性。因而，即使分散在如此众多头脑中的全部理性被集中于一人头脑中，也不可能造出像英国法这样的一套法律，因为，通过很多代人的更替，它才由无数伟大的、博学的人予以完善和细化，借助于漫长的历史，才成长得对于治理本王国而言是如此完美，因为古老的规则可以对它进行验证：没有人(出于本人私人的理由)会比法律更明智，因为法律乃是理性之完美成就。②

一位学者是这样阐释柯克所说的这种理性的："理性不是生来就具有的，整全的；相反，理性接受被给予的东西，它会受到影响，会有所改进。它不是仅仅使用逻辑，而是利用结合了广泛的学习的逻辑实现这一点的。柯克所诉诸的理性，并不是一种理论技能，而是一种实践能力。它当然不是一种纯粹的决断(discretion)，也不是完全脱离经验内容的逻辑。它是一种受过训练的思考方式，不是任意的，但也不是绝对肯定的。"③

普通法的理性，就是亚里士多德所说的实践理性，透过司法实践、透过法官知识上的探究而逐渐充实的理性，柯克则称之为"技艺理性"(artificial reason)。另一位生活于现代的普通法法律家也完全认可柯克的看法："人们不是一出生就具有认识法律原则的直觉能力，但法官通过对纠纷的审理和判决可能获得这种直觉。……学习过去的经验并结合现实进行科学的分析理解是达到所追求的目标[即胜任司法工作——引者注]的途径。"普通法的核心就是"坚持依据由办案审理中的司法经验

---

① James R. Stoner, Jr., *Common Law and Liberal Theory: Coke, Hobbes, and the Origins of American Constituionalism*, University Press of Kansas, 1992年, p.24. 笔者正在翻译此书，即将出版。
② 转引自 Stoner, *Common Law and Liberal Theory*, p.23。
③ 同上。

发展成的具有理性的法律"①。

这一看法是与霍布斯截然不同的。普通法法官凭借着理性的权威,而使其所发现、阐明的规则,成为得到人们认可的普遍的法律的。而在霍布斯所构想的主权命令法律体系中,法律既然已经是主权者之命令,则法官的任何技艺理性、法官的知识积累,对于法律的权威和统一性,都将构成威胁。因此,从逻辑上说,霍布斯必须让他的法官仅具有所谓自然的理性。实际上,也就是意味着,任何一个人,均可成为法官,因为他不需要自己的权威,他的权威是主权者授予的,他不过是代表主权者行使单纯的司法权而已。

总之,就像莱奥尼所总结的,在古典罗马法和英国普通法框架下,创制法律,都是一种知识性活动,而不是专断的运用权力的活动:"'发现'法律的任务被授予法学家和法官——这两类人,在某种程度上相当于今日的科学专家"②。在罗马法和英国普通法体系中,法律是有待于发现的,而不是可以任意发明创造的,因为,法学家、法官的主要工作,就是进行纯粹知识性的探究。"造法与其说是意志的活动,不如说是理论思辩的过程……"③。

作为过程的理性

然而,特别需要辨析的是,西塞罗和柯克所强调的罗马法和普通法中的理性,完全不同于唯理主义所理解的理性。

法律规则尽管是自发生成的,但它不可能自我呈现,相反,必须通过法学家或法官的理性的洞察和辨析,才能发现法律规则、创制法律,因为,毕竟,法律不是习惯,严格意义上的法律,也不是人们自发生成的那些未被阐明的法律规则。法律必须是被阐明的,自发地发现法律的程序之不同于立法至上程序之处仅在于发现和阐明法律之过程的性质各异。因而,法律是绝对需要理性的,而且,对于法官来说,由于其承担了发现和阐明法律规则的责任,因而,人们对于法官之理性的期望,显然要高

---

① 罗斯科·庞德著,唐前宏等译:《普通法的精神》,法律出版社 2001 年版,第 57、153 页。
② 莱奥尼著:《自由与法律》,第 16 页。
③ 同上书,第 188 页。

于大陆法系下那些机械适用法律的法官。

然而,在罗马法和普通法传统中,理性是一种实践理性或技艺理性,就其表现形态而言,它是一种彼此竞争的、多元的理性,同时,也是作为一个过程的理性。

作为法学家之法的罗马法,其独特的特点是,"它是以通过争辩方式创造的法(ius controversum)"①,不同的法学家之间通过意见的竞争,创制法律:

> 罗马法律制度如同所有建立在法学理论之上的法律制度一样,是一个开放的系统。有权制定有效的法律规范的主体(在该法律制度中实质上就是创造新的规范的主体),不是法学家的行业组织(此类组织从来没有存在过),而是单个的法学家。由于作出解答的具体法学家不同,对具体案件应适用的规则也可能有所不同。因此,不可能制定一个客观的标准来认定哪个法学家意见(sententia)应优先适用,惟一认为可行的方案是承认所有法学家的意见均被视为有效的法律规范,也就是说,无论负责事实认定的私人审判员适用哪个法学家的意见,都是合法的,不应被指责为武断地审理案件。
> ……
> 如果法学家的意见之间存在冲突(这种情况从公元前2世纪开始变得越来越普遍),私人独任审判员可以自由地从中选择一个加以适用。……实际上,按照在争辩中产生的法的运作逻辑,不考虑作出解答的法学家的职务高低,对于私人独任审判员而言,所有的解答均具有相同的法律效力。②

同样,前引有关裁判官法的特征的话也表明,荣誉法本身是不同的裁判官互相竞争地发现、创制的。

在普通法下,理性也同样具有鲜明的多元竞争特征。柯克曾经谈论复数的理性,在普通法框架下,法官发现法律的过程是竞争性的,因而就不可能是任意的:

---

① 马里奥·塔拉曼卡,见西塞罗著,王焕生译:《论演说家》,中国政法大学出版社2003年版,译本前言,第10—11页。
② 西塞罗著:《论演说家》,译本前言,第12页。

在英国，普通法院不可能轻易按自己意志制订颁布专断的规则，因为他们从来就无法直接这样去干，他们根本无法像立法者那样，可以经常性地、心血来潮地、广泛而专横地制订规则。而且，在英国，有那么多普通法法院，它们互相嫉妒，直到相当晚近，他们都不能不公开承认，谨守判例这一著名原则是有效的。①

在这样自发的发现法律的框架中，法律是一个开放的系统，永远处于未完成状态。法学家或法官通过自己的探索，发现新的规则，修正旧的规则。每个、每个时代的法学家和法官所发现的法律，都将接受同时代及后代法学家与法官的批评，并会被细化、深化或修正、废弃。因此，这样发现法律的程序，就是波普所说的"零碎的社会工程"，或者是哈耶克所说的"内在批评"："我们在法律这个领域中所取得的进步，也是通过我们在既有的思想系统内活动并努力施以一点一滴的修正或'内在的批评'（immanent criticism）以使整个行为规则系统在内部更趋一致而且也与这些规则所适用的那些事实更相符合而完成的"。②

这样发现法律的活动，是一个由无数法官持续不断地进行的一个过程。如前所述，普通法都是理性的体现，是最高理性。然而，这种理性却分散地体现于无数法律家的头脑中，存在于一个连续不断的探索过程中。没有任何一个法官、也没有任何一个时代的法官、更不可能有任何一个法院的法官，可以宣称，法律在他们那里达到了完美状态。

因此，自发地发现法律的程序，必然采取一种遵循先例的原则。只有这样，过程才能显示出意义，理性才能够积累、深化、细化，法律才能够发展，越来越逼近于柯克所说的"技艺理性之完美成就"。

而与此相反，强调法律是主权者之命令进而坚持主权者也垄断司法权的法律实证主义，必然反对遵循先例原则，霍布斯即在《利维坦》中强烈反对先例原则："世界上没有任何地方能够把曾经作出同样判决的前辈法官的判决当成自然的解释或制定为法律"③。反对先例原则乃是其拒绝法律为理性体现的逻辑结论。

---

① 莱奥尼著：《自由与法律》，第90页。
② 哈耶克著：《法律、立法与自由》第一卷，第184页。
③ 霍布斯著：《利维坦》，第216页。

相对于作为理性之最高实现的法律整体——尽管事实上并不存在这样的实体——来说,每个法学家、每个法官,也即是每个创制法律的人,其理性都是极其有限的,是易错的。事实上,这正是自发地发现法律程序的知识论前提,即哈耶克所揭示的"人的不可避免的无知"[①]。

相反,立法至上则隐含了这样一个知识论前提:"某个人知道所有相关的事实,而且他有可能根据这种关于特定事实的知识而建构出一种可欲的社会秩序"[②]。而在法律实证主义的框架中,这个人就是主权者,他或他们在立法时是全知全能的,已经掌握了本国国民的一切活动所需要的全部规则,因此,它所制定的法律,在理论上,已经穷尽了现实中的一切可能性。在法律实证主义集中制定法律的框架中,宪法事实上把发现法律的理性能力,赋予且仅赋予立法机构。因此,在这样的社会中,只存在一元的、大写的理性。

这样的理性,本身宣布自己是惟一的,又因为它居于主权者的位置,因而对于法律活动取得了不可动摇的垄断权。这种一元的理性观正是法律就是主权者的命令、立法机构垄断立法权的哲学基础。

普通法宪政主义

三权分立理论之缺陷

上述唯有立法机构才可以立法、并且确实拥有立法之完备知识的原则,乃是现代三权分立理论及据此所建立的政体的一个基础。因为,只有基于这一点,立法与司法分支的严格分立才是可能的,而法院之所以能够正常地运转,是因为立法机构所颁布之制定法是完备的。同样,只有基于这一点,行政分支才有可能在缺乏法院监督的情况下却能使其政策和行动合乎法律,因为,它将严格地遵循立法机构所颁布之法律,而这些法律确实是足够完备的,为行政机构之一切活动提供了指南。

然而,严格的三权分立学说本身与近代以来各国所奉行的法律实证

---

① 参见哈耶克著:《自由秩序原理》上,第二章的论述;哈耶克著:《法律、立法与自由》第一卷,第一章《理性与进化》中"我们的事实性知识的永恒局限"一节。
② 哈耶克著:《法律、立法与自由》第一卷,第11—12页。

主义是不相容的。在根据严格的三权分立学说而建立的政体中,理论上,法院应当具有完全独立的地位,不管是在人事、还是在个别案件的审理中,均不受立法机构的干预。然而,根据主权学说,法律只能立法机构制定,并自行解释,因而,司法权也同样源于立法权,立法权往往居于主权者的位置。在霍布斯列举出的按约建立的主权者的权利中,第八条即为,司法权属于主权的范围。① 在后面讨论民约法时,霍布斯更为详尽地讨论了这一点。也就是说,法院不能自行解释法律,而只能机械地适用立法机构所颁布之完备的制定法,法律实证主义者假设,这些法律已经为法官之一切判决提供了详尽而明确的完备答案。因而,立法机构已经为法官所受理的每一具体案件之最终判断结论,给出了一个确定的指南。在这种情况下,司法分支所谓的独立性,徒然具有形式的意义,而没有任何实质性意义。事实上,近代欧洲大陆的法典化立法运动本身之初衷,就是为了限制乃至完全剥夺法官对于法律的解释权,而将其完全变成官僚化的司法官员,根据议会通过之法律流水线式地生产判决书的机器。因此,诚如一位美国学者所观察到的是,"大陆法系的司法工作是一个官僚的职业;法官是职员、公务员;法院的作用狭窄、机械而又缺乏创造性。"② 他们不过是跟行政官僚并列的一群司法官僚而已。

也就是说,法律实证主义与严格的三权分立这两种有关政体的设想蓝图之间,是存在内在冲突的。欧洲大陆的经验表明,只要强调立法机

---

① 哈耶克著:《法律、立法与自由》第一卷,第138页。
② 梅利曼著:《大陆法系》,第38页。这位作者举了普鲁士的例子:

> 在腓特烈大帝的主持下,普鲁士通过了一个多达1万7千余条的《普鲁士民法典》(《拿破仑民法典》却仅有2281条)。《普鲁士民法典》试图对各种特殊而细微的事实情况开列出各种具体的、实际的解决办法。其最终目的在于有效地为法官提供一个完整的办案依据,同时又禁止法官对法典作任何解释。遇有疑难案件,法官必须将解释和适用法律的问题提交一个专为此目的而设立的"法规委员会"(Statutes Commission)。如果法官对法律作出解释,便是对腓特烈的冒犯,并将招致严厉的惩罚。(第39页)

在这里,我们再次看到了法律乃是主权者命令的生动例证。尽管这一完全禁止法官作任何法律解释的模式最终以失败告终,欧洲大陆国家逐渐允许法官对法律进行解释。但是,由于这些国家没有实行遵循先例的原则,因此,法官的解释并不能生成法律,因而,导致了法律发现效率的巨大损失。

构垄断法律之创制,则严格的三权分立制度就是不大可能的。法律实证主义必将侵蚀三权分立学说。

由此我们可以得出一个不算轻率的结论,这两种学说,均不足以承担起架构一个优良的宪政框架的使命。如果我们考虑到上述哈耶克、莱奥尼对于立法机构——即使是民主产生的——垄断性地创制的法律的批评性观点,则我们可以说,基于法律实证主义和三权分立学说的政体,很难是一个切实地保障个人自由的政体,尽管它有可能实现其他同样美好的价值,比如民主,人民通过其代表按照民意(但根据莱奥尼的分析,其实是临时凑合成的多数的意志)制定法律,民族在法律方面获得完全的自主权,将一切其他法律排除于本国国境,等等。但这些价值是不同于个人自由之确获保障的价值的。

真正能够保障个人自由的政体,唯有在基于自发地发现法律程序的两权分立制衡的政体框架中才有可能。

尽管哈耶克辩论说,孟德斯鸠三权分立理论中所说的立法权,系立法机构制定那些一般性的抽象规则,也即普通法意义上的法律,也即立法机关只是对法官所发现的法律予以系统化,而不是创设法律。早期的立法机构的主要功能,乃是确定一般性的正当行为规则。① 确实,关于罗马首部制定法《十二表法》,有论者认为,"它只具有很有限的价值观念。法(ius)那些制度是其先存条件,在《十二表法》中人们仅仅确定了一些原则,使有关规范变得确切和确定,这种工作与法(ius)的总和相比较仍然是辅助性的。"②

不过,至少从19世纪以来,在人们有关三权分立的讨论中,则将立法机构按照自己的意志制定法律视为当然。也就是说,在关于三权分立的论述中,隐含着一个前提:法律就等于立法者所颁布之制定法。

而这样的立法活动,哈耶克早就认识到,其实与行政活动却是非常相近的,立法权在很大程度上是为了约束行政权而产生的:

> 虽然在政治理论中,立法在传统上一直被视作是立法机构的

---

① 参见哈耶克著:《法律、立法与自由》,第六章《外部规则:立法的法律》中《立法与权力分立理论》一节的讨论。

② 格罗索著:《罗马法史》,第82—83页。

首要职能,但是立法机构的起源及其主要关注的问题却与我们在前一章中所讨论的狭义上的法律无甚关系。对于现代议会之母(the Mother of Parliaments)即英国立法机构来说,就更是如此了;英国立法机构诞生于这样一个国度,在这里,要比在其他地方更为长久的岁月中,正当行为规则亦即普通法,一直被认为是独立于政治权力机构而存在的。迟至17世纪,人们对于议会是否能够制定与普通法不相一致的法律这个问题仍然持有疑问。我们所谓的立法机构的主要关注点始终是控制并管理政府,也就是对一个组织进行指导——而确使正当行为规则得到遵守,只是这个组织的目标之一。①

也就是说,立法权与行政权具有相当程度的可替代性,他们行使着互有冲突、但同质的权力,即统治之权。在英国历史上,我们看到,议会与国王为了争取统治权而进行了持续的斗争,从而使英国从最初的国王统治,变成最后的议会至上。也就是说,立法机构成为了主权者、统治者。国王与议会之合流而形成的"国王在议会中"的宪制,则更清晰地显示了国王——议会权力之高度同质性。

换一个角度,只要我们将三权分立学说中的立法权,严格地理解为主权者——国会或君主——制定颁布的成文法,则我们就可以发现,不要说在欧洲大陆,即便是在普通法制度下的英美,这样的立法之法,按照哈耶克的说法,绝大部分部分是发布给政府官员、甚至是发布给民众的命令:

> 一如我们所见,正当行为规则无须是刻意制定的,尽管人们渐渐学会了以刻意的方式改进或改变它们。与此相对照,政府则是一个刻意的人为发明物;……统治者建立组织的目的乃是为了维护社会秩序和抵御外敌,并逐步为人们提供越来越多的其他服务。随着这种组织变得越来越不同于那种含括了所有公民私人活动的更具包容性的社会,它也就要求拥有属于它自己的独特规则,并用它们来确定它自己的结构、目标和职能。然而,这些支配政府机器

---

① 哈耶克著:《法律、立法与自由》第一卷,第197—198页。

的规则却必然会具有一种不同于整个自生自发的社会秩序立基于其上的那些普遍的正当行为规则所具有的特征。政府机器所需要的规则就是组织规则;它们的目标有如下述:一、实现特定的目的;二、对那些规定了应当完成某事或应当实现特定的结果的肯定性命令(positive orders)进行补充;三、为实现这些目的而建立各种使政府得以有效运转的机构。这种组织规则附属于那些指定了应予追求的目的并为不同的机构规定了各种任务的特定命令。它们在某个特定情势中的适用,不仅要取决于特定机构所承担的特定任务,而且还要取决于政府的即时性目的。除此之外,这些组织规则还必须建构一个有关命令的等级体系,并根据这个等级体系来确定不同的办事机构的职责以及它们各自享有的自由裁量权(discretion)的范围。①

诚如哈耶克多次指出的,历史上,发现、阐明、确认、系统化及补充正当行为规则与按照主权者的意志颁布制定法,集中于同一立法机构,而近代以来,后一种刻意的立法活动越来越频繁,而这样的立法活动,与行政部门的活动之间并没有重大的区分,它不过是为行政部门确定活动的规则,甚至有很多法案直接就是执行政策的行动。事实上,如果考虑到法院只能执行立法机构颁布的制定法,则整个政体在某种程度上体现为,立法与行政部门合谋行使一种独大、不受约束的统治权,从而这种统治本身很难说是完整的宪政主义的。

自发地发现法律的程序的宪政内涵:判断权与统治权之分立

我们在前面所阐述的自发地发现法律的程序,则不仅仅是立法至上原则下的一种司法活动,甚至不仅仅是一种分散地创制法律的过程,毋宁说,它是一种更高层面的、根本性的宪政制度支柱。

在自发地发现法律的程序框架下,创制法律的活动呈现出分散性、过程性,这是法律创制的形式属性。然而,此一程序框架所体现出来的及最为重要的是它的实质属性:法律是在统治性权力之外发展起来的。

---

① 哈耶克著:《法律、立法与自由》第一卷,第198—199页。

据此,很自然,我们可以将治理一个社会的权力划分为两种,就是说,发现、阐明、确认、补充、修正作为正当行为规则的、普遍且一般的法律的权力,和借助于暴力、追求特定目的的统治性权力,简称为判断权(规则权)与统治权。

我们上面在讨论自发地发现法律的程序时已经论述过,在共和时代的罗马和英国经典的普通法时代,法律本身都是在统治权之外被发现和确认的。

在罗马,即使城邦的权力对市民自己的法产生了影响,但是,"市民法也表现为在城邦机构的权威之外形成并发展起来的规范体系"[1]。推动市民法发展的动力是法学家的解释,而他们当然是在国家权力机构之外活动的,他们的解释之效力来自于他们所给出的理由,也即他们的理性的论证,一直到共和制度结束之前,"法学理论曾经独立于官方的限制和认可而发挥着造法功能"[2],他们的权威"不是由国家制度加以确定下来的"[3]。即使后来皇帝授予某些法学家以"经君主批准的解答权",但法律学术活动和法学家的咨询活动也仍然是自由的。

裁判官当然是政府的一个官职,但是,裁判官并不直接对案件作出裁决。罗马的案件审理可以分为法律审与事实审两部分。裁判官主要是确定诉讼当事人之间法律上或事实上的争论焦点,根据市民法给予或拒绝诉权,或给予某当事人以抗辩权。但案件的审理本身却是由私人独任审判员审理的。他们不是国家官员,而是由裁判官从元老或骑士等人士中选定。而且,"裁判官法也接受法学理论的指导"[4]。因此,在罗马,案件审理始终具有强制性仲裁的特点。裁判官法本身也是在市民法的逻辑路线中,在国家的权力之外独立发展的。

在英国普通法下,法律当然也是独立于统治下权力的。哈耶克清楚地指出,在英国,"要比在其他地方更为长久的岁月中,正当行为规则亦即普通法,一直被认为是独立于政治权力机构而存在的"[5]。哈耶克在

---

[1] 格罗索著:《罗马法史》,第95页。
[2] 同上书,第342页。
[3] 西塞罗著:《论演说家》,译本前言,第7—8页。
[4] 格罗索著:《罗马法史》,第265页。
[5] 哈耶克著:《法律、立法与自由》第一卷,第197—198页。

讨论普通法司法制度下的法官的职责时说：

> 法官所旨在服务或努力维护并改进的乃是一种并非任何人设计的不断展开的秩序；这种秩序是在权力机构并不知道的情况下且往往与该机构的意志相悖的情形下自我形成的；它的扩展会超出任何人以刻意的方式加以组织的范围；它也不是以服务于任何人之意志的个人为基础的，而是以这些个人彼此调适的预期为依凭的。①

如前所引，英国法律家柯克反复强调，普通法是理性的法律，因而，也就不是依赖于权力的法律。也正因此，柯克可以严厉地拒绝国王审理案件、从而也是发现法律的权力。这就是历史上著名的星期日上午会议事件。詹姆斯国王寻求认可大主教给他提出的一个主意，这将准许国王从法院拿走有些案件，由他自己"以其国王身份"对其进行裁决。柯克后来向读者报告说，他是这样回答的：

> 当着英格兰全体法官、财政大臣（Barons of the Exchequer）的面，并经他们同意，国王本人不能裁决任何案件，不管是刑事的，比如叛国罪、重罪等等，还是各方当事人之间，有关其遗产、动产或货物等等的案件，相反，这些应当在某些法院中，根据英格兰的法律和习惯来决定和裁决。②

柯克援引了先例，詹姆斯则回答说，"他认为，法律是以理性为基础的，而除了法官之外，他和其他人也具有理性"，对此，柯克回答说：

> 确实，上帝赋予了陛下以卓越的技术和高超的天赋；但陛下对于英格兰国土上的法律并没有研究，而涉及到陛下之臣民的生命或遗产、或货物、或财富的案件，不应当由自然的理性、而应当依据人为的理性和法律的判断来决定，而法律是一门需要长时间地学习和历练的技艺，只有在此之后，一个人才能获得对于它的审判权（cognizance）：法律就是用于审理臣民的案件的金铸的标杆[量杆]和标准；它保障陛下处于安全与和平之中：正是靠它，国王获得了完善的保护，因此，我要说，陛下应当受制于法律，而认可陛下的要求，则是

---

① 哈耶克著：《法律、立法与自由》第一卷，第184页。
② 转引自 Stoner, *Common Law and Liberal Theory*, p.30.

叛国;对于我所说的话,布拉克顿曾这样说过:国王应当不受制于任何人,但应受制于上帝和法律。①

在这段话中,柯克表明了,审理案件是法官的事情,这一判断之权不受国王的统治之权的控制。普通法是理性之法,而只有经过普通法司法实践的训练,一个人才有可能积累起承担司法活动——还有发现和阐明法律——所需要之技艺理性。归根到底,法律是在王权之外独立地发展起来的,其权威源于法官的技艺理性,而非国王的权力。

补充一点,法官之终身任职保证了他们可以在国王之外发展法律,斯密即曾强调这一点:"被任命来执行法律的法官是终身职,他们和国王完全没有关系。"②而陪审制度也将事实判断的权力归于同样与国王没有任何关系的普通人。

总之,考察古典罗马法和英国普通法,我们会发现,在自发地发现法律的程序框架下,法律本身乃是对于内在于社会成员的合作与交换网络中的内部规则之知识性的探究、发现,因而,归根到底,它源于法官与法学家的理性,而非源于主权者的权力。这种法律是在国家实质性的权力机构之外自发地生长出来的。

> 各民族的这一和那一指令和禁令具有要求正义和不为枉行的权力;但这种权力的存在不只是早于民族和国家的存在,它还是与统治和守卫天地的神同在的。因为这一神的心灵的存在不可能没有理性,并且神的理性也不能没有这种力量来确立对和错。……卢修斯·塔奎尼乌斯统治时的罗马,尽管没有禁止强奸的成文法,但我们也不能因此说,塞克斯图斯·塔奎尼乌斯强奸特里西庇提努斯的女儿可雷蒂娅没有违反那永恒的法律!因为理性还存在,它来自宇宙的大自然,它督促人们正确行为而不枉为,这理性并非由于形成文字才第一次成为法律,而是理性一存在就成了法律;……③

---

① 转引自 Stoner, *Common Law and Liberal Theory*, p.30.
② 坎南编,陈福生、陈振骅译:《亚当·斯密关于法律、警察、岁入及军备的演讲》,商务印书馆1997年版,第69页。斯密也评论说,"没有什么制度能比陪审制度提供更大的对生命、自由和财产的保障了。一方面,法官是廉正人士,完全独立地工作,享有终身职位,但他们要受到法律的限制;另一方面,陪审员是你们的邻人,他们裁判和你们生命有关的事实。"(第75页)
③ 西塞罗著:《国家篇·法律篇》,第180页。

当然,在现实的司法实践中,运用上述的"自然法"、发现那些"永恒的法律"的,正是法学家。正是借助于法学家的探究,法律才具有理性的属性,而不复纯粹由权力——不管是君主的权力,还是民众的权力——获得其效力。

判断权为统治权确定规则:司法审查

这样的法律过程不仅发现、阐明、确认和执行人民在普通的交往与合作活动中所不可或缺的正当行为规则,因而,属于所谓的私法,或者说民法,而且,它具有公法、宪法的性质。也就是说,自发地发现法律的程序同样也为国家权力之运转生成规则,这是三权分立学说的主张者——更不要提近代的法律实证主义者,所不可能设想的。哈耶克就据此对法律实证主义提出批评,并提醒人们更为准确地理解法律与政府的关系:

> 我们有必要使自己从这样一种错误观念中彻底解放出来,即先有社会,尔后社会为自己立法。这个错误的观念乃是建构论唯理主义的基点;而正是这种发端于笛卡儿和霍布斯、后经卢梭及边沁、直至当代法律实证主义的建构论唯理主义,始终使论者们无法洞见到法律与政府之间的真实关系。我们认为,只是由于个人遵循某些共同的规则,一群人才能够在那些被我们称之为社会的有序的关系中生活在一起。因此,如果我们把法律源出于权力这个似是而非且为人们广泛持有的观念颠倒过来,进而认为所有的权力都源出于法律——这当然不是在法律指定权力的意义上而言的,而是在权力因(也只有当)它实施了一种被认为独立于它而存在并以人们就公正问题广泛持有的意见为基础的法律而征得人们的服从的意义上所讲的——那么我们就很可能会更趋近真实的情况。据此我们可以说,并不是所有的法律都是立法的产物;倒是立法的权力预设了对某些共同规则的认可;再者,这些构成立法权力之基础的规则,还对这种权力构成了限制。①

---

① 哈耶克著:《法律、立法与自由》第一卷,第153—154页。

在这段话中,哈耶克说明了,权力源于法律(当然是自发地生成的法律),而不是相反。而且,自发地发现法律的程序,也对权力构成限制,这种限制就体现为司法审查制度。

自发地发现法律的程序,逻辑地隐含司法审查的可能性。因为,经由此一程序所发现的法律之权威归于普遍的理性,而非统治者之权力。此种法律在逻辑上是先于权力的,并且赋予权力以正当性。因而,凡是违背此一法律、因而也就是违背此一法律所蕴涵之理性的统治行为和立法,均不具有正当性,而代表着理性的法官可对其进行审查。在自发地发现法律的程序中,法官和法学家必须要探究,统治者所颁布的立法是否属于真正的法律。

西塞罗关于理性与统治者制定之法律的关系的讨论中,已经清楚地表明了,人们可以根据理性和正义而判断一部立法是否属于真正的法律:

> 最愚蠢的想法莫过于认为习惯和万民法中的一切规定都是恰当的。如果法律是由暴君颁布的……(或者,如果一项法律规定)独裁者可以不经审判而随心所欲地处死任何公民,那么它还是恰当的吗?正义是最高的法;基于这样的地位,它约束着一切人类社会,是规定了要求和禁令的正确理性的体现……①
>
> 如果争议的原则只是建立在各民族的法令、君王的敕令或法官的决定之上,那么正义就会支持抢劫、通奸和伪造遗嘱,只要这些行为得到大众投票和法令的赞同。……而事实上,我们只要按照大自然的标准就可以感受到善法和恶法的差异;……②
>
> 人们都认为,创造法律是为了公民的安全、国家的长存以及人们生活的安宁和幸福;人们又认为,那些第一次实施这类规则的人们当年说服了他们的人民:他们将这类规则形成文字并加以执行的目的是,一旦接受和采纳了这些规则,就使他们可能获得光荣且幸福的生活;而当这些规则形成文字并付诸实施时,很清楚,人们就称

---

① 转引自凯利著:《西方法律思想简史》,第57页;另一个不同的译文见西塞罗著:《国家篇·法律篇》,第163页。

② 西塞罗著:《国家篇·法律篇》,第164页。

其为"法律"。从这一观点看,就很可以理解,那些为各民族制订了邪恶和不公正法律并因此破坏了他们的诺言和协议的人所实施的根本就不是什么"法律"。由此也许可以明确:在"法律"这一概念的定义中就固有选择正义和真实的观念和原则。①

罗马人把法学定义为"关于正义与非正义的科学"②。在上面的几段话中,西塞罗清楚地表明了,那些违反理性的法律,不是真正的法律,尽管他并没有明确地说明,法学家和审判员是否可以明确地案件中直接宣告一项违反理性和正义的"法律"是否无效。

不过,在司法实践中,我们似乎能够看出司法审查的蛛丝马迹:公元前121年,卢基乌斯·奥皮弥乌斯杀死盖尤斯·格拉古,次年法庭审理此案。根据西塞罗的对话录《论演说家》中一位人物的说法,"德基乌斯认为,决议本身违背法律。由此法庭需要确定,根据元老院决议为了国家利益而采取的行动是否合法?""一个人根据院老院的决议,为了国家的利益而杀了人,尽管这一行动不符合法律,难道他也应该受惩处?"③ 在这里,涉及到元老院的决议,而根据罗马政体,该决议具有法律的性质,因此,法庭似乎需要审查,元老院的决议本身是否正当。

当然,罗马确实不存在现代意义上的司法审查制度。不过,在另一个典型的自发发现法律的程序框架、即普通法下,法官们自发地从普通法的逻辑中发展出了司法审查的理论雏形,并小试牛刀,此即爱德华·柯克爵士在著名的邦汉姆医生案中给出的裁决理由中的一段话:

> 从我们的年鉴中可以看出,在很多案件中,普通法能够控制国会的法案,有时可以裁决它们完全无效:因为,如果一部国会法案有悖普通的正当性和理性,或存在矛盾,或不可能实施,则普通法应可控制它,并裁决这样的法案无效。④

这一审查之权的依据,则体现在柯克对詹姆斯国王所说的那段话

---

① 西塞罗著:《国家篇·法律篇》,第181页。
② 查士丁尼著:《法学总论》,第5页。
③ 西塞罗著:《论演说家》,第303、305页。
④ 转引自 Stoner, *Common Law and Liberal Theory*, p.52。哈耶克在《法律、立法与自由》的一个交注中也引了本裁决理由,见第一卷,第224—225页。

中:"法律是一门需要长时间地学习和历练的技艺,只有在此之后,一个人才能获得对于它的审判权(cognizance)"。法官具有司法的技艺理性,因而,他们可以在历史的过程中发现英格兰的法律,根据英格兰古老的宪制,国王应受制于法律;因此,从逻辑上,我们可以说,法官可以在具体的案件中根据他的理性来对国王颁布的法律和他所采取的行动进行审查,尽管在柯克老来,普通法法官应该极为审慎地使用这种权力。根据同样的逻辑,对于国会所制定的法案,法官也拥有审查之权。

因此,在普通法制度下,内在地隐含着司法审查的可能性,这一制度发源于普通法传统中,也是毫不奇怪的事情。只有在法律是由法律家在审理案件的过程中自发地发现的制度下,法律才独立于颁布制定法的统治者或统治机构的权力,因而,才有可能对统治活动进行审查。假如法官只能机械地适用统治者所颁布之制定法,则法官对统治活动的审查,就只具有形式的意义。这正是大陆法系下严格地以适用制定法的行政法院所面临的困境所在。

据此我们也就不难理解,即使在强调法院只能机械适用立法机构所颁布的制定法的大陆法国家中,二战以来所建立的宪法法院——及法国的行政法院——也通常采用遵循先例原则。此一组织设计的用意,其实就是重新建构宪法法院的权威。宪法法院如欲真正地发挥司法审查的功能,则其所适用的,就不能是、或者说不能仅仅是宪法文本本身。因为,不管怎样,宪法文本是由行使统治之权的民选之立宪机构所制定和颁布的,因而从理论上说,宪法文本是可以随着该统治者之意志的变换而变换的。倘若大陆法系之宪法法院像普通法院在适用民法、刑法时那样,也只能机械地适用宪法文本,则其司法审查的效力是非常有限的。甚至是自相矛盾的。

相反,根据先例原则,宪法法院的权威将可——哪怕只是部分地——独立于立法机构,更不用说独立于行政机构;宪法法院的权威将来自于司法的技艺理性。而惟有根据此一不依傍于权力的理性,宪法法院法官才拥有对构成统治之国会和行政部门颁布的法律和采取的行政行动进行判断和审查的充足且独立的理据。

因而,任何一个有效的宪法法院制度,均需以判例原则作为其支柱,惟此方可使宪法法院获得超越于权力之外的判断权。而这样的宪法法院也将使原来基于三权分立的政体模式,部分地向着我们所论证的两权分立模式靠拢。在这种宪法法院模式下,普通法院与立法和行政部门一样,可以被划入统治的部门,而宪法法院则行使着判断之权。当然,与完全基于自发地发现法律的程序的模式相比,这种判断之权的力量过于弱小,因而,很难取得统治与判断之间的均衡。

因此,本文认为,基于自发地发现法律的程序的、统治权与判断权两分的政体分析框架,可能比三权分立的分析框架,更有助于我们探讨一种维护、扩展个人自由的宪政制度。

余 论

格雷在讨论哈耶克的法治思想时断言,哈耶克构建了一个普通法法治国的政体框架。他说,在《法律、立法与自由》一书中,哈耶克"已经逐渐解决了早年思想有关自由国家中立法与普通法的地位的含糊之处。他在《法律、立法与自由》一书中所书的目前的观点则是,自由国家呈现为某种普通法法治国(a common-law Rechtsstaat)的形态"。格雷对于这一概念似乎相当得意,他立刻补充说,"就我所知,他本人并没有用这个词,但它确实很好地把握了他目前的观点"[①]。邓正来也反复论述这一概念,将其作为哈耶克宪政思想之盖棺论定[②]。

哈耶克在《法律、立法与自由》中所集中讨论的确实是普通法下之法治。然而,把具有强烈大陆法色彩的 Rechtsstaat(德国的"法治国")[③]与普通法一词结合到一起,略显突兀。而且,这两个概念本身的周延都不

[①] John Gray, *Hayek on Liberty* (third edition), London and New York: Routledge, 1998, p.69.
[②] 比如他的长文《普通法法治国的建构——哈耶克法律理论的再研究》,及他的著作,《自由主义社会理论》,山东人民出版社 2003 年版,第四章,《哈耶克法治观的建构》,其中一节的标题即为《从"大陆法法治国"到"普通法法治国"》。高全喜也同意格雷的这一概括,见其著作《法律秩序与自由正义——哈耶克的法律与宪政思想》,北京大学出版社 2003 年版,第四章《法治与宪政思想》,其中一节即讨论《普通法的法治国》。
[③] 哈耶克在《法律、立法与自由》的一个脚注中已经援引一位作者的话说:"19 世纪晚期,德国自由主义法律理论家中的领袖人物经由接受法律实证主义而使他们自己失去了抵制法律实证主义者用纯粹'形式的'法治国(Rechtsstaat)替代'实质的'法治国的任何可能性,与此同时他们还因与这种从根本上与自由主义不相容合的法律实证主义之间存在着种种瓜葛而使自由主义的信誉受到了损失。"(第二、三卷,第 105 页注[27])

是足够地大,不足以反映哈耶克构造一种整全的宪政理论的雄心。

一方面,普通法本身具有特定含义,特指存在于普通法国家中的那种法官造法的制度,不过,推测哈耶克的原意,普通法不过是他所论证的自发秩序的一个范本。而哈耶克也曾顺便提到古典罗马法、甚至古典希腊法①。而莱奥尼则始终将古典罗马法与英国普通法相提并论,因此,对于哈耶克所强调之普通法,我们可以将其提升至一个更为抽象的层面,即上文所提出之自发地发现法律的程序的概念,以与基于主权观念和立法为惟一法律观念的法律实证主义相对应。它当然囊括了英国普通法和古典罗马法,也可以概括中国古典的判例法②,中世纪以来西方之商法,尤其是国际商法,甚至可以概括大多数时间的教会法,也能够凸显欧洲的宪法法院区别于普通法院的特征。

另一方面,即使纯正的德国"法治国"也不足以完全反映哈耶克的本意的。在《自由宪章》中,哈耶克曾经评论"法治国"有两项伟大成就,其中一项即是普鲁士的腓特烈大帝之法典编纂活动,哈耶克说,此成就及后来之拿破仑诸法典,"必须被视为是欧洲大陆努力确立法治的最为重要的方面之一,因为该项运动在很大程度上决定了欧洲大陆法治运动的一般特性及其发展的方向,而这些发展,至少从理论上说,已超越了普通法国家所达到的阶段";"对于法律编纂运动而言,至少有一点是不容置疑的,那就是法律编纂运动的各种努力促使人们对一些构成法治基础的一般性原则作出了明确的规定"③。到了写作《法律、立法与自由》时期的哈耶克,恐怕是不会赞同自己的这一评论的。此时的哈耶克仍然坚持的是明文规定才使法律具有确定性的观念,而莱奥尼在其《自由与法律》中特别地批评了哈耶克的这一观点,哈耶克本人则接受了这一批评,从而才有了邓正来所说的从"大陆法法治国"到"普通法法治国"的转变。我们甚至可以说,到了晚年,哈耶克基本上已不认为大陆法下存

---

① 在《社会的秩序原理》一文中,哈耶克甚至写过这样的句子"自发秩序或法治的极端重要性"云云,接下来他写道:"自发秩序的观念只出现在某些国家,在古希腊和古罗马,不亚于近代英国,人们认为公正是通过法官或学者的努力被发现的,而不是由什么权威的专断意志决定的"(见哈耶克著:《经济、科学与政治——哈耶克思想精粹》,第393、396页)。
② 具体的论述散见于武树臣著:《儒家法律传统》,法律出版社2003年版。
③ 哈耶克著:《自由秩序原理》上册,第251页。

在真正的法治①。

事实上,哈耶克所追求绝不仅仅是一般的法律之治。在哈耶克的晚年思想中,法治毋宁说是一种宪政框架的代称。因此,他在《法律、立法与自由》最后一部分,讨论了两个议会的设想,哈耶克也自认为这是除了"货币的非国家化"(denationalization of money)②构想之外,另一个得意的构想。哈耶克提出区分立法性议会与政府治理议会③,将目前混杂的议会的"立法权"一分为二:一种为制定正当行为规则即内部规则的权力,一种为指导现政府活动、即制定外部规则的权力。但是显而易见,这两个议会之间是有可能出现权限冲突的,为此,哈耶克又建议,设立一个宪法法院,对该冲突予以裁决。这一宪法法院显然不同于目前欧洲大陆法下之宪法法院——比它们的管辖范围要小得多。

这是一个复杂的体系。而且,显然,这一制度设想偏离了《法律、立法与自由》第一卷中对于普通法——也即自发地发现法律的程序——的讨论中所得出的极为深刻的洞见。

笔者认为,按照哈耶克在《法律、立法与自由》第一卷中的讨论,逻辑的结论应当是坚持一种"基于普通法的宪政制度",而不是试图划分议会,并且又叠床架屋,为两个议会专门成立一个宪法法院。这一设想的问题在于:既然立法性议会已被假定为其职责是制定正当行为规则,而宪法法院的法官所能依据的,也正是正当行为规则,则宪法法院似乎只能以立法性议会所通过之正当行为规则对于立法性议会与政府治理议会间的冲突进行裁决。因为,即使该宪法法院实行判例法,但如果在同一时期就同一问题,它所发现之正当行为规则,竟然不同于立法性议会,则显然也就否定了双方所坚持之规则之正当性本身。因而,在哈耶

---

① 比如,他说,"在法律主要被当作自觉的立法产物的国家,这种秩序[即自发秩序或法治]总是难以生根,而且,凡是受到法律实证主义和民主信条双重影响的地方,总会导致它的衰落,因为这两种学说除了立法者的意志外,不知还有其他的公正标准。"(哈耶克著:《经济、科学与政治——哈耶克思想精粹》,第396页)同样,在《法律、立法与自由》中他也谈到,一般所说的"法无明文不为罪"也未必就是"法治","只要该论式中的'法'所指的只是立法者所颁布的成文规则,而不是意指那些一经形诸于文字其约束力即刻便会得到普遍认可的规则"(哈耶克著:《法律、立法与自由》第一卷,第182页)。

② F. A. Hayek, *Denationalisation of Money: An Analysis of the Theory and Practice of Concurrent Currency*, London: the Institue of Economic Affairs, 1976.

③ 参见哈耶克著:《法律、立法与自由》第三卷,第十七章《一种宪法模式》。

克所设想的宪法模式中,宪法法院将处于尴尬的位置,它在理论上无法撇清自己与立法性议会之间的合谋关系。

事实上,普通法下的法院本身就足以承担起发现作为内部规则之法律的任务。在此一制度下,法院所履行的,不仅仅是司法之权,也承担了发现和阐明法律之权;不仅是发现哈耶克所说的"私法",也发现哈耶克所说的"公法",并在国家权力的外部对国家的活动进行监督、控制、审查。因此,莱奥尼的呼吁可能比哈耶克的构想更为明智。莱奥尼呼吁在当代宪法、立法和行政法领域中引发一场大革命:

> 这场革命最重要的内容将是:规则主要不来自成文法,而来自不成文法。在这一转换过程中,我们应当对法律的确定性概念,准确地说,是法律的长期确定性,给予密切的关注,惟有如此,个人才能在既考虑当下、也考虑未来的前提下作出自由选择。在这一过程中,司法权应当最大限度地与其他权力分开,就像罗马时代和中世纪那样,当时,司法权(jurisdictio)与统治权(imperium[在古罗马,尤其指帝权——译者注])严格区分。司法应当更多地致力于发现法律是什么,而不是将法官认为应当属于法律之规则,强加于纠纷当事人。
>
> 应当对造法过程进行改革,以使其基本上、甚至完全成为一个自发自生的过程,就像贸易、语言及其他领域一样,在这些领域,每个人与他人都保持着相容且互补的关系。①
>
> 我们所提出的另一种替代方式,可能更合乎历史证据,比如,拒绝个别人或个别集团所制订的专断的规则,取而代之的是一国之全体公民人人自发地参与造法之过程。②

在这里,莱奥尼呼吁回归纯正的古典罗马法和英国普通法,也即自发地发现法律的程序,有学者将这种人人自发地参与造法的法律模式,称之为"莱奥尼模式"(Leoni Model)③。然而,莱奥尼所没有明确指出的,这不仅仅是种造法模式,它也是一种宪政模式。

---

① 莱奥尼著:《自由与法律》,第135页。
② 同上书,第152页。
③ 同上书,第174页。

目前普通法国家学者的对于司法审查制度的研究,逐渐形成了一个"普通法宪政主义"的概念。这是一个非常富有启发性的概念,它突出了普通法对于一个自由宪政政体的重大意义。[①] 但另一方面,普通法的说法本身过于具体,而不具有抽象的理论意义。需要代之以抽象度更高的自发地发现法律的程序这一概念。

更为重要的是,普通法宪政主义理论着重探讨的是司法审查制度[②]。如前所述,司法审查是自发地发现法律的程序逻辑上所隐含的一项制度,但司法审查远不足以完全表明自发地发现法律的程序在一种自由宪政模式中的决定性意义。我们上文已经讨论过,在自发地发现法律的程序下,法律是独立于国家的,法律在逻辑上是先于国家,也即,判断之权先于、优于统治之权,因此,在此种程序模式下所建立的国家,逻辑地是自由宪政国家。而法官审查君主或国会之法律,不过是上述重大结论的一个逻辑延伸而已。

哈耶克、莱奥尼有关自发地发现法律的程序的探讨,向我们展示了一个重新思考法与制定法、法律与国家、理性与权力的关系的视角。根据哈耶克和莱奥尼的逻辑,我们可以重新构建一个分析国家治理的概念框架,以两权分立取代三权分立。由此我们将有可能探索一种自由宪政的政体框架,在这种框架中,法律将是真正"人民的法律"(当然不是民主投票意义上的人民法律),权力将建立于公正的正当行为规则之上,权力将接受理性的约束,因而,权力天然地是有限的。

[①] 这方面研究的一个开拓性著作,似乎是 *Common Law and Liberal Theory*,它系统地检视了普通法在美国宪政主义中的重要位置。

[②] 参见 Thomas Poole, "Back to the Future? Unearthing the Thoery of Common Law Constitutionalism, in *Oxford Journal of Legal Studies*, vol.23, No.3(2003)。

司法至上与自发秩序的法律体系

——评《法律秩序与自由正义——哈耶克的法律与宪政思想》

哈耶克尽管风行于20世纪90年代的中国，但人们关注的是他捍卫自由的精神和若干具有强烈意识形态色彩的观念，而对于其比较专业的学术贡献，不管是经济学，还是法学、政治学，却似乎较少深入的研究。

这本《法律秩序与自由正义——哈耶克的法律与宪政思想》则是一次相当成功的努力，它比较精到地勾画了哈耶克的法律与宪政思想的轮廓。作者尤其清晰地指出了哈耶克自由主义区别于他所在谱系内其他自由主义理论的特质所在：哈耶克自由主义理论的"关键在于哈耶克通过把社会政治问题转换为法律问题，使他不但在基本理论上揭示了法律、自由与正义的关系，提出了自由正义这样一个法律秩序背后的价值支撑，而且还使他把这种法律、自由与正义三者之间的互动关系具体落实到法治与宪政的框架之内，提出了一个'普通法的法治国'的法治观和一个三权五层的宪法新模式。"①

中国当代的自由主义者中受哈耶克启发、以哈耶克为门径不在少数。而普通法的法治国，可能不失为当代中国具有古典自由主义取向的法律与政治学理论一个可能的进路，或者用一个更为新颖的名词，叫做"普通法宪政主义"②。

---

① 高全喜著：《法律秩序与自由正义——哈耶克的法律与宪政思想》，北京大学出版社2003年版，第9页。

② 关于这个词的含义可以参见 Thomas Poole, Back to the Future? Unearthing the Theory of Common Law Constitutionalism, *Oxford Journal of Leagal Studies*, vol. 23, No. 3 (2003), pp. 435—454。

司法与统治

治理社会的权力,可以被划分为两大类,一类是统治权,另一类则是司法权。

自孟德斯鸠以来,人们不假思索地接受了立法、行政、司法的三权分立理论。不过,不管是从古典的君主制度下,到现代的民主制框架内,立法活动与行政活动之间的界限,始终是相当模糊的。两者的性质,其实有很大相通之处:不管是立法还是司法,都是积极的权力,都是国家以暴力为后盾,自上而下地推行其意志,旨在实现统治者所追求之目标,不管这个目标是什么及如何形成。相反,这两者与司法活动之间的界限,则是比较清晰的,其性质也存在较大差异:司法则是一个被动的过程,旨在解决社会中的争议,包括民众与国家之间的争议,这是一种消极的权力。

看得出来,立法和行政均是一种以暴力为最后支持的主宰性权力,而司法意味着一种判断的力量。这种判断的依据可能是神意,也可能是理性。总之,司法权威之树立,依靠的是当事人和公正的旁观者,也即具有正常的理智和情感的人们的心悦诚服——不管是出于今人所鄙视之迷信,还是理性的论辩,但终究不是依靠暴力和暴力的威胁。

统治和司法当然都需要规则,人们普遍地用一个笼统的词来形容它们:法律。然而,仔细地分析将会发现,统治活动和司法活动所生成的规则,其性质是大相径庭的。用哈耶克的术语来说,由统治活动所生成的规则,乃是外部规则,由司法活动所生成的规则,则为内部规则。

哈耶克在《法律、立法与自由》中别出心裁地使用了罗马法中的私法与公法二词,它们分别对应于内部规则和外部规则。"哈耶克所命名为私法的普通法是指在英美的社会土壤中自生产生的规则体系,为此,哈耶克又提出了内部规则或自由规则,在他看来,私法的本质乃在于它是一种内部的规则,或自由的规则,其核心乃是作为行为规则的正当性,或曰正当行为规则。"[①]

---

① 高全喜著:《法律秩序与自由正义》,第117页。

高全喜对哈耶克使用私法来形容普通法进行了辩护①，然而，这种辩护可能有点牵强。这种说法是误导性的。事实上，罗马法中有现成的术语可以近似地描述哈耶克心目中的区分，那就是"法"与"法律"。比如国会的立法或君主、执政官的敕令，乃是法律，是从统治权中衍生出来的。与法律相对应的，则是"法"。"市民法代表着一种自然形成的法，相对于它，'法律'则是由人制定和颁布的法。"②

不过，我们可以提出一种更为准确的法律秩序分类标准，一种可以称为自发秩序的法律体系，一种则可以称为唯理主义的建构主义的法律体系。

普通法当然是最典型的自发秩序的法律体系。哈耶克也注意到了共和国时期罗马法的普通法性质，而布鲁诺·莱奥尼则更为清楚地论证了这一点：共和国时期的罗马法与英国普通法一样，乃是一种自发秩序的法律体系。③

同样，法典化之前的教会法④，国际商法，近代罗马法复兴以来欧洲大陆的"学者法"⑤，都属于自发秩序的法律体系。

而拿破仑法典以来，以欧洲大陆的唯理主义为哲学基础，以国家的垄断立法为核心的法律体系，则属于典型的唯理主义的建构主义的法律体系。国家作为主权机构的立法机关拥有垄断性的立法权力，而法律，无非就是主权者的强制命令。法律实证主义法学家，不管是凯尔森，还是稍微温和一些的哈特，都坚持这一点。哈耶克则与之相反，"他从来没有把法律规则设定为主权者的立法命令，并且从设定义务与授予权利的角度界定法律，而是认为真正的法律规则来自法律家所制造的规则体系，这种法律家的规则是文明社会在自生秩序的进化过程中自发形

---

① 参见高全喜著：《法律秩序与自由正义》，第114—119页。
② 朱塞佩·格罗索著，黄风译：《罗马法史》，中国政法大学出版社1994年版，第104页。
③ 莱奥尼著，秋风译：《自由与法律》，吉林人民出版社2004年版。
④ 在教会法的古典时期，"教皇积极地以教令形式立法，教会法学家对格兰西的著作和教皇教令进入深入系统诠释，形成教会法学科生动活泼的局面……"（彭小瑜著：《教会法研究》，商务印书馆2004年版，第17页）。这之后，随着天主教会中央集权的加强，教会法也走上了法律实证主义之路。
⑤ 关于这个词的含义，参见萨维尼著，许章润译：《论立法与当代法学的使命》，中国法制出版社2001年版，第10页，注1。

成的。"①

自发秩序的法律体系与唯理主义的建构主义的法律体系之间的根本差异,源于对规范从何而来的不同认识。唯理主义者认为,具有理性的主权者可以创制出普适的法律。最早进行系统的近代立法的法国人就曾经认为,"从自然法学派思想家所建立的基本前提进行推理,人们就能够取得一种可以满足新社会和新政府所需要的法律制度。"② 也就是说,可以在具有理性精神的法律科学的指导下,由立法机构制定出一部涵盖生活方方面面的统一的法典。

哈耶克已经揭示了这样的国家立法垄断的危险,它是当代社会的"政治中心化"趋势③ 的一个组成部分,"依照这样一种原则,整个社会作为一个组织性的系统,它遵循的乃是肯定性的法律,它们是由立法机构专门制定出来的用于实现各种组织目标的,特别是用于实现作为政府或国家的国家利益或政府政策的,依据这类公法治理社会,那么其结果便只能是对于全社会和每个公民的权力控制,使其从属于组织的要求与目的,并最终导致一种全权性的国家。"④

而自发秩序的法律体系背后所隐含的则是这样一种认识:人们只能发现法律,而不是创制法律。"罗马人和英国都坚持同一个理念:法律是有待于发现的东西,而不是可以制订颁布的东西,社会中的任何人都不可能强大到可以将自己的意志等同于国家之法律。在这两个国家,'发现'法律的任务被授予法学家和法官。——这两类人,在某种程度上相当于今日的科学专家。"⑤ 即便是罗马的古典立法——《十二表法》,"它的主要特点仍然是揭示规范、澄清规范、介绍规范和解释规范,而不是正式地创造和制定规范。"⑥ 而发现的过程必然是零碎的过程,也即个案积累的过程、试错的过程。

自发秩序的法律体系与唯理主义的建构主义的法律体系这个分类

---

① 高全喜著:《法律秩序与自由正义》,第18页。
② 约翰·亨利·梅利曼著,顾培东、禄正平译:《大陆法系》,法律出版社2004年版,第28页。
③ 参见高全喜著:《法律秩序与自由正义》,第360—366页。
④ 高全喜著:《法律秩序与自由正义》,第364页。
⑤ 莱奥尼著:《自由与法律》,第16页。
⑥ 格罗索著:《罗马法史》,第107页。

的抽象性显然高于私法和公法的分类,也更少含糊性。同时,它也突出了以统治权立法与借助司法过程立法之间的根本差异,从而指向了一种自由宪政的政体架构:以司法为中心、通过司法过程生成规则、并为统治立法的普通法宪政主义。

萨维尼、门格尔论自发秩序的法律观

自发秩序的法律观念,乃是对于现代民族国家垄断立法的一种反动。历史发学派就是在抵制法国大革命的唯理主义法律观念背景下形成的,因而,它所强调的正是法律的自发性质。萨维尼指出,法律乃是民族精神的体现:"一切法律均缘起于行为方式,在行为方式中,用习常使用但却并非十分准确的语言来说,习惯法渐次形成;就是说,法律首先产生于习俗和人民的信仰(polpular faith),其次乃假手于法学——职是之故,法律完全是由沉潜于内、默无言声而孜孜的伟力,而非法律制定者的专断意志所孕就的。"[1]

萨维尼所反对的乃是法国人的立法自负:"人们渴求一旦订定完毕,即能确保获得一种体制化的、精确的司法运作下的新的法典;如此这般,则法官们亦能免于一己私见,而仅当囿限于将法律作文字性的适用即可;与此同时,它们将祛除所有的历史联系,在纯粹抽象的意义上,为所有国族、一切时代所同等继受。"[2] 这种立法的自负实际上取消了司法过程;立法也被用于与历史切断联系,构造一个全新社会。而这个构造者就是国家,因而,法国人的立法观念在现实操作中,则为法律的国家主义:"根据这一理论,所有的法律,就其具体形式而言,均系奠立于作为最高权力的确切宣示的具体立法基础之上。"[3]

不过,萨维尼最终仍然归宗于法典之编纂,只不过,他认为当时之德国尚不具备编纂统一法典的知识准备而已。奥地利学派经济学的创始

---

[1] 萨维尼著:《论立法与法学的当代使命》,第11页。
[2] 同上书,第4页。
[3] 同上书,第5页。作者接下来谈到了这样的法律"全然秉具偶然而变动不居之特性;极有可能,明日之法,或会全然迥异于今日之法"。布鲁诺·莱奥尼也在《自由与法律》中反复申说,立法之法尽管以白纸黑字将规则书写下来,但反而不具有法律之真正美德:长远的"确定性"。

人卡尔·门格尔则更清晰地地论证了自发秩序的法律观。在1971年出版的《国民经济学原理》中,门格尔首先论证了货币的自发形成过程①,在《经济学方法论探究》一书中,门格尔又发展了这一理论,解释了国家的自发形成过程。接下来,门格尔写道:"同样,我们可以说,其他社会制度、语言、法律、道德规范,尤其是大量经济制度,也是在没有明文的协定、没有立法强制、甚至在不考虑公共利益的情况下,而纯粹是在自身利益的驱动下、作为追求这些利益的活动的产物而形成的。"②

在这本书的附录八《法律的"有机的"起源》中,门格尔详尽地解释了法律是如何作为个人的行动的"非意图的后果"而自发地生成的过程。然后,门格尔写道:

"有一些人,他们将国家及国家制度、社会及社会制度仅仅视为一块疆域中的民众或其统治者的有目的的活动的产物。很自然地,他们从一开始就认为,所有有机地形成或受有机的力量之影响而形成的社会制度,是弊端,是社会的灾祸,因为他们并不明白这些制度对于社会之维续、发展的重要性。他们热衷于按照某种方针改良这些制度,而他们所奉行的这种方针,越是趋于绝对地随心所欲,其背后所依据的见识的缺点也就越多。总的来说,蕴涵在有机地发育而成的社会制度中的'直觉的智慧'(intuitive wisdom)……被采用这一研究取向的代表人物忽视了。用这种取向研究现实政治领域所得出的结果只能是,对现有的社会制度提出某种幼稚的批评,并试图对这些制度进行同样幼稚的改革。因此,在那些利用改革家之权力的人士以为他们在为共同利益而奋斗的时候,他们理论上的片面性与荒谬的创新欲望,却常常会损害该国的法律。而如果统治者与法律家联起手来,要用仅仅服务于统治者的法律,取代从国民中形成的、**服务于**国民的那些普通法,则结局将会更糟。"③

在这里,服务于统治者的法律,就是哈耶克所说的外部规则,而"从国民中形成的、**服务于**国民的那些普通法",就是萨维尼所说的民族的

---

① 见卡尔·门格尔著,刘絜敖译:《国民经济学原理》,《货币的起源》一章,上海人民出版社2001年版。

② Carl Menger, *Investigations into the Method of the Social Sciences*, Libertarian Press, 1996, p.137. 本书已由译者译出,即将出版。

③ 同上书,第220—221页。

心声，或者用秘鲁政治经济学家赫尔南多·德·索托的话说，它们是"人民的法律"①。

可以肯定，哈耶克晚年关于普通法的论述，肯定受到了门格尔这一原创性思想的影响，并且，哈耶克更为明确地把普通法作为自发秩序的法律体系的一个模本，而通过普通法，哈耶克更具体地找到了这种自发秩序的法律体系演进的动力机制，即参与司法过程的个体自发地、零散地创造法律。

司法约束统治

稍微文明一点的统治，均须依照规则进行。中国古代的法家也反复强调，君主应当遵守法律。问题是，谁来制订这些规则？在法律实证主义看来，比如在法家那里，统治所依据的规则，就是统治者自己为自己制订的。然而，这样的规则能否对统治者具有约束力？尤其是，谁来适用、解释、执行这些规则？从霍布斯的主权理论得出的必然结论是：主权者自己立法、自己司法。显而易见，在这样的社会，有法律，而无法治。

相反，典型的法治秩序，可见于古典罗马法时代和英国普通法时代。从经验上可以看出，这两者都属于在司法过程中立法。一个是法学家和裁判官造法，另一个则是法官造法。关于普通法的法官造法，毋须多说。关于罗马法，一位学者这样说："即便在除了盖尤斯的《法学阶梯》之外还存在许多法学教科书的罗马古典法后期……纷繁复杂的立法和司法时间活动始终仍然以案例的方式进行"②。

从其生成机制看，这样的法律，是在统治之外形成的。这一点，在古罗马表现得极为清晰："关于法的传统材料恰恰保存在僧侣们的深宅之

---

① 赫尔南多德·索托著，王晓冬译：《资本的秘密》，江苏人民出版社 2001 年版，第 186 页。德·索托认为，目前非西方的不发达国家大多数照办西方成熟的法典，然而，这些法典根本不能用于描述，更不用说处理这些国家现存的财产所有权，因而，法典本身将大量的民事、商事活动置于非法境地。他的主要论旨是：国家必须"发现"这些民间所普遍承认的惯例，将其纳入正规法律体系中，他说，应当"破译"主宰民间经济社会活动的这种法律。这一观点明显地受到了布鲁诺·莱奥尼的影响。特别参见该书第六章《法律制度上的不足》。

② 西塞罗著，王涣生译：《论演说家》，中国政法大学出版社 2003 年版，译本前言，第 19 页。

中,法的正式解释者正是一个由僧侣组成的团体"。① 而"这种通过僧侣团体来保存和解释法的做法反映出法(ius)的地位,即某种存在于现实之中又独立于城邦权力的东西"②。后来,法律解释和生成的权力转移到世俗法学家之手。如果说祭司的权威还是有国家规定的话——但这种规定已经遥远在可记忆之外了,那么,法学的权威则完全来自他们的解答、解释所具有的"客观理性"③。更具体地说,早期的祭司法学和后期的世俗法学一样,"它不是将规范强加于人的意志,而是一种用不同的态度研究、遵循并调整规范的悟性。"④ 人们之所以服从司法裁决,与其说是迫于国家的强制,不如说是因为得到了当事人及一切具有正常的理智与情感的普通人的信服。从这种意义上,法律的效力实际上并不完全依赖于国家的强制。

不仅如此,这样的司法过程,还会约束统治,并且,生成统治的规则。也就是说,自发秩序的法律过程而言,不仅生产调整个人间关系的私法,也生产着调整公共权力的公法。最典型者如英国宪法。戴雪曾清楚地指出:英国的"许多政制,在其中英宪就为一显例,并不曾被人们以一口气造出,而且远非一次立法(依通常意义解释)所制定;反之,他们却是千百年来法院替私人权利力争而得到的结果。简约说:**英宪只是一宗裁判官造成的宪章。**"⑤ 英人所谓的"英宪未尝被造出,只自然生长",此处之所谓自然生长,并非非人力所为的自然的生长,而是依靠个人——包括法官、诉讼当事人、律师、当然也包括君主、议会——之自发的、分散的、零碎的努力。

本书作者精辟地总结了司法过程与宪政制度之间、在正当行为规则方面自我循环再生的结构:"政制秩序作为一种制度化的法律系统,它也是一种自生秩序的系统……这种自生的政制秩序所遵循的规则同样是一些抽象的规则体系,……特别是法律规则(包括内部规则和外部规则两个方面),可以说直接奠定了政制制度的基石。……古往今来,任何

---

① 格罗索著:《罗马法史》,第96—97页。
② 同上书,第99页。
③ 西塞罗著:《论演说家》,译本前言,第8页。
④ 格罗索著:《罗马法史》,第103页。
⑤ 戴雪著,雷宾南译:《英宪精义》,中国法制出版社2001年版,第240页,黑体字为引者所加。

一种政制秩序都是遵循着法律而形成的,但法律从渊源上来说,乃是一种抽象的规则系统,而不是统治者所颁布的法律条文,在哈耶克看来,政制依存于法律,法律又依存于法官,从政治到法律再到司法,这是政制秩序自身的一套演进序列。"① 这正是普通法宪政主义的基本逻辑。

在这样的自发秩序的法律体系中,内在地蕴涵着司法至上和司法审查的观念。自发秩序的法律体系的演进动力,来自于一个独立的法律家团体。统治的暴力应受神意或理性之节制和规范。在一个优良的政体中,一个独立的法律家团体,不管它的权威、权力来自何处,均可借助于神意或理性,为统治权立法,借此,神意或理性驯服暴力。西塞罗说过,"毫无疑问,法学家的住宅乃整个社稷之谶堂"②。

这也正是哈耶克的看法,"在哈耶克看来,法治的根子乃在于私法之治,必须从法治国回到普通法,因为,普通法所代表的法律精神才是法治的真实精神"③。对于追求宪政秩序的中国学人来说,认真对待普通法传统,可能是一个知识上无法回避的重任,只有如此,才能够构造出一个发现中国的法律的制度框架。而这则需要一次哲学视角的彻底转向,从欧洲大陆的唯理主义传统,转向以苏格兰启蒙运动为代表的有限理性传统。这本书则是一个尝试,尽管尚缺乏完全的自觉。

---

① 戴雪著:《英宪精义》,第 130—131 页。
② 西塞罗著:《论演说家》,第 143 页。
③ 高全喜著:《法律秩序与自由正义》,第 214 页。

教会法与法律实证主义间的张力

——读《教会法研究》

任何社会性治理——即对于人的治理——都离不开法律,宗教团体也不例外。比如,在佛教中就有经、律、论三藏,其中的律就是关于僧团组织和僧人行为规则的详尽规定,具有一定的法律意义。不过,大多数宗教中的规范体系一直停留在发育初期,通常是有规则(戒律),而无司法化的执行机制,因而未能成为严密的法律体系。仍以佛教为例,尽管北朝时期,僧团组织曾经相当严密,不过,对于僧人内部及其与俗人间有关身份、财产的纠纷的管理,却并未显著地司法化。

惟一的例外是基督教,在教会分裂之后,则是罗马天主教。它形成了一套完整的教会法体系,包括繁复完整的法律规则,完整而统一的司法机构,深入细致的法理研究传统。"教会法是中世纪西欧罗马法和英国普通法之外的另一主要的法律体系。在16世纪宗教改革之前,教会法是通行全西欧教会的法律;在此之后,罗马天主教会依然保留源远流长的教会法传统,并加以改革和发展。"[1]

事实上,尽管基督教国家几乎从来没有建立过政教合一的政体,但教会法也是欧洲两大世俗法律体系——欧洲大陆的民法和英国普通法的重要渊源:"西欧大陆法传统不仅包括罗马法因素,也受到基督教和教会法直接和间接的影响。""综观西方法制史,在宪法、刑法、民法和程序法等世俗法的各个领域,教会法的精神和条文都渗透其中。"[2]

近代以来,国人汲汲于移植西方的法律,但又普遍地热衷于抄近路,很少有人潜心探究西方法律何以如此发展。因而,在不明了西方法律基

---

[1] 彭小瑜著:《教会法研究》,商务印书馆2003年版,第11页。
[2] 同上书,第40页。

本架构及其渊源的情况下,浮皮了草地引进一些孤立的概念,照搬欧洲大陆的现成法典,拼凑出一些时髦的法典,自以为近于法治佳境,实则既无理论依据,又与中国实际相差十万八千里,究竟属于邯郸学步。

这种研究的肤浅状况,既表现于作为大多数人模仿对象的欧洲大陆法传统,普通法传统、国际商法传统的待遇,就更为糟糕了,至于教会法,简直就被视同无物。而彭小瑜的这本书,则是一本拓荒之作,国内学者终于开始触及到教会法这一伟大的自发秩序的法律传统了,而且,其视角、其见解均极其可喜,具有一般法律和历史研究专家中罕见的明智和清醒。

理性制造迷信

提起教会,普通人脑海中出现的就是一种负面形象,提起教会法,人们马上就联想到中世纪末期的宗教裁判所,由此又立刻联想到布鲁诺被烧死,伽利略遭受迫害。然而,这些图像,不过是近代以来唯理主义的哲学家和历史学家塑造并不厌其烦地重复、灌输给普通民众的神话而已。

彭小瑜在对教会法进行技术性研究之前,首先对此进行了辩驳,这个辩驳尽管不长,但却具有知识上的重大价值。作者明确地指出:"审判异端分子的'宗教裁判所',准确地说,是西方学说史和思想史上的一个'神话',是一个被偏见、成见和无知扭曲的概念。"①

而积极编造这些神话的,就是欧洲大陆、尤其是法国启蒙运动时代的唯理主义知识分子。迈克尔·奥克肖特最为传神地总结这些知识分子的心智:"他是权威的敌人,偏见的敌人,传统、习俗和习惯的敌人。他的精神状态既是怀疑主义的,又是乐观主义的:说是怀疑主义的,是因为不管观点、习性、信念多么根深蒂固,广为人接受,他都毫不犹豫地向其质疑,用他称之为'理性'的东西判断它;说是乐观主义的,是因为理性主义者从不怀疑他的'理性'(适当应用时)决定事物的价值,观点的

---

① 彭小瑜著:《教会法研究》,第3页。

真理,或行动的适当与否的力量。"①

宗教及古老的教会,当然属于最深入地触及人的心灵的传统、习俗和习惯,因此,法国启蒙运动最典型的特征就是从知识上怀疑、批判宗教,到了现实政治中,则是鼓吹使用暴力摧毁教会。而正是由于这一点,伟大的自由史学家阿克顿勋爵曾尖锐地说,法国的这些知识分子从来就是半吊子的自由主义者。这些激烈地质疑所谓宗教迷信的人,自己正是理性的迷信者。而任何唯理主义者,必然走向自由的反面,因为他们的心灵被理性的绝对不宽容控制了。他们带着理性的有色眼镜,编造了有关宗教历史、有关教会司法体系的种种神话。

作者则开始颠覆这些神话。事实上,阿克顿勋爵早就从中世纪教会的历史中发现了自由的线索,我将阿克顿的这一贡献称为"阿克顿的视角",这一视角启发了后来西方史学界对于中世纪的再发现。本书作者则从制度层面上予以申说:"西方的民主宪政事实上继承了教会法的观念和理论";"在政治思想和政治制度的层面上,中世纪的教会法为近代西方宪政主义奠定了基础"②;更具体而言,"在[教会的]公会议制度和当时萌芽状态的民主政治思想的背后,是12世纪以来教会法学家界定和阐发的一系列概念和范式,他们的法学理论和政治思想最终成为近代西方民主的重要渊源,包含着法治、代议制和主权在民等观念的雏形。"③ 举例来说,作者所推崇的教会法学家格兰西在12世纪中叶就已经明确认识到,"君王的法令不可凌驾于自然之上","君王受自己所颁布的法令的约束。如此情形是正义的……"④。

在这些论述中,作者也触及到一个有趣的问题:究竟是天主教教会对现代自由宪政理论和制度的贡献大,还是新教理论的贡献大? 阿克顿曾经说过,"路德的神学和社会学说比中世纪天主教会具有更强烈的反对个人自由的色彩,更加赤裸裸地宣扬思想奴性和宗教迫害"⑤。迈克尔·奥克肖特也清晰地指出,"在近代欧洲,集体主义政论首先是以'宗

---

① 迈克尔·奥克肖特著,张汝伦译:《政治中的理性主义》,上海译文出版社2003年版,第4页。
② 彭小瑜著:《教会法研究》,第40页。
③ 同上书,第2页。
④ 同上书,第42页。
⑤ 同上书,第290页。

教'版本出现的。"从路德的思想中,"发育出了一种真正的集体主义统治类型"而"最早和最令人震惊的集体主义统治模式",则是加尔文建立的日内瓦政权。① 作者似乎倾向于阿克顿的看法:教会法学家和大多数教皇起码比路德要宽容;尽管中世纪教会的宽容,用现代的眼光看,是很不充分的。②

在法律之上

上面所谈系探究西方自由宪政观念与制度的渊源时所不可忽略者,而就现实来说,研究教会法之所以是重要的,是因为,教会法显现了一种健全的法律观念:"历代的教会法学家重视信仰和道德观念对法律的控制和指导作用,强调法律和情理之间的张力,努力消弭法律实证主义的弊病。教会法的这些原则至今对西方各国的法律体制仍然具有积极的意义。"③ 当然,不独是西方法律制度。

在那些伟大的教会法学家看来,法律之治不仅仅是由一些具有立法权的机构制订一些条文,并由司法机构来机械地适用这些条文。相反,法律必须追求某种根本的正当价值,必须以这种价值约束法律和执法过程。"教会法对法外价值的装饰,可以看成是它的核心价值,是它对现代法学的最重要的贡献之一。"④ 归根到底,法律的效力正是源于这些被人们普遍认同的价值,而不是来自暴力的强制。

在教会法中,这种价值就是基督教之"爱":"由于教会法的宗教性质,基督教之'爱'这一抽象和普遍的核心价值观被置于该法律体系的顶端,被认为是凌驾于具体法律条文之上的指导原则。"⑤ "教会法以'爱'作为控制原则的特点,使它明显地有别于历史上的许多世俗法体系,使它高度警觉和严厉批评拘泥条文的法律实证主义。"⑥

---

① 迈克尔·奥克肖特著,顾玫译:《哈佛演讲录——近代欧洲的道德与政治》,上海文艺出版社2003年版,第93页。
② 参见彭小瑜著:《教会法研究》,第354—355页。
③ 同上书,第115—116页。
④ 同上书,第5页。
⑤ 同上书,第5—6页。
⑥ 同上书,第6页。

严格地遵守和拘泥条文可谓"正义",律法的刚性则要仁慈来调和,"正义和仁慈之间的张力只有在爱里得到化解"①。正义与仁慈统合于爱。如编辑《教会法汇要》的格兰西所认为的:"法律的制定、解释和应用都必须受到爱的控制"(第 92 页)。只有如此,才能得到教会所追求的真正的"公平"。

在教会法所涉及的各个实体部分,比如处理异端、犹太人和异教徒的问题上,都涉及到平衡正义与仁慈的问题,作者对此有详尽的论述。

事实上,不独教会法如此,对于一般法律来说,法律的根本价值仍然是至关重要的。"教会和国家的法律,不管是习惯法还是成文法,如果违背自然法就应该摒弃。"② 在教会法家那里,自然法就是神意和《圣经》的教义。在世俗法中,则是理性,自然正义,或者中国人所说的天理良心。

在英国伟大的普通法大法官爱德华·柯克那里,普通法法官据此可以对国会的法令进行审查,他在著名的邦汉姆医生案的裁决理由中写了下面一句里程碑式的话:"如果一部国会法案有悖普通的正当性和理性,或存在矛盾,或不可能实施,则普通法应可控制它,并裁决这样的法案无效。"法律之上的正义、天理良心,是对法律的一种约束,从而保证法律乃在于维护个人自由,而非限制或剥夺个人的自由。

而当立法者、司法者和法学家忘记了法律后面的根本价值的时候,则"在湮没理性的沙丘上长出的是法律实证主义的恶毒之花"③。法学家误将一切由主权者颁布的条文均视为法律,并蛮横地要求法官机械地适用这些条文,人民盲目地遵守这些条文。

不过,作者似乎将法律实证主义仅仅理解拘泥条文,当作者说教会法学家一向反对法律实证主义的时候,所指的一般都是教会法学家反对机械地适用律法,比如,"有时候教会法规的实施导致弱者和恶人沮丧绝望,从而陷入更深的精神危机,一位称职的主教面临这种局势,会选择依照上天的法律行事,不去按照字面意思执行人法的条文。"④ 又比

---

① 彭小瑜著:《教会法研究》,第 65 页。
② 同上书,第 92—93 页。
③ 同上书,第 55 页。
④ 同上书,第 106 页。

如格兰西曾认为,"并非所有罪行都应该由人来裁断,有些是不可能在尘世得到证实的,只有留待上帝的末日审判"①,所以,"不仅周密的法律程序有其必要,而且在某些场合宽饶罪犯也不可避免,证据不足而强行定罪处罚只会导致更严重的非正义。"② 这种谦卑从另一个角度对"疑罪从无"这现代基本法治原则给予了论证。然而,将法律实证主义理解为拘泥条文,似乎远未揭示法律实证主义的根本特征及其危险性。

立法的垄断对自发的法律秩序

法律实证主义的首要特征是国家垄断立法,任何除此之外的个人或机构,比如法官、法学家、民间组织,不得以任何方式立法,简单地说,这就是韩非子和霍布斯以赤裸裸的口吻所说的,法律就是主权者的命令。在以唯理主义哲学为基础的国家垄断立法框架下,生产出来的是自以为达到理性之完美状态的法典。在这两者基础上,则逻辑地形成第三个特征:法官只能机械地适用法律条文,法官不过是法律工程师而已。至于法学家,他们当然更没有立法之权,不过是法学工程师而已。

教会法本身就是近代以来席卷西方的这种法律实证主义的牺牲品。"在中世纪,罗马法和教会法其实是通行整个西欧的普通法(ius commune)。在地方习惯法有空白的时候,在不同地区习惯有冲突的时候,教会法或者罗马法的有关条文往往被法官用来裁断诉讼。这一形势赋予中世纪法制适度的弹性,有利于纠纷的解决。近代西方法律的民族化和法典化,取消普通法,造成了法制机械僵硬的弊端。"③

近代实证主义的法律是随着近代民族国家的形成而出现的,它从一开始就自觉地限制教会法的适用范围,因为近代民族国家不承认非经它自己宣告的法律对其臣民具有约束力。一位美国作者说,"欧洲大陆对旧法统的废除,是按照一种理想中的世界模式——由无宗教影响的、实证主义的民族国家进行的。罗马天主教的自然法、教会法如同其他源于

---

① 彭小瑜著:《教会法研究》,第 327 页。
② 同上书,第 334 页。
③ 同上书,第 51 页。

外国的法学理论或法规和制度一样,都不能再作为法律在国家内部发生效力"①。

在国家垄断立法的所谓法治国家中,人成为单向度的存在:人仅仅是国家治理对象意义上的公民,而不再是一个人。国家颁布的法典,成为惟一获得国家承认的规范。法官也只能适用国家的法典,而不得再利用超越性的价值来折中、审查法典。这实际上使得现代社会的治理更为单一,因而,一旦某个疯狂的立法者控制了立法权,则人民将没有任何避难所。哈耶克在评论凯尔森等人鼓吹的现代法律实证主义思想的时候尖锐地指出,法律实证主义甚至为实现"一种无限的专制政制"提供了可能性②。

有趣的是,教会法本身,也在法律实证主义与自发的法律秩序之间挣扎。当然,这里所说的教会法实证主义,所指的乃是教会法立法权的垄断和法典化。教会法的立法集权化和法典化,与民族国家的立法垄断和法典化,几乎是同步的。

早期的教会法,基本上属于一种自发秩序的法律体系。各地方教会的宗教会议各自颁布教会法令,也就是说,是一种零散的、自发的立法、司法体系。到 12 世纪,这些零散的法令被私人学者或教廷汇编,逐渐获得其他地方教会的承认,或经过教皇认可而在整个西欧具备适用性。到了 12 和 13 世纪,随着罗马教皇地位的提高,教皇针对具体问题颁布的教令,成为教会法中"最具活力的部分"③。与此同时,教会法学家也开始利用经院神学的方法论,并在一定程度上参考正在复兴的罗马法,研究、注释、评注宗教会议颁布的法规和教皇教令,从而形成了教会法学,这些法学家的解释也具有一定的法律效力。总而言之,在古典时期(1140—1378 年间),"教会法的主体内容一贯是宗教会议法令、教父著作片断以及教皇的教令"④。

14 世纪中叶以来,由于面临严峻的政治和社会危机,尤其是面对 16 世纪以来方兴未艾的宗教改革运动的发展,出于恐惧的本能,罗马教廷

---

① 约翰·亨利·梅利曼著,顾培东等译:《大陆法系》,法律出版社 2004 年版,第 21—22 页。
② 哈耶克著:《自由秩序原理》上册,邓正来译,三联书店 1997 年版,第 301 页。
③ 彭小瑜著:《教会法研究》,第 29 页。
④ 同上书,第 38 页。

的中央集权管理得到高度强化,强调对权威和律法的服从,庇护四世即严令:"任何人都不得发表关于这些法令的评论、注释、教本或任何其他形式的解释,也不得以个人的名义发表涉及这些法令的意见。"① 而在世俗历史上,以一部借皇帝名义颁布的法典化的《国法大全》终结了自发秩序的古典罗马法时代的优士丁尼,也曾经禁止任何人对他的法典发表评注;同样,以一部《民法典》结束了法国的法律多元状态的拿破仑,也不希望人们发表对他的法典的评注。

这样,教会法的立法权、解释权逐渐被教皇垄断,于是,跟优士丁尼以后帝国时代的罗马法一样,"教会法逐渐失去了科学理性的开拓精神"②。到了20世纪初,教廷也模仿《拿破仑法典》的范式,起草了1917年《教会法典》,然而,"法典的精炼和清晰是以完全脱离了教会法的历史发展线索及其社会背景为代价的"③,该法典"进一步强化教皇的中央集权,强调宗教生活外在形式的高度统一性"④。

只是到了1983年的《教会法典》,教会法才似乎又回到了其传统的正道,"将世俗法的影响清除出教会法,重新建立教会法与神学的密切关系","时时注意凸现基督之爱对律法的指导和控制作用"⑤。这似乎也暗合于人权等等根本价值在某些情况下超越于民族国家立法的当代趋势。

作为近代民族国家法律制度背后的支撑性观念和法学中的主流意识形态,法律实证主义对于自由是危险的,从知识上说,它属于哈耶克所说的理性的自负或知识的僭妄。教会法学家格兰西的观点,对于那些误以为自己可以为万民立法——一次性地制订永远正确、包罗万象的法典、并要求法官只能机械适用之而不许自行解释——的唯理主义心态是一剂醒酒药:"人的裁判不可能是完美无缺的,必有瑕疵,必有漏洞,必有错误。"⑥ 惟有保持这种谦卑的心态,人们才有可能建立一套健全的

---

① 彭小瑜著:《教会法研究》,第111页。
② 同上书,第52页。
③ 同上书,第61页。
④ 同上书,第63页。
⑤ 同上书,第113页。
⑥ 同上书,第334页。

司法体系,在动态的司法过程中发现活的法律;而"对人世间法律体系盲目乐观的态度反映了人们的傲慢和愚蠢"①。

---

① 《教会法研究》,第423页。

通过市场学习规则*

问题的提出

从自发秩序的概念出发捍卫自由,也许是最坚不可摧的理据,然而,讽刺的是,只是在普通法传统中,自发秩序才生成了自由宪政秩序,而在除此之外的大部分地方,自发秩序却不过是自发的专制而已。这一问题令有的中国学人得出了荒唐的结论,比如陶东风的说法:"窃以为哈耶克得出自由与传统相互协调的理论是有其特殊原因的,从而这个理论也就不具备必然的普适性。在哈耶克熟悉的英国社会文化环境中,已然存在一个在他心目中既'自生自发'、又合乎自由理想的传统与秩序……因而在哈耶克的心目中,维护这个传统就是维护自由,而用人为设计摧毁这个传统就等于摧毁自由。"[①]

这种解释当然不是没有道理,但却从根本上瓦解了哈耶克社会理论的普遍意义,似乎他的理论只是适应于自由秩序的原发地英国和生来就只有自由传统的美国,甚至连欧洲大陆都难以援为旧例,后来的努力要超越自己的本来传统,建设自由社会的文化和民族国家,则只有彻底打破、抛弃自己的传统,另起炉灶。这就使哈耶克陷入尴尬的境地:有自由法治传统的民族将享有自由法治,而没有自由法治传统的民族则永远不能享有自由法治。哈耶克成了文化相对主义者。我想这是哈耶克所决不能接受的。从他对市场普适性的坚持,从他坚持自发秩序及晚年探讨扩展秩序看,不应该得出这种结论。

---

* 作者在写完本文之后才看到柯武刚、史漫飞著,韩朝华译:《制度经济学:社会秩序与公共政策》(商务印书馆2000年版),发现书中基本思路与作者有很多相同之处。特此声明。本文收入汪丁丁主编:《自由与秩序——中国学者的观点》,中国社会科学出版社2002年版。

① 陶东风著:《社会转型与当代知识分子》,上海三联书店1999年版,第113—114页。

在哈耶克看来,现代西方社会(尤其是英国、美国)之所以发展出可欲的复杂的自由法治秩序,并不是人们刻意设计的结果,而是偶然地采用了某种适当的规则,这种规则透过不断扩展和深化而逐渐自发地形成为复杂的自由法治秩序。而没有自由传统的社会,其固有的传统有没有可能向自由的方向演进?哈耶克提出了种群文化竞争进化理论,即某些社会的规则之所以得到发展,是因为实施它们的群体更为成功并取代了其他群体,即这些群体比其他群体更繁荣并发展起来,并能更成功并包容群体外的人,因此,他晚年更多把自发秩序称之为扩展秩序。

虽然有论者指出,哈耶克晚年的文化种群选择理论笼罩着神秘的气息,并且其立论似乎与其早年所坚持的方法论的个人主义直接冲突①,但它依然可以给我们某种启发。不过,哈耶克似乎并没有仔细地解释被动地卷入进化过程的群体何以会改变其规则,其传统以何种方式演进。这些问题对于哈耶克的思考是无关紧要的,但对于中国人来说,却是最要紧的问题。

本文的基本观点就是:尽管中国传统自身在封闭环境下演进,通过自发演进,可能无法通向自由社会,然而,随着文化种群进化过程的扩展,中国也能够逐渐地演变为自由社会。至于这种文化种群选择机制的基础,我们仍将回归个人主义的方法论,而提出一种个人主义的传统观,指出规则的变化是从个体的层面上启动的,而由于处于开放的状态下,在个体层面上展开的规则创新活动最终将导向一种可欲的社会秩序之建立。

规则与传统

作为社会活动之基本单位的个体和他所遵奉的传统都不是固定的、静态的实体性存在,而是两者持续互动从而不断生成的过程。

人类不可避免的无知使我们的理性不可能掌握关于复杂现实的所有细节,我们不得不依赖规则行事,必须大量地依赖不用怀疑的传统规则,而不必企图作出理性的选择,或去构建某种指导我们行动的规则体

---

① 参见 Steele, David Ramsey. 1988. "Hayek's Theory of Cultural Group Selection", *Journal of Libertarian Studies*, Vol. 8, No. 2. (Summer), 171—195。

系。由于现代社会是一种大社会，成员的交往范围远远超出了熟人的圈子，在这个社会中我们很难了解他人的详细具体的知识，我们就需要通过社会规范、规则和制度等框架，来调整我们的行为。制度能够使我们每个人利用成千上万的并不认识的他人的行为，尽管我们对他们的个人的意图和计划根本就不了解。这些制度是社会的规范性交叉点，调整成百上千万人的行为，大家就不用再费心地获取和理解关于他人的详尽的知识，也同样能形成他们对未来行为的一个个具体的预期。

因此，制度就是人与人之间的协调性知识的总和。制度缩小了我们为了行事成功而必须了解的东西的范围。制度能使我们对他人的行为作出更准确的预期，即使我们并不掌握关于他们的详尽的知识。制度的重要性在于，通过排除社会交往中很多不必要的协商过程，从而使我们把更多的精力集中到那些尚没有制度性解决方案的情况中去。正是通过这些合作性规范，制度简化了实行我们的计划所需要的知识，提高了我们圆满完成这些计划的能力。①

从这一意义上看，规则是不可能被引进的，而必然是内生的，因为它本身就是无数交易活动过程的结果。那么这种内生的制度是如何生成的？制度是作为成功的个体按照规则采取的行动之无意识的产物而出现的。制度不仅仅推动更广泛的社会秩序的生成，它们本身就是某种自发的秩序。个人为增加自己福利而制定行动的计划并努力地贯彻实施，如果获得成功，个人会继续运用这些获得成功的行为模式，并将其看作在某一特定情况下如何行动的"行动准则"。如果那些成功的计划中所体现出来的行为方式被他人观察到，他们就会加以效法，从而按此一方式行事的人越来越多。随着这种模仿过程继续，随着运用这一方式的人越来越多，人们就知道可以预期别人也采取同样的行为。遵守这些规则的人越来越多，则这些规则就对潜在的其他参与者更有吸引力，因为，遵守者越多，就意味着运用这些规则预测别人行为的人的机会更多，从而更有可能增加合作的收益。待到上面讨论的这些行为者非常广泛普遍，这时的规则就成了社会制度。这就是社会的学习过程。

---

① 参见 Stevev Horwitz, From the Sensory Order to the Liberal Order: Hayek's Non-rationalist Liberalism, in *The Review of Austrian Economics*, Volume 13, 2000 及作者个人主页。

这只是横向的学习过程,就是现实的社会成员在交易过程中彼此学习;还存在着纵向的学习过程,即学习先辈积累下来的规则,即传统。由这些行为规则构成的制度之累积,就是传统。我们出生到某一社会,就到处都是各种各样的规范、制度和传统,我们的整个成长历程就是一个接受这些规范、传统的过程,即社会学家所谓的"社会化"。传统固然束缚了我们,也给了我们自由。通过学习、掌握这些规范,从而限制我们的思想和行动的范围,使我们能更轻松、更准确地预期他人的行为。所有人都必须靠右走,在某种意义上确实是限制了我们的自由,但从另一个角度看,它也使我们更自由,因为它使我们不必每次上路前都算计别人将靠哪边走。

在这里我们也可以清楚地看出,传统并不是一般人文学者所论述的符号、典籍,而是一整套活着的、规范社会成员行为的规则体系,就是活生生的约束着现实的人们之交易活动的制度之总和。

根据哈耶克的研究,这些规则分为两类:"阐明的规则(形诸于文字的或明确的规则, articulated rules)"与"未阐明的规则"(unarticulated rules),而且后者显然在逻辑上先于前者,并且在人类社会秩序的形成过程中扮演着更重要的角色。

个体本位的传统

人由于"出生"的偶然性而被"抛到一个特定社会里",这个特定的社会自然有一整套特定的传统,如果这个人要展开自己的生命历程,就必须适应,或者说大体上适应这套传统。然而,另一方面,每一个人又都具有基因上的某种特异性,人类是无限丰富多样的,每个人都具有自己的特性。这种特性又使得他不可能把整个传统规范都内化到自己的特性中,因此每个人的生命都时时感受到个体与社会之间的紧张关系。[①]此种紧张关系正是变革传统、促使传统演进的内在力量。

甚至每一个小的群体,比如家庭、社团、教会都有自己的某种特性,

---

① 参见汪丁丁:《哈耶克"扩展秩序"思想初论(下篇):扩展秩序与演进道德》,载《公共论丛》第四辑。

从更大的社群范围来看，它所包容的较小的社群都具有不同的品性，不可能是完全同质的，它们之间对于大社群的传统、规范的理解可能都有不同，从而众小群体之间会产生某种竞争，这种竞争机制也是传统演进的动力。

个体和较小的群体可以有两种选择来缓解他与社会的紧张关系：一种是迫使自己认同传统的基本规则，如果大部分人做此种选择——事实上一般情况下总是如此，而且由于最重要的规则是未阐明的，因而个人是在毫无意识的情况不自觉地就遵守了绝大部分传统规则，结果将是保证传统的延续性；另一种可能则是由于个体的多样性而必然部分地背离传统，冒险采取新的行动方式，大部分的背离和冒险可能是毫无意义的，但有一些新的行动方式可能取得成功并被别人接受，就会可能逐渐扩展开来，如此一来，传统就被部分地更新了。这种创新的积累就将导致传统的自然演进。

事实上，传统不是成文的立法，基本上属于未阐明的规则，没有成文化、条款化，也没有一种固定的、物质化的存在形式，而存在于某一社会每个具体的个人的心智和行为模式中，存在于社会成员的言谈举止中，因此，传统，就其功能而言，是社会性的，乃是一种协调社会成员间关系的规则体系，然而就其存在的形式而言，则是个人化的，乃是透过个人的理解和认同及默会地遵守而发挥作用。传统之发挥作用，必须首先从一种抽象的社会性规则，转换成被个人个别地理解了的、具体的个性化的知识。当然这里所说的知识，并不是概念明确的、成体系的科学知识，而是那种默会的实践性知识。对这种知识，当事人本身也并不能明确地阐述。

因此，并不存在一种物质的传统实体，传统本身也不具有固定的形态，相反，传统毋宁是一种过程，是无数具有自己特性的个体不断解释、再阐释的过程。传统是个人主义的。这种无数个人的个别的理解、阐释和遵守的过程，本身自然就包含着超越现有规范的可能性。

当我们谈论传统的演进时，我们实际上遗漏了主语或者是混淆了主语。大部分论者在谈论传统的时候，似乎想象传统是一种物质存在形态的独立于个人之外的物质实体，似乎具有独立于现实中活生生的个人的生命。这就是哈耶克所再三批判的所谓"拟人化"的原始思维方式，人们以为传统(还有社会)可以像个人一样思想、计划、行动。根据这样拟人化的理解,传统完能够反过来控制个人的选择,个人无疑因此而成为传统的奴隶,人之生存乃成了旨在延续传统的生命,而不是相反。

社群主义的要害正在于此。在形形色色的新老社群主义那里,传统反客为主,成了个体的主宰,一个社群的人之所以是此人而非彼人,端在于其秉承着不同的传统。这种看法当然有部分合理之处,毕竟传统、制度、价值规范着人们的行为,提供着其日常生活的预期,使之能与他人相调适,这对于他的生存当然具有决定性意义,而且传统也的确通过某种正规的和非正规的奖惩制度来约束其成员的行为使之保持在自身传统的正确轨道中。

然而,如果照这种拟人化的思维方式,则传统根本就不可能有任何变化,而这并不合乎历史事实。关键似乎在于社群主义忽略了个体的差异性、多样性及因此而来的对于传统的不同理解,忽略了个人在其解释传统时不可能是按照一致同意原则进行的,人们乃是根据个人的具体情境个别地在社会规则体系中与其他个人交易的,因而不管是秉承传统还是阐释传统都只可能是一种个体的活动,因为社会、集体、共同体本身绝不具有观察、思考、反思、解释、批判的能力。传统乃是为人的,秉承传统的主体乃是个人,即遵守着传统并不断对传统进行解释的个人,而不是作为一整套规则体系、只存在于个体心中和行为中的传统自身。因为传统不可能思考,传统不可能执行惩罚,只有个体才有思考能力,才有选择的能力,也只有个体才能衡量遵守传统规则还是创新规则,哪种选择给自己带来的收益更大。

当传统被理解为只能由分立的个体所承载、所理解并不断进行新的阐释之时,则传统本身就不是僵化的和保守的,相反,在自然状态下,传统本身就具有自然演进的机制。毋须乎任何外来的压力,也不需任何全知全能者的设计,不用任何暴力的强制,传统就在自行演进,而且,一般地说,这种演进会使人类的行为更合理,它向着更合乎人性的方向演进,逐渐地给越来越多的人带来更大的收益,这是一种自然选择过程。当然这需要从长程的历史过程来观察方显出变化的轨迹。最典型的如中国的语言和文学类型,经过千年自然演进,当回过头从长程历史观察时,其变化也是极为巨大的。

市场的力量

不同人对传统的无数不同理解之间的博弈形成传统的创新,而驱动普通人创造性理解传统的最基本力量可能是市场。

市场是人类在社会生活中最重要的沟通交流渠道。人类最丰富的知识宝库并不是存在于大百科全书中的系统的科学知识,而是关于我们每个人的具体的处境的知识,即哈耶克所说的"关于时间与地点之详情的知识",即默会的知识,这类知识普遍存在于社会生活中。这类知识永远不可能以集中的、整合的形态存在,相反,这些知识总是掌握在分立的个人手里,散乱的、不完整的、并且常常是互相矛盾的。这些知识不可能被集中到某个人或某个集团手里,并由他们判定好坏优劣。社会是否有效运转,关键就看其是否能建立起一套制度,在这种制度下,具体的零碎的知识的拥有者能使他们的知识为社会所用,他人可据以制订自己的计划、追求自己的目标。

市场就是这样一种制度。市场可以说是一种学习渠道,能使彼此陌生的人们之间互相学习,透过这种学习过程,就可以逐渐找到做事的较优办法。市场简化了人们的生存困境,人们不用再去关心他人的目标而只需根据价格的变动作出相应的调整就能够同时使自己的活动能为自己和他人带来收益。

因此,市场交换就是社会赖以维续的交流沟通渠道——人类理性和言说的能力之扩展。亚当·斯密曾把"交往、物品交换和交易"的功能与"思考和言语"的功能联系在一起。两者的相通之处是它们都是某种类型的说服和交流。[1] 人类一切社会活动的核心就是说服他人及与他人互动。如果对象是我们熟悉的,并且能够很方便地谈论和写信,那么言语就是一种很有用的方法,而如果当我们所要说服的人是在一个更为广阔的社会秩序中的陌生人的时候,就必须得使用交换的方法。市场就是我们跟陌生人交流沟通从而使我们卷入社会的最重要的渠道。

---

[1] Tom G. Palmer, *The Literature of Liberty* (*The Libertarian Reader*)转述之 Adam Smith, *Lectures of Jurisprudence* 中的话。

当人们进行买卖决策时,他们就是在通过行为来沟通交流他们自己对于这一物品的知识和偏好。由市场竞争所形成的价格,实际上就体现着社会普遍容易接受的默会知识,价格在这一或那一方向的运动,就提供了间接地获取他人知识的途径,借此我们就可以协调与他人的行为,而毋须某一中央集权机构的指导。价格体系能使我们透过使自己投身于某一制度性过程中,超越我们自己知识之不可避免的零散性、本土性及不易言传性,从而自发地形成一种可以使无数具有不同目的的陌生人毋须一个共同的目标就可以共处的秩序。市场就是一种社会工具,能够把分散在无数个人那里的无法计量的知识拼成一幅完整的图画,利用所有这些零碎的信息,启动互相学习的过程从而实现社会成员之间的协调。

　　据此,人就其作为一种社会性存在的根本而言,都是企业家。市场交易活动所交换的不仅仅是物品,更重要的是通过价格、利润等信号,无数互不相识的个体交换着其分立的知识,也就是说,交换着各自的生活方式,交换着异质的价值、观念和想象,交换着各自所在群体和国家的规则和制度。这些与自己的传统、价值、观念、生活方式、规则、制度异质的知识在市场上聚集,并通过交换为交易主体所觉察、认识及领会,从而扩展了交易主体的视野,并使他依据自己对于这些新知识的解读而调整自己的观念和行为。这里所说的知识,更多的是具体的默会的、个人化的知识。北京嘉里中心的写字楼里的雇员对于现代市场的理解可能远远比大学校园的教授更准确,尽管他并不能对其予以明确阐述,而珠江三角洲的民工对现代企业管理的认知也可能比长虹集团的领导人更理性,尽管他也无法明确地表述。山东的菜农对韩国市场和国际贸易程序的了解可能超过中国粮油进出口公司的经理,因为他们自己是根据自己的利益而有意识地卷入了具体的市场交易实践中。在所有这些情况下,个人在市场中已经把超出他原有的共同体的市场、规则、制度之外的异质的知识,内化为自己的知识,从而多多少少改变着他作为人的属性,改变着他对传统、价值、观念、生活方式、规则、制度的个人化理解。

开放状态与演进方向

如果转换一下角度,从个人主义的角度来观察传统,则我们完全没有理由对传统持悲观态度,相反我们倒有理由保持乐观:传统不可能一成不变。在讨论传统变革问题时,我们需要一种概念范式的转换:从关注精英,转向个人,转向无数个人通过交换而自发形成的民间社会。每个人并不是天生的保守主义者,也许在某些精英看来,"传统"——实际上他们心目中的传统只是阐明的规则,即关于传统规则的记录、符号——是他们的饭碗所在,具有终极价值的地位,他们可能具有保守的倾向;而对于普通的社会成员来说,传统在很大程度上是工具性的,因为传统不过是一组规则,是社会成员彼此互动的一种框架结构,是使社会秩序成为可能的规则之总和。这种规则并没有暴力作为后盾,人们其实可以遵守,也可以违反(创新就是一种违反),而人们之所以遵守传统的规则,仅仅是因为遵守这种规则可以为他们带来利益,可以方便他们行动。同样,如果违反传统,如果新的规则可以为他们带来更大的收益,他们会毫不迟疑地接受新的规则。

当然我们这里所说的乃是一种理想状态,相反,如果是在一个国家与传统合一的社会,传统的规则以暴力为后盾的地方,则传统的演进当然是不大可能。如果国家自认为是传统的守护者从而国家垄断了传统,国家认为唯有它有权对传统进行解释,任何个体对于传统的新的解释都受到压制,因为这等于对国家的权威提出挑战。因此那些僵硬的政教合一的社会就自己扼制了传统进一步演进的可能。

好在中国似乎不是这样的社会。不过,如果我们坚定地摒弃自以为神明的先知先觉者的教导,也拒绝国家运用暴力摧毁传统并为我们设计全新的未来,在承认了这些前提后,如果假设中国的传统能够自发地演进,那么我们如何保证这种演进能合乎我们的所欲?或者更直截了当地说:如果我们认定自由法治是美好的,那么在中国,传统的自发的演进能导致自由法治的甘霖降在我们头上吗?

当传统是在封闭状态下自发地自然演进的时候,当个人感受不到外部的诱惑和刺激,没有一个参照,很可能根本就没有人注意到要改变传统,甚至没有人注意到传统的存在。哈耶克反复申明人们所遵循的规则是个人不能用文字予以陈述而只能够在实践中予以尊重,就是对这种状态的描述。然而,当人们(特别是知识分子)反复地提出要改变传统时,显然他们对自己的传统已经不满意了,认为自己的旧的传统已经不能很好满足自己的需求,因而需要改变传统了,或者是对传统的自然演进之速度失去了耐心,或者是觉得传统演进的方向本身就不合心意,要彻底改变传统的方向。

而这种不满意只有在一种情况下可能发生:我们处于最起码的开放状态——不管是被迫的还是自愿的,其实在历史上大部分都是被迫的——因而潜在地与参照物处于一种竞争状态。我们注意到了一个在我们之外的参照物,而且这另一个群体比我们更成功,经过交往中的比较,我们看出了自己的差距,于是我们也要向那个方向演进。个体总是倾向于选择比自己所在的国家更好的国家、文化作为学习、模仿的对象,人们不大可能选择比自己更差的、更不可欲的文化学习、模仿。当然关于什么是好,什么是差,人们可以有不同的理解,但富裕、自由、更大的选择空间乃是绝大多数普通人所欲求的。

正是这种吸引力,引发其中个体试图对本身的传统进行创新,从不同的方向进行各式各样的创新。这种学习、模仿是在个体层面上进行的,是身处于物品、观念之市场上的个体对个体的,通过与欲学习模仿的社会中之成员及其组织的接触而学习新的行为方式,并形成新的交换模式,学习模仿者把这种新的行为方式应用于与自己社会中成员的交换过程,由于这种方式能够带来更大的收益,因而把新的行为方式得以扩展,而在自己的社会中引发变革。

在此一过程中,发生了知识的叠加现象。如上文论述中再三指出的,这里的所谓知识不是一般意义上的系统化的科学知识,甚至不是阐明的规则(成文法)及阐述这些规则的社会科学、人文科学知识,而是指未阐明的知识。

从成功的群体一方面来说,尽管他们取得了成功,但仍有可能对导致其成功的这些未阐明的规则不能予以阐明,因此,他们所提供给他人的、总结出来的成功经验可能并不是真正成功的经验,因此,落后者直接在社会层面上照搬他们的阐明的规则,比如直接引入其法律,可能并不恰当,因为这些法律是在具体的环境中形成的,而这些法律作为一种规则之所以能导致该社会取得成功,并不是因为这法律是善的,而是因为这法律乃是该社会成员的行动之结果(而非他们的刻意的设计),从而抽象的法律在具体的实践中已经内化为个人的具体的知识,因而法律才自发地发挥过提供社会预期及协调行动着的个人的目标和计划的功能。

因此,对于学习的一方来说,也只能透过个体层面的具体社会实践来学习成功的群体的规则性知识。当个体在开放状态下卷入与共同体之外成员的市场交易中的时候,成功的群体的未阐明的规则性知识与自己所在群体的规则、传统一道进入其认识、判断和选择的视野之内。此一实践性、规则性知识最重要的传播渠道乃是市场,市场交换。成功群体的规则性知识透过两个群体成员的市场交易而进入学习一方的交易主体,此时个体的平静则被打破,个体面临着选择,是继续方便地遵循自己群体的规则与传统,还是遵循交易对象的规则与传统?个体一般总是选择后者,因为它能为自己带来更多收益。

在这一交易过程中,此一个体的规则性知识结构发生了显著的变化,虽然在他再与本群体成员的交易中可能仍然延续本群体的传统的规则体系,但他的行动方式必然发生微妙的变化,无数个体的微妙的变化累积起来,就逐渐地调整着本身群体的内部规则,使制度和传统在不同的方向上发生或大或小的变化,无数个体在这种变化的过程中互相调适,熟悉新的规则,达成某种新的规则认同,从而自发地实现规则的演进,进而形成新的社会秩序。不过由个体的自发选择到社会层面的成文制度的变革,中间还有多个复杂的环节,已经超出本文的讨论范围。

显然,后进国家的社会自发演进如果要通向自由法治方向,最重要的条件是外部世界具有一定的开放性,从而形成文明规则的竞争和比较。在封闭社会,传统也是可以演进的,但变化的速度相当缓慢;而只有在开放社会,传统才可能发生剧烈变革,我们的分析已经表明,这种剧烈的变革并不需要人为的设计,不需要一个中央计划当局的控制,仍然可以朝向一个合理的方向演进,实现传统的自我超越。因为如果社会处在一个向其他社会开放的环境中——当今世界其实正是如此——那么,个体的学习和交往,就不仅仅是学习自己的传统,也学习别人的传统,个体通过市场机制所能掌握的不仅是本传统的知识,更有体现在外部交易对手身上的异质的知识,不仅是关于商品、观念的知识,更重要的是规则性知识,透过这些个体的交易即学习过程,成功群体的内部规则将转化成学习群体的内部规则,因而市场交换本身将扩张已经证明为有效的制度的覆盖范围,从而把更多的个体卷入一个效率更高的秩序中,使个人可以享有更高收益。

从这一意义上说,人类行为的规则体系不可避免地具有一种普遍主义的趋势。开放的社会之间的规则的交流和竞争,通过各个社会成员自发的交易即学习和选择(类似于一种投票行为),不同制度之间的效率将凸现出来,效率更高的制度则具有强大的势能扩展其自身。

问题的关键是免于暴力的强制,而尊重个体的选择,个体具有一定的自由,可以在开放的制度之间自由地选择、按自己的理解来突破自身的内部规则和传统,透过学习他人的规则性知识,在社会行动中进行小小的知识创新和规则尝试。这种创新在历史学家那儿可以忽略不计,然而,无数这种小创新透过语言、观念、市场等等社会渠道交流、扩散和累积,就导致传统的革命性变革。每个社会中都有不安分分子,正是这些不安分分子是传统变革的导火线。

SARS 危情后的社会重建

在这次应对 SARS 危机的过程中,我们看到的,政府是绝对的主角,而公众则完全处于被动地位。我们承认,这种危机应对模式是必要的,在现有制度下,这也是惟一有效的抗衡疫情的办法。然而,此次 SARS 危机也让我们思考一个问题:如果中国有强大的社会自身的修复机制和互助机制,我们对于疫情的控制,是不是更有效率?如果对于这个问题的回答是肯定的,那么,在未来的制度转轨中,宪政建设又如何为中国社会的重建提供更大的空间?

知识问题与社会自治

社会乃是一个依靠复杂的多中心治理来维系的系统。

只要是人与人共同生活与行动,就需要进行组织,就面临治理的问题。大致来说,治理可以分为两种:他治和自治。他治在很大程度上就是以强制为手段的政府的治理。不过,在一个自然而自由的社会中,政府只承担提供基本的公共品的职能——这其中最重要的就是提供一套稳定的制度框架——大多数的事务,由人民自行处理,其最基本的层面就是私人自治(以及家庭自治),或者由人民自愿地结合起来,组成种种自愿性组织,管理自己的大部分事务,此即社会自治。在一个自然发育的社会中 ——事实上,除了极权主义政体下的社会之外的一切社会,均在一定程度上可被视为自然发育的社会——最基本、最大量、最重要的治理主体,正是是形形色色的自治性组织。与人民日常的物质、精神生活关系最密切的,也正是这些自治组织,比如公司、商会、同业公会、宗教团体、兴趣性社团、专业社团、校友会、戒酒会、癌症患者联谊会、业主委员会等等。当然,在当代,也出现了若干以政治参与为目的的自愿性组织,如工会、媒体、政党、非政府组织、特殊利益团体等等。人们自愿参与到这些组织中争取或保护自己的利益。

因此,本文所讨论的"社会",绝不仅限于哈贝马斯所说的"公共领域",而是一个更为广泛的概念。"公共领域"所强调的政治参与。然而,我们所讨论的社会自治,有很大一部分与政治、权力无关,而完全是人民自行处理自己事务的组织,包括私人自治和社会性自治,这个领域其实就是除了政府权力之外的一切领域。事实上,对于这样的私人自治和社会自治,任何政治权力的干预都可能是有害的[①],除非这种干预旨在矫正作为自治之行为人的个体违反法律的个别事件,除非这些自治组织自愿地接受政府的援助。

自治之所以是必要的,不仅仅是因为根据人的天性,人们更关心自己和自己熟知的人的利益,更重要的是因为,人们的知识总是极其有限的,而有关社会的最重要的知识也是无法集中管理的,而自治乃是让人们自行发现运用这些知识的最优方法。诚如弗里德里希·哈耶克在其具有里程碑意义的论文《知识在社会中的运用》中所说:"合理经济秩序的问题所具有的这种独特性质,完全是由这样一个事实决定的,即我们必须运用的有关各种情势的知识(the knowledge of the circumstances),从来就不是以一种集中的且整合的形式存在的,而仅仅是作为所有彼此独立的个人所掌握的不完全的而且还常常是相互矛盾的分散知识而存在的。"[②] 这样的知识,哈耶克曾先后称之为"实践知识"(practical knowledge)、"局部知识"(local knowledge,或译"本土性知识")或"默会知识"(tacit knowledge)。这样的知识分散地掌握在无数个人手中。我们可以举一个最简单的例子:社会中有各种各样的"关系"(同学、同乡等等),这些"关系"其实传递的是有关对方的知识,"关系"可以降低我们识别交易对手或合作伙伴之道德、技能的成本。而这样的知识,只有在自愿性组织中,才可以迅速地传递。

---

① "社会主义摧毁了以赢利为目的的生产商品的企业,同样,福利国家摧毁了形成团结向上的社会流动及照顾最不幸者的互助组织、家庭、教会和讲究兄弟情谊的组织。"(汤姆·C.帕尔默:《自由至上主义文献述要》,收入秋风编译:《哈耶克与古典自由主义》,贵州人民出版社 2003 年版,第 105 页),这里也列出了从自由主义角度研究社会自治之盛衰的重要文献。

② 哈耶克著,邓正来译:《个人主义与经济秩序》,三联书店 2003 年版,第 117 页。

在哈耶克看来,社会经济问题实际上就是一个如何运用这些高度分散的知识的问题。在经济领域,惟一恰当的解决之道就是市场;同样,在包括了市场领域的更广泛的社会事务领域,惟一恰当的解决方案就是私人自治和社会自治。

本土性知识的私人性质,决定了私人自治是必要的。然而,如果没有价格制度,没有市场制度,自身知识极为有限的个人就无法利用他人的知识,而在大社会中,社会人离开他人的知识和服务,都无法维系自身的生存。同样,如果没有广泛的、形形色色的社会自治,孤立的个人是无法利用他人的知识的,从而就无法分享社会合作与交换网络的益处,甚至无法确认自己的社会性存在本身。正是无数自治性组织,使得个人通过与他人的交往与合作,肯定自己作为社会成员的身份。这些自治性组织编织成一个复杂的社会网络,每个人都同时处于若干个组织之中。每个人既向社会提供其所掌握的私人知识,同样分享他人的知识。通过这些自治网络,个人从不同的角度切入到广泛的社会合作与交换网络中,能以最低的成本获得知识、习得规则,借以服务社会并改善自己的境遇。

在很大程度上,正是在这些自治组织的活动过程中,仅仅具有休谟所说的"有限慷慨"的私人的视野,才有可能超越自己的私利之局限,而认同于社会普遍的道德规范,并形成最起码的公共精神。而惟有靠这两者,才能维系一个文明社会之存续,并为政府权力的运作提供最基本的平台。同时,人们也正是通过这些自愿性组织,透过与他人的合作、互助,尤其是透过信仰性、观念性的自愿性组织,来发现和创造自身生命的意义,而意义、价值对于人的重要性,无论如何强调都是不过分的。

一般而言,大多数政体,不管其权力的安排是多么专断,权力的行使是多么残暴,但或者由于统治技术的限制(比如古代专制社会),或者由于有意识的限制权力(如自由宪政政体),它们总是为私人和社会的自治保留相当充分的空间。不过,现代全权政体却反其道而行之,以无所不在的国家权力统合整个社会,通过国家权力编织成种种互相交错、但原则上都是自上而下的控制链条,从而将强制权力直接延伸到私人层面,完全取消了私人自治和社会自治。这可以说是以近代唯理主义为依托的社会工程学的登峰造极之作。

这些唯理主义者曾经连篇累牍地论证计划经济的优越性,同样,这些唯理主义者也僭称这种权力主控一切的社会治理模式,具有私人和社会自治所无法比拟的效率。

暂时的效率可能是无法否认的。然而,参考路德维希·米塞斯和弗里德里希·哈耶克对于计划经济的不可能性的研究①,我们也大体可以断言:这种全权的社会治理模式也是不可能的。诚如在计划体制下,瞬息万变、高度分散的价格知识不可能以集中的形态为中央计划当局所掌握的一样,同样是瞬息万变、高度分散的个人所掌握的有关特定时空之情势的那种知识(the knowledge of the paricular circumstances of time and place)②,也不可能以集中的形态被自下而上地为中央计划当局所掌握的。任何以中央当局可以掌握分散于无数个人头脑中的瞬息万变的知识为假设的、以国家全面控制社会为特征的社会治理模式,注定了是无法正常运转的。

自治缺失的灾难

社会自治性组织在很大程度上也是自愿性互助组织。在某人出现危难之时,该人所属之各种自治组织及其同伴,都可以提供及时而恰当的帮助。因为只有在密切交往中的伙伴能够最及时而准确地了解伙伴的需求。而由于不可避免的知识上的局限性,政府所提供的援助,都难以这样及时而恰当。正是由于这种知识上的优势,自愿性合作组织的援助效率,远非政府所能比拟。

在前现代的中国社会,赈灾活动通常是由商会、同乡组织、教会寺庙等组织的。同样,在"9·11"事件后,纽约的大部分救灾活动都是民众自发自觉组织起来完成的。而媒体也报道说,在香港控制疫情的过程中,

---

① 见 Ludwig von Mises, *Socialism* (1922),电子文本见 The Library of Economics and Liberty 网站(http://www.econlib.org/library/Mises/msStoc.html);及 *Collectivist Economic Planning: Critical Studies on the Possibilities of Socialism* (1935),哈耶克编辑并撰写导论及结语,本书收入 *Socialism and Market*, vol. II, selected by Peter J. Boettke, London and New York: Routledge。哈耶克的这两篇论文也可以见上引哈耶克书。

② 哈耶克著,邓正来译:《个人主义与经济秩序》,三联书店 2003 年版,第 121 页。

各种社会自愿性团体也发挥了重要作用。

这样的自愿性组织在组织社会救济活动的时候,经常并不动用政府的财政资源,而是利用其高效率、渗透到社会的方方面面的组织体系,来动员社会的资源。与政府的财政资源不同,这些资源并不是现成的、集中的,而是分散在无数人中间,需要一个发现、寻找的过程,才能得到有效地利用。政府去寻找、组织这些资源的成本高得很不划算,事实上,这几乎是不可能的,因为有关这些资源分散在何处的知识,是不可能被集中地掌握、传递的。而自愿性组织却可以以较低的成本组织这些资源,因为,分散的组织成员本身就掌握了有关这些资源的知识,从而有可能做到集腋成裘,使原本高度分散在无数个人手中的资源集中起来,发挥出每个个人都无法想象的作用。

这样的自治性组织及其互助功能,正是社会自发形成的自我更新、自我修复的机制。然而,我们的社会,却缺乏这样多姿多彩的自愿性组织。在很大程度上,除了依靠自己的家人、亲人、同事之外,就只能指望政府,而在这两者之间,却没有一个中间层面的守望相助的自愿性组织网络。

而缺乏这样的自愿性社会组织,面对灾难,人们难免恐慌。因为,尽管身处灾难及灾难周围的人们,拥有在第一时间发现灾难、并知道如何援助同伴的"本土性知识",然而,如同没有价格制度,无数个人所掌握的关于具体时间、地点环境中的本土性知识就无法转化成创造财富的力量一样,面对较大规模的灾难,缺乏组织的个人的这些本土性知识,是不可能被恰当地整合起来的,从而也无法动员起足够的资源,也就无法转变为抗衡灾难的现实的力量。一个没有组织的社会,当突如其来的灾难降临时,每个人只能孤独地面对着,结果只能是人人自危,整个社会必定陷入巨大的恐慌中。当 SARS 蔓延开时,除了政府和医务人员,老百姓并没有自发组织起来采取动。因为在没有他们所熟悉的人组织的情况下,他们也根本不知道如何行动。这并不奇怪。任何时候,当我们单独一个人面对灾难,都会作出动物性的本能反映,只有在社会性的组织中,我们才能够像一个人那样承担起自己的责任,并借此克服自己的恐惧。

中国当代社会的组织化程度不可谓不高,然而,这个社会却是依靠权力自上而下地组织起来,如此庞大的社会,只有惟一的一个治理中心。过去数十年,中国是一个"单位制"社会,国家通过一个高效率的行政体系,就将整个社会、将每个人组织起来。我们应该承认,这个体系也是一个高效率的灾难救治体系。任何人发生困难,都会被单位、也就是说政府注意到,并且得到单位的关怀和扶助。在这种情况下,个人是没有"社会性"可言,他完全可以不与他人发生关系就可以维持自己的生存,无数的"大院"就是这样的社会的真实写照。在这样的社会中,政府之外的其他自愿性社会组织,其实也是多余的。当然,政府出于垄断治理权力——否则就无法保持其治理效率——的考虑,必然也会对这种社会组织采取防范、限制、甚至坚决取缔的政策。这套以政府权力为骨干组织起来的社会治理模式,几乎完全封杀了社会的自我生成、自我维续能力。

当然,在控制灾难和援助受灾者的时候,这样的政府也许效率奇高,国家通过自上而下的单位体系,就可以应付几乎所有的社会问题和灾难。长此以往,政府会相信,自己能够解决任何问题。这种信念并不能说完全错误,但这样的制度安排,其实也让政府承担了无法承载的重负:面对灾难,人们不假思索地想到要求政府予以救助。民众已经形成了根深蒂固的依赖政府的心理预期。如果政府无能提供有效的救助,人们就对政府的权威表示怀疑,人们自然而然地认为,是官员的低能、不负责任,或者是政府的腐败造成的。失望之余,经过人们的心理想象,天灾立刻被转化人祸——事实上,总是政府之祸、官僚之祸;对于灾难的解决不力,非常轻易地就会会转化为对政府权威的挑战。事实上,在这样的制度下,政治的任何延误,确实是灾难性的,因为没有任何东西可以充当缓冲层,没有任何东西可以出面解决问题,并为此而动员起足以解决问题的资源。因此,大量分散的、个别的社会问题,要么由政府来解决,要么根本就无人解决。

今天政府越来越捉襟见肘。在市场日益发达的今天,在原有的自上而下的社会治理体系之外,出现了大量政府无法控制的自发性因素。无数的公司与政府不具备原来国有企业与政府之间的那种行政隶属关系。大量的流动人口也脱离了原有的行政控制体系,政府控制的覆盖率已经大幅度地缩小。政府仅仅通过社会原有的信息传递系统,已经远远不能了解整个社会的状态。同样,通过这种行政化的自上而下的体系,政府也不能有效地治理每个人。政府与松散的个体打交道的成本,高得无法承受。事实上,分散的人群出于种种考虑,反而尽量不去跟政府打交道。90年代以来出现的无数社会问题,就与相对于越来越复杂的社会政府管理体系所能涵盖的范围不断下降有关。政府的治理系统无力覆盖,而社会自治又不能填补空白,则所谓"社会问题"当然会层出不穷。这反映的不固然是社会的脆弱,但根源却是政府的自负:它事实上已经失去了很多控制权,但仍然相信自己拥有全面的控制权。而略为聪明的官员在预期到自己无法解决某些问题时,其最简捷的办法就是干脆掩盖问题。事实上,在解决社会问题时,社会自治性组织是主动的,而政府由其性质内在决定了必然是被动反应式的。

这次在SARS降临之时,民间社会的无助、无力和民众非理性的恐慌,不过是以极端的形态再一次昭示了社会自治组织缺失的后果而已。一个没有复杂而多样化的自愿性组织的社会,是无法适应政府的直接控制力不断下降的现实的。也许,这场SARS能够让人们深切地感受到推动社会自治发育的必要性。其实,用"推动"一词是不恰当的。作为自发演进的领域,只要政府不人为地设置制度障碍,则社会自治是不需要任何人推动就可以自行发育壮大的。

宗教的社会功能

当然,如上文再三指出的,现有的政府体制如果动员起来,向处于危难中的民众提供援助的效率是非常高的。这次抗击SARS疫情的过程就能够证明这一点。4月下旬,当政府意识到疫情的严重性之后,政府机构迅速动员起来,从而构成了一道抗击SARS的坚强防线。

但由于知识上的局限,由于政府所能提供的援助仅限于物质层面,这种效率只能是单向度的。这样的制度,因为抑制了人们自发形成的自愿性互助组织,而人为地取消了这些组织本来能够向受害者提供的具有更高效用的援助。综合起来,我们也许不得不说,一个庞大的、貌似具有效率的政府,反而极有可能降低了社会应付突发灾难的效率。

更为糟糕的是,面对灾难、恐慌和死亡,人们首先需要的是精神上的援助。面对灾难，每个人都感觉到自己的渺小和无助。出于合群的天性，人们需要与某些值得信任、与自己有共同的感情、价值、信仰、愿景的人更紧密地靠拢，借以纾缓恐慌，重建信心。然而，即使是再热情的政府，也显然无法提供这种慰藉。毕竟，政府只能自上而下地提供物质意义上的公共品——即使它自以为能够提供价值、信仰、提供国家宗教，但这已被证明不过是一种自负而已——而感情却完全是私人性。

而人们自发组成的自愿性互助合作组织所提供的物质援助，却总是附带着浓厚的感情成分。因为在自愿性组织中，人们之间的心理距离更为接近，人们总是因为共同的兴趣、职业、志趣等等私人性的因素而结合在一起，并在私人时间中，培育出更深切的了解和某种感情。因而，对于受到灾难侵袭的人来说，这些自愿性组织提供的援助，具有大得多的效用。获得这种感情、精神援助的人，会更加深切地感受到社会之可亲，因而他会更加积极地参与到社会生活中，从而使社会向着更为健全的方向演进。相反，一个人如果遭受了灾难侵袭，尽管能够得到政府充分的物质援助，但如果无法得到具有同样社会背景的同伴的精神慰藉，他可能会滋生出对社会的疏离感，甚至会不乏怨恨，而这，对于社会合作与交换体系会产生一定的侵蚀作用，从而降低整个社会的凝聚力。

在此，我们可能特别需要强调宗教的作用。任何灾难总避免不了死亡。政府可以在一定程度上救生，却不大能够处理死亡问题，而宗教从根本上就是为处理死亡而发育起来的。不管是在中国传统社会，还是在现代西方社会，宗教都在社会生活中、在个人生活中扮演着重要作用。宗教为人们的生活提供了意义。同时，宗教组织，也是一种有力的社会自治组织，它们在历史上承担过大量组织、管理社会的功能。在面对灾难的时候，宗教组织也是有效的社会自我救助体系。这种救助不仅仅是物质性的，更重要的是其精神性。它可以为受到自然和人为灾难伤害的人提供某种精神上的慰藉，而对死难者的死亡赋予某种超验的意义，从而迅速地抑制社会恐慌情绪的蔓延，而这对于社会和政治秩序的正常维系具有至关重要的意义。

人们通常有一种简单的想法，以为现代社会是个理性的社会，是个依靠科学知识就足以完美组织起来的社会。然而，事实证明，这不过是一种理性的自负而已。人本身从来就不仅仅是一种理性的存在，社会本身也不完全是依靠理性组织起来的。事实上,真正维系社会交换与合作网络之正常运转的,与其说是现代科学知识,倒不如说是源远流长的传统、习俗、道德、宗教等等"理性不及"的因素[①]。同样,令人们的生活获得意义的,也不是虚幻的所谓"经济人"的理性计算,而是那种种"理性不及"的因素。尽管经历了种种唯理主义的冲击,这些"理性不及"的因素,却依然具有顽强的生命力,原因很简单:对于正常的社会生活,对于健全的个人生存来说,这些因素是不可或缺的。"9·11"之后,美国社会凝聚力大为提高,而宗教似乎也有复兴的迹象,这两个现象之间,也许并非没有任何关联。

一个社会,如果其民众只知道追求物质价值,就注定了是一个不稳定的社会。因为,在任何经济制度下,经常会有人一部分人的期望落空。这些失望的人,如果缺乏某种内在的约束,往往会产生反社会的倾向。而某种超越性的生活意义,可以调和人们由于物质追求的落空而产生的怨恨心理。

中国具有丰富的宗教传统资源,这些资源曾经发挥过重大的社会整合功能。也许,不期而至的灾难和死亡,会促使我们该重新评价这些珍贵的精神和社会资源,认识到宗教信仰、宗教组织对于维持社会正常运转的重大价值。

专业团体的功能不足

上文曾论及"实践知识"、"局部知识"问题,并强调了创造有利于人们运用这些知识的制度之重要性。另一方面,现代社会是社会劳动分工高度发达的社会,知识也是高度专业化的。在任何时候,发现及解决经济、社会、政治问题需要依靠准确而及时的知识,面对危机,同样需要知识,拥有专业知识的群体,在社会合作与交换网络中,处于重要位置。

但是,与分散的民众只有通过自愿性组织才能发挥互助作用一样,分散的专业人员,也是没有力量的,只有通过其自愿组成的专业团体,才能最有效率地发挥其服务社会的功能。这样的专业自愿组织,不仅交

[①] 参见哈耶克晚年的主要著作,如《自由宪章》、《法律、立法与自由》相关章节。

流、分享着科学知识,也传递着专业人员分散掌握的"局部知识"。毫无疑问,专业知识只能是由私人进行生产,然而,这种专业知识只有通过专业团体才能得到快速扩散。而只有通过专业团体的认可,才能赋予这些个人生产的专业知识以权威地位,从而对于普通民众具有更强大的说服力。

同样,形成某种职业伦理,就需要一个完全自治的职业群体。职业伦理与一般私人道德的形成机制或许有所不同。职业伦理需要一个执行职业伦理规范的机构,这个机构应当是一个完全自治的会员制机构。它根据本行业的特征,自发地形成进入、退出本行业的规则和条件,它将本行业人员在从业活动中自发形成的习惯,升华为职业伦理规范,并采取一定的措施执行这些规范,对于拒绝履行这些规范的个人进行惩罚。总之,它可以通过荣誉、惩罚等等机制,激励本行业从业人员自觉遵守行业规范和职业伦理,从而在本行业形成一种可取的风尚,并获得民众的尊重。

因此,专业自治组织能够赋予分散的专业人员所不能具有的两种权威:专业上的知识上的权威,道德上比较完美的形象。而这两者又能够良性互动,使其在危机时刻能够得到民众自愿的认同。我们看到,在香港对付疫情的过程中,高度组织化的医务人员成为中流砥柱。面对新型病毒,他们的专业知识确实可能不足;然而,他们的敬业精神却充分表现了他们的职业伦理,并令普通民众的恐慌情绪得到平息和稳定。

然而,在大陆的 SARS 疫情中,我们却看到,人们本可最为信赖的专业人群,却没有发挥其应有的社会功能。作为一场迅速传播的传染病,民众出现一些恐慌是正常的,但医疗专业人员有充分的责任告诉民众有关疫情的真实信息,告诉民众如何应付疫情;同样,社会学、心理学专业人员也应当指导民众纾缓紧张恐慌情绪。遗憾的是,大陆的这些专业人员,尽管在这次 SARS 疫情中重新赢得了民众的信任,但却没有充分发挥其服务社会的全部功能,其职业伦理的表现也多有不甚令人满意之处。至于社会学、心理学等等专业团体,则几乎没有发挥缓解社会压力、减轻民众心理负担的功能。

这些专业团体之所以黯然缺席或功能不足,一个重要原因是,它们尚没有成为真正自治的群体。在大陆,尽管从表面上看,也不乏相关的专业团体,然而,这些团体离真正的自治却有相当大的距离。它们与政府的关系过于密切,而政府的伦理强调的是命令—服从。政府的伦理过多地涉入专业团体中,使专业团体的伦理规范出现一定程度的扭曲。同样,政府对于专业团体的过多干预,使专业团体领袖缺乏本行业专业人员充分的尊重,其权威大打折扣,从而使其规范执行能力也大打折扣。

政府的权力过多介入专业团体,甚至影响了专业人员的知识生产。在对 SARS 病源的确定上,中国的科研人员曾经屡次出现错误。这也许并不是偶然的。当政府的价值取向渗透到专业机构中的时候,这种专业机构能不能选择出最优秀的专业人员,并让他们掌握最多数量的资源,从而确保有限的研究资源发挥最大的效率?

同样,在防治 SARS 的最初阶段,政府的中医管理机构通过媒体统一公布若干预防 SARS 的药方。这种做法遭到不少人士的质疑,因为这种开具统一处方的办法,明显违背了中医"辩症施治"的基本理念,最后导致若干地方出现服药中毒的悲剧。

一场 SARS,让我们看到了在目前的制度下,科学、医疗等等专业团体的先天不足,这种不足的根源在于政府权力不必要地延伸到专业团体内部,侵蚀了这些团体内部的自治机制,抑制了这些专业团体内部知识的生产和甄别过程,也抑制专业团体内部健全的职业伦理的生成过程和规范执行能力。我们生活在现代社会,所有人——包括专业人员——都需要依靠他人的科学知识来维持自己的生存。要保证我们所获得的知识是可靠的、及时的、准确的,就需要有一种约束、激励专业人员的制度,而这其中至关重要的,就是专业团体的内部自治。而这正是社会自治的重要内容。

宪政建设与社会重建

百年中国的中心任务,是建立宪政制度。不幸的是,这个任务历五六代人而竟未完成,这不能不说是现代国际政治史上的一大悲剧。尤其令人注目的是,百年来,中国所建立的政体愈来愈趋向将权力集中于政府(并且仅仅是中央政府)之手,社会自治(及与此有密切关系的地方自治)层面受到愈来愈强大的挤压,其生存空间愈来愈狭窄,以至于几乎完全消失,或者在政府高压下被迫地下化、"非法"化。由此,政府拥有了巨大的权力,但同时也承担了巨大的责任。当全权体制与计划经济完好无损的时候,政府掌控社会大部分资源,尚有能力行使其权力,承担其作为社会保姆(事实上,更像是严厉的家长)的责任——尽管其保护的范围基本上仅限于城市。然而,随着全权体制和计划经济逐渐遭到侵蚀,政府对于资源的垄断范围缩小,其履行保姆职能的能力大受限制,而政府仍一以贯之抑制社会自治的发育,于是出现社会断裂:政府既无能力,也没有勇气承担、甚至急于推托的责任,社会方面却又无法接手。在这种格局下,社会问题频繁出现,并迅速转换为政治问题,令以稳定为第一诉求的政府疲于应付。

这个经验事实及历史事实告诉我们:一个由政府控制一切的社会,是一个"薄"的社会,是一个"刚性"的社会,这个社会在面对巨大的张力的时候,可能会出现某种断裂;相反,一个社会,如果充满纵横交错的自愿性组织——其中当然包括市民的种种组织、宗教组织、专业团体,就是一个"厚"的社会,一个"弹性"的社会,即使面对冲击,也具有相当大的柔韧性,可以将压力和冲突消弭于无形之中。

这些遵循着不同于政府之组织原则的自治性组织,在平时,可以让民众更真切地理解与人合作的重要性,让人们在财富之外,知道还有别的同样珍贵的价值,让民众的生命焕发出丰富的色彩。这些组织也可以提高信息、知识、规则在社会中传递的效率,降低社会的交易成本,增加每个人的福利。而在出现灾难的时候,这些组织则可以迅速转化成高效率的互助组织,并可以为人们提供精神的安慰。

这次 SARS 风暴已经以一种十分戏剧性的形态揭示了目前体制中存在的制度性缺陷,从而透露了宪政建设的迫切性。[①] 同时,SRAS 危机中政府唱独角戏与民间社会的完全被动,也让我们不得不认识到,在转轨时代,重建介于私人与国家之间的社会,乃是一项至关重要的任务。显然,在政府权力注定要缩小、政府注定无力控制整个社会的时代,社会自治的发育、完善,乃是中国实现转轨的题中应有之义。

[①] 关于这一点,请参见拙文《SARS 阴影下的制度性缺失》,载海南中国改革研究院《转轨通讯》第三期。

人们经常有一种错误的历史认识,以为中国传统社会是政府权力无所不在的政体。然而,仅从统治技术的角度看,中国古典政体就不可能像现代全权制度那样,由政府全面控制社会各种资源,因而用现代标准衡量,古典政体的治理是相当粗疏的,尽管它也实行的是中央集权制度。在这种情况下,中国其实从来不缺乏社会担当治理功能的传统。最起码,在古典时代,乡村基本实行自治。工商城市中的商会也发挥着提供诸多公共品的职能。近代新兴城市更是发展了复杂而发达的自治体系,商会、政、学名流、宗教组织及其他形形色色的自愿团体,不仅掌握丰富的资源,更有积极的公共精神,其权威也足以与政府相抗衡。相形之下,资源与权威不足的政府,反倒成为次要的治理中心[①]。这是一个健全的传统,恢复这样的传统,对于中国摆脱全权体制,恢复社会的"正常状态",具有重要意义。

当然,对于中国的转轨而言,立宪与社会重建其实是两项平行的任务。立宪的任务基本上是通过理性而审慎的设计,划定政府权力之界限,并对此权力进行复杂的分割,令其彼此制衡,借以保障人民的自由。一个权力受到严格限制的政府,将仅为整个社会治理的一个中心而已,尽管在现代社会,它可能是最重要的、影响力也最大的中心。而在此之外,对于每个具体民众而言,在其日常的个人生活、商业活动、精神生活中,将接受若干互相竞争的自治性或半自治性组织的治理。宪政政体将为社会层面的发育提供一个制度框架,从而令各个自治性组织可以展开竞争,这样的竞争可以最大限度地改进民众的福利。

因此,立宪本身并不涉及到社会重建问题,甚至能否建立宪政,也与社会层面是否发育成熟,比如与某种特定的宗教、与自由市场等等,并没有直接的因果关系。理论上,我们可以将宪政建设分为两个阶段,即"制宪(立宪)"与"宪政巩固"两个阶段。立宪属于一种基于宪政知识的理性的制度建构,它能否成功,取决于种种偶然因素。但该宪政政体能否巩固,则与是否具备有利于宪政制度的社会基础有密切关系。从根本上说,政体层面的立宪,属于理性建构,而社会层面的发育,则属于自发

[①] 可参见许纪霖:《近代中国的公共领域:形态、功能与自我理解——以上海为例》,载《史林》杂志2003年第二期,网上文本见"思与文网刊"(http://www.chinese-thought.org)。

演进的范畴。①

但在立宪过程中,平行推进社会建设,则可为未来宪政之平稳运行——也即确保一个在权力有限的政府治理下的社会不至于失序——确立基础。以宪政为指向的转轨过程,是曾经握有全权的政府不断退出、并重新配置其功能的过程。这个过程充满风险。目前,在原有体制下限制社会发育的严重后果已经暴露无遗。我们可以设想,未来宪政巩固也将是一个高风险时期,倘若不能尽快允许社会自由发育,并借以形成政府之外有无数具有弹性的实体组成的、具有一定权威的治理网络,则任何政治上的变动都会动摇社会基本的秩序,从而使社会的合作与交换网络断裂。

同时,以私人自治为基本动力的社会自治,也是限制政府权力、从而也是维系宪政秩序的基石。事实上,这样的社会自治的原则,会延伸到政体领域。社会自治将与宪政中所确立的地方自治原则连接起来,构成一个连贯的自下而上的权力出让—获授链条。这一链条背后的基本原则是"辅助性原则"(principle of subsidiary)。教皇庇护十一世在《四十年通谕》(Quadragesimo Anno Encyclical)(1931)中的一段话,是对这一原则的经典表述:"……[个人]可以靠自己的主动性和勤奋完成一些事情,并对共同体作出贡献;因而,把更低一级的下属组织能够完成的事情,交给更大的、更高一级组织,是不正当的,同时也是巨大的灾难,是对正当秩序的扰乱。每项旨在帮助社会成员的活动,其性质都应当有助于社会,而决不能摧毁或扰乱社会。"② 它既是将私人事务领域与公共的、政治性事务领域区隔开来的原则,也是在联邦制的不同层级政府之间分享责任与义务的原则。这样一个打通私人自治与不同层面的政府自治的原则,无疑将是防范权力再度集中、因而是维护宪政的最有效的工具。

---

① 关于这一点,请参见拙文《研究宪政超验之维的方法论问题》,收入本书。
② 转引自罗伯特内夫著,秋风译:《论非中心制度》,《公共事务丛书》之一,北京,2003年8月,第38页。"辅助性原则"也已写入1993年的《欧洲联盟条约》中,成为各级政府间划分事权的基本原则之一。参见冯兴元著:《欧盟与德国——解决区域不平衡问题的方法与思路》,中国劳动社会保障出版社2002年版,第54—56页。

结　语

　　没有人能够否认政府自上而下的动员体系在这次抗击 SARS 中所表现出的效率。然而,也没有人能够否认,政府的这种效率本身只是在其初期应对失灵之后才在压力下表现出来的。这是中央集权的官僚体制内在固有的痼疾。而随着社会越来越纷繁复杂、游离于政府自上而下的控制体系之外的人口比例越来越大,以权力为核心的社会控制体系必将出现越来越多的失灵。必须自治来填补他治退却后的空白。只有一张以私人自治为基础自发地编织而成的灵活的、多中心的社会自治网络,能够有效地取代撤出的政府权力,对分散的社会问题作出及时而有效的反应。这样的自治网络的发育本身就要求通过立宪限制政府的权力,划定政府与私人及社会之间的恰当的界限。同时,社会自治也将为宪政的长远稳定奠定坚实的基础。

第二部分

立宪的技艺

立宪失败的个案:阿克顿论法国大革命*

《法国大革命讲稿》①是阿克顿勋爵晚年在剑桥大学讲授法国大革命史的讲稿。1895年2月份,阿克顿被聘任为剑桥大学钦定近代史讲座教授,即开始连续讲授这门课程,其后由其弟子整理出版。

阿克顿本人生前曾以其不完善为由拒绝出版本讲稿,阿克顿的多个文献目录中亦未收入本讲稿。但其重要思想价值却是不容忽视的,尤其是在古典自由主义有关法国大革命的历史叙述极端稀缺的情况下。而且,本书具有阿克顿著作的典型风格:渊博而无滞涩,机智而不卖弄,叙述流畅而逻辑清晰,具有强大的思想穿透力。相信对法国大革命的历史具有浓厚兴趣的中国读者,会从中获得很多启示。

众所周知,阿克顿曾经写作一本自由史,据说,这是人类最伟大、但却没有写出来的史书。但阿克顿写出的散篇文章探讨比较连贯地探讨了自由的历史,而这部讲稿,似乎也可以理解为是阿克顿探讨自由史的一个组成部分;或者在我看来,更准确地说法是,它探讨自由是如何在错误的哲学的指导下、在狂暴的激情的驱使下,被从根本上摧毁的。

同时,我译出了英国学者欧文·查德威克所著之《阿克顿教授》②一文作出附录。本文全面介绍了阿克顿出任该讲座教授职位的来龙去脉,其中对本讲座的源起、内容、风格也有详尽分析,并较深入地探讨了阿克顿的历史观,对于读者理解本书当不乏助益。

---

* 本文为作者所译阿克顿《法国革命讲稿》之译者后记,有所修改。
① Acton, *Lectures on the French Revolution*, edited by J. N. Figgis and R. V. Lawrence, Macmillan and Cc., Limited, 1910. 中译本见阿克顿著,秋风译:《法国大革命讲稿》,贵州人民出版社2004年版。
② Owen Chadwick, *Professor Lord Acton*, edited by Christa Rabbitt, 见 Acton Institute for the Study of Religion and Liberty 网站 www.acton.org。

上面是对本书的大致介绍,下面的讨论则是译者在翻译过程中产生的一些想法,是在翻译过程中学习的心得,供读者批评。

需要重写的历史

中国人关于历史、尤其是近代以来的历史,无论中外,几乎无不需要重写。在近代史上占据重要地位的法国大革命的历史尤其需要重写。因为,众所周知,在法国大革命史研究中,现代中国人极为熟悉的一种意识形态占据着主导地位,迄今为止,大、中学校的历史和政治教材,仍然在按照那种意识形态导向,向学生灌输关于法国大革命的结论。在这里,革命期间的种种恐怖暴行都被当作清除旧秩序的壮举而受到欢呼,温和立宪派的种种政策,则被视为投降、妥协行为而遭到严厉斥责;法国的对外侵略被认为是解放欧洲人民,而欧洲各君主国对法国的进攻则被认为是旧制度的反扑。

同时,在论述同一时期发生于大西洋两岸的几场革命的时候,法国大革命被认为是最彻底的,而得到最热烈的欢呼。起码在我上大学的时候,教科书对法国大革命称赞有加,而讥讽英国光荣革命妥协、退让、保守。

这样的结论未必完全错误,有些人也完全有信奉这样的结论的自由,并且也有将其写入教科书的自由;但仅有这样的结论,显然是远远不够的,尤其是在中国人需要重新审视自己的革命历史的时候,其所可能带来的误导,更是危险的。一元化的历史叙述,必然遮蔽历史的真相。而多元的叙述,对于人们了解历史的真相,具有异乎寻常的重要作用。

实际上,根据阿克顿在附录《关于大革命的文献》一文中的介绍,在19世纪,在那场革命的废墟犹有余温的时候,不同的历史叙述——激进主义的、保守主义的、自由立宪主义的等等——就已经展开了激烈的论辩。有的历史学家(和政治家)为法国未能建立君主立宪政体而痛心,有的则为革命之恐怖屠杀而欢呼,有的则为法国统治半个世界而欢欣鼓舞,还有人因法国革命者妄想改造社会而对理性主义深恶痛绝。

就自由主义立场的叙述而言,对于中国读者来说,最著名的当然是柏克的《法国革命论》和托克维尔的《旧制度与大革命》。尽管柏克的那本书普遍地被认为是近代保守主义的宣言书(持这一观点的代表人物是美国当代保守主义的灵魂人物拉塞尔·柯克①),而托克维尔那本书也被阿克顿指为了无新意②,但他们确实渗透着纯正的古典自由主义的精神:珍惜、并且只珍惜自由。

遗憾的是,这两本名著其实更多的是政治科学的探讨,而非历史的叙述。阿克顿所介绍的那些自由主义立场的革命史叙述,迄今似乎也并未被介绍到国内。还好,阿克顿这本书似乎算是填补了一个空白,尽管由于它是讲稿而不大严谨,但这种形式也赋予其以一本严谨的学术性叙述所不能具有的优势:它更多的是一种"述评",在叙述中穿插了大量的议论。正是这些议论,将阿克顿这位纯正的古典自由主义者的理念,清晰而完整地表达了出来。借助这样的体裁,阿克顿爵士向我们完美地呈现了一幅古典自由主义眼中的法国革命图景。

全盘革命的狂妄

美国新保守主义思想家艾尔文·克里斯托尔曾指出,美国革命才是一场真正成功的革命,言外之意,而法国大革命是一场失败的革命③。

我完全同意这个结论,我的理由非常简单:美国独立战争及随后的立宪时代,建立了稳固的自由宪政制度,其宪法框架迄今已历数百年而仍无重大变易,或者即使有重大变化,其总体的框架却是稳固的,也从来没有出现过显著的断裂,由此显示,由革命所建立起来的其政体,同时完美地具备了稳定性与灵活性,也就是说,其政体本身具有强大的自

---

① 参见 Russell Kirk, *The Conservative Mind*, 各版; Edmund Burke: *A Genius Reconsidered*, New Rochelle, N.Y., 1967.

② Acton, *Lectures on the French Revolution*, p.287:"他的知识是没有任何缺陷的,不过,他的知识也是有限的,受到了制约。他对政治文献与历史的了解,要强于对政治生活的了解;他那些新颖别致的见解,并没有多少原创性,他并没有激发出人们灵光的闪现,也没有提出发人深思的暗示。"

③ Irving Kristol, "The American Revolution as a Successful Revolution", in *Neoconservatism: The Autobiography of An Idea*, The Free Press, 1995.

生能力。相反,法国大革命却始终没有建立起稳固的自由宪政制度,法国的政体在君主独裁政体、共和政体、大众民主政体之间不断游移,迄今的法国已是第几共和国了,如果不是专门研究法国政制,可能根本就搞不明白。诚如阿克顿所说的,在革命后的86年中间,法国已经制订了14部宪法,也就是说,平均每六七年就有一个根本性的变化。或许只有20世纪中国政体变动之频繁,差可与此媲美。

当然,近代历史上立宪失败的例子比比皆是,德国、日本均发生过政制的根本性断裂。然而,如果说德国、日本的政体断裂与其后发位置、与国内的民族主义和国际环境有关的话,那么,法国革命之失败,则可能是因为其哲学上的错误,也就是说,导源于法国启蒙运动的巨大谬误,由于这种谬误,革命给自己负载了太多的使命,从而使它注定了会遇到意想不到的挫折,并且,永远不可能成功。

从经验上观察,法国大革命的过程与英、美革命的过程最重要的区别在于,英美的革命仅仅是政治革命,政体革命,革命和立宪的目标始终仅限于重新安排上层的政体;而法国大革命却从一开始就试图成为一场整全的革命,除了在政制层面上建立现代自由民主政体之外,更欲改变基本的社会结构,重新塑造民众的价值观念和生活方式。

从知识的根源上看,这一重大区别可以追溯到哈耶克所说的"法国式自由主义"(以法国启蒙运动知识分子为代表)与英国式自由主义(以苏格兰启蒙运动为代表)之分野[1]。

自由主义者相信观念创造历史。创造法国革命的,就是法国启蒙思想。因此,阿克顿在本书一开头就对法国启蒙予以论述,并提出了严厉的批评。阿克顿的结论是:"孟德斯鸠是自由主义者,因为他是一个聪敏的托利党人;伏尔泰是自由主义者,因为他严厉批判了教士;杜尔哥是自由主义者,因为他是个改革家;卢梭是个自由主义者,因为他是个民主主义者;狄德罗是个自由主义者,因为他是个自由思想家。然而,这些人惟一的共同点是:他们都对自由本身漠然置之。"[2]

---

[1] 相关论述见弗里德里希·哈耶克著,邓正来译:《自由秩序原理》,第四章《自由、理性和传统》。

[2] 阿克顿著:《法国大革命讲稿》,第21页。

阿克顿之所以得出这样一个乍看有点唐突的结论,除了这些学者的政治理论不够健全之外,亦由于这些作家唯理主义的倾向,及由而导致的罔顾传统、蔑视和仇恨宗教的心态。法国启蒙时代的知识分子构造了一个完全受理性统治的虚幻的理想社会,而在他们看来,革命就是实现这样的理想的过程;为实现这一理想,需要悉数摧毁全部的传统:传统的制度和规则、传统的权力架构,传统的宗教信仰和迷信,传统的生活方式和习俗,等等;然后,在废墟上重新建设一个完全由理性指导的新社会,塑造完全按照理性生活的新人类。

　　因此,启蒙思想家把整个人类作为自己的敌人,也许只有他们自己除外——为什么,因为他们得到了理性的神启?这是一个有待研究的问题①;据此,大革命则为自己树立起了有史以来最为庞大的敌人:它的敌人是除了革命家之外的一切人,除了革命制度之外的一切制度,革命的观念和生活方式之外的一切非由理性建立起来的制度、观念和生活方式。基于理性的狂妄的启蒙哲学将革命的烈火引向社会的各个角落,从根基上焚毁整个社会的大厦。

　　正是这种狂妄,使其完全走向自由的反面。因为,自由的要义就是由个人选择自己的信仰、价值和生活方式,甚至没有经过任何选择只是习惯性地遵守流传下来的信仰、价值和生活方式,只要它们不是暴力强加的。没有人反对这些领域的变化,只要这种变化是渐进的、是平稳的、不至于给民众带来重大的不便。但通过政治权力体系、以暴力强制、甚至从肉体上消灭的手段而进行之社会革命、思想革命、宗教革命、生活方式革命,却是强迫个人改变自己的信仰、价值和生活方式。用国家机器的暴力及其能够调动的资源,来重新安排人们的信仰、价值和生活方式,这本身就是从根本上违背自由原则的。

　　那些高呼启蒙口号的法国哲学家们,从来没有意识到他们的理论体系的这一根本性矛盾。他们号称争取人的自由,他们以为理性可以给人

---

① 一位法国学者曾经这样斥责卢梭、罗伯斯庇尔等等幻想改造人性——这"在法国知识分子中是如何地普遍"——的法国思想家:"啊,你这无耻之徒,你竟然如此地自负! 你竟然认为人类是如此地无足轻重,你竟然想改造一切。先改造你自己吧! 这对你来说就是个艰巨的任务了。"见弗雷德里克·巴斯夏著,秋风译:《财产、法律与政府——巴斯夏政治经济学文粹》,贵州人民出版社2003年版,第112页。

带来自由,然而,当教士被驱逐、当社会秩序被摧毁、当巴黎的俱乐部代替政府各部会的时候,整个法国正常的社会秩序完全崩溃。而在一个没有秩序的社会中,是不可能有自由的。同样,在一个秩序崩溃的社会中,是不可能立宪的;因为,当社会缺乏基本的价值共识,当社会成员成为脱离于社区和传统的"自然"人,当立宪者仅仅面对理论而不面对活生生的人的时候,是不可能现实地、审慎地设计宪政制度的。当然,在理性的恐怖中,立法者也无心于从容构思巧妙的制度安排。

从阿克顿的议论中,我们或许得出一个结论:任何社会性革命和思想革命,就其本身而言,不可能是自由主义的,或者更准确地说,不可能合乎苏格兰启蒙运动、柏克、托克维尔、阿克顿、哈耶克等意义上的古典自由主义的纲领。从本质上说,古典自由主义具有保守的一面,这种保守不是保守旧有的政制和权贵的既得利益,而是保守民众在漫长的历史过程中不自觉地选择、遵循的价值、观念和生活;而古典自由主义者之所以要保守这些,不是因为本民族的东西就是神圣的,比其他民族的价值、观念和生活方式更为优越,而是因为,这些东西作为个人与国家权力之间的隔离层,天然地可以保护个人免受国家权力的强制。

法国革命及步其后尘的一场又一场整全性革命的历史起码表明了一点:任何通过政治手段、尤其是通过最为暴烈的政治手段实现社会革命的企图,都将导致灾难性后果;而社会的混乱、失序,也使政体革命注定了不可能成功。

这一结论隐含着一个逻辑的结论:在转型的过程中,政体革命是可以并且应该与社会的演进区分开来的。社会、思想、信仰的领域,完全是自发演进的领域。不应当企图在宪政设计过程中重新安排民众的社会制度、信仰和观念。立宪者所要做的仅仅在于,在政治科学的知识的支持下,面对其同胞之存在本身,透过某种审慎的设计,巧妙地安排国家之政制,即划定诸权力的范围,安排其间之相互关系。至于,其他问题,不管是宪政之背景也罢,是宪政的土壤也罢,是宪政的必要条件也罢,均不在革命的范畴之内,而属于自发演进的领域。而宪政安排之终极目的,也仅在于为这一没有终点的自发演进过程提供一个足够稳固、但又足够灵活的制度框架。因此,立宪是一项单纯的政治事务,而不是一组复杂的社会事务。简单的政体革命,才是能够有可能成功的革命。①

政治激进化的恶性循环

在法国革命过程中,我们看到了一种有趣的现象:政治不断地趋于激进,但激进者在当权之后会有一个倒退。曾经是革命煽动家的米拉波、西哀士,最后却都成了保卫国王者,甚至连恐怖统治的始作俑者之一丹东在最后时刻似乎也有趋于温和的迹象。

然而,就是在这种激进者长江后浪推前浪的潮流中,政治不断趋于激进,最终导致恐怖统治,并以军人专政、君主制度复辟而收场。革命变成了一场纯粹的破坏,而没有按照其最初的图纸建成任何大厦。启蒙思想家画了一张人类有史以来最宏伟的摩天大楼的图纸,但法国人照着这张图纸,最后盖出来的却是比别人平平常常的房子更简陋的破棚屋,任何一个具有一点点野心并掌握了暴力或暴民的盗贼,都可以随意穿堂入户。

这意味着,法国启蒙时代的政治科学出了问题,因而革命时代的政治也同样出了问题。关于政治科学的谬误,下文将予以讨论;就政治本身而言,之所以越来越激进,可能与革命者与保王党、保守的教会组织之间不可调和的对抗有关。启蒙思想家提出的就是摧毁一切旧制度的纲领,因此,革命一起,革命者就提出了一个整全的解决方案,这个方案要以摧毁一切旧制度为前提条件;由此引发保守者的强烈反弹,他们拼命要保守旧制度,国王甚至不惜借助外国军队来恢复旧制度;面对这种危险,革命者的本能反应则是更猛烈地摧毁旧秩序。法国陷入一种可怕的正循环,革命者与保守者互相激励,政治则越来越激进,最终导致玉石俱焚。

---

① Irving Kristol, "The American Revolution as a Successful Revolution", in *Neoconservative*: *The Autobiography of An Idea*, The Free Press, 1995。作者说,美国革命"一点都没有罗曼蒂克,简直可以说是平淡无奇。但正是这种平淡无奇的特质保证了美国革命的成功。"(p. 240)另外,汉娜·阿伦特则认为美国革命才是一场"革命",而法国大革命——及后来的俄国革命——乃是一场反叛(rebellion)(同上书,第241页)。

另一方面，政治人物的素质也决定了革命时代政治的消亡。与英国、美国、甚至日本、德国相比较，法国革命的一个显著特征是：革命者的素质极为低劣，掌握巨大的权力、掌握着无数人的生杀大权的政治人物，相当多、并且越来越多地来自于社会边缘阶层：就像柏克所说，他们的绝大多数是是由"下等的、无知无识的、机器般的、纯属各行各业的驯服工具的那些成员们"所组成①，当然，还要加上巴黎的下层文人。

这些人对于传统的社会秩序，更多地只有仇视。他们当然要摧毁一切财产制度，他们也当然要打倒王权和教会；他们陶醉于自己遽然获得的权力，当然不愿刚开始享受的权力受到任何限制；他们这类人物当然不知政治为何物，他们也不知道政治的游戏规则。他们作为政治人物的行为，更多地诉诸人的本能，他们也迷信他们的理论。他们的理论告诉他们，为了建设一个新社会，摧毁一切旧秩序；他们的本能告诉他们，对于一切阻挡他们的人，绝对不能妥协退让，而必须从肉体上予以消灭。杀戮一切不服从者，就是理论与本能的完美结晶。当狂妄的理论与固执的本能结合在一起的时候，动物伦理替代了文明的政治游戏规则，在政治舞台上就必然会开演一部最狂暴的戏剧。有一位革命领袖甚至必须舔食动物的心脏才能餍足自己的嗜血狂热，他想象自己是在吃国王的心。

这种狂暴气氛当然传染到了军队。据说，启蒙哲学发现了人的价值，然而，在启蒙哲学照耀下建立起来的革命军队中，却丝毫不见人的价值，相反，它非常理性地设计出了种种摧毁人的价值的制度。正是法国发明了现代的强制服役。革命政府将所有男子变成了军人。一个穷乡僻壤的农民，也被迫去为这个他根本不知是怎么回事的政府去打仗，这个政府还刻意地剥夺了他的信仰自由、屠杀他的教士，法国西部农民的起义就与此有关。

同样，革命政府创造了全面战争的模式，正是这种战争模式，使得20世纪因战争而死亡的人数超过历史上的总和。法国的启蒙军队早就预示了20世纪的黑暗。阿克顿用革命军队的组织者卡尔诺的话，概括了这支立志要用启蒙哲学解放整个欧洲的军队的精神：

---

① 柏克著,何兆武等译:《法国革命论》,商务印书馆1998年版,第55页。

"卡尔诺将胜利归功于两个东西：可以随意控制军官的升迁，法国人生命的廉价。只要他觉得有必要攻占某个地点，他可以不计任何牺牲。一位奥地利军官，如果身在离家1000英里外的萨姆布勒河，就不大可能被免职。而法国军官却可以被随意撤换。马克上校曾评论说，同是损失了一位战斗人员，对法国来说，不过是损失了一个人而已，而对于奥地利，则是损失了一位战士。旺代厄起义就已经表明了那些没有组织、没有机动能力的人，仅靠不断的活动、拼杀和勇气也一样能够取得胜利。卡尔诺只会要求他的手下一遍又一遍地发动猛攻，他根本就不考虑人员死伤情况。低级指挥官很快地被清理了一遍，有时，革命政府的刽子手也会在这方面帮他的忙，于是，最能干的人脱颖而出。"[1]

事实上，在革命军队对欧洲军队的第一场胜利中，靠的就是这种无视人的生命的所谓勇敢，而那支声势浩大但又贵族领导的普鲁士、奥地利军队，却在些微的伤亡面前退却了。这真是一大讽刺：启蒙哲学号称发现了人的价值，然而，根据这样的哲学组织起来的军队，却不如贵族领主更重视人的生命！这再一次证明了，不管多少人道的哲学，不管是根据什么理性或历史必然规律而建立起来的社会秩序，只要个人赤裸裸地单独直接面对政府，则个人就难免被奴役的命运；他们似乎有了民主权利，其实，他们不过是有了投票摧毁自己生命的权利而已。能够保障个人最基本的自由的，从来是启蒙者们所不屑一顾的传统的制度和习俗。

摧毁宗教的悲剧与闹剧

在这部讲稿中，阿克顿对于宗教给予格外的关注。

意大利自由主义学者布鲁诺·莱奥尼在探讨自由概念的时候[2]曾经指出，在阿克顿勋爵那里，自由就是指宗教信仰自由，就是指宗教宽容，因为阿克顿本人是生活在英国国教社会中的天主教徒，他对于宗教宽容格外地敏感。这种看法当然有失偏颇，但重视宗教在革命中的遭遇、宪

---

[1] 阿克顿著：《法国大革命讲稿》，第350页。
[2] 见布鲁诺·莱奥尼著，秋风译：《自由与法律》，吉林人民出版社2004年版，第32页。

政安排中对于宗教的处理,确实是这部大革命史的独特之处。

法国天主教历史上确实有许多不光彩的篇章,最典型的是圣巴托洛缪大屠杀。然而,法国的哲学家们却希望以摧毁神启来解决宗教不宽容问题。结果,法国启蒙哲学的一个最为突出的特点,就是攻击宗教,不管是伏尔泰还是百科全书派,更不要提一般文人,对于教会有一种刻骨的仇恨。这种攻击源于知识上的混乱和情感上的嫉妒,而其所导致之知识上的疏忽和错误,则在未来法国制度建设中导致了无法挽回的灾难。

阿克顿说,甚至连那些没有公开攻击过宗教的自由主义人士,比如孟德斯鸠、孔狄拉克、杜尔哥等人,也都对基督教敬而远之。"这种气氛在政治上的结果就是:人们认为有关教会的问题没有什么重要意义,因而也从来没有对教会与国家得出明晰的概念,从来没有认真地研究,在什么样的条件下,国家可以树立国教或废除国教;人们从来不知道,是否存在着一个普遍的解决办法,或者依据什么样的原则来决定这些问题。在革命的转折关头,这种知识上的缺陷显示出了其致命性。"①

因此,革命从一开始就走上了错误的方向。如我们在第二部分的分析所说,法国革命从其思想根源上说,就是一场广泛的社会革命,革命的主要目标之一就是摧毁宗教,正是摧毁宗教,由此激起了教会的反抗,于是,革命者的一大目标就演变成了从肉体上消灭教士。革命政府曾经要求教士宣誓效忠于政府,在遭到众多教士拒绝之后,革命政府便发动了有史以来最残酷、最全面的宗教迫害。

这种宗教迫害不仅本身完全违背自由原则,而且,也在一定程度上导致了法国自由政体之完全不可能建立。路易十六之走上彻底反对革命,从而使立宪君主政体的希望彻底破灭,与革命者对天主教之赶尽杀绝有密切关系。恐怖统治之出现,也与此有密切关系。

法国西部民众的起义,在很大程度上与巴黎的革命政府剥夺其宗教信仰有关。阿克顿对于民众的这次起义给予无限的同情,甚至认为,在当时的法国,只有他们在捍卫自由的事业。这种结论可能有点令人吃惊,但阿克顿的理由是不容置疑的:"失去了信仰的自由,就是将其大量

---

① 阿克顿著:《法国大革命讲稿》,第6页。

实质性内容拿走了的自由。"① 而这些西部反叛者就是在为他们的宗教信仰自由而战,在阿克顿看来,这是一个崇高的事业。

革命摧毁了历史地形成的宗教,然而,追寻超验,乃是人心的一种自然趋向,连革命者自己都不能例外。革命者为自己和民众生造出某种崇拜的对象。当革命进入最高潮的时候,即恐怖统治时期,人们看到了历史上最滑稽的一幕:一种名为"理性宗教"(Religion of Reason)的怪物庄严地诞生了,一位女演员被尊为自由女神或理性女神,被革命的议员们和革命群众顶礼膜拜。② 而这个理性崇拜教的教主就是公共安全委员会中最残暴的谋杀犯肖默特,他试图建立一种新型的世俗化的敬神活动。他在崇拜这个理性之神的时候,则关闭一切教堂。

同样,恐怖统治的操纵者罗伯斯庇尔则要求,国民公会应当承认存在着一位超验的存在(Supreme Being)。罗伯斯庇尔意识到,"在文明的发达阶段,如果没有对于上帝、对于永恒生命、对于上帝的主宰的信仰的约束,就很难保持那些美德。社会将被激情和利益搞得四分五裂,只有借助宗教的普遍的根基,才能够调和、控制这些激情和利益"。不过,他当然不能向传统宗教屈服,他创造出了一个"超人"崇拜,革命人民在巴黎举行了盛大的朝拜仪式。③

革命者决心让理性统治天国。恐怖统治时期,1794 年 11 月 24 日,开始采用革命历法,这个历法准备用科学取代基督教,让理性压倒历史,让天文学家压倒教士。可笑的是,实行这种历法的结果是废除了星期天和各种节假日,而革命者却从来没有想过,每月的名字是多么荒唐,根本不可能适用于纬度不同的其他地方,根据法国本土自然变化命名的"葡萄酒"月、"热"月、"牧"月,到了法兰西海外诸岛和殖民地,人们根本就不知所云。④

于是,对理性本身不加以节制的唯理主义,轻易地就走到了它的反面。其实,用哈耶克的话说,宗教、传统等等都是"理性不及的"(irrational),在理性的限度之外的,他们确实可能无法用理性解释,但对于人

---

① 阿克顿著:《法国大革命讲稿》,第 6 页。
② 同上书,第 299 页。
③ 同上书,第 300 页。
④ 同上书,第 297—298 页。

的生存却同样具有决定性的意义。启蒙者试图以理性否定宗教,完全是对理性的滥用。

这种理性的滥用给宗教迫害提供了最坚实的论证。我们看到,理性之神降临的时候,正是恐怖统治盛行的时期。哈耶克所批评的启蒙哲学的唯理主义,在这里找到了最极端、然而也是最本质的表达方式:赤裸裸的理性统治,就是赤裸裸的暴力统治。其间的逻辑是简单明了的:除了启蒙哲学家和革命者之外,任何人都不可能是纯粹理性地存在,那么,那些掌握了理性、并且凑巧掌握了权力的人,就可以用暴力来让世界和人的生活理性化。

阿克顿的整部书对宗教问题再三致意,他的结论很清楚:如果在争取自由的过程中却否定宗教摧毁宗教自由,则不可能有自由政体。根据阿克顿的论述,我们甚至以引申出一个一般性的结论:一个不能恰当地处理宗教问题、信仰问题的国家,是一个不可能享有自由的国家。

政体设计原理的谬误

如果说,英国和美国是立宪成功的历史,则法国大革命则是一部立宪失败的历史。阿克顿说,"政治科学强烈要求,必须靠多元和分立来操纵权力",但革命期间的法国立宪者却"普遍地青睐整体性和单纯"[①]。阿克顿的叙述揭示了,政治科学上的这种错误观念,是如何导致法国的革命者(及保守分子)是错失一个一个机会,从而使政体越来越糟糕的,到恐怖统治时期,则完全诉诸暴力和恐惧,简直就没有任何理性的治理可言。阿克顿的叙述涉及到立宪理论中的几个最关键问题,而在这几个关键问题上,法国的革命者从一个错误走向另一个错误。

自由政体是否能与传统制度兼容?

法国革命在很大程度上以美国革命为榜样,但不幸的是,法国人只看到了革命时代——很多法国人悔过后成为革命领袖——的美国,而没有看到立宪时代及其后的美国。因此,就像阿克顿爵士说的,"法国尽

---

① 阿克顿著:《法国大革命讲稿》,第129页。

管受到美国革命的深刻影响,但却没有感受到美国宪法的影响。法国受到的是令人不安的影响,却没有受到保守主义的影响。"① "法国人从美国那里拿来的是他们发动革命的理论,而不是他们切割又缝合政府的理论。"② 革命时代的美国人跟启蒙哲学家一样,喜欢谈论抽象的原理,喜欢谈论可以普遍适用的、并无处不构成破坏性力量的理论学说,这些学说让法国人兴奋不已。但1787年以后,美国发生了变化,这时候,制宪会议正在起草宪法。"这是一个建设时期,人们作出一切努力,设计出种种方案来阻止不受约束的民主制度。……他们最令人难忘的发明创造不是出自机巧的设计,而纯粹是不彻底的折中办法和互相妥协的产物。"③ 后来颁布的美国宪法,也没有引起法国人的多少关注。

诚如阿克顿所指出的,在英美革命与法国革命之间,有一个今天的人们看起来似乎没有区别,而事实上具有根本意义的区别:英美革命乃是要建立自由政体,而法国的大部分革命者所追求的乃是大众民主政体。究竟是建立自由立宪政体还是建立大众民主政体,这是阿克顿叙述的一大脉络。而如果是建立大众民主政体,则君主制度就必须予以推翻,贵族制度也应予废除。如果仅仅是建立自由政体,则君主立宪政体就是最简便的,也最现实的,那么,君主就是可以接受的,贵族制度也是可以接受的,这样,不需要推翻君主和贵族,而是保留他们但对其权力予以制度性限制,革命期间的自由主义者一般都倾向于模仿英国建立起君主立宪政体。而按照法国启蒙思想的逻辑,只有人民有权力统治自己,或者退一步讲,只有获得人民明确地同意的政府,才可以治理人民,而君主和贵族缺乏这种正当性,因此,惟一合理的政府就是人民或其代表治理之共和政体。

尽管托克维尔的《旧制度与大革命》的主题是革命的新制度,其实不过是君主制下的旧制度的自然发展而已。这种结论虽然颇具启发意义,但也可能是误导性的,至少,君主制与共和制是两种完全不同的政体,而君主制下的少量的自由与恐怖时代的根本没有自由之间,也是不可同

---

① 阿克顿著:《法国大革命讲稿》,第37页。
② 同上书,第34页。
③ 同上书,第37页。

日而语的。当然,托克维尔的含义是,法国新旧制度都以绝对的权力为宗旨;但人们可以设想,君主拥有的绝对行政权力,在受到立法和司法权力的限制后,是否能够成为一种有效的行政部门?

联邦制还是中央集权制?

对于治理一个大国来说,联邦制是必不可少的一项制度安排,阿克顿在评论美国的制度时说:"对于绝对民主真正起得天然制约作用的是联邦制度……"① "美国人已经意识到了,民主制度不仅可能是虚弱无力的和不明智的,也可能是专制的、压迫性的。于是,他们找到了限制它的办法,即联邦制,它使得任何地方都不存在完全的民主制度。中央政府只从州政府的权力中拿走了若干明确列举的权力,州政府则保留着中央政府拿走的权力之外的所有权力。罗马人知道如何让君主制度无害,那就是使其分立;美国人则将民主制度一分为二,从而解决了更为难缠的问题。"②

很多具有自由主义倾向的法国人也都确信,联邦制对于他们来说也是真正的自由主义制度。孟德斯鸠和卢梭都曾认为,联邦制是实现自由的条件。在革命者中,早年相当狂热、后来却趋向温和并致力于维护君主制度的米拉波已经意识到,要把各省与首都的狂乱分离开来,联邦制度是惟一一种能够在一个大帝国中维护自由的制度。然而,这种理念却并没有能够在法国思想人物中发扬壮大:因为他们不愿意承认,一种力量应该受到另一种力量的制衡。结果,就像托克维尔所分析指出的,革命不过使路易十四之后的君主专制制度变成绝对的革命专政而已。阿克顿认为,仅仅由于米拉波认识到联邦制的重要意义,就理应获得法国人的尊重。③

单院制议会还是两院制议会?

激进的革命者信奉人民主权原则,并且直接将这一原则运用于政体

---

① 阿克顿著:《法国大革命讲稿》,第39页。
② 同上书,第111页。
③ 同上书,第169页。

实践中。他们认为，人民的意志只能有一个，而不可能有两个，人民的意志当然也不能互相制约，因此，只能实行单院制。

这种看法由来已久。伏尔泰曾经公开宣称，宾夕法尼亚州模式是世界上最好的治理模式。这个州的模式就是由一个单院制的、不分割的立法机构掌握一切权力。对法国人产生过很大影响的富兰克林曾经说，他那个州的宪法是一个奇迹，而法国自由主义的代表人物之一杜尔哥则是这种模式在欧洲的热情宣传者。

因此，在革命期间的几次立宪过程中，都没有认真讨论过两院制的问题，人们几乎一边倒地支持单院制。在国民议会的立宪过程中，议员们担心，参议院将成为被打败的贵族、教士等级的庇护所。同时，他们也不希望看到在这些等级的废墟上又建立起一个新的贵族制度；他们怀疑，政府可能会偏爱那些及时改变立场的少数贵族。这是人们偏爱单院制的一个考虑。

另一个考虑则是，一个集中全部立法权力的单院制议会，能够最有效地防范行政权力。而阿克顿直指这种心态是"非理性的"①。据此，革命期间所有的宪法都不承认国王或其他行政权力对于议会立法的否决权。而阿克顿清楚地知道，绝对的权力必然趋向于绝对的腐败变质，最纯粹的民主政体的治理——也即由全体人民直接选举出一个拥有至高无上权力的单院制议会——肯定也会以暴政收场：法国革命的暴政在很大程度上就是议会的暴政。

而且，这种暴政极有效率。在议会的活动中，基于唯理主义的逻辑，革命者始终重视的是议事效率，而摧毁一切合理的自我约束程序。国民议会成立之后，一位英国人曾法国人提供了有关英国议会惯例的文件，比如，有哪些例行公事的程序，可以对通过议案设置什么样的障碍，如何便宜行事以照顾少数派，如何能使反对派与政府大体上势均力敌。然而，阿克顿说，法国人所需要的仅仅是一种更为便捷的方法，而阻碍和拖延就是与理性作对。② 他们匆匆忙忙地立宪，匆匆忙忙地颁布法令。甚至曾经屡次出现头天颁布法令，第二天就予以撤销的事情。立法，不

---

① 阿克顿著：《法国大革命讲稿》，第36页。
② 同上书，第100页。

过是由心血来潮的议会多数,对变幻无常的政策进行一番包装而已。

行政权力应当被消灭?

由于法国的君主专制是最典型的,连托克维尔都认为,法国的很多弊端都源于君主的权力高度集中,因此,革命者的首要目标就是摧毁国王所代表的行政权力。而这种思想又获得了美国革命理论的支持。根据阿克顿的分析,美国人将一种政治理论传给了法国人。在早期的美洲殖民地时代,行政机构的权力和司法机构的权力来自本社区以外,来自英国,因而当地争取自由的民众有一个共同的目标,就是缩减这两种权力。而议会则在人员组成和性质上是民众性的,因而,"议会的权力每增加一份,似乎是给权利义增加了一层保险",美国革命者和人民对待行政权和司法权的态度有点像继母。①

法国革命者继承了这种态度,并且更加激进:"革命者主要受两种观念的控制。首先,他们不信任国王,认为他是多余的,犯下了不可饶恕的专制罪行,因而他们不可能屈从于他,听凭他对他们施加那么多约束和控制;其次,他们也相信,在专制统治下保障个人自由所必需的那些机制,在人民统治的政体中是多余的,因为,在这样的社会中,惟一的力量就是公众的意见。这两种观念会导向同样的政策结果:两者都倾向于加强代表国民的议会的权力,也倾向于削弱由国王代表的行政性权力。"②

这种心态是如此普遍,以至于为行政权力辩护的观点根本没有人支持,这其中最明智的是米拉波。在米拉波看来,在革命的狂风暴雨的袭击下,旧秩序已经崩溃了,"有助于社会维持秩序的习惯和传统、乡里联系和个人信用也都消逝了。社会已经进入一个危险而混乱的时期,在这个时期,迫切需要的正是一种强有力的行政管理。"米拉波认为,这个时候,应当担心的不再是国王的强权,而是国王的弱势了。阿克顿评论说,在这个时刻,只有米拉波"还在捍卫着宪政的原则"③。

---

① 阿克顿著:《法国大革命讲稿》,第36页。
② 同上书,第153页。
③ 同上书,第153—154页。

但没有人愿意让人民的权力被潜夺。结果,在若干年时间中,法国的行政部门几乎陷于瘫痪,完全由议会治理,一度则由罗伯斯庇尔的公共安全委员会来治理。摧毁正当的行政权力体系,最终却催生了一种绝对的行政权力。

司法审查制度

议会的法令是否应该接受审查?阿克顿指出,在美国的宪政制度中,限制行政部门权力的最重要的机制是司法审查,最高法院可以作出宣布违宪法律无效的裁决。阿克顿引用一位作者的话说,"仅靠这种制度,美国就能改正其政府的一切弊端"[①]。

不过,在法国革命爆发的时候,美国的司法审查制度还没有发育出来,因此,我们似乎不应当指望法国人会提出这种制度设想。但一位越来越保守的革命者西哀士作出了一项理论贡献,隐含地提出了现代司法审查制度的设想。根据阿克顿的分析,法国国会的古老原则几乎已经暗示了某种司法审查法院(a court of revision)的存在。当然,随着法国旧制度的崩溃,这种传统已经被摧毁了。在恐怖统治结束后1795年的立宪活动中,西哀士提出了成立宪法陪审团的设想,这个陪审团大约由100人组成,用来监督宪法的实施,成为与立法者相抗衡的宪法的守护者。它将受理少数派和个人针对立法机构的诉状,以保持这些有机的机构的锐气,使之不被国民代表无所不包的权力侵害。不幸的是,这一由欧洲人提出的类似于美国最高法院司法审查职能——但这种职能在美国还没有发育成熟——的值得纪念的努力,却在8月5日遭到议会的拒绝,几乎全体一致地拒绝。法国人本来能够为人类政治制度作出创造性贡献的,但迷信于人民的绝对权力的法国革命者丧失了这个机会。

司法独立

柏克在其激烈抨击法国大革命的名著中对法国传统的司法制度进行了有力的辩护。他认为,尽管这些司法机构具有这样那样的弊端,但"它们有一个根本的优点:它们是独立的。"因此,在历史上,"最高法院

[①] 阿克顿著:《法国大革命讲稿》,第38页。

提供了对于君主制的放纵和恶行的矫正"①。

然而,启蒙哲学家们却只看到了传统司法制度的恶,而且,他们仅仅由于对法庭的处理方式不满,而摧毁了传统司法制度。那些哲学家的结论是:司法当局愚蠢得让人作呕;法律中没有任何神圣的东西,那些残忍地捍卫法律的人也没有一点仁爱;如果他们落入到复仇女神之手,以他们的罪行,他们遭受任何劫数都不算过分。②

阿克顿指出,很明显,大革命期间那些创建了革命的司法制度的人物就受到了这种激烈观念的影响,他们投入到这场争取人道的斗争,这场斗争提出的要求是,建立一种不受种种恶行玷污的政府,颁布新的法律,创立新的司法制度。

结果,革命所催生的,却是比传统司法制度残酷百倍的怪物。因为当司法体系失去其独立性之后,它就不过是政治人物可以随意控制的工具,从而使法律丧失其全部的公正性和确定性。政治人物有多残忍,法院就有同等程度的不人道。

在攻占巴士底狱后,出现了一种新东西:人民法庭,政府军士兵被这个法庭处死。随后,则出现了形形色色的军事法庭,尤其是革命法庭最为臭名昭著。这种革命法庭的官员由罗伯斯庇尔等人任命,对其作出的裁决,罪犯不得上诉。这些法庭取消了一切正常的司法程序,甚至也不需要证人、证言、证据,它的原则是:全面逮捕,快速审判,立刻处决。革命法庭成为有组织地进行大屠杀的工具。有的时候为了节约时间,甚至由狱卒自己随便押来一些囚犯,随便审理之后,即交给外面已经嗜血成性的杀人犯去尽情地杀戮。还好,那些屠杀者自己也陆续被革命法庭判处死刑,并被送上了他们设计的人道的杀人工具:断头台。

因此,判断一个健全的司法制度的惟一标准是看它是否独立,是否独立于立法权力和行政权力之外,而不在于它本身是否腐败,是否效率低下。而法国的启蒙思想家和革命家,因为某些不便和腐败而摧毁了尚具有一定独立性的传统司法制度,得到的是司法公正的完全丧失。

法国大革命期间的立宪努力完全失败了,从政制的几个最重要的方

---

① 柏克著,何兆武等译:《法国革命论》,第266—267页。
② 阿克顿著:《法国大革命讲稿》,第19—20页。

面看,革命者始终没有在旧制度的废墟上建立起可以自我维续、并能保障启蒙哲学所向往之个人自由的新制度。很大程度上,这是因为法国人搞出了一种发达但却错误的宪政理论。

然而,后人似乎并没有以此为戒提出一种健全的立宪科学。法国大革命之后,人类又经历了多次法国革命式的立宪失败。就像阿克顿所说的,人是脆弱的,甚至经常是邪恶的。不过,阿克顿也相信:尽管人类确实很糟糕,但在这个世界上依然存在着某种道德本性,它能使我们走一阵停一阵、缓慢地减少恶。① 而今天,人类政治实践和政治科学的逻辑清晰地证明了:矫正人性之恶的最伟大的工具,可能是一种健全的政体。自由宪政政体不能创造一个玄想家心目中的理想社会,但它起码能够创造一种正常的社会秩序,而政体设计的最高鹄的,亦不过如此而已。

---

① 阿克顿著:《法国大革命讲稿》,第395页。

柏克、阿克顿论法国大革命时期的宗教问题

宗教信仰自由是自由非常重要的内容,在历史上的某些时候,甚至是自由最重要的内容。如阿克顿所说:"良知是自由的一个基石,因此,宗教也是自由的一个基石"①。然而,作为一场重要的近代意义上的革命,作为惟一一场在启蒙理论的直接指导进行的、追求自由、平等等价值的革命,法国大革命却没有能够处理好宗教在宪政中的位置,或者更准确地说,革命政府正好采取了与自由主义完全对立的处理国家—宗教关系的方案。这一引人注目之处,自然也引起了自由主义经典作家爱德蒙·柏克和阿克顿爵士的极大关注,事实上,他们对于革命政府的宗教政策,基本上采取了严厉的批判态度。

柏克的《法国革命论》②从自由主义的保守主义立场,即哈耶克所说的辉格党人立场出发,对法国大革命的原则和政策进行了猛烈的批判。而透过其充满激情的叙述,我们看到的是有关宪政科学的最经典的描述,尤其对于面对立宪使命的当代政治学者理解社会层面的变革——其中当然包括宗教——与政体层面的立宪之间的关系,具有非常重大的启示意义。

阿克顿拟议中的自由史跟宗教史有密切关系。意大利自由主义学者布鲁诺·莱奥尼在探讨自由概念的时候③曾经指出,在阿克顿勋爵那里,自由就是指宗教信仰自由,就是指宗教宽容。因为,阿克顿本人是生活在英国国教社会中的天主教徒,他对于宗教宽容格外地敏感。阿克顿在出任剑桥大学钦定近代史讲座教授之后,讲授了法国大革命的历

---

① 阿克顿著,侯建、范亚峰译:《自由与权力——阿克顿勋爵论说文集》,商务印书馆2001年版,第327页。
② 柏克著,何兆武等译:《法国革命论》,商务印书馆1998年版。
③ 参见布鲁诺莱·奥尼著,秋风译:《自由与法律》,吉林人民出版社2004年版,第32页。

史,在这部于他身后出版的《法国大革命讲稿》①中,阿克顿对于宗教问题给予格外的关注。重视宗教在革命中的遭遇、宪政安排中对于宗教的处理,确实是这部大革命史的独特之处。

柏克和阿克顿本人的宗教信仰都不属于当时社会中的正统——柏克的父亲是英国国教徒,母亲是天主教徒,但他自幼却受的是贵格会教育;阿克顿主要生活于英国,但却是个天主教徒。这些个人因素或许可以部分地解释他们为什么毕生主张宗教宽容。但更重要的还是他们在知识上对于古典自由主义的深刻理解,使得他们能够对于宗教问题提出一种恰当的观点,并据以对法国大革命期间的宗教问题作出恰当而深刻的评论。

回归经典,乃是探究政治事务之性质的一种非常有力的方式。本文将集中介绍柏克与阿克顿的论述,旁及哈耶克、迈克尔波兰尼等人的论述,据以探讨在古典自由主义的话语脉络中,自由政体应通过什么样的制度安排处理国家与宗教之间的关系。

本文拟分为五个部分。第一部分探讨柏克和阿克顿等古典自由主义者对于法国启蒙运动中反宗教激情的分析和评论。第二部分探讨柏克和阿克顿对于法国大革命期间的革命政府采取的宗教政策的批判及对其后果的分析。然而,革命并没有摧毁宗教,相反,却试图建立一种理性拜物教,第三部分对此予以考察。第四部分则相当于一个比较性研究,从哲学的角度探讨一下为什么英国人避免了对传统宗教的摧毁。第五部分探讨古典自由主义如何处理理性与宗教的关系。第六部分题为《理性的谦卑》,讨论为什么立宪者应当对宗教保持谦卑。

法国启蒙哲学对于宗教的仇视

法国天主教历史上确实有许多不光彩的篇章,因而,很多知识分子,甚至包括教会内部人士,对于基督教、对于教会均有严厉的批评。不过,法国启蒙哲学家却将这种批评发展成一种摧毁宗教——具体而言就是基督教、进而消灭建制化的法国教会的雄心。诚如阿克顿所说,法国

---

① 阿克顿著,秋风译:《法国大革命讲稿》,贵州人民出版社2004年版。

的哲学家们希望以摧毁神启来解决宗教不宽容问题。"由于宗教自由同时涉及到宗教和自由两种东西,因而,在启蒙领袖们那里,两个因素中的任何一个都从来没有成为不带感情色彩地考察研究的对象。他们更喜欢怀疑一个论点,而不喜欢确信一个论点,他们试图通过驱赶神启来挫败宗教不宽容,就像他们曾试图通过驱赶魔鬼来挫败对巫婆的迫害一样。"①

柏克怀疑,这些启蒙哲学家早在革命之前就制定了"某种摧毁基督教的正式计划"。这种说法未免有点夸张,但怀疑宗教的情绪在法国启蒙运动中大行其道,却是无可置疑的事实。柏克说,"一种团伙的、阴谋的和叛教的精神浸透了他们的全部思想、言论和行动。"② 这些启蒙文人"用种种讽刺极力夸大宫廷、贵族和教士的错误,使之令人憎恶"③。

一本写于80年代初讨论英国经验主义和欧洲大陆理性主义——其实准确的说法应该是唯理主义——的专著中是这样描述的:启蒙运动的重要代表人物比埃尔·培尔"用形而上学本身的符咒锻铸成的怀疑论","怀疑和批判了一切宗教迷信,教会劣迹和专制制度的罪恶;怀疑和批判了十七世纪形而上学中的各种错误思想。这种怀疑论实质上是以理性为尺度对一切现实思想的审判,是资产阶级思想家们试图建立的'理性法庭'的体现。"④ 伏尔泰"以洛克的唯物经验主义为武器反对教会的至上权威,否定神的启示和奇迹,否认灵魂的不死。……他揭露教会的暴行,为受害者伸冤叫屈。"⑤ 事实上,在启蒙时代,讽刺、嘲笑、攻击教会和教士是最为流行的主题。迈克尔·波兰尼这样总结说:"对宗教教义的怀疑和对宗教的偏执性的讨厌……一直是批判性思维的支配性热情,它完全改变了人类的宇宙观"⑥

这种对于宗教的怀疑、批判和仇恨,乃是法国启蒙时代的唯理主义

---

① 阿克顿著:《法国大革命讲稿》,第6页。
② 柏克著:《法国革命论》,第148页。
③ 同上书,第149页。
④ 陈修斋主编:《欧洲哲学史上的经验主义和理性主义》,人民出版社(1986年)1997年版,第354页。
⑤ 同上书,第355页。
⑥ 迈克尔·波兰尼著,许泽民译:《个人知识》,贵州人民出版社2000年版,第428页。

哲学的逻辑结果,哈耶克将其称为"建构论唯理主义"①。这种唯理主义的创始人是笛卡儿,他相信,"人类只有凭借理性才能获得确实可靠的知识;我们是凭借理性直观而得到关于我们自己心灵的本性的知识,凭借理性推证而得到关于上帝和物体的本性的知识"②,而他肯定真理性的标准是:"凡是我们极清楚、极明白地设想到的东西都是真的"③;他的方法论则是以几何学为蓝本的理性演绎法,他认为,只有简单自明的"天赋观念"才是我们进行推理的正确前提和可靠基础。

根据这种对于理性的认知,可以得出两个结论:第一,怀疑一切现存的知识、习惯、制度。哈耶克评论说,这种态度"使笛卡儿拒绝把任何不能以逻辑的方式从'清晰且独特的'[即上文所引之极清楚、极明白的——引者注]明确前提中推导出来的任何不能也不可能加以怀疑的东西视作为真实的东西。然而,也正是这种'怀疑一切'的立场,剥夺了所有不能以这种方式得到证明的行为规则的有效性"④。

当然,可以理解的是,这种怀疑一切的哲学家,却把理性排除在严厉的怀疑之外:"诚然,笛卡儿因为从普遍怀疑开始他的思考,仿佛也曾表现过怀疑人们能否认识事物本性的思想,但他自己也说过他的怀疑只是一种扫除不确定知识的手段而不是目的,他的目的正是要获得对事物本质的确定知识。而就笛卡儿的全部哲学来看,无疑他是认为我们对于心灵、上帝和物质都有清楚、明白的观念,即认为我们对'绝对实体'和'相对实体'的本性或本质都有真理性认识的",尽管他其实从来没有对于这一点"作过理论上的论证,甚至也未给自己提出过问题",因此,在哲学史上,笛卡儿所开创的这一唯理主义,也常常被称为"独断论"⑤。

由这种对于理性的能力不假思索的确信,形成了建构论唯理主义的第二个典型特征,即对于人类建构能力的确信。即如哈耶克所说,建构论的唯理主义假定,通过运用人类的那种理性能力,我们可以创造出精

---

① 参见弗里德里希·冯·哈耶克著,邓正来译:《法律、立法与自由》第一卷,中国大百科全书出版社 2000 年版,第一章《理性与进化》。
② 陈修斋主编:《欧洲哲学史上的经验主义和理性主义》,第 73 页。
③ 转引自陈修斋主编:《欧洲哲学史上的经验主义和理性主义》,第 318 页。
④ 哈耶克著:《法律、立法与自由》第一卷,第 4 页。
⑤ 陈修斋主编:《欧洲哲学史上的经验主义和理性主义》,第 146—147 页。

确的知识,也可以利用这种知识重新设计出一个完美的社会。当然,这种主张是"以这样一种信念为基础的,它相信所有有助益的制度都是人之设计的产物,并且认为只有这样的设计才会使或者才能够使这些制度有益于我们的目的的实现。"①

对于理性不能"极明白、极清楚地设想"的东西的怀疑,与对于理性的设计能力的确信,都指向了一个方向:摧毁传统的习俗、制度、观念、信仰等等。因为怀疑一切,所以,需要摧毁现有的一切;而为了设计出一个完美的社会,也需要摧毁现有的一切。

总之,法国启蒙运动中的建构论唯理主义构造了一个完全受理性统治的虚幻的理想社会,而在他们看来,革命就是实现这样的理想的过程;为实现这一理想,需要悉数摧毁全部的传统:传统的制度和规则、传统的权力架构,传统的知识,传统的生活方式和习俗,等等。然后,在废墟上重新建设一个完全由理性指导的新社会,塑造完全按照理性生活的新人类。恐怖时代末期涌现出的各种新科学杂志之一欢呼道:"革命把一切夷为平地。政府、道德观念、风俗,要进行全盘重建。这是建筑师的多么壮丽的工地!这是多么巨大的机会:利用一切仍停留在思考中的精致而出色思想,利用过去无法利用的如此多的材料,去清除那些数百年来一直是人们不得不加以适应的障碍。"②

这些应当且必须被摧毁的东西,当然包括宗教。卢克莱修的一句话也许写出了当时很多法国文人的心声:"宗教唤起了何等的邪恶!"迈克尔则总结说:"在大陆的进步人们之间存在着一条公理,便是为了实现光明和自由首先要打碎僧侣的权力,除去宗教教条的影响。这样的战役一次次打个不停。"③

而且,当时的人们似乎也形成了一种林毓生所说的"借思想、文化以解决问题的方法"的倾向④,将一切社会问题归罪于宗教神学和教会。他们认为,是宗教遮蔽了人的理性,从而使人陷入无知,而无知则给人

---

① 哈耶克著:《法律、立法与自由》第一卷,第2页。
② 转引自弗里德里希·A.哈耶克著,冯克利译:《科学的反革命》,译林出版社2003年版,第119页。
③ 莱奥尼著:《自由的逻辑》,第104页。
④ 林毓生著:《中国传统的创造性转化》,三联书店1988年版,第168页。

类带来了灾难。霍尔巴赫曾经这样说:"人类是苦难的,单因为他们是无知的。他的心灵如此受到偏见的侵袭,竟至于看上去会永远沉沦于谬误之中。……惟有谬误,才会乞灵于宗教的恐惧,这使得人们震怖而战栗,为幻想的缘故相互屠杀。仇恨、迫害、屠戮、悲剧,凡此种种,在上帝之利益的借口之下,在这地球上一次又一次上演。"① 也就是说,当时法国社会的一切无知、不幸、灾难,都是宗教所造成的。

在受意大利人影响而主张司法改革的法国人中间,也燃起了对于宗教的仇恨。人们把宗教与司法领域中的残酷行径联系起来,于是,司法改革运动也变成了一场"讨伐基督教的运动。部分正是由于这一点,居雷·默斯里埃写的一本书那时广泛流传,但到 1864 年才由施特劳斯印行,这本书吹响了不信仰宗教也正当的号角;另一位神父雷纳尔则希望,教士们应当被压碎在他们的祭坛的废墟之下。"② 尽管事实上,正是教会法为中世纪的司法带进来限制残酷和不公正的因素。③

不独那些狂热的唯理主义者,甚至连那些没有公开攻击过宗教、具有较为强烈的自由主义倾向的人士,比如孟德斯鸠、孔狄拉克、杜尔哥等人,也都对基督教敬而远之。

明智的知识人的这种回避,只能助长激进分子的狂热,最后的结果是,把宗教和教会妖魔化,使得唯理主义的启蒙思想家在宗教问题上完全误入歧途,尤其是没有正确地理解宗教与自由、教会与国家的关系:"人们认为有关教会的问题没有什么重要意义,因而也从来没有对教会与国家得出明晰的概念,从来没有认真地研究,在什么样的条件下,国家可以树立国教或废除国教;人们从来不知道,是否存在着一个普遍的解决办法,或者依据什么样的原则来决定这些问题。在革命的转折关头,这种知识上的缺陷显示出了其致命性。"④

而如果不能正确地理解这一点,就不能正确地理解自由的含义,也不可能恰当地设计宪政的框架。因此,法国的启蒙哲学家们不是古典自由主义者,或者如阿克顿所说,"在他们的自由主义中,依然存在着一个

---

① 转引莱奥尼著:《自自由的逻辑》,第 103 页。
② 阿克顿著:《法国大革命讲稿》,第 6 页。
③ 参见彭小瑜著:《教会法研究》,商务印书馆 2003 年版。
④ 阿克顿著:《法国大革命讲稿》,第 20 页。

缺陷,因为脱离了信仰的自由,就是将其大量实质性内容拿走了的自由。"① 阿克顿甚至说过这样的话,"孟德斯鸠是自由主义者,因为他是一个聪敏的托利党人;伏尔泰是自由主义者,因为他严厉批判了教士;杜尔哥是自由主义者,因为他是个改革家;卢梭是个自由主义者,因为他是个民主主义者;狄德罗是个自由主义者,因为他是个自由思想家。然而,这些人惟一的共同点是:他们都对自由本身漠然置之。"② 这段话当然不是专就宗教问题而言的,但其中当然包含着对与这些人士之宗教立场的判断。

革命政府的宗教政策及其恶果

在受启蒙哲学敌视传统宗教的激进理论之影响而爆发的法国大革命中,革命者所奉行的政策,当然不可能正确地处理好宗教问题。因为这些革命者根本不具备柏克所说的"审慎"的美德,而启蒙哲学的论证又给了他们全盘摧毁一切的疯狂以充分的正当性论证。"在受到伏尔泰、狄德罗、爱尔维修、霍尔巴赫和雷纳尔熏陶的那一代人中,存在着某种对于教会的强烈的仇恨,对此,无人会表示怀疑。但在那些具有当下影响的人物中,比如杜尔哥、米拉波、西哀士等人,所表现的更多的是对宗教的蔑视,而不是怨恨;正是通过这种潜移默化的过程,厌恶的全部力量控制了自由主义者的情绪和宽容的誓言。③在米拉波、西哀士、罗伯斯庇尔等人领导下的革命,就是摧毁一切所谓的迷信和传统的过程。

法国革命中,历届革命政府都"按照《人权宣言》重新铸造法律,清除专制制度的一切残余,清除无知的传统中的一切遗产,因为它们不合乎《人权宣言》。在政府的每个部门,都必须彻底埋葬那些传统,完全消灭那些因素,从根本上建立起一套全新的架构。要从暴力的统治转向民意的统治,从习俗的统治转向原则的统治,从而经过一番混乱、不确定和迟疑,而建立起一套新秩序。……但对于公共生活的一个领域来说,大

---

① 阿克顿著:《法国大革命讲稿》,第6页。
② 同上书,第21页。
③ 同上书,第177页。

革命不仅开了一个坏头,而且一步一步地走向了一个糟糕的结局,陷入内战、无政府状态和暴政之中,这一结局埋葬了它所追求的目标(这个领域就是宗教)。"①

也许正是摧毁宗教的雄心及由此所引发的全盘性社会革命,使得法国革命明显地有别于在它之前进行的美国革命,尽管不少法国革命者曾经是美洲独立和立宪的见证人。

摧毁教会

实际上,在法国,教士并不像人们想象的那样顽固而冷酷。他们中的大多数人对于新观念是真诚的,根据阿克顿的报道,在革命初期,教士阶层中的很多人是站在第三等级一边的,论起反对王权之决绝来,没有人能超过一些当选的高级教士,比如卡尔瓦多斯主教福舍,他跟吉伦特人携手并肩,也跟他们一起覆灭了,还有布卢瓦斯主教格雷瓜勒。格雷瓜勒最为引人注目,他一直以"宪法教士"而著称于当时。"在几个具有决定意义的时刻,比如6月19日和8月4日,他们都推进了新观念的胜利。"很多高级教士都是开明的改良主义者,连罗伯斯庇尔也相信,低级教士总的来说都属于民主派。"② 然而,这个宪章及随后的强制效忠,却把教士推向了革命的反面。然而,尽管如此,革命后成立的法国国民议会却出台了一连串针对教士的政策,所有这些政策都经过仔细研究、并且是一些人长期以来都在争取的,借助这些政策,激进的革命者将教士变成了大革命的死敌。

哲学上的原因我们上面已经进行过探讨,这是最深层的原因。而在这种哲学偏见下,启蒙者把宗教迫害视为教会无可饶恕的罪恶。其实,宗教迫害在很大程度上是权力以宗教的名义而制造的,但是,在启蒙主义的时代,没有人愿意像法官在法庭上那样冷静地辨析罪责,即使人们并不总是将宗教迫害归咎于教士的权力,这种迫害也总是因教士而起的。而且,"教士可以说是严重依赖于国王的权力,甚至有点过分,因此,他们做了很多努力试图提高和维护国王的权力。"在这种情况下,

---

① 阿克顿著:《法国大革命讲稿》,第176—177页。
② 同上书,第177页。

"人们开始相信,自由的事业所要求的,不是解放,而是镇压教士"。①

当然,从政治的角度看,最根本的问题在于,革命者所要建立的理想政体,是不可能给一个独立的教会以活动空间的。因为,法国革命的第一个原则,即人民主权,启蒙哲学家的政治哲学,也将国家上升为最高的善,这样的国家因为与理性合一,而拥有至高无上的地位。而这种革命教义,是与法国教会的传统严重对立的,这些传统包括教会的独立、自行任命高级教士和普通教士,享有财政上的豁免权,可以自行处罚违反宗教法规者,等等,总之,就是教会自治的权利和权力。一种独立教会的传统,与新兴的全权国家的理想碰撞,其冲突是不可避免的。革命政府后来所采取的种种行动,都是一步一步地致力于剥夺教会的特权和自治权力,致力于将教会纳入到国家的控制之下,而在教会拒绝接受这种安排的时候,则国家就以暴力摧毁它。

革命政府最初对待教会的办法还是比较零散的,毕竟,教士阶层本身也是三级会议中的一级,因而,拆散教会的活动是零散进行的:"1789年8月,国民议会指定成立了一个有关宗教问题的委员会,到次年二月份,由于内部存在分歧,国民议会增加了委员人数,于是,委员会内的少数派成员被压倒了。这之后,这个委员会就不断地告发修道会。于是,修道院的数量开始减少,几年时间,僧侣的人数就从26000人下降到17000人。在12年的时间中,有9个修道会消失了。1790年2月13日,废除了民事法律支持教会针对僧侣作出的裁决的原则。修道会成员可以自由地离开修道会,只要他们自己愿意,当然也可以自愿留下。而那些选择离开的人将得到一笔退职金。那些留下来的修道士的地位则依据一系列政令来管理,而这些政令却有害于教会的制度,而有利于离职的修道者。而到国王倒台之后,所有的修道会都被解散了,他们的房屋也都被强占了。"②

而对教会冲击最大的是《神职人员民事宪章》(The Civil Constitution of the Clergy),这是根据新宪法调整教会与国家关系的章程。1790年5月29日起,国民议会就此展开辩论,7月12日,进行最后的投票表决。

---

① 阿克顿著:《法国大革命讲稿》,第178页。
② 同上书,第180—181页。

"首要目标是节约金钱。主教们比较富裕,人数又很多,却不受欢迎。但他们中有些人却被教会挑选出来,担任其高级职位,担任红衣主教职务的人……都是些口碑不好、声名狼藉的人物。因此,在这里,该委员会提出节约开支,将他们的人数减少五十名,将他们收入减少到每年一千法郎。新创建的每个区都将成为一个由主教管理的教区。将不再设立大主教。他们让所有的主教处于同一水平,从而降低了教皇的权威。……他们已经剥夺了国王对教会的任命权,但他们并没有把这种权力转让给教皇,因为教皇是个比国王的权力还要专断的权威,而且他还是个外国人;而实行选举原则的时候又碰到了困难,因为这种选举应当由上级机构来主持,这种选举在以前的时代曾经发挥过重要作用(但现在却不存在这样的上级)。这部法律规定,主教将由区的选举人来选举产生,堂区神父则由本堂区里的选举人选举产生;这种选举应当在教堂做完弥撒之后进行。……于是,按照博絮厄的设想,教会机构的权利被从罗马那里抢了回来。"①

《神职人员民事宪章》是一个世俗政权从根本上改变法国教会的组织形态,如果实行这个宪章,法国的教会将从一个实行主教制的教会演变为一个实行长老制的教会。这样,教会传统的权威将全面瓦解。相应地,教会的自治权在法律上被取消。1790年11月27日,国民议会决定强制教会接受这部《民事宪章》。几乎每位担任教会差使或承担着公共职能的教职人员,都被要求必须宣誓效忠于法国宪法,也就是说,要求传统上效忠于罗马教廷的教士,向世俗的国家效忠。1791年1月4日,教会人员的代表被召集起来按规定宣誓,不准他们提出任何条件或有所保留。国民议会丝毫无意发誓它将不会干涉宗教事务,看到这一点,曾经支持革命的议会中的神职议员大为失望,他们中的大多数、尤其是高级神职人员拒绝宣誓。只有四位主教按规定起了誓,但他们中只有一位得以继续担任新设立的教区的主教。拒绝宣誓效忠的教士很快就被视为叛国者和叛乱分子,而暴民们是不会容忍他们在整个巴黎尚留在他们手中的惟一一座教堂中作弥撒的。

即便是那些宣誓效忠革命的所谓"爱国教士",最后也与革命分道扬

---

① 阿克顿著:《法国大革命讲稿》,第181—182页。

镳,因为革命政府对待那些不爱革命的教士的政策,不可能不波及到爱国教士。因为革命政府对教士们的良心提出了很多无情的要求,要求他们实行身份登记,恶意地鼓励神职人员结婚,又处决了国王。许多人也参与反对革命的暴动。"于是,在雅各宾党人的心目中,教士们统统不可信任,他们不是实际反对爱国事业的阴谋分子,就是潜在的阴谋分子。"[1] 于是,在内战和外国入侵的狂潮中,对拒绝宣誓效忠的教士们的恐惧被放大了,变成了对于整个神职人员的猜疑,在许多地方竟发展为对于基督教本身的攻击。国民公会派出的革命代表则更为激进,怂恿军队和民众去做更为激进的事情,他们摧毁圣像、禁止信徒去做弥撒,征用教堂用于世俗用途,处决拒绝效忠的教士,以高压手段强迫教士违心结婚。这样的攻击必然激起整个教会的反弹。

这样的改革貌似具有必要性,实则完全是激进思想的产物。确实,"法国天主教会,与国民议会不惜一切代价要摧毁的那些秩序之间,存在着太过紧密的联系。在法国建立起绝对君主专制以来的三个世纪中,国王们拥有所有高级教士的任命权。而在建立宪政制度之后,这样的特权不可能继续留给国王,因此,很显然,必须确立一套委任一般教士和高级教士的新办法,要求对教会法规体系进行一次彻底的变革。"[2]

然而,"这就引起了资格与权能的严重问题。即便是一个国民议会,它有什么权利如此大张旗鼓地改组天主教会的一个分支呢?"[3] 这是一个严重的宪政问题,但如上所述,启蒙哲学家却从来没有认真地思考过这个重大问题。因而他们的政策就就是极端简单化的。

换一个角度看,这样的政策也可能是刻意的。启蒙哲学指导下的激进社会革命极其残酷的自激逻辑:革命者不断地给自己制造敌人,越来越多的敌人让革命者有越来越充分的借口集中权力,而不受约束的权力必然走向恐怖统治。所以,在很多情况下,他们是刻意地刺激教士,挑起教士的愤怒和反抗,或者故意挑衅外国,从而借口把权力集中在自己手中。

根据阿克顿的分析,《民事宪章》是法国向整个欧洲开战的第一枪。

---

[1] C.W.克劳利编,中国社会科学院世界历史研究所组译:《新编剑桥近代史》第九卷,中国社会科学出版社1992年版,第194页。
[2] 阿克顿著:《法国大革命讲稿》,第177—178页。
[3] C.W.克劳利编:《新编剑桥世界近代史》第九卷,第194页。

因为,这一事件不仅在这个国家创造了一种强烈的敌对情绪,还驱使国王寻求欧洲列强的保护。"促使路易出逃的最主要的动机是,对于自己伤害他自己信奉的宗教的震骇。当他签署那份强制教士宣誓、因而引发宗教迫害的政令的时候,他曾经说过,'恐怕它不会存活多长时间。'"① 而路易出逃,使得国王和君主政体的声望大受影响,最为灵活、最为珍贵的自由政体——君主立宪政体在法国便成为不可能的了。于是,法国人在未来上百年间,始终没有找到一种能够具有灵活性、又保持基本框架的稳定的政体结构。

面对革命政府的挑衅,竭力避免刺激革命政府的教皇庇护六世直到1791年春天才温和地批评了《民事宪章》。而"由于他公然抨击自由和宽容,革命者现在终于能够理直气壮地说,他们之间不可能存在和平了,罗马已经站到了革命者所坚持的首要原则的不可调和的对立面了。1791年5月,有议员提出,如果教皇拒绝了《民事宪章》,就吞并教皇在法国的领地。这一建议最初被议会拒绝了,但9月14日却被采纳了。"② 其结果是,法国将自己变成了整个欧洲的敌人。

事实上,摧毁教会除了出于仇视之外,也有一个非常现实的考虑,剥夺教会财富,解决政府的财政危机。教会拥有数量不少的财产,包括地产,神职人员又免纳国家赋税,有些革命者在解决财政问题时,总是会想到掏教会的腰包。革命政府的第一个措施是废除传统的什一税。什一税被废除、教会的收入来源被切断之后,并不能解决财政问题,于是,政府又盯上教会的存量财产。1789年11月26日,国民议会以558票对346票通过决议,教会的财产将由国家处理。12月1日,国民议会决定,通过出售新没收的这些国家财产筹措1600万法郎,作为发行纸币的准备金。由此就出现了代币券,开始的时候,它仅仅起记账作用,两年后,它就崩溃了。

对于革命政府没收教会财产,柏克予以猛烈抨击③,并借此阐述了自己的财产权理论。柏克惊呼,"几乎没有一个野蛮的政府者曾在财产

---

① 阿克顿著:《法国大革命讲稿》,第192页。
② 同上书,第185页。
③ 参见柏克著:《法国革命论》,第137—163页。

权方面制造过一场如此之可怕的革命"①,而通过剥夺教会的财产,"把人[指教士——引者注]从独立地位驱逐到靠施舍为生,这本身就是一种极度残暴的行为"②。

在柏克看来,对于教会财产的没收,典型地显示了法国革命政体之破坏性特征,践踏了财产权原则,而维护该原则,本来是政府存在的根本理由所在,它将使整个社会陷入不安全感中,从而摧毁整个社会的秩序。下面一段话给出了有力的论证:"以掠夺上层阶级来腐蚀人民,很可能会将建构得最好的国家体制和秩序全面颠覆——正是对财产权的蔑视,以某些妄想的国家利益来反对财产权原则,导致了其他毁灭法国的罪恶,并将整个欧洲带入最紧迫的危机之中。这一切灾难的开端是一个错误的观念,该观念认为财产权是有差异的,这种差异要视依法拥有财产的人的身份而定。这种观念认为掠夺一位宗教牧师,与劫掠其他人不是同等性质的抢劫。谁要是由于软弱而屈服于进行抄查的恶棍的不良用心,不久,就会发觉自己实实在在地错了:没收教会地产,夺取国王土地不久便接踵而至;抢夺国王的土地后,对王兄弟们土地的掠夺也立即来临;在掠夺了国王同血统的王子们以后,贵族的地产只能在很短时间内幸免于难;最后,货币和动产在不动产的废墟上崩溃了。——到了那个时候,从东印度公司的仓库到杂货店、面包店,没有一家店铺还能保有最起码的安全。"③ 后面那一段让我们联想到那段关于人们逐次失去自由的名言。

当然,财政上的考虑其实并不是根本性的。阿克顿已经清楚地指出,"解决财政问题只是表面的考虑,在这个考虑的背后,还有更深层次的设想。有些人希望打碎那个强大的组织,解除那些具有贵族气派的主教们的武装,让孤零零的教士们都服从于这场革命。"④ 而教会失去财政独立性、不得不依附国家之后,"教士不再是一个有权势的、富裕的等级,而成了领取薪水的公务员。他们的收入成了国家的一项负担",⑤

---

① 柏克著:《法国革命论》,第152页。
② 同上书,第140页。
③ Letter to Comte de Mercy,1793年,载阿克顿著:《自由与权力》,第51页。
④ 阿克顿著:《法国大革命讲稿》,第180页。
⑤ 同上书,第178页。

而在政府财政拮据的情况下,政府有强烈的动机摆脱这项负担。于是,革命者又为自己摧毁教会找到了一个理由:在革命者那里,彻底摧毁教士阶层,起码从财政角度看是合算的。

革命没收教会财产的另一个理由是启蒙哲学中一种错误的理论:财产权乃是法律的产物,由此必然可以得出一个结论:也可以通过修改法律而改变其归属。对此,革命之后才诞生的法国自由主义经济学家巴斯夏提出过非常严厉而深刻的批判。[①]

理性宗教的闹剧

革命打碎了历史地形成的教会,也试图彻底摧毁历史地形成的宗教,然而,追寻超验乃是人心的一种自然趋向,连革命者自己都不能例外,而且他们比宗教信徒更狂热。

在这方面,我们再次看到了柏克极其精准的预见能力:"我们知道,人在本质上是一种宗教动物,能知道这一点乃是我们的骄傲;我们知道无神论不仅违反我们的理性,而且也违反我们的本能;因而就不可能长久流传。但是如果在一个动乱的时刻,在由地狱的蒸馏器——它在法国现在正如此剧烈地沸腾着——所产生的热酒精而导致的迷醉狂乱之中,我们抛弃了这迄今为止一直成为我们的自豪和安慰、成为我们的文明以及其他许多国家文明的伟大源泉的基督教,从而赤裸裸暴露了自己,那么我们就要担心(由于充分察觉到人的心灵是无法承受真空的)某种粗鄙的、有害的、堕落的迷信将会取代它的地位。"[②]

果然,随着教会被摧毁、随着革命的发展,"某种粗鄙的、有害的、堕落的迷信"应运而生。唯理主义的信条是用理性怀疑一切,但他们却不会用理性来怀疑理性本身:唯理主义的精神态度"既是怀疑主义的,又

---

① 弗里德里克·巴斯夏著,秋风译:《财产、法律与政府——巴斯夏政治经济学文粹》,贵州人民出版社 2003 年版,尤其是其中的《财产与法律》一章。在这里作者说,"财产权是社会创造出来的,财产权是立法者的某种发明创造,是法律的产物,一句话,财产权是自然状态下的人所不知晓的。这种观念,通过法律学说、通过古典思想研究、通过 18 世纪的政治理论家、通过 1793 年的大革命、通过有计划的社会秩序的现代鼓吹者,从古罗马一路传承给我们。"(第 137 页)不过,这里关于古罗马的说法是不准确的,罗马人已经有了明确的私人财产权概念。

② 柏克著:《法国革命论》,第 122 页。

是乐观主义的:说是怀疑主义的,是因为不管观点、习性、信念多么根深蒂固,广为人接受,他都毫不犹豫地向其质疑,用他称之为'理性'的东西判断它;说是乐观主义的,是因为理性主义者从不怀疑他的'理性'(适当应用时)决定事物的价值,观点的真理,或行动的适当与否的力量。"① 在唯理主义怀疑一切的心灵中,唯独理性本身是怀疑的例外,于是,它就成为新时代的神。

当革命进入最高潮的时候、即恐怖统治时期,一种名为"理性宗教"的怪物庄严地诞生了。1793年11月9日,一位女演员被尊为自由女神或理性女神,在巴黎圣母院举行的著名的"理性节"上,被革命的议员们和革命群众顶礼膜拜。② 而这个理性崇拜教的教主就是公共安全委员会中最残暴的谋杀犯肖默特及其同伙——他们比罗伯斯庇尔、丹东等人更为激进和残暴——发明了"全面逮捕,快速审判,立刻处决"的恐怖统治原则③,发人深思的是,正是他最积极地试图建立"一种新型的世俗化的敬神活动"④。

肖默特等人的"原创性在于,他们试图创造出一个替代宗教的东西,他们希望给人们提供某种跟上帝不同的东西让人信仰。他们更渴望将新宗教强加于人,而不是摧毁旧宗教。"⑤ 不过,这话可能并不准确,强加新宗教不可能与摧毁旧宗教分离。实际上,阿克顿就报道说,在崇拜这个理性之神的时候,肖默特下令关闭一切教堂,禁止在建筑物之外从事宗教活动,并且废黜了国家任命的神职人员(这些神职人员已经向国家表示效忠了)。肖默特曾经不动声色地说,"子弹和毒药,是对待教士们进攻国民的武器"⑥

恐怖统治的操纵者罗伯斯庇尔要制造神。他要求,国民公会应当承认存在着一位"超人"(Supreme Being)。罗伯斯庇尔意识到,"在文明的发达阶段,如果没有对于上帝、对于永恒生命、对于上帝的主宰的信仰

---

① 迈克尔·奥克肖特著,张汝伦译:《政治中的理性主义》,上海译文出版社2003年版,第2页。
② 阿克顿著:《法国大革命讲稿》,第299页。
③ 同上书,第297页。
④ 同上书,第298页。
⑤ 同上书,第297页。
⑥ 同上书,第300页。

的约束,就很难保持那些美德。社会将被激情和利益搞得四分五裂,只有借助宗教的普遍的根基,才能够调和、控制这些激情和利益"。① 不过,他当然不能向传统宗教屈服,他创造出了一个"超人"崇拜,革命人民在巴黎举行了盛大的朝拜仪式。② 而卢梭也曾被作为神膜拜。

一本权威的历史书说,这些启蒙哲学家及后来实践其理想的革命家们试图用对现世的人及其理性和制度的崇拜,取代对于超验的崇拜,"以人类世俗的宗教来取代天主教及其超自然的理论体系","它的信条体现在《人权宣言》中,它的教士是那些立法者,它的象征是帽章、三色旗和自由帽,它的赞歌是游行和历法"③——当然,它的创建手段则是屠杀和恐怖。

从理性地怀疑一切,竟然走向这种粗鄙的迷信,确实是一个有趣的历史和知识问题。哈耶克曾经提问:为何建构论的唯理主义的极端形式总是导致对理性的反叛?在哈耶克看来,这种反叛,"通常都是对思想的抽象性所进行的反叛"④,这种唯理主义"自欺欺人地认为理性能够直接把握所有的特定细节"(第38页),而一旦事实证明,理性并不能做到这一点,或者他人的理性不能与自己同步,这种理性主义就会诉诸意志,也即权力,来改造他人的思想,提高其理性能力;假如他们拒绝,就强制他们,甚至屠杀他们。

事实上,反宗教的唯理主义,在政治哲学上发展出了一种"政治救世主义"⑤,上述理性崇拜不过是其最表面的形态而已。政治救世主义企图"追求一种新的单一原理",以此重新构造社会和人。而他们相信,他们已经找到了这种单一的原理,人类借助于运用这种单一的原理、永恒的法则,可以通往一种"自然秩序",给所有理性的人带来普遍而永恒的幸福。

为此,首先需要改造人,使之成为理性的存在。根据塔尔蒙的研究,这种改造方案有两类,一类是唯物主义的爱尔维修和霍尔巴赫的方案,

---

① 阿克顿著:《法国大革命讲稿》,第308页。
② 同上。
③ 克劳利编:《新编剑桥世界近代史》第九卷,第196页。
④ 哈耶克著:《法律、立法与自由》,第一卷,第37页。
⑤ 参见J.F.塔尔蒙著,孙传钊译:《极权主义民主的起源》,吉林人民出版社2004年版。

他们相信,通过理性的国家的立法及其制度,就可以保证人人均为理性且道德的。不过,卢梭和马布利则更为悲观。他们更愿意创造出一种新宗教。

不管怎样,当启蒙哲学家们反驳了人们对于上帝的信仰后,制造出了人们对于国家(它是理性的化身)的信仰。国家被视为最终的善。卢梭提出了公民宗教的设想,凡不信仰公民宗教的应该被判处死刑。这种公民宗教,正是法国大革命时期理性崇拜的观念原型。

因此,理性主义者对于基督教发起的知识上和政治上的讨伐,往好里说,也不过是一种宗教对一种异端的迫害。如柏克所说,尽管革命的前辈——启蒙哲学家们"狂热地追逐这个目标(指摧毁基督教——引者注),那种狂热程度迄今为止我们还只在某些虔诚体系的布道者身上看到过。他们沉醉于一种极其狂幻的、要使人改宗的精神;由此很容易地就会执着于按他们的办法迫害异己的精神。"① 而这种对于异端的迫害,比起历史上教会的迫害异端更为残酷,因为此时,以理性名义进行镇压的乃是掌握了一切权力的国家。

理性与宗教:英国人的立场

当然,批判宗教,甚至鼓吹摧毁宗教,是近代以来哲学思想的一股强大潮流:"拒绝承认人们从宗教上对传统的道德规则和法律规则的有效性渊源(the source of validity)及根据所给出的解释,导致了对这些规则本身的否弃,因为这些规则不能被人们以理性的方式所证明。在这三百年的岁月中,许多著名思想家的名声,正是来自于他们以这样的方式'解放'人之思想的过程中所取得的成就。"② 而正是这种唯理主义,却使很多思想家走向对理性的反叛,即"趋于崇拜意志"。

而在英国,尽管也始终存在对于宗教的怀疑,这种怀疑甚至也是相当普遍的。在柏克的书中,也提到了一个"自称是哲学家的阴谋团

---

① 柏克著:《法国革命论》,第146—147页。
② 哈耶克著:《法律、立法与自由》第一卷,第25页。
③ 柏克著:《法国革命论》,第119页。

体"③,试图以理性的态度对待宗教。

但是这种怀疑论却始终没有在重要的思想家那里走向极端。这或许由于英国人的天性,比如可能与英国人的"普通法的心灵"或某种"实践理性"的倾向有关。这种倾向使得英国人相信,一个东西,只要具有效用,就是可取的。诚如波兰尼所说,"这一破坏过程的完成,在英美地区遭到阻止,这端赖在追求其所接受的哲学前提直至终极结论时知觉的勉强。避免这一途径之一,靠的是宣称:伦理原则实际上能够得到科学的证明。"这种科学论证,就是功利主义的论证。"人类的传统理想,长久以来在利己主义的伪装之下,得以保护自己免受怀疑主义的破坏"①。

正是这种倾向,使英国哲学传统向来对于宗教保持一种必要的节制。培根尽管也认为迷信和对宗教的盲目狂热是自然哲学的大敌,但他并不从根本上否认宗教神学的真理性,他只是认为,"应该'把属于信仰的东西归之于信仰',而对自然哲学来说,宗教神学是无能为力、也不应当加以干涉的;同时自然哲学似乎也并不会危害纯正的宗教信仰,倒是会有利于宗教。"②

总起来说,"在他[培根]看来,宗教信仰对于人们的道德是必需的,为了维护人们的道德和社会的安定,他又觉得不能不承认宗教信仰也有其真理性。既要科学,又要宗教,这始终是这个时期英国资产阶级和资产阶级化的'新贵族'的阶级需要"③。撇开这段话中的意识形态色彩,这一概括倒是很准确的。

柏克也是这样总结英国人的特点的:"我们就不像有些人那样来与现存的社会体制——这些人对这些体制的敌意已经形成了他们的一种哲学和一种宗教——而是对它们甚为依恋"④,这其中就包括现有的教会。"英国人民愿意向全世界高傲的权势者和他们能言善道的诡辩家们表明,一个自由的、慷慨的、有知识的民族是尊重它那教会的高级神职人员的。"⑤

---

① 莱奥尼著:《自由的逻辑》,第105—106页。
② 陈修斋主编:《欧洲哲学史上的经验主义和理性主义》,第305页。
③ 同上书,第306页。
④ 柏克著:《法国革命论》,第122页。
⑤ 同上书,第137页。

而这种取向,在很大程度却是出于功利的考虑:"我们知道而且更妙的是,我们在内心中感觉到宗教乃是公民社会的基础,是一切的善和一切慰藉的源泉。"① 然后,柏克具体地论证了国教在英国人民族生活中的重要位置②。国教将赋予国家以神圣性,而这种神圣性对于当权者和民众都构成一种约束。"没有宗教就全然不可能使人民清除自己对私欲的种种迷恋"③,它可以"对弱者提供安慰和对愚蠢者提供教育"④,"对于大人物,宗教的安慰也像它那教导一样是必要的"⑤。如此等等。因此,长期以来,英国人发现,这种古老的教会体制"从总体上来说,是有利于道德与纪律的;而且我们认为可以加以修正,而同时并不改变其基础"⑥。正是基于这种理由,英国人认为,"他们的教会对他们的国家不是一种方便,而是一种本质"⑦。

事实上,甚至哈耶克也采取了这一论证。种种宗教信仰、甚至迷信对于社会之维系,都是至关重要的:"有益的传统被保留下来并至少传递了足够长的时间,使遵循它们的群体的人口得以增加并有机会在自然或文化选择中扩张,我们认为这在一定程度上归因于神秘主义和宗教信仰,而且我相信,尤其应归因于一神教信仰。这就是说,不管是否喜欢,我们应把某些习惯的维持,以及从这些习惯中产生的文明,在一定程度上归因于一些信仰的支持。这些信仰从科学的意义上讲是不真实的,即无法证实或无法检验的,并且它们肯定不是理性论证的结果。我有时认为,至少它们中间的一部分,也许可以被恰当地叫做'象征性真理'……甚至我们中间像我这样的一些人,虽然并不打算赞同存在着一个人格神的拟人论观念,他们也应当承认,过早失掉我们视为不真实的信仰,会使人类在我们正享受着的扩展秩序的长期发展中失去一个强有力的支持,而且即使到了今天,失去这些无论真实还是虚假的信仰,仍会造成

---

① 柏克著:《法国革命论》,第121页。
② 同上书,第123—138页。
③ 同上书,第126页。
④ 同上书,第134页。
⑤ 同上书,第135页。
⑥ 同上书,第133页。
⑦ 同上书,第132页。

很大的困难。"①

教会与宪政

但是这样的论证也是存在漏洞的:因为,唯理主义者可以说,比如在法国,我们看到的更多的是宗教的无知和教会的暴虐,它确实维系着传统,但这种传统是愚昧的;它也确实维系着权力,而这种权力却是专断的。

因此,对于古典自由主义者来说,宗教、教会与权力之间的关系,是一个智力上的挑战:教会究竟是专制之朋友,还是自由的朋友?古典自由主义的经典作家已经对此给予了回答。

从良知的角度看,个人良知的自由乃是一切自由之本。"自由根源于、存在于面遭国家权力任意干涉的私人内部领域之中。对良知的尊重与敬畏是所有公民自由的萌芽,也是基督教用以促进自由的方法。这也就是为什么说在欧洲,自由萌生于教会与国家权力的相互对立之中。"②在英国,这一点体现得尤其明显"宗教事业为使这个国家成为自由的先驱所做出的贡献,并不少于任何一种明确的政治思想。它曾是1641年运动的最深层次的潜流……"③。至于教会内部治理中所发展出来的某些制度,更是成为近代宪政、法治思想的渊源之一。④

教会与国家之间的对立、互动,是欧洲发育出近代意义上的自由宪政的一个前提性条件。阿克顿曾在其名篇《古代自由史》的结尾说,当基督说出"恺撒的归恺撒,上帝的归上帝"的时候,"以保护良知的名义,赋予世俗权力以它从未拥有过的神圣,也给它加上了它从未承认过的束缚;这是对专制的否定,是自由的新纪元的开始。"⑤ 在中世纪历史中,基督教在很大程度充当了驯服统治者的角色。一个独立的教会存在之本身,就在社会的治理中形成了某种张力,这种张力长期之间的动态平衡,内在地具有互相限制对方权力的机制,从而为自由宪政的发育创造了某种制度性前提。因此,哈耶克曾说:"与法国大革命的唯理主义不

---

① F.A.哈耶克著,冯克利等译:《致命的自负》,中国社会科学出版社2000年版,第158页。
② 阿克顿著:《自由与权力》,第310页。
③ 《基督教自由史》,收入阿克顿著:《自由与权力》,第76页。
④ 参见彭小瑜著:《教会法研究》,前言。
⑤ 阿克顿著:《自由与权力》,第55页。

同,真正的自由主义与宗教并无冲突,而且我只能对那种在很大程度上激励了19世纪欧洲大陆自由主义的好战的且本质上属于非自由主义的反宗教主义(antireligionism)感到悲哀。自由主义之本质并不反对宗教;自由主义的英国前辈——老辉格党人与某种宗教信仰有着极为密切的关系。"① 阿克顿引述托克维尔的一句话则更为简单明了:"在宗教内部尚未形成自我治理力量的地方,恐怕还没有为享有自由做好准备。"②

考虑到这一点,古典自由主义作者坚持政教分离的原则,它不仅意味着教会不应干预政治,同时也意味着世俗的国家权力不得干预教会,应给予教会自治的权利。自由主义之所以坚持这一原则,因为,一个自治的教会,对于自由的维护,是一根稳固的支柱。

当然,法国人也曾经有人思考过教会与国家的关系问题。比如费纳隆,"他也希望世俗权力超然于宗教事务之外,因为权力的保护会导致宗教上的奴役,而权力的迫害则会导致宗教上的虚伪。有那么几次,他似乎已经逼近了国家和教会应该分离这么一个尚不为人知的思想领域的界限。"③ 革命政府中也不是没有比较清醒的人,比如曾担任过国民议会议长的"贝利说,法律在谈到良心问题的时候,必须保持沉默。"④

但通常情况下,法国革命者面对宗教,只有两种态度:或者是教会完全顺从国家,成为国家供养的一个附属机构,但在这一点不为一直保有独立性的教会所接受后,革命政府便立刻而采取另一种态度:摧毁教会。启蒙哲学没有提供在宪政层面解决国家与宗教问题的基本制度框架,"整整一代人之后,在美国和爱尔兰的范例的影响下,在法国天主教中才出现了一个自由主义派别,它既有别于于教皇至上论者,也有别于法国天主教会,他们才提出了解决教会与国家永恒敌对的方案。对我们来说,一个重大的事实就是,革命并没有找到这样的解决方案,而正是它在解决这个问题上的失败,导致它走向了毁灭。"⑤

阿克顿曾提醒人们思考一个问题:"我们要搞清楚的问题是,国民议会,及它指导下的宗教委员会为什么没有认识到,它所通过的法律正在

---

① 弗里德里希·冯·哈耶克著,邓正来译:《自由秩序原理》下,三联书店1997年版,第200页。
② 阿克顿著:《法国大革命讲稿》,第7页。
③ 同上书,第4页。
④ 同上书,第184页。
⑤ 同上书,第186页。

导致教会既有的体制——不管是法国天主教会还是罗马教会——的破裂? 而这种结果是明显有悖于革命的首要原则的;为什么在这个自由主义激情大爆发的时代,却没有宗教自由的一席之地?"①

当然,没有从知识上清醒意识到宗教自由、教会独立对于自由宪政的重要意义,可能只是一个革命政府消灭宗教、摧毁教会的一个原因,而更重要的原因可能还在于,基于政治救世主义而构想的全权政府的原则,使他们不可能容忍一个独立的教会。法国革命即使在其最温和的时候,也是用暴力强迫教会无条件地服从政府。从没收教会财产,到强迫教士向政府效忠,鼓励修道士结婚,到由国家来委任教士,所有的措施都在于取消教会的独立性。

这仅仅是其国家权力崇拜的一个表现形态而已。启蒙哲学家和革命者从来就没有形成过健全的政治哲学。他哈耶克也对法国大革命作出过同样的评价:"法国大革命的一些努力,原本旨在增进个人的权利,然而,这个目的却流产了,导致这个结果的决定性因素乃是法国大革命时期所创造的这样一种信念:既然所有的权力最终已被置于人民之手,故一切用来制止滥用这种权力的保障措施,也就变得不再必要了。"②。在革命者那里,有一个非常强烈的概念,一个国家,只能存在一个至高无上的权力,而只要这个权力是理性的,那么,它就有充分的理由维持自己的完整性,而对于任何异质的因素,可以予以无情的镇压。

正是基于这样的国家观念,革命政府也不能容忍一个独立的司法系统。法国革命者竭力要限制法院的权力,打碎了旧的司法体制。按照柏克的说法,法国传统的司法制度尽管有这样那样的缺点、罪恶,但它"有一个根本的优点:它们是独立的"③,从而提供了对于君主制的"放纵和恶行的矫正"④。革命者在摧毁了一切权力之后,建立了议会的专权,在现实的政治生活中,则蜕化为革命委员会、公共安全委员会及革命法庭等等具体的革命机构的权力不受任何限制。

没收财产其实也是消灭个人独立性,从而将个人完成变成国家之工

---

① 阿克顿著:《法国大革命讲稿》,第184页。
② 哈耶克著:《自由秩序原理》上,第246—247页。
③ 柏克著:《法国革命论》,第266页。
④ 同上书,第267页。

具的一种策略。

从这个角度看,革命政府尽管发表了《人与公民权利宣言》,尽管国民公会的代表和巴黎革命政府的组成人员是民选的,但革命者所建立的政体,却不属于一个自由主义宪政政体。因为,它所安排的是一个权力不受限制的政府,它既没有建立起政府权力分立、制衡的内在机制,又摧毁了社会中原有的可以限制政府权力的独立社会组织,并使私人成为完全暴露在国家面前的政治"公民"。在这种状态中,是没有自由可言的:"自由存在于权力的分立之中,专制主义存在于权力的集中营里"①。而国家竟然将其权力深入到人的精神领域,则人们就会陷入到比迷信糟糕得多的状态。

许多哲学家坚持认为,信仰乃是个人的事情,比如克尔凯郭尔等人否认宗教的社会性,认为宗教是"单个的人的孤独的体验",而教会组织则阻碍了个人直接与上帝的沟通。因而,建制化的教会对于信仰来说,是不必要的,甚至是有害的。② 不过,从宪政的角度看,事情就不是如此简单。建制化的教会就是化解权力对个人之控制的一个有效途径。教会组织确实可能会妨碍个人与其所信奉之神灵的直接沟通,从而创造出一个精神上的权威,在法国式的自由主义者、即"伪个人主义者"③ 看来,这是不利于个性自由之发展的。然而,如果将建制化的教会权威放到政体框架中观察,则古典自由主义者及真个人主义可能宁愿承认教会的权威,用于制约国家的权力。这种不同选择背后,当然存在着基本的观念上的差异:如同法国启蒙思想家和革命者所揭示的,法国式自由主义愿意相信,国家权力可以是理性的,善的;而古典自由主义者则对国家权力则不那么乐观,因此,汲汲于限制其权力。

理性的谦卑

在古典自由主义者看来,宪政的本质就是限制权力,不管是什么样

---

① 阿克顿著:《自由与权力》,第339页。
② 参见彭小瑜:《教会法研究》,第13—16页。
③ 哈耶克:《个人主义:真与伪》,载哈耶克著,邓正来译:《个人主义与经济秩序》,三联书店2003年版。

的、来源于何处的权力;此一宪政原则之有效性,乃是以人类理性的局限性为哲学依据的。美国制宪者从一开始就意识到了这一点。老富兰克林在1787年9月17日宪法呼吁制宪会议代表签字时坦率承认,制宪者在发挥他们的智慧的同时,"不可避免,也会把他们的偏见、他们的激情、他们的错误观念、他们的地方利益、他们的私人之见,连人一起召集拢来。"①。麦迪逊则在其为宪法辩护的文章中,同样坦率地承认,由于"对象难以辨认,构思器官不完善,传达思想的手段的不合适",因而,新宪法注定了是不完善的,我们"必须进一步节制我们对人的智慧的力量的期望和信赖",因此,"毫无缺点的计划是不能想象的"②。

但是,诚如麦迪逊所言,美国制宪者并没有因此就拒绝制定一部宪法,相反,他们清楚地知道,他们正在从事一项最伟大的使命,为一个国家立宪。而通过辩论,他们也确实"完成了一次人类社会史上无可比拟的革命"③,"美国舞台上出现了许多有利于私人和公众幸福的新变革,子孙后代会因这些变革、全世界也会有所借鉴而感激这种大胆精神"④。这场革命,既参照了人类的宪制经验,比如罗马和英国的政制,也运用了最精致的宪政原理,美国制宪者将这两者完美地结合在一起:"在实践一项似乎是建立在最好的政治原理上的试验时,我看没有什么危险",美国的"光荣能够因为经验所形成的理论的每一项提高而实现;它的幸福能够因为与理论的纯洁性相适应的行政体系而永存"⑤。

然而,麦迪逊所说的革命,却完全不同于几年后发生于法国的革命。"法国革命和美国革命相比,是完全不同层面的事件。法国革命是一场设计人类生存的所有领域、所有场面那种意义上的革命。与它相反,美国革命是一种纯粹的政治替换。"⑥ 大概正是基于理性的谦卑,美国立宪者将自己的雄心仅仅限制于确定一个政府框架,他们所进行的"政治替换",也并没有试图与历史切断联系,相反,美国制宪者所设计的政体

---

① 麦迪逊著,尹宣译:《辩论:美国制宪回忆记录》下,辽宁教育出版社2003年版,第775页。
② 汉密尔顿等著,程逢如等译:《联邦党人文集》,第37篇,商务印书馆1989年版,第179、181—182页。
③ 同上书,第14篇,第70页。
④ 同上书,第69页。
⑤ 转引自苏珊·邓恩著,杨小刚译:《姊妹革命:美国革命与法国革命启示录》,上海文艺出版社2003年版,第48页。
⑥ 塔尔蒙著:《极权主义民主的起源》,第31页。

大量地借鉴了罗马共和制和英国的宪制,尽管当时的英国是美洲的敌人。更不要说,社会、人的精神、经济、财产权,所有这些更为广泛的人类生活领域,不管是私人的,还是公共的,从来就没有纳进自己理性地设计的视野。

这正是一种基于"有限理性的理性主义"。它不贬低理性的作用,相反,它相信理性是人类宝贵的能力,在其被恰当于运用于恰当的领域时,是有益的,也是必须的。但是理性不是万能的,因而,理性必须首先意识到自己的限度,惟有如此,才能更有效地发挥理性的效能。

唯理主义者的错误就在于,试图用理性的标准来审查非理性所能构造的事物,诚如柏克说,"这个时代的不幸(而不是像那些绅士们认为的那样是一种光荣)就是,每件事情都要加以讨论"①。波兰尼则更详尽地解释了这一点:"客观主义者[他们把自然科学的真理标准运用于社会事务——引者注]完全歪曲了我们的真理观,它提升了我们能够知道和能够证明的东西,却用有歧义的言语掩盖了我们知道但不能证明的东西,尽管后一种知识被隐含在我们能够证明的所有东西里并最终必然对它们加以认可。在试图把我们的心灵限制在可以证明因而也可以外显地怀疑的那少数事物上的时候,它忽视了决定着我们心灵的整个存在的不可批判的选择,并使我们丧失了承认这些充满活力的选择的能力。"②

哈耶克更地清楚地将波兰尼在这里所谈论的"我们知道但不能证明的东西"称为"理性不及的"因素。宗教显然属于这样的领域。"对一个人来说,如果宗教是一个科学问题而不是良知问题,那么,他永远也不会感觉到宗教的意蕴"③。

当然,宗教本身对于个人心灵的意义,法国革命的建构论唯理主义者也是承认的。因而,他们也构建公民宗教、理性宗教。但在基于有限理性的理性主义看来,宗教这样的事物,乃是自发地演化的产物,而非人所能理性地设计者。我们只能接受经过历史筛选而保留下来的宗教,及为传播、维系该宗教信仰所形成之教会。它不是我们所设计的,其理念甚至不是我们用我们自以为是的逻辑所能清晰解释者,但那并不表明

---

① 柏克著:《法国革命论》,第122页。
② 波兰尼著:《个人知识》,第439页。
③ 阿克顿著:《自由与权力》,第325页。

它们就是荒唐的、反理性的。相反,我们必须谦卑地承认,那是我们的理性所不能及者。

进一步,经由经验的观察,我们也大体上可以确定,这些理性不及的因素,对于维系文明具有重大价值,甚至在某种程度上对于宪政制度也可起到重大支撑作用,尽管我们同样不能对此一判断之逻辑给出明确的解释,但经验却已经屡次给出反面的证明,一如法国大革命:

"人类的理性要理性地理解自身的局限性,这也许是一项最为艰难但相当重要的工作。我们作为个人,应当服从一些我们无法充分理解但又是文明之进步甚至延续所必需的力量和原理,这对于理性的成长至关重要。历史地看,造成这种服从的是各种宗教信仰、传统和迷信的势力,它们通过诉诸人的情感而不是理性,使他服从那些力量。在文明的成长中,最危险的阶段也许就是人类开始把这些信念一概视为迷信,于是拒绝接受或服从任何他没有从理性上理解的东西。这种理性主义者,因为其理性不足以使他们认识到自觉的理性力量有限,因而鄙视不是出于自觉设计的一切制度和风俗,于是他们变成了建立在这些制度和风俗上的文明的毁灭者。这大概很好地证明了存在着一道障碍,人们一再向它发起冲击,却只会退回到野蛮状态之中。"①

法国启蒙哲学正是哈耶克所批评的那种理性主义的典型。他们不能正确地理解理性与秩序的关系。人类无往而不生活在秩序中,然而,对于众多的秩序,我们只能适应地地接受,而无法理性地设计其赖以形成之规则。这样的秩序为人的生存提供最基本的保障,人们只能在其基础上,审慎地变革其某些方面的行动规则。而在法国大革命时期,当教士被驱逐、当社会秩序被摧毁、当巴黎的俱乐部代替政府各部会的时候,整个法国正常的社会秩序完全崩溃。

然而,理性本身就是文明演化的产物②,因而,任何脱离文明所在的背景所进行的理性的设计,从逻辑上说,是自相矛盾的,而且,套用米塞斯和哈耶克在讨论计划经济时说的,也是"不可能的"。比如,公正的立法需要以社会自发地形成的正当行为规则为依据,惟此才能获得其效力和可执行性。而当一个社会完全失序的时候,是不可能有任何建构的可

---

① 哈耶克著:《科学的反革命》,第162—163页。
② 参见哈耶克著:《法律、立法与自由》第一卷,第一章《理性与进化》。

能性的,不可能有立宪成功的机会。因为,所谓的宪法、宪制,"从根本上说,乃是建立在一先行存在的法律系统之上的一种上层架构,其目的在于用组织的手段实施那个法律系统。"① "政府的强制性功能应严格限于实施统一的法律规则,这指的是对每个同胞的公正行为的统一规则"②。而除此之外的领域,则是自生自发秩序的领域。因此,宪法的内容、也即立宪的任务,其实应当是非常单纯的,也即仅仅规定政府执行正当行为规则之基本架构和程序。而且,政府所执行者,并非全部正当行为规则。大量的正当行为规则,是由社会自发地发现、确认和执行的,而不需要依赖于政府之强制力,如信仰事务之管理,即教会的组织,因而,在此一领域,也就不应存在执行相应的正当行为规则的政府权力。因而,这一领域的事物也就不在宪法所规范之范围内,或者更准确地说,宪法对于管理此种事物的权力之设立和行使,应予以严格禁止,即如美国宪法修正案第一条所示范的那种绝对否定性条款:国会不得制定关于下列事项的法律:确立国教或禁止信教自由……。

　　这是一种节制的宪政框架。惟有这样的宪政框架,可以为信仰、习俗、教会之自发发展提供某种制度性框架。政府不干预宗教、教会自治,乃为宪政主义的有限政府政体之题中应有之义。它植根于理性有限的哲学观念中。因为国家不是神圣的,因而政府的权力不应当是有限的,因而,它就不能触及人的信仰领域,它就必须平等地处理各种宗教,给它们以自治的空间。相反一个权力无限的政府,配合以对于唯理主义所说的"理性"之崇拜,必然会完全取消信仰自由、宗教宽容、教会自治、政教分离这些对于个人之生命及社会之秩序至为根本的原则,一如法国大革命之灾难性后果所清晰显示者。

---

① 哈耶克著:《法律、立法与自由》第一卷,第212页。
② 哈耶克著:《自由社会的秩序原理》,冯克利译,《经济、科学与政治——哈耶克思想精粹》,江苏人民出版社2000年版,第395—396页。

研究宪政超验之维的方法论问题

众所周知,宪政不是简单地制订一部宪法。很多国家都有了宪法,甚至可以说是非常出色的宪法,但却远没有成为真正的自由宪政国家。相反,这些国家在政体层面上,始终无法摆脱民族主义、民粹主义、极端民主主义的诱惑,甚至最终沦为极权主义政体。

很多学者苦苦思索宪政成败的经验教训,并发现,欧美国家的超验之维——基督教——可能对于宪政之成败具有举足轻重的作用。于是,在宪政研究再次在中国登场之时,超验之维的研究成为宪政研究领域的一个热点。

然而,在笔者看来,不少论者得出的结论,似乎存在偏差,这种偏差源于某些方法论的谬误,而这样的谬误有可能误导中国宪政科学的研究。本文拟对此进行一些简单的分析。本文分为三个部分,第一部分将指出,那种试图在基督教与非西方国家的宪政政体建设之间建立起某种因果关系的努力,是轻率的,并将以几个最突出的经验例证证明其错误;第二部分将指出,即使在西方宪政发生学的脉络中,基督教与自由宪政之间存在因果关系,但中国宪政科学所需要论证的应当是一般的超验之维与自由宪政之间的关系,只有通过这种更抽象层面的理论构建,中国学者才能在中国当下的诸神与自由宪政政体之间寻绎某种关系;第三部分将指出那种知识谬误的另一个根源,将宪政建设的两个阶段——制宪与宪政巩固——混为一谈,从而不必要地为立宪设置了太多的必要条件。最后是结语。

一种决定论的研究方法及对它的经验反驳

当代关于宪政的许多研究,是从过去一百年中宪政为什么在中国失败开始的。这是一个有价值的题目,然而,它往往也是一个误导性的提问方式。之所以说它是误导性的,并不仅仅因为它完全忽视了我国台湾地区宪政成功演进的丰富内涵,更主要地是因为,这种设问方式隐含着某种决定论式的思维方式。论者们隐含地假设,宪政在中国的失败,具有某种历史的必然性,而他们则试图探索这种失败的必然性背后的基本动力,从而指明当代中国宪政建设所应着力之要害,以避免再次失败的厄运。于是,他们会积极地从历史现象中选取若干现象,并在这些现象与宪政失败之间建立起某种强烈的因果关系。在学者们看来,导致中国近代宪政失败的现象可能包括,市场没有充分发育,民族性就不适合宪政,等等。

其中许多人注意到了中国百年宪政建设中超验之维的匮乏,这些作者认为,由于中西文化差异,中国缺乏西方宪政的一些形而上背景,尤其是基督教。比如,包万超试图发掘韦伯"对儒教与新教的人性哲学(从神与人的对峙视角分析人性之善恶及其理性限度)及其各自基于宪政法治的意义"所作的开创性研究——韦伯指出新教伦理的世俗化推动了西方理性化法律体系和英美式自由宪政的形成,儒教导致中国缺乏自然传统而未能滋育以理性化官僚政治为特征的法理型统治。作者根据这一框架,研究了中西超验之维的不同,指出,"新教从神出发,在与神的对峙中观照人的本性。相对于儒教人性哲学,新教人性哲学具有二维性、平等性与超验性特征。"而这些特征催生了西方的宪政,作者的结论是:西方的自由宪政,从头到尾就是以基督教为主要思想背景的。

相反,"儒教缺乏基督教的超验性,缺乏人与神的永恒对峙,缺乏类似于基督教的原罪观念和救赎意识。""因此,自由、平等、博爱观念无以产生。"两相比较,结论立现:"现代宪政是新教人性哲学世俗化的产物;而儒教人性哲学的至善性、等级性与现实性只能形成官僚特权法并导致宪政移植的歧变。"

经过这样一番分析之后,作者认为,"宪政既有制度形态又有不可分割的文化形态,中国若要成功地移植西方的宪政,就不能不同时具备新教的文化认同感。而这恰恰是以反省、批判,甚至部分否定传统的儒教文化为前提的。"

然而,在作者看来,不幸的是,在近代中国立宪历史中,当权者也出于民族自尊心而只愿接受西方的宪政制度,而抵御宪政赖以产生的宗教基础,即使两位立宪者——孙中山、蒋中正——都是虔诚的基督徒;但他们也难以避免作者所说的"文化抵抗"的诱惑,结果,百年宪政建设只能归于失败。"对百年中国而言,宪政从观念到制度均是舶来品,而不是自生的地方性知识和经验。文化抵抗的一个直接后果是使中国迈向政治现代化的进程中遭遇了制度创新与本土文化的紧张对峙,二者的内在张力决定了百年中国宪法地位的边缘化和宪政的挫折。"

这种分析的逻辑及其结论得到了某些鼓吹宪政的人士的支持。在这些作者的论述中,基督教(或者说新教)与西方自由宪政之间,似乎被建立起了某种决定论的关系。作者整个的论证过程似乎是:仅仅因为有基督教新教,所以西方才建立起了宪政政体;这个命题等价于:不信仰基督教的民族,根本不可能建立起自由宪政政体;而中国人在移植西方宪政的过程中,却竟然拒绝同时移植基督教新教,而只是单纯地引进西方的宪政制度,结果,当然不能逃过失败的命运。从这些作者的推论过程中,可以得出一个隐含的结论:只要、并且只有当中国人未来在立宪过程中,放弃文化抵抗的心态,同时也信仰基督教,才能建立起宪政政体。

仅根据中国自身的经验,似乎能够证明作者这一结论的有效性。然而,如果将这一结论放到整个非西方社会转型的历史背景中观察,则我们会发现,这一结论是相当可疑的,因为,在当代世界,赫然存在着非西方而并没有移植新教的国家而建立起自由宪政的成功案例。

最典型的是日本。日本的自由政体完全是二战结束后由盟军(主要是美军)突然强加的。而这样一个通过强制手段从外部被强加的自由宪政制度,在军事占领体制下,得到了初步的巩固;在军事占领体制结束之后,仍然一直完美地运行着,它比战后同期建立的任何体制——包括以强力控制的全权主义政体——稳固得多;从经济上看,这种政体也有力地证明了它是更适合于人人创造财富的制度框架。一位作者曾这样评论这段历史:

"当日本在1945年末及1946年向宪政民主突然迈进之时,日本人民经历了专制政府和战争惨祸结束后各种对立因素的机械并置。美国在开始时起到的催化作用对日本的转型似乎是至关重要的;日本似乎不可能靠自己的力量和平演化成民主制。

"到1987年,日本宪法是全世界164部单一文本宪法中仅有的22部早至20世纪40年代就已出现者之一;其余的一百多部宪法只能溯源到1970年或这一前所未有地和创造性地寻求合适的宪法形式和稳定性的年代的较晚时候。在日本,自被占领之后从未有过权利被搁置或受到异常手段的限制。任命不当及竞选活动成本过大的问题仍然存在;但所有国家领导权的交接都和平地依民主法律进行。和平及民主的可预见性本身也支持着个人权利的地位。"①

我们也注意到,印度被公认为世界上人口最多的民主国家,其政体无疑是自由宪政;这个政体是如此的自由、灵活、富有包容性,以至于在很长时间中能够容纳社会主义的经济、社会政策。而与中国同为儒家文化背景的新加坡,也建立起基本的自由政体。中国台湾地区更不用说。而台湾的自由政体是在军事专制框架内建立起来的。同样是非西方国家,甚至完全是反基督教的土耳其,基末尔革命之后用军队为依托建立起自由宪政政体。此一政体在伊斯兰世界的政治全面陷入失败的时候,却依然稳固地维持着。

上面的经验事实提示我们,基督教与自由宪政政体的建设之间,存在着复杂的关系;这种关系在现实层面表现出来的复杂性,令我们怀疑从西方宪政历史中总结出来的结论——基督教与宪政之间存在因果关系——的有效性。

相反,根据我们上面提到的日本、印度、我国台湾地区的经验事实,我们其实可以确立一个与包万超的结论截然相反的命题:没有基督教作为超验之维的支撑,透过某种立宪程序,同样可以建立起自由宪政政体;而且,这种政体在没有基督教背景的社会中,依然可以获得发育和巩固。根据这一命题的逻辑,我们也可以断言:在不管什么样的超验背景下,均可以建立起自由宪政政体。逻辑上,甚至存在这样一种可能性:没有任何超验之维,也同样可以建立起自由宪政政体。

这些结论可以给予缺乏基督教背景的国家建立和巩固自由宪政的

---

① 劳伦斯·W.比尔:《日本和朝鲜的宪政与权利》,见阿尔伯特·J.罗森塔尔编,郑戈等译:《宪政与权利》,三联书店1996年版,第299—300页。

信心。不过，经由日本、韩国、中国台湾地区的经验事实提出的命题，只属于一些薄弱的暗示和猜测，这些暗示性的结论可能是完全错误的，因为真理与直觉并不总是重合。所谓的信心，也只有经过理性的论证之后才是稳固的。因而，我们需要一个自由宪政政体与超验之维的关系的一般性理论，只有根据这一一般性理论，我们才能探讨中国背景下自由宪政政体与超验之维——西方的超验之维基督教及中国的传统宗教、价值——的关联究竟是什么性质的，是决定论式的？是强相关？弱相关？或者竟然是无关？

历史的方法与逻辑的方法

当然，没有人能够否认，在西方自由宪政政体的发育、成长、巩固过程中，基督教具有重要的、或者说极为重要的作用，甚至在有的学者那里，具有决定论式的关系。众多西方学者在本文明的内部观察强烈地指示出这样的结论。对此，我们并无疑问，起码，作为文明的局外人，我们提不出更为有力的辩驳证据；况且，作为对本文明历史的观察，其中难免有信念的成分，这正是我们所无力批评的。

然而，仅从方法论上，我们亦可质疑这一结论的普遍有效性。这一结论乃是一种发生学、历史学的观察、思考的结果。历史学的研究乃在于对于一个结果作出某种合情合理的解释，这里的合情合理在很大程度上乃是基于一种信念，也即是学科共同体中的一种共识和习惯。事实上，从一个结果中，我们可以上溯到无数的前因。尽管我们可以构思出它们分别与该结果的关系，并比较所有这些关联的强弱，然而，这里的判断标准，也更多地基于学科共同体当时的习惯和信念。盲目地断言一种前因与该后果之间存在着某种决定论意义上的因果关系，则是非常冒险的。举例来说，谁也无法否认生产工具的变革对于政治局势走势的影响，但断言生产工具（生产力）决定生产关系、从而决定作为上层建筑之政治实力的消长和政治制度之具体演变进程，则完全是荒诞无稽的，尽管就其结论的含义而言，它并没有错误之处，毕竟，谁也无法否认生产工具与政治制度变动之间存在着一定的关联。

历史学叙述中的因果链条，在很大程度上是叙述者选择的结果，它不是刚性的。当然,我们并不能因此而否定其作为知识的价值。事实上,解释历史的知识,必然是主观性知识,惟其是主观的,所以才是有价值的。

宪政科学中的因果关系可能也不是特别的确定,前因与后果之间,有时也缺乏一一对应的性质,但那种关联显然要比历史学中更为确定一些。阿克顿爵士有一句广为流传的名言:权力导致腐败,绝对的权力绝对导致腐败。无数的经验会告诉我们,这是政治科学中的一个真理。经由这一命题,我们可以推论,不能仔细地设计分权制衡机制的宪法,就不是一部好宪法。显然,基督教与宪政之间关系,是没有不受限制的权力与腐败之间的关系那么更容易辨析的。事实上,主张基督教决定自由宪政的人士在论证的过程中,经过了许多逻辑的转换过程,而每一次转换,都意味着其因果关系的强度在递减。

上述讨论是对西方学者内在地观察、反思自身历史而得到的结论的一种质疑,尽管笔者无力对其结论给予实证的论辩。对于外在于西方传统、且主要的知识旨趣在于探讨中国宪政之成立、巩固和发育基础的研究者来说,则稍不小心更会陷入另一个方法论陷阱。而中国宪政学者与西方宪政学者具有不同的问题意识,因而需要不同的研究理路。

在笔者看来,包万超的问题在于,他们错误地以历史学的经验研究代替了政治科学的逻辑分析,将基于西方历史中基督教与自由宪政之间的因果关系,不加分析地推定为宪政科学层面基督教与自由宪政政体之间的因果关系,因而将其作为一种普遍的真理,要求将其适用于非西方的社会,哪怕是没有基督教传统的社会。

事实上,这种分析传统源远流长。近代以来的自由主义者,大多将自由宪政政体的建立途径,总结为改造国民性。吴国光的文章对此进行了深入的剖析,并将其概括为"反政治的自由主义"。这是一种以思想文化解决一切问题的思维方式,由此得出的结论自然是全盘西化:中国不仅需要确立西方的制度,也需要引进西方的宗教、价值、生活方式。这种启蒙话语一直延续至今。

然而,这种论证思路,乃是一种智力上的偷懒。它实际上重复着最为省力的类比式研究方式。这种研究方法通常是这样推论的:我们珍视某种价值或制度,比如自由、宪政制度,并且我们经过起源学的研究发现,这种价值与比如说犹太教或基督教中的某种观念有直接的关系;然后,我们就回到中国的传统中,竭力地寻找与此相同的观念。不幸的是,我们没有找到同样的宗教、观念体系。于是,这些学者们立刻就宣布,中国传统根本生成不了我们所珍视的那种价值或制度。

这种研究方式的荒唐之处,或许可以用下面的一个简单例子来说明:作为一个男人的张先生比作为一个女人的李小姐有才华,因此,作为另一个男人的王先生,肯定比作为另一个女人的赵小姐更有才华。或者说,那个张先生肯定比赵小姐更有才华。

这些超验理论的研究者所犯的错误是,把一个具体背景下的历史结论,没有经过任何理论的抽象和构思,直接地作为一种政治科学层面的一般性命题来使用。确实,作为一个城市的拉斯维加斯、澳门的繁荣,与赌博经济存在着直接的、任何人都辨认得出的因果关系。但是,我们不能由此出一个普遍的结论:每个城市的发展繁荣,都必须以赌博经济为基础;或者,赌博经济可以使所有城市或者任何一个城市繁荣;或者,离开了赌博经济,任何一个城市都不能繁荣;或者,某个城市之所以不繁荣,就是因为它没有赌博经济。所有这些结论,都是荒谬的。因为这里的推论乃是类比性的,而省略了政治经济学概念层面上的逻辑论证。它把赌博与作为一个个别的城市的拉斯维加斯的繁荣之间的关系,类推为它与所有城市的繁荣之间的关系。

在经济学中,我们已经看到了不少这样的荒唐结论:有些经济学家说,因为西方自由市场发展过程中伴随着黑奴,所以,中国没有黑奴,就不能建立自由市场。西方在走向强盛的过程中,曾经实行贸易保护政策,比如德国、美国,甚至还有英国,在其工业化阶段都实行过贸易保护政策,只有在其工业强盛之前,才开始转而提倡自由贸易。所以,中国不搞贸易保护,就不能强盛;而西方要求中国开放市场,不过是为自己单方面的利益。这些学者是以历史的类比,代替了经济科学的逻辑。他们没有仔细地从理论层面上探讨贸易保护(或自由贸易)与经济增长之间的关系,而以某些国家具体的历史事实作为制订政策的依据。对于由此得出的结论,人们只需要用贸易开放与某个国家经济繁荣同时存在的历史事实,即可以立刻予以反驳。

面对宪政建设的超验之维,我们需要超越西方具体的事实间的因果关系，而透过理论上的建构，重新在更抽象的层面上寻找一般意义上的宪政与一般意义上的超验之维的关系。如果说，西方的宪政理论，作为一种回顾性的、历史学的理论构建，需要将更为具体的基督教作为宪政的超验之维来予以探讨的，那么，中国的宪政理论家需要探讨的宪政的超验之维，就不再是作为一种个别的超验之维的基督教，在理论构造阶段，也不是中国具体的儒教或佛教、道教，而应当是更为抽象的、一般意义上的宗教、信仰、观念。只有在更抽象的层面上探讨，才能找到中国制宪的原则和方法。在获得了这种原则与方法之后，我们才能研究比如说儒教是否有助于立宪或宪政巩固，或者中国是否必须移植基督教才能立宪或实现宪政巩固。如果从一开始就纠缠于基督教与西方宪政的关系，你所研究的只是重复西方宪政的历史学研究，尽管你可能比西方人的研究更深入，但也只是一种深入的历史学研究，而不是普遍的宪政科学研究；而中国所需要的，恰恰是普遍的宪政科学。

从基督教与西方自由宪政政体并行出现这一历史事实中，我们可以得出的逻辑上的结论可能仅仅是：自由宪政与一般意义上的超验之维有关，而不应该是自由宪政政体与基督教有关。在这里，基督教与西方的自由宪政政体是一个层面上的概念，指涉的是同一历史脉络中两个具体的事实。而在包万超等人的分析中，却把作为一个具体事实的基督教，与作为一般意义上的自由宪政政体并列为一个层面的概念。在这里，他们要么是将基督教抽象为一般意义上的宪政之维，认为基督教是惟一可以充当宪政的超验之维的信仰、观念和价值体系；要么是将作为具体事实的西方宪政政体作为一般意义上的自由宪政政体，从而认为，惟一正当的自由宪政政体，就是西方历史地形成的宪政政体。不管是哪一种论证，结论都只能是，非西方国家的制度、观念、信仰、生活方式，必须从根基上重建，此即包万超所隐含的结论：必须同时移植自由宪政政体和基督教，或者像有些神学自由主义所设想的，中国必须基督教化。也就是说，必须在被摧毁的中国本土社会的废墟上，构建一个全新社会。这种前景是可怕的。它将自由宪政制度的建设，设想为一个整全的社会工程，而除非诉诸极权主义，否则这是一个根本不可能完成的任务。建设自由宪政的诉求却隐含着某种全权主义的逻辑，尽管它可能并不会现实地表现出来。

然而，在我看来，非西方国家的宪政政体建设，不管从理论上还是从实践中看，都不是建设具体的西方自由宪政政体，而是建设本土的自由宪政政体。而其所依据的理论，也不是西方具体的宪政理论，而是一般意义上的普遍的宪政科学知识。

当然，获得这种科学知识的途径，似乎仍需基于对西方宪政历史的研究。然而，即使中国的学者接着西方学者，并且确实通过自己的研究得出结论，从发生学的角度看，基督教与自由宪政之间存在因果关系；但对于致力于为中国立宪寻找知识依据的中国的宪政科学家来说，这只是理论研究的一个起点；西方学者的结论，对于我们而言，只是一个个别的、可观察的经验事实。西方学者经由观察西方的历史而发现的基督教与自由宪政之间的关系，只是一种有在某一特定脉络中，一种个别的超验之维与一种个别的政体之间的关系；中国学者需要超越这种个别的事实间的历史学意义上的关系，而寻找政治科学意义上的、更为一般的超验之维与更为一般的自由政体之间可能的关系模式。

我们绝无意于否定西方宪政历史研究的价值。事实上，西方的宪政学者可以专注于研究作为一种具体的超验之维的基督教与作为一种具体的自由宪政的英国、美国政体之间的关系，因为，对他们而言，历史学的研究，几乎就等于宪政科学的研究：在西方背景下，用宪政史的研究得出的结论，可以直接解决宪政制度建构中面临的问题。因为西方当下的宪政难题，本身就是形成宪政的历史脉络直接延伸的结果。

相反，在中国，我们需要研究的却是一般的超验之维与一般的自由宪政之间的关系。因为，只有在解决了这一极为抽象的理论问题之后，我们才可以将我们的理论构建转换用来探讨中国所面临的具体现实问题：中国的自由宪政与中国的超验之维中间的具体关系。正确的方法是以理论面对中国的现实，而不是以西方的现实来面对中国的现实。如果我们基于西方宪政历史研究之具体的结论，直接用来解决中国的具体问题，就会得出看似有理，实则极为荒唐、从而根本不具备任何可行性的结论。

在西方宪政史研究的结论与中国的宪政实践之间，应该经过一个一般意义上的宪政科学理论的中介。这个抽象的宪政科学知识，才是我们赖以在理论思辨中——而并非在立宪实践中——设计中国宪政制度的依据。事实上,我或许可以大胆地说,美国宪政设计也并不是直接将英国宪政的制度及其历史脉络完全复制,而是经由立宪者的理论反思而构建出一种科学的宪政理论,再由这种理论指导立宪。美国立宪时期的大辩论,可能就是美国宪政科学研究的黄金时代。

如果中国宪政研究的任务是构建科学的一般宪政理论,则西方的宪政史也不再是我们惟一需要关注的宪政史内容。我们所面对的经验事实,将不再仅仅是西方宪政发育的历史和当下的实践,而会包容非西方国家向宪政转轨的经验、教训。甚至,对于中国的宪政科学来说,非西方国家向宪政政体转轨的经验的理论价值更高。不仅仅因为它们跟中国之间有一个共同之处——即都是非西方的——因而其成功的经验对于中国宪政建设更有启发意义,也因为,非西方国家宪政建设的历史,能够使我们拉开与观察对象之间的距离,使我们摆脱宪政的原初形态——即西方的自由政体——发育的具体历史脉络,而比较显著地洞察宪政制度的基本要素,并抽象地构建宪政制度所包含的诸因素在逻辑上的关系模式。这种考察能够为我们提供比较纯粹的宪政科学知识,而从西方宪政的研究中我们所得到的,更多地可能只是历史的解释理论。

这就是说,中国需要的不再是重复西方的宪政历史研究,而是一门普遍的宪政科学。作为普遍的宪政科学,我们需要证明的是:一般性的宪政与一般性的超验之维中间,是否存在着不即不离的关系?或者说,离开超验之维,即不能构建自由宪政政体?或者,自由宪政根本不需要超验之维?或者,宪政政体与超验之维之间仅仅是并行关系,而非因果关系?或者,确实只有一种超验之维(比如基督教),只有它能作为自由宪政的超验之维?

基于上面的分析,我们把中国背景下宪政的超验之维的研究进行了一番转换,从研究基督教与宪政之间的关系,转换为研究一般意义上的超验体系与一般意义上的宪政政体之间的关系;而后,将经由这一研究得出的结论,用来观察中国的经验事实,探讨中国本土的超验体系与中国的自由宪政政体之间可能的关系。

我本人倾向于认为,在抽象的层面上,超验之维与宪政政体之间的关联是相当间接的。超验之维有助于形成宪政赖以运转并获得支撑的社会秩序,但任何社会层面的秩序,不可能自动地转换为政制层面上的制度。这两者之间似乎不是决定的关系,而是并行发展、互相提供支持的关系。事实的真相可能是,政体层面上如果没有一定程度的自由宪政因素,则超验之维的发育,也会受到阻遏,而这反过来可能会妨碍宪政巩固。

如果从这个角度考虑,则我们不需要在中国的传统中寻找到与导致西方形成宪政制度的传统完全相同的超验体系,相反,我们的重点我们的思路将是基于"传统的创造性转化"的社会秩序重建,但我们所关注的不仅仅是知识上的转化,即从中国的传统中找到一种制度或观念,从中按照合情合理的另一套逻辑,推导出我们所珍视的自由的价值或自由宪政政体。这本身已是一个艰巨的知识任务,但仅此仍然不够。我们还需要探讨,这些经过转换的传统观念,在现代开放的世界性社会体系中,如何重建当代中国的社会秩序,并论证这种秩序与宪政的巩固之间的互动关系。

总之,当代中国宪政学者需要研究的是中国的超验之维、中国的社会秩序与中国的宪政建设之间的复杂关系,但兹事体大,笔者尚无力探讨。

宪政建设两阶段:制宪与宪政巩固

研究民主制度的学者区分了民主制度的建立与民主制度的巩固两个概念,仿照这一概念,我们也可以提出"制宪(立宪)"与"宪政巩固"两个概念——类似于刘军宁所说的制宪与立序——作为宪政建设的两个阶段。在探讨宪政的超验之维问题的时候,不少论者混淆了制宪与宪政巩固两个不同的宪政建设阶段,从而不必要地为立宪阶段提出了一些多余的条件,而这些条件是短期甚至中长期内都无法达到的,结果只能对宪政前景表示悲观绝望。

但事实上,宪政建设两个阶段具有不同的性质、特点,其所需要的条件、基础是完全不同的,立宪者和施宪者也面临完全不同的任务。

即以美国宪政建设历史为例,美国的革命与美国的立宪本身就是两个性质大相径庭的阶段,如果美国立宪者将那套革命话题直接用之于宪法中,如法国之立宪者那样,则其宪法必然引承载了太多的功能而不大

可行,阿克顿爵士曾经这样评述这段历史:

"当我们笼统地说美国革命的时候,我们实际上是把不同的、互相抵触的东西混在了一起。从1761年的第一次激烈争论,到发表《独立宣言》,然后到1782年战争结束,美国人的措辞一直是富有进攻性,比较激烈,喜欢谈论抽象的原理,喜欢谈论可以普遍适用的、并无处不构成破坏性力量的理论学说。而恰恰是这些初期的观念引起了法国人的关注,并由拉法耶特、诺埃勒斯、拉梅特等后来的革命领袖传播到法国,这些人曾在约克镇降下英国国旗。他们在美国所经历的就是流行着奥蒂斯、杰佛逊和《人的权利》的美国。

1787年以后,美国发生了变化,这时候,制宪会议正在起草宪法。这是一个建设时期,人们作出一切努力、设计出种种方案来阻止不受约束的民主制度。总的来说,参加这次会议的人,都是些审慎而机敏的人士。他们不属于那种好走极端的人,汉密尔顿的天才也根本没有能够打动他们。他们最令人难忘的发明创造不是出自机巧的设计,而纯粹是不彻底的折中办法和互相妥协的产物。……

因而,法国尽管受到美国革命的深刻影响,但却没有感受到美国宪法的影响。法国受到的是令人不安的影响,却没有受到保守主义的影响。

1787年夏天起草的美国宪法于1789年正式生效,当法国陷入危机的时候,美国还没有人知道这部宪法将如何发挥作用呢。长期以来,整个世界都不大了解美国国内为解释宪法的每个意图和内涵而进行的辩论。而且,美国宪法也变成了比最初印刷的文本更为厚实的东西。除了宪法修正案之外,法院也对它进行解释,公共意见对其进行修改,一会儿沿着这个方向发展,一会儿又改向另一个方向。美国宪法中最值得珍视的规定,正是通过这种方式发展出来的,而在法国人迫切地需要其他国家的经验的指导的时候,这些发展却根本看不出来。一些限制政府权力的设计并没有在一开始就建立起来。"[①]

美国的立宪与美国宪政的巩固也大相径庭。自宪法颁布之后,美国一直在不断地巩固自己的宪政制度。我们现在似乎都承认,美国的宪政

---

① 阿克顿著:《法国大革命讲稿》,第36—38页。

是最为完美的,然而,美国的联邦制度遭受过最严重的挑战:南北分裂,最后,宪法制度本身无法解决,甚至只能诉诸超越于政治的形式——内战。

当然,最能说明美国宪政制度中立宪与宪政巩固分离的例证是美国的司法审查制度。美国宪法中根本没有关于这一制度的具体条文,当这一制度被马歇尔大法官初创之后,杰佛逊明确提出反对,麦迪逊也认为,"这将使司法部门事实上凌驾于立法机构之上,而宪法从来没有过这种意图,这也永远不可能是正当的。对于政府而言,其根本性的原则是责任制,因而永远不能允许立法和行政部门完全从属于司法机构,那样的话,就分不清责任了。"① 也就是说,这一制度本来是违背立宪者之意图的。但事实却证明,它是美国宪政制度对于人类政治作出的最大贡献,威灵顿公爵曾说,"仅靠这种制度,美国就能改正其政府的一切弊端。"②

美国宪政的这一历史经验表明,立宪跟宪政之展开和巩固,是两个不同的问题。阿克顿爵士的上述评述也表明,立宪者与宪政实施者所面临的问题是完全不同的。立宪者应该是本民族之贤明审慎之士,他们的使命仅在于综合地利用宪政科学的知识,基于对于本民族的精神气质的同情的理解,以洞达世事、超越特殊利益的慎思明辨,设计最基本的政制框架,确定最一般的政治游戏规则。唯其基本、一般,所以才具有较大的可阐释空间。而唯其具有充分的可阐释空间,它才能够在保持其原则的连贯性的基础上取得最大的灵活性,从而将政治游戏始终纳入其控制之下,并为能够支持宪政制度的社会秩序及超验之维护的生成、发育、壮大,提供有力的保障框架。

经由民主投票之认可,可以赋予此宪法以必要的合法性。然而,该宪法之正当性,归根到底有赖于民众的自觉尊重,而其有效性,则来自于在政治实践中被大量地运用。对于宪法的这种态度,并不是民主投票可以自动带来的,这是民主投票的性质所决定的:我当时投票支持此一法案,然而,一旦我的利益、地位、身份发生变化,我可能就会改变态度。

---

① 阿克顿著:《法国大革命讲稿》,第38—39页。
② 同上书,第38页。

但按照自由原则,改变态度,也是我的自由。而无数民众的态度改变,就完全可以使一部健全的宪法归于无用。民粹主义政客甚至可以借用民主程序而肆意修改宪法,使之成为自己获取和维持权力的工具。

此时,可能就需要宪法的超验之维来维系政治家和民众对于宪法的尊重。如上文所述,超验之维对宪政巩固的作用,也似乎是相当间接的。宪政巩固的基础在于建设恰当的社会秩序,即刘军宁先生所说的"立序",而恰当的社会秩序则来自于恰当的规则。在社会层面,超验之维确实可以提供某些基本规则,但是,超验之维并不能提供能够支持宪政政体的社会秩序所需要的全部的规则。

事实上,对于中国这样的后发国家来说,通过市场学习规则,可能是一条培育宪政发育之社会基础的重要途径。①

结 语

对于一位大厦设计师来说,在设计的时候,他会重点考虑大厦本身的结构、功能、内部材料等等问题,而不会太多,甚至不考虑地基问题,尽管谁也不能否认地基对于建筑物的重要性。大厦出现问题的时候,人们也不能把所有问题都归结为地基的问题。大厦的问题中可能有一些与地基有关,但大部分可能会与地基无关,而是大厦本身的设计出现了问题,或者遭遇到严重的外部冲击。

同样,如果宪政科学的目标旨在探寻宪政建设之道,我们的着眼点应在于宪政建设,而不在于超验之维或者其他因素,这些可能是宪政政体正常运转所不可能缺少的支持性因素,是宪政的社会、文化背景;但它们可能并不是宪政政体本身结构中必不可少的要素。在关于宪政的理论,应当有一把锋利的"奥卡姆剃刀",剔除一切对于宪政建设不具有决定意义的诸因素,而集中于宪政政体的结构问题,比如,基本的治理模式、权力的分立、制衡、联邦制、司法审查等等要素之间的制度安排,尤其是在制宪阶段。

即使在宪政巩固阶段,我们承认超验之维透过生成某种社会秩序而

---

① 这方面的论述参见秋风:《通过市场学习规则》,收入本书。

对于宪政发挥支持作用,但从政制层面上,也应当保持高度的谨慎。毕竟,我们可以经由理性的探讨和审慎的设计而构建起最高层面的宪政体系,但单个人的理性无法设计任何超验之维,宪政主义内在的逻辑更严厉地拒绝任何试图透过政体来强制安排信仰、观念和生活方式的做法,不管是强制要求信奉某种信仰和观念,还是不准人们信奉其由来已久的信仰和观念。宪政政体对于超验之维来说,惟一没有异议的功能是,由宪政制度为诸多观念、信仰、价值、生活方式提供一个自由发展的空间。如果我们得出的结论是,只有一种超验之维,不管是哪种宗教、观念、价值体系,对于宪政之建立和巩固,是有益的,甚至具有决定性意义,则将使论者陷入无法自拔的逻辑困境中:以一种反自由的立场来论证自由宪政。

参考文献

刘海波:《政治科学与宪政政体》,载《宪政主义与现代国家》(公共论丛第七辑),三联书店2003年版。

吴国光:《反政治的自由主义:从胡适的宪政思想反省宪政主义在中国的失败》(初稿),"现代中国宪政研究"学术讨论会提交论文,2003年。

刘军宁:《自由主义宪政追求的再次登场》,见 www.sinoliberal.net/constitution/liujunning20030215.htm。

包万超:《儒教与新教:百年宪政建设的本土情结与文化抵抗》,《北大法律评论》,1999年第1卷第2期。

人身保护状制度源流略考

人身自由是个人一切自由之基础。因此,自古以来之历代宪章对于人民之人身自由,无不规定予以保护,且向人身自由遭他人侵害者,给予最为周详的保护。至于近代以来的宪政主义宪法,则基于限制政府权力的考虑,侧重于预为防范国家公权力对人民之人身自由的肆意侵犯。因为一般情形下公民私人间互相侵害对方之人身自由,自可由刑法等予以救济,因而,宪法自然应当以保护个人免受政府对其人身自由之侵害为主要目标。近代以来之各国宪法无不对此予以浓墨重彩的规范。

然而,如同大多数国家有宪法而无宪政一样,大多数国家宪法中有关个人之人身自由保障的条款,也在一定程度上形同虚设。问题出在,这些国家的宪法在规定了此种自由之后,却没有提出当个人之人身自由遭受政府机关及其官员侵犯的时候获得救济的渠道。因而,面对权力,宪法条文黯然失色。

本文认为,对于人身自由遭受侵犯之个人提供救济,起码与宪法对于自由的宣示同样重要,甚至更为重要。就人身自由之保障而言,一部旨在保障个人自由、限制政府权力的宪法,理当向人身自由遭受侵犯者,提供有效的救济渠道。而这种救济最为有效的方式,就是起源于英国,而在20世纪前半期之中国及目前的中国台湾地区和香港施行之人身保护状制度。

各国宪法之人身自由保护条款

对于人身自由的侵犯,大体可分为三大类:一类系某人被另一人有意识地拘束于某一狭窄空间之内,且因面临暴力或暴力之威胁,而无法按照个人意愿摆脱这种拘束,而实施拘束者旨在以此强制该人,以达到其所设定之有利于自己利益的目的,而在这种拘束状态中,该人的肉体已经、并且可能遭受伤害。第二类是某人禁止私人进入某一场所,但实施拘束者可能只是笼统地排斥某一类人,而非具体地针对某一个人。第三类对人身自由的侵犯,则限制个人使其不能在空间上做大范围之移动,比如迁徙。

一般各国宪法所保障之人身自由,主要系指第一类,即,在违反当事人意愿或以暴力或暴力威胁使当事人无法表达其意愿的情况下,将其留置于一定狭窄范围之地,用于达到该人所意欲之目的。法律所考量者,在于拘束人身、限制其活动自由之结果,至于实施者系谁、其手段或动机为何,则不予考虑。

从学理上说,对于私人人身自由的侵犯,也可分解为对于人身自由之限制与对于人身自由的剥夺两类,区别在于拘束行为之强度及其持续时间之长短。人身自由之剥夺系以刻意的、积极干预的方式,将人身之活动自由完全予以剥夺,且想方设法禁止其向外界求助,此为侵犯公民之人身自由的强烈形式;而对于人身自由的限制,则在于其具有消极要素,即消极阻碍个人进入一般人得出入之地,系对人身自由之部分限制。不过,在实际中,两者其实并不容易区分。

从宪法学角度看,宪法所侧重防范者,乃在于政府机关或其官员针对公民个人所实施之刻意地、强制性拘束行为。此中可注意者为:

其一,政府之此种拘束行为,常具有法律或政策的程序依据,如警察拘禁嫌犯,税务、工商、海关等官员在执法中临时地限制个人自由,均系法律所授权之活动。然而,事实上,官员通常具有滥用此种权力的倾向。

其二,官员之拘束个人,系为达成某种目的,此种目的可能为其履行职务行为所必需者,但其手段却显然超出为实现该目的所必需者,因而属于不正当。

其三,宪法人身自由条款所防范者,系为政府机关或其官员对于具体的个人之人身自由的当下的侵犯,而不是政府笼统之针对某一群体之人身自由的长远的限制,比如对于迁徙自由的限制。

因而,上述具有合法程序、但却容易被政府机关官员滥用之拘束个人自由的行为,尤其是指政府机关依照其他实体性法律——比如刑事诉讼法、行政性法规——对公民实施拘捕、监禁、扣押等活动时所发生之滥用权力行为,系近代以来各国宪政主义宪法所着力防范者。举例说明如下:

1215年之英国《自由大宪章》第39条明确规定:"任何自由人,若未经同级之贵族依法审判,或经国法裁决,即不得逮捕,监禁,没收财产,剥夺法律保护权,流放,或加以任何其他损害。"

1789年法国《人与公民权利宣言》第7条规定:"除非在法律所规定的情况下并按照法律所指定的手续,不得控告、逮捕或拘留任何人。"

美国宪法修正案第五条"正当程序条款":"不经正当法律程序,不得被剥夺生命、自由或财产。"

再来考察中国近代宪法:

光绪三十四年(1908年)八月初一颁发之《宪法大纲》中已有一条:"臣民非按照法律所定,不加以逮捕、监禁、处罚"。

民国元年(1912年)三月十一日公布之《中华民国临时约法》第六条第一款规定:"人民之身体,非依法律,不得逮捕,拘禁,审问,处罚"。民国三年(1914年)五月一日公布之《中华民国约法》完全相同。

中华人民共和国1982年《宪法》也有保护人民之人身自由的条款,第三十七条:"中华人民共和国公民的人身自由不受侵犯。任何公民,非经人民检察院批准或者决定或者人民法院决定,并由公安机关执行,不受逮捕。禁止非法拘禁和以其他方法非法剥夺或者限制公民的人身自由,禁止非法搜查公民的身体。"

其他如德国1919年魏玛《宪法》第114条也规定:"人身自由不受侵犯。公共机关,非依法律,不得限制或剥夺人民的人身自由。对于被拘禁的人,至迟当于拘禁的次日,将剥夺自由的理由,及下剥夺命令的机关的名称予以通知,并立即予以提出抗辩的机会。"

上述条款虽未明言剥夺者系何人,但从立法本意推测,当指警察、狱卒、或者其他国家机关之人员。上述条款允许官员剥夺某些个人的人身自由,但对此种行为施加了严厉的限制,通常需经正当法律程序。

然而,诚如王世杰、钱端升两学者在半个多世纪前即已指出者:"拘禁机关如果蔑视这些规定,被拘禁的人,究又有何种方法可以知道他被拘禁的理由,与下令拘禁的机关呢?究又向谁提出抗辩呢?所以这种规定,如果不辅以出庭状制度,是不能发生充分效果的。"①

人身保护状制度的源流

王、钱两位先生所谈及的"出庭状",又名人身保护令状(Habeas Corpus,该词系拉丁文,意思为"你应拥有自己的身体")。按照权威的《布莱克法律辞典》第七版解释,它是一种"为将某人带至法庭而签发的命令,最经常性地用于保证当事人不受非法羁押和非法逮捕。"

早在古典罗马法中,就有类似于人身保护令状的制度,即 The interdict De homine libero exhibendo, 它也是一种司法救济制度。当一个自由人受到另一人之非善意的拘束时,裁判官下令此人应被带至他面前,并在初步审查事实后如发现此人无罪,即可将其释放(Dig. 43, 29, 1)。

目前人们所谈论的人身保护令状制度,系发源于英国的一种旨在保护人身自由的司法制度。该制度系起源于何时,"则以代远年湮之故,史家不能考出"②。有学者曾声称,早在"13 世纪中,无论何人或其友朋均得为之[指人民被长期羁押或秘密逮捕——译者注]向皇座高等法院(Court of King's Bench)取得人身保障法令(Habeas Corpus),迫令狱卒将其身体置之于法院以审之。"③

人身保护令状制度最初被使用时,主要是针对私人禁锢他人的行径,到亨利七世时代,则主要被用于解脱王家之非法拘押。到 17 世纪前半叶,斯图亚特王朝滥用国王之专制权力,逮捕无辜,普通法法官则频繁使用这一制度,以反对王室所为,而保障人民之个人自由。

1628 年的英国《权利请愿书》中强调了人身保护令状。被逮捕和拘禁者有权要求法院发出拘票,看守所长和典狱官必须在接到拘票后 24 小时内将犯人移交法院并申报逮捕理由。法院在审核这些理由后应决定将被拘禁者释放、交保释放或继续羁押。违反这些规定的司法人员应课以罚金。

---

① 王世杰、钱端升著:《比较宪法》,商务印书馆 2002 年版,第 86 页。
② 戴雪著,雷宾南译:《英宪精义》,中国法制出版社 2001 年版,第 254 页注。
③ S.李德·布勒德著,陈世第译:《英国宪政史谭》,中国政法大学出版社 2003 年版,第 192 页。

1679年，英国国会更通过《人身保护令状法案》(Habeas Corpus Act)共二十一条，该法案旨在"防止、并更为迅速地救济因为刑事或涉嫌刑事案件而遭遇拘禁之所有人"。在押人或其代表有权向王座法院请求发给"人身保护令状"，限期将在押人移交法院，并向法院说明拘捕理由；法院应以简易程序开庭审理，若认为无正当拘捕理由，得立即释放在押人；若不然，法院得酌情准许在押人取保开释，或从速审判。

1816年，英国国会再次通过《人身保护令状法案》，将原来适用于刑事拘留案件的人身保护令状扩大适用于非刑事拘留案件。不过，普通法法官其实早已经这样做了，国会法案不过是宣布法官的一种惯例而已。"对于不管是自由还是正义来说"，爱德蒙·柏克曾称赞人身保护令状和英国普通法，"是惟一的保障机制"。

上述规定成为后来各国限制和保障人身自由的基本原则。

美国1789年《宪法修正案》所规定的正当法律程序原则，同样也是基于英国的人身保护令状制度。正因为这一条款对于保护人身自由具有决定性意义，因此，美国《宪法》第一条第九款明确规定："不得中止人身保护令状的特权，除非发生叛乱或入侵时公共安全要求中止这项特权。"① 1789年的《司法条例》第十四条则宣布："前面所述的一切法院都应有权颁布告知令、人身保护令……而且，无论是最高法院法官，还是地区法院法官，都应有权发布人身保护令以调查交押原因。"学者也指出："任何被拘留的人都可援用历史上'人身保护令'（writ of habeas corpus）以判定他的被扣押是否合法。……在州法院内被判有罪者得援用'人身保护令'（有时亦称'自由令'）请求联邦法院重审他们的案件，最后亦可请求美国最高法院予以重审，其可申述的理由是在审问过程中他们得自《宪法》的享有适当法律程序[疑指正当程序——引者注]的权利

---

① 根据麦迪逊的记载，这一条先由南卡罗来纳州派出参加制宪会议的代表查尔斯·平克尼提出，他于1787年8月28日发言，强调继续实行作为英国的遗产的人身保护令制度的必要，他提议：不得暂停颁发人身保护令，除非情况危急，即使情况危急，暂停时间也要限制，不得超过十二个月。而宾夕法尼亚代表古文诺·莫里斯所提出的条文则是：申请人身保护令的特权不得暂停，除非有的地方出现叛乱和入侵，公共安全要求，方可暂停。会议最后一致同意古文诺·莫里斯动议的前一半：申请人身保护令的特权不得暂停。又以七邦赞成、三邦反对通过了其动议中"除非"以后的句子。参见麦迪逊著，尹宣译：《辩论：美国制宪会议记录》下，辽宁教育出版社2003年版，第627—628页。

曾遭受损害。"① Abe Fortas 大法官曾称，这一制度是"保护个人不受专断而无天的国家活动侵害的根本手段"。

然而，在美国历史上，人身保护令状的特权却曾被暂停，此事发生于那个号称给予人民以自由的林肯总统任职期间。林肯刚刚上台，内战爆发，由于国会到 7 月才复会，因而，林肯僭取了宪法并未授予他的权力，包括暂停人身保护令状的权力。1861 年，林肯就宣布，暂时中止那些有可能抵抗北方军队的地区的民事法律之效力，1862 年，当北方那些同情南方的人士批评林肯践踏宪法时，林肯粗暴地在全国范围内暂停人身保护令状，并由军事当局逮捕了很多此类人士。

在这一万三千名被逮捕者中，有一位马里兰州的分离主义者约翰·梅里曼（John Merryman）。当时的合众国最高法院首席大法官罗杰·汤尼（Roger B. Taney）立刻发出了一份人身保护令状，命令军队立即将梅里曼呈交至他的庭上。军队却拒绝执行此一令状。于是，汤尼大法官在 Ex parte MERRYMAN 一案中裁决，暂停人身保护令状违宪，因为，根据联邦宪法，非经国会之法案，不得暂停此一令状。林肯和军事当局却罔顾大法官的裁决，没有暴力的最高法院也无可奈何。但到 1866 年，战争结束，最高法院在 Ex-parte Milligan 中恢复了人身保护令状，裁决在民事法庭能够正常运转的地区所进行之军事审判均系违法。②

汤尼法官在梅里曼一案的裁决中义正词严地痛斥了林肯的违宪行径及其严重危害③："国会本身都不能暂停这些重大的、根本性法律，如人身保护令，却遭到由军队之暴力所支持的一项军事命令之蔑视和暂停。摆在本人面前的就是这样一桩案件，我只能说，如果我们的宪法授予司法部门和司法官员之权力，可以这样以随便一个借口或随便某种情况下，被军事权力专断地篡夺，则合众国人民就不再生活于一个法律的治理之下，相反，居住于军事官员偶然驻扎地区的每一公民是否还能拥有自己的生命、自由和财产要视该军事官员之意志和好恶而定。"在这位伟大的大法官看来，人身保护令就是个人自由的基石。

---

① 哈罗德·伯曼编：《美国法律讲话》，三联书店 1980 年版，第 53 页。
② 上述历史叙述参见下列网站 http://www.civil-liberties.com/pages/did_lincoln.htm。
③ 详见 Laurence M. Vance, Justice Taney on Lincoln's Suspension of Habeas Corpus, http://www.lewrockwell.com/orig4/vance4.html。

综合上述历史叙述,所谓人身保护令状就是指:按照这种制度,任何遭受拘押的人或他的亲属或任何认为他遭受冤屈的人,都可以向法院申请对拘押该人的机关——如监狱等——发出人身保护令状,要求将该人送达法院;法院会尽快审理此人系因何缘故而被拘押;倘若审明此人系无辜,则将其当庭释放,使其恢复自由。即使该人确属有罪,也应尽速审理,作出裁决,而不应无故长期拘押。① 最为重要者,一旦人身保护令状的申请呈交法院,则已等同将该当事人交由法院监护,故此,在法院完成审理申请之前,任何人均不得将有关人士移离法院可控制的范围之外。也就是说,自呈交人身保护状申请之时起,关于该人之命运,悉由法院决定,而任何人不得自行处置。这是该制度约束其他机关专断权力之最有效的因素。

当然,从司法技术层面看,此一制度欲有效作用,需配合以"蔑视法庭罪",且人民具有坚定的法官之治的信念,因为,如无这种制度与信念配合,则其他自认为拥有特权的机关如果拖延,并不拥有任何暴力执行手段的法庭,也无可奈何。

"人身保护状"制度在中国

人身保护令状制度之所以重要,是因为,如果没有司法救济,则宪法中的人身自由是不能得到切实保障的。即如戴雪所言:"在英宪之下,法律的全副精神注意救济方法。这是要说,法律务须有一定方式进行,然后法律下之权利方见尊重,然后名义上的权利可化成实在权利。"②

这一人身保护令状制度为民国宪法所引入,并曾称之为"保护状"。民国十二年(1923年)十月十日公布之《中华民国宪法》第四条规定:"中华民国人民,非依法律,不受逮捕、监禁、审问或处罚。人民被羁押时,得依法律,以保护状请求法院提至法庭审查其理由。"另外,民国十六年(1927年)二月,北京之民国政府鉴于军人屡屡违法逮捕普通人

---

① 王世杰、钱端升:《比较宪法》,第86页。
② 戴雪著:《英宪精义》,第261页。

民,曾根据上述条款,颁布《保护状条例》①,惜乎笔者尚未查阅到此一历史文献。

民国二十五年(1936年)五月五日公布之《中华民国宪法草案》对于此点规定得更为详尽,第九条写道:"人民有身体之自由,非依法律,不得逮捕,拘禁,审问或处罚。人民因犯罪嫌疑被拘禁者,其执行机关应即将逮捕拘禁原因,告知本人及其亲属,并至迟于24小时内移送于该管法院审问或他人亦得声请该管法院于24小时内向执行机关提审。法院对于前项声请,不得拒绝,执行机关对于法院之提审,亦不得拒绝。"

民国三十六年(1947年)十二月施行之《中华民国宪法》进一步强调此一制度,其第八条详尽规定:"人民身体之自由应予保障。除现行犯之逮捕由法律另定外,非经司法或警察机关依法定程序,不得逮捕拘禁。非由法院依法定程序,不得审问处罚。非依法定程序之逮捕、拘禁、审问、处罚,得拒绝之。人民因犯罪嫌疑被逮捕拘禁时,其逮捕拘禁机关应将逮捕拘禁原因,以书面告知本人及其本人指定之亲友,并至迟于二十四小时内移送该管法院审问。本人或他人亦得声请该管法院,于二十四小时内,向逮捕之机关提审。法院对于前项声请不得拒绝,并不得先令逮捕拘禁之机关查覆。逮捕拘禁之机关对于法院之提审,不得拒绝或迟延。人民遭受任何机关非法逮捕拘禁时,其本人或他人得向法院声请追究,法院不得拒绝,并应于二十四小内向逮捕拘禁之机关追究,依法处理。"

刑事诉讼法及相关法律也对此有所规定,如民国三十五年(1946年)三月十五日起施行之《提审法》第一条规定:"人民被法院以外之任何机关逮捕拘禁时,其本人或他人得向逮捕拘禁地之地方法院声请提审。"第五条:"法院对于提审之声请,认为有理由者,应于二十四小时内向逮捕拘禁机关发提审票,并即通知逮捕拘禁机关之直接上级机关。"第七条:"执行逮捕拘禁之机关,接到提审票后,应於二十四小时内将被逮捕拘禁人解交;如在接到提审票前已将被逮捕拘禁人移送他机关者,除即声复外,应即将该提审票转送受移送之机关,由该机关于二十四小时内迳行解交,如法院自行移提,应立即交出。"第八条:"法院讯问被逮

---

① 王世杰、钱端升著:《比较宪法》,第87页。

捕拘禁人后,认为不应逮捕拘禁者,应即释放;认为有犯罪嫌疑者,应移付检察官侦查。"第九条第二款则规定:违反本规定之执行逮捕拘禁之公务人员,"处三年以下有期徒刑、拘役或科或并科新台币十万元以下罚金。"

学者对于此种人身保护状制度之必要性也多所认同。除前引王世杰、钱端升之权威论述外,钱端升另有专门论述。"为了加强对人身自由的保障,钱端升特别重视出庭状制度或人身保护状制度。此种制度产生于英国。按照这种制度,当事人如受到监禁,其本人或任何他人得向高等法院请求颁给一种命令,命令监禁者将被监禁者移交法院审查其监禁理由,此种命令状就叫做出庭状。法院经审查后,如认为无正当的监禁理由,则被监禁者自可立时恢复自由;否则法院亦当按照法定手续,进行审判。对于此种请求权,法院不得拒绝,钱端升认为,中国应当引入出庭状制度。"①

从民国元年(1912年)《临时约法》颁布至1914年间,章士钊曾多次撰文指出,此一临时约法存在一大漏洞:当政府侵犯公民自由的时候,没有解决公民怎样得到保护的问题。他写道:"《约法》曰:'人民之身体,非依法律不得逮捕拘禁审问处罚。'倘有人不依法律,逮捕拘禁审问处罚人,则如之何?此质之《约法》,《约法》不能答也。果不能答,则《约法》上之自由,不为虚乎!"根据各国推行宪政和法治的经验,他指出:惟一的办法是在司法独立的前提下,实行"人身保护令"制度:"然人欲滥用其权,中外一致。于是英人之保障自由,厥有一法。其法维何?则无论何时,有违法侵害人身之事件发生,无论何人(或本人或其友)皆得向相当之法廷呈请出廷状(Writ of Habeas Corpus,现译人身保护令——引者)。法廷不得不诺,不诺,则与以相当之罚是也。出廷状者乃法廷所发之命令状,命令侵害者于一定期限内,率被害者出廷,陈述理由,并受审判也。英人有此一制而个人自由全受其庇荫……兹制者,诚宪法之科律也,吾当亟采之。"②

---

① 杜钢建:《钱端升的人权思想》,http://www.yangzhizhu.com/dugangjian26.htm。
② 转引自袁伟时:《20世纪中国社会变革的可贵开端——我看清末新政》,http://www.siwen.org/wenhua/20sjzgshbgkgkd.htm。

1933年1月,立法院组成宪法草案委员会着手起草宪法草案,当年4月1日,《东方杂志》第三十卷第七号推出了"宪法问题专号"①。其中,丘汉平在《宪法上关于人民之权利规定之商榷》批评民国元年公布的《临时约法》虽然规定了人民的基本权利,却错误地理解了约法的意义,把约法当作了赋予人民权利的源泉。其中第六条在规定人民权利时,都有"非依法律"不得限制、剥夺的后缀。所谓"非依法律"就是意义不明,这就极容易给掌握权力的人一个专制的机会,明显是约法的漏洞。"公安局时常将无辜的学生拘禁至四五个月以上,警备司令部亦时常将普通人民拘禁或枪毙",基于这些事实,他提出在英、美早已行之有效,能保障人民身体自由的"身体出庭状"(出庭状或人身保护令状):"无论何人之自由权受限制停止或剥夺时,本人或他人得请求法院于二十四小时内发给出庭状提审,如法院认为无正当理由时,应当庭释放之。""法院有发给出庭状之特权,不得以任何法律限制或停止之。"这些都列入了他提出的制宪应注意的十七条标准中。

伍廷芳之子伍朝枢则撰文《保障人民身体自由之手续》,他认为:"宪法最大目的,在为人民谋幸福,为人民谋幸福,莫要于保障人民之自由权利,保障人民之自由权利,尤莫重于保障人民之身体自由。"所以,他郑重提出了法律上的"身体出庭状"。他说,"西哲有言:手续法尤要于实体法"。如果保障救济的手续(或程序)没有具备,而空谈什么原则是没有用的,宪法应该明确规定这一保障人权的救济方法。对此,《东方杂志》编者在编后语中称之为"实在是代表全国人的一个大请愿"。

《东方杂志》编辑史国纲对于丘伍二人的看法觉得言犹未尽,故又在4月16日出版的《东方杂志》上发表一篇《"身体出庭状"之研究》,从其渊源、历史出发,详细讨论了"身体出庭状"这一英美法制中保障人民的利器。他认为"身体出庭状"和陪审制,"这是人类的智慧所能想出来防御虐政最有效的方法"。但他也指出,宪法里如果只有"身体出庭状"的规定,是没有什么效力的。"关于呈请的手续、运用的方法,如何使法官接受这种请求,如何使监狱官听命,如果免了遭移被监禁的人,不至发

---

① 下面关于这一专号的介绍均引自付阳:《七十年前的宪法讨论》,载《书屋》,2004年2月,http://www.housebook.com.cn/200402/11.htm。

生法律上管辖的问题,都应该有详细的规定。法律的网不可以有任何的漏洞,否则就有方法规避,弄得毫无效力了。而最要紧的,就是有了这种规定,司法必须独立——不是名义上独立,乃是事实上的独立。"他最后清楚地指出:"订立人民的权利,这是一桩很容易的事情;所难者,就是如何使人民充分享受他的权利。"

在我国台湾地区,即使在实施戒严期间,也没有明文暂停人身保护状制度。20世纪90年代中期,台湾并曾就检察官是否具有羁押权展开激烈争论,最终取消了检察官的羁押权(详见后文论述)。

在香港特别行政区,目前亦实行比较全面的人身保护状制度,《高等法院规则》第4A章第五十四号命令即为《人身保护令状的申请》,兹录全文为附录。人身保护令透过《英国法律应用条例》在香港生效,但该条例随着主权移交而失效,故在移交前,香港以法律本地化的形式将1679年及1816年的人身保护令条例加入《高等法院条例》之内,使香港法院在1997年7月1日之后能够继续行使这权力。

举一个例子,2003年7月,香港廉政公署在其"舞影行动"中扣押英皇娱乐集团主席杨受成38小时后,即聘请资深大律师胡汉清和戴启思,向高等法院法官孙国治内庭申请人身保护令。律师向法官表示,杨有权保持缄默,他不会协助廉署调查,故毋须按法例遭强制性扣押48小时才可保释,并要求法庭下令廉署即时释放。最后杨受成获准以二十万元保释。

目前法律在人身自由方面的制度性缺失

自1949年中华人民共和国成立后,尽管也规定了保护人身自由的条款,但都缺乏司法救济手段的规定。

1954年《宪法》第八十九条规定:"中华人民共和国公民的人身自由不受侵犯。任何公民,非经人民法院决定或者人民检察院批准,不受逮捕。"1982年《宪法》的规定大同小异。

但以规定失之粗疏,偏重于对国家机关行使权力的方便考虑,而缺乏对于当事人权利的保障,从而使得公民的人身自由极易受到国家机关的侵犯。此中漏洞表现于以下几个方面:

第一，《宪法》仅仅规定，逮捕需经法院决定，而对于人身自由的其他形式的限制和剥夺，比如拘禁，1982年《宪法》虽然也在逮捕之外专门作出规定："禁止非法拘禁和以其他方法非法剥夺或者限制公民的人身自由，禁止非法搜查公民的身体。"但并未赋予当事人以向法院声请解除对其拘禁、由法院予以查明是否应予拘禁的权利。刑事诉讼法在这方面也付之阙如。

第二，多个部门拥有限制或剥夺人民之人身自由之权力，而且，几乎不受限制和制约。

检察机关单独行使逮捕权。然而，检察机关却又充当法庭上之公诉人，而我国刑事诉讼的中心不在审判阶段，而在侦查阶段，绝大部分证据需由侦查机关收集，新的庭审方式更加强了控方负举证责任的力度，使侦查阶段取证的任务更加繁重。在这种情况，检察机关自然地倾向于滥用羁押权。

除了这种正式逮捕之外，其他多个部门拥有限制或剥夺公民之人身自由的权力。比如：

公安机关具有刑事拘留权。我国刑事拘留的时间可长达10日，其中嫌疑人被拘留后在公安机关可长达7日，而且此间公安机关可以有碍侦查为由不通知任何人。这就极易发生刑讯等违法侦查。

纪检机关拥有限制涉嫌犯罪的领导干部甚至与之相关的普通公民之人身自由的特权，体现于"双规"制度中。

劳动教养委员会拥有强制教养权。劳动教养制度是根据全国人大常委会1957年批准的关于劳动教养问题的决定建立的。20世纪50年代后期，在历次政治运动中，从机关内部清理出一批不够判刑又不宜继续留用、放到社会上会增加失业的反革命分子和其他坏分子，劳动教养制度是为限制这些人的人身自由、改造其思想而设立。60年代，劳动教养的适用对象主要是大中城市和厂矿、企业、机关、学校中清理出来的三种人。1979年全国人大常委会通过了《国务院关于劳动教养的补充规定》。1982年1月，国务院转发的公安部《劳动教养试行办法》将劳动教养的适用对象调整为六种人。此后，《治安管理处罚条例》，对卖淫嫖娼人员收容劳动教养的通知和关于禁毒决定又补充规定了六种人为劳动教养适用对象。目前，共有十二种人可以适用劳动教养。近几年来，经劳动教养委员会决定劳教的每年有 10 万人左右,主要是实施违法犯罪行为的青少年。根据该制度,最长可以限制或剥夺公民人身自由达三年之久。尽管很多地方设立劳动教养委员会,但一般系由公安机关审查批准,司法行政机关负责执行,检察机关实施监督。有学者指出,从 1957 年"反右"运动开始,被劳教者其中包括被迫害者已有 350 万人以上。

民政部门拥有收容遣送部分人口的权力。根据 1982 年国务院颁布之行政法规《城市流浪乞讨人员收容遣送办法》第二条"对下列人员,予以收容、遣送:(一)家居农村流入城市乞讨的;(二)城市居民中流浪街头乞讨的;(三)其他露宿街头生活无着的。"第三条"收容遣送工作由民政、公安部门负责,具体办法由省、市、自治区人民政府根据实际情况确定。"在各地的实施细则中,一般由民政部门具体负责被收容人员的接收、审查、管理和遣送。

公安机关协助民政部门对被收容遣送人员进行审查、管理和遣送。

第三,在法院正式开审前的各个环节,公安、检察机关在限制或剥夺当事人之人身自由时,均系自侦、自拘、自捕,缺乏明确而严格的外部约束。

公安机关在行使刑事拘留权时,完全是自行决定,任何其他部门不得参与,其权力缺乏制约。当然,在犯罪嫌疑人被逮捕时,检察机关行使逮捕权,可以起到对公安机关的制约作用。《刑事诉讼法》第七十六条也规定,"人民检察院在审查批准逮捕工作中,如果发现公安机关的侦查活动有违法情况,应当通知公安机关予以纠正,公安机关应当将纠正情况通知人民检察院。"但这种制约作用对于当事人来说,已不具有实际意义。因为这种制约是事后的,且一般无法获得赔偿。

而在检察机关直接管辖的案件上,跟公安机关一样,属于自侦自捕。也就是说,检察官将作为原告,但他却在此之前充当法官,而对当事人的人身状况作出司法裁决。当事人充当自己案件的法官,这是违反基本的司法公正原则的。而法院对检察院的制约同样是事后的。

总之,公安、检察机关决定羁押的程序,普遍地缺乏公开性,缺乏有效的外部监督。羁押的延长由司法机关单方决定,羁押期间,没有就羁押是否仍有必要进行审查的机制。

第四,法律关于羁押的时限规定过于灵活、宽泛,从而使当事人在审前失去人身自由的时间过长,更糟糕的是,目前的司法制度本身又使得本来就过于漫长的羁押趋向于超期。

根据刑事诉讼法计算,一个人自被公安机关拘留、经过检察机关侦查到最终由法院审结的时间:根据《刑事诉讼法》第六十九条,公安机关对被拘留的人,认为需要逮捕的,应当在拘留后的三日以内,提请人民检察院审查批准。在特殊情况下,提请审查批准的时间可以延长一日至四日。对于流窜作案、多次作案、结伙作案的重大嫌疑分子,提请审查批准的时间可以延长至三十日。而检察院应当自接到公安机关提请批准逮捕书后的七日以内,作出批准逮捕或者不批准逮捕的决定。也就是说,严格按照法律规定,在检察机关决定是否逮捕一个人之前,该人将被羁押10—37天。

此时,他只是刚刚被宣布逮捕。在这之后,检察机关要为提起公诉进行准备,时间为一个月;期间,检察机关可能要求公安部机关进行补充侦察,并且可以补充两次,每次为期一个月,而每次又需进行一个月的起诉准备。也就是说,在检察机关决定不起诉一个人之前,他有可能被羁押1个月零10天,最长可到6个多月。

随后进入一审法院的审理阶段,法院可以延期审理,需要在一个月以内结案,但如果需要,最长可以延长为两个半月;而在这期间,法院可以要求检察机关补充侦察,时间为一个月。一审法院再经过1个月审理期,才会作出判决,最终决定该人是否有罪。

这样算下来,走完整个司法过程,如果正常的话,当事人需要被羁押两个月零10天;如果总是补充侦察的话,即使公检法每个环节严格遵守法律规定,不制造超期羁押现象,当事人也需要被羁押10个月、甚至一年。如果检察机关和法院的管辖权出现变更,时间会更长。

事实上,考虑到公、检、法各个环节的空当,实践中大多数案件的羁押都超期了。而且,在公安机关、检察院和法院环节均大量存在。有人作过实证考察,我国的审前羁押率高达80%以上,取保候审率随着诉讼程序的推进而递减,超期羁押率较高(25%以上),反映出我国司法实践中羁押率过高、羁押为常态、羁押期间基本无比例性的现状①。

第五，当事人或其代理人无法获得明确而一贯的司法救济渠道。

在整个审前羁押阶段，当事人缺乏有效的手段参与有关自己命运的决定。对于不服羁押的决定，当事人缺乏必要的救济手段。《刑事诉讼法》第七十五条尽管规定："犯罪嫌疑人、被告人及其法定代理人、近亲属或者犯罪嫌疑人、被告人委托的律师及其他辩护人对于人民法院、人民检察院或者公安机关采取强制措施超过法定期限的，有权要求解除强制措施。人民法院、人民检察院或者公安机关对于被采取强制措施超过法定期限的犯罪嫌疑人、被告人应当予以释放、解除取保候审、监视居住或者依法变更强制措施。"但法律却没有规定，在违法不解除超期羁押时，当事人可以采取哪些措施。对于接到要求的机关应在多长时间内给出答复，法律也没有具体规定。而且，当事人或其代理人要求解除强制措施，是向对他采取强制的机关提出的，如果司法机关坚持不予纠正，诉讼参与人往往无可奈何。

恢复人身保护状制度

目前的法律已经注意到上述诸多部门可以自行授权限制或剥夺人身自由的问题。比如，《立法法》第八条规定，对公民政治权利的剥夺，限制人身自由的强制措施和处罚，只能制定法律。《行政处罚法》第九条规定："限制人身自由的行政处罚，只能由法律设定。"第十条规定："行政法规可以设定除限制人身自由以外的行政处罚。"

但是，对于这些失去人身自由的人，如何寻求救济，法律却始终没有给出一个回答。而等于将宪法的人身自由保护条款沦为一纸空文。"从来政府以一纸公文宣布人身自由应有权利的存在，并非难事。最难之事是在如何见诸实行。倘若不能实行，此类宣布所得无几。"②

另一方面，目前之信访制度，其中涉及到人身自由的某些内容，在某

---

① 参见傅平：《审前羁押制度改革再探》，http://www.dffy.com/faxuejieti/ss/200311/20031119162256.htm；房国；《超期羁押刑事赔偿的若干问题》，载《政法论坛》2004年第1期，http://www.proceduralaw.com.cn/article.html? id=6781。

② 戴雪著：《英宪精义》，第262页。

种程度上具有人身保护令状的功能。不过,其所诉求之对象为行政机关或政治机关,而非法院。而且,一般是在人身自由已被侵犯后才提出复查。因而,其效果大打折扣。

为加强人身自由的宪法保障,有必要讨论恢复并发扬民国时代之"人身保护状"制度,在宪法上写入中国的人身保护条款。

一个基本原则是,将司法审查机制延伸到审前阶段,从而有效地保障被告人的正当权益。也即除了明确已经明确的,"限制人身自由的处罚,只能由法律设定"原则之外,还需要发展出另一项原则:只有法院才最终能够作出限制或剥夺人身自由的处罚,任何其他机构均无此项权力。

因此,宪法的人身保护状条款可被概括为:"人民遭遇任何机关基于任何理由之逮捕、拘禁及其他限制或剥夺人身自由之情形时,其本人、亲属、代理人或任何其他人,均得向法院申请获得人身保护状,要求将该人即刻提至法院秉法处理;接获此状的机关不得拒绝之。立法机构也不得颁布中止该制度的法律。"

为什么要将限制和剥夺公民人身自由的权力仅授予法院?因为,法院是所有政府机构中权力最弱的,暴力色彩最少的。法院的裁决,乃是基于理性的辩论,而非单纯的强制。法官乃是以"人为理性"而非暴力来作出裁决的。因而,由法院以独立的身份在公正地听取当事人之辩护理由后决定是否限制或剥夺其人身自由,最有利于减少对于公民人身自由之侵害。

恢复中国已经实行过的人身保护状制度的优势在于:

第一,法院获得对于限制人身自由的处罚的专有管辖权。法院因此将承担起一个不容推卸的责任,那就是保障人民的人身自由不受任何机关的侵害。取消了其他机关具有对人民作出限制其人身自由的处罚的权力,从而将大大减少非法侵害人民人身自由之行为发生的可能性,便于人民、政府其他部门对于可限制或剥夺人民人身自由的机关——也即法院——之监督。

第二,由于权力的配置是清晰的,相应地,人民将清楚地知道,当自己的人身自由受到限制或剥夺时,他们立刻可以寻求法院的保护。英国有句古老的谚语:"正义不仅要得到实现,而且要以人们能看见的方式得到实现"。能够看到正义之实现的地方,只有法院。

为贯彻人身保护条款,需进行一系列制度上的改革:

第一,在刑事诉讼中确立审判中心原则,只有法院能够行使逮捕之权。其他任何机关,包括行政机关、检察机关、公安机关、劳教机关,当然,更不要说政治机关或其他政府机关,均不得对人民作出剥夺或限制其人身自由的处罚。

第二,相应地,取消检察机关的逮捕权。将批捕权与法律监督权混为一谈,是我国检察理论界长期存在的重大理论误区,既造成检察机关诉讼角色的冲突,也破坏了刑事诉讼的核心机制,为侦查权、检察权的滥用大开方便之门。而实现法律监督权与批捕权、检察权的彻底分离,则是我国检察体制改革的中心环节。① 也就是说,检察机关将仅成为公诉人,只有这样,才能避免检察机关自己批准逮捕、自己起诉的怪事,使控辩双方处于平等地位,共同竞争性地寻求法院之公平裁决。

检察机关是否具有羁押之权,我国台湾地区曾发生过一场立法争论,颇具启发意义。1992年立法院张志民等委员因"华隆"案主角翁大铭翁有铭兄弟被检察官羁押一事,提案修正刑事诉讼法第一〇八条,将羁押期限缩短为侦查中不得逾一月,审判中不得逾二月,且羁押延长时无论侦查中或审判中均应由法院合议庭裁定。后经立法院联席审查会一读通过,但因主其事的法务部不认为有修正的迫切需要而予以搁置。1995年7月13日晚立法院于该会期最后一天复将前案提出,同时讨论刑事诉讼法第七十六条、第一〇一条及第一〇二条之修正案,在部分立法委员激烈奋战中强行二读通过修正刑事诉讼法第一〇二条,把原条文第三项准用刑事诉讼法第七十一条第四项之规定予以废止,另规定押票于侦查中由检察长或其指定之职务代理人签名,审判中由审判长或受命法官签名。此项修正案除立法程序未尽严谨,引起舆论关注外,修正后的条文将侦查中的羁押处分决定权全部集中由检察长或其指定之职务代理人行使,更引发学术界、实务界及朝野的激烈讨论。一方面,基层检察官认为,现行侦查羁押制度应维持现状,不宜集中由检察长一人行使。而另一方面,学界及法官则力主侦查中羁押处分权应归属于法院。

---

① 关于这一点,参看郝银钟:《批捕权的法理与法理化的批捕权》,载《法学》2000年第1期。

由于本问题不仅直接冲击检察官在刑事诉讼法中角色的扮演,更牵涉宪法第八条保障人身自由的规定。经立法委员、法官等相继声请大法官解释后,大法官遂于1995年10月19日及11月2日通知声请人及关系机关法务部指派代表,同时邀请法官、律师代表及法律学者到宪法法庭陈述意见,并于1995年12月22日作成释字第三九二号"检察官无羁押权"之解释。①

这一解释的依据是,检察官不包括在法院之内,而只有法院才拥有审判之权;同时,在大部分国家,只有法院才有羁押权,而检察官则不拥有这种权力。如果检察官行使羁押权,则等于架空了法院的权力,而使人身保护状制度形同虚设。

从目前我国实践看,随着抗辩制的逐渐发育,检察院的角色冲突越来越严重,既当公诉人,又拥有批捕权,这种情形急需改变。

第三,缩小刑事拘留的时限,限制并监督公安机关的刑事拘留权,将法院的审查延伸到公安部门的侦查阶段。在目前的体制下,有学者建议,通过强化检察机关对于公安机关的制约,使检察官担负起司法审查职能②。但由于检察机关和公安机关均属起诉机关,因而,存在合谋可能。改革的最终目标,仍然应当是由法院对公安、检察机关之羁押行为进行审查。

第四,任何行政性机关和政治性机关均不得对个人,不管其身份为何,作出限制或剥夺其人身自由的处罚。法院对于任何这样的机关之此类行为,均拥有审查权,并可发出人身保护状,以确保个人之人身自由不被非法侵犯。

结 语

通过上述分析,笔者认为,法院对于一切人、尤其是政府机关及其工

---

① 关于这一故事的叙述参见罗国华:《从司法院大法官议决释字第三九二号解释谈起》,台湾静宜大学通识教育中心编印,新闻深度分析简讯,第105期,http://www.pu.edu.tw/gec/news5.htm? curtime=1084007132。

② 陈兴良:《限权与分权:刑事法治视野中的警察权》,载《法律科学》2002年第1期,http://www.law-star.com/classnews/fzlt/2002101811.htm。

作人员所实施——不管是非法还是合法——之一切限制或剥夺人身自由的行为，均拥有完全的且不可拒绝的审查权，因为，在宪政主义框架下，只有法院可以严格地按照正义和法律就个人之人身自由作出最终裁决。此种审查权通常采用人身保护状的形式，此一制度系各国宪政之通例。联合国《公民权利和政治权利国际公约》已确认此一源于英国人身保护令状的制度。第九条第三款、第四款明确规定："任何因刑事指控被逮捕或拘禁的人，应被迅速带见审判官或其他经法律授权行使司法权力的官员，并有权在合理的时间内受审判或被释放。等候审判的人受监禁不应作为一般规则，但可规定释放时应保证在司法程序的任何其他阶段出席审判，并在必要时报到听候执行判决。任何因逮捕或拘禁被剥夺自由的人，有资格向法庭提起诉讼，以便法庭能不拖延地决定拘禁他是否合法以及如果拘禁不合法时命令予以释放。"

中国自实行近代宪政以来，即同时引进人身保护状这一优良制度，目前，这一制度通行于中国之香港、台湾，而学者也多赞赏这一有效保护个人人身自由的制度。因而，恢复此一制度的必要性和合理性，乃是毋庸置疑的。

附录　香港高等法院规则：人身保护状的申请

1. 解交被拘押者并说明其拘押日期及原因令状的申请（第54号命令第1条规则）

（1）除以下情况外，解交被拘押者并说明其拘押日期及原因令状的申请，须在法庭上向单一名法官提出—

（b）在并无法官在法庭进行聆讯的任何时间，可向并非在法庭上的法官提出；及

（c）代未成年人提出的任何申请，初步必须向并非在法庭上的法官提出。（1998年第25号第2条）

（2）申请令状可单方面提出，且除第(3)款另有规定外，必须由被约制者的誓章支持，誓章须显示申请是被约制者所要求提出的，并须列出有关约制的性质。

（3）凡被约制者因任何理由而不能作出第(2)款所规定的誓章，誓

章可由另一人代被约制者作出,但誓章必须述明被约制者本人不作出誓章及其理由。

2. 单方面申请向其提出的法庭的权力(第54号命令第2条规则)

(1) 有申请根据第1条规则单方面向其提出的法官,可立即作出命令以发出有关令状,或——(见附录A表格87、88)

(a) 如申请并非在法庭上提出,则可指示就该令状发出原诉传票,或指示藉原诉动议在法庭上向法官提出该令状的申请;

(b) 如申请是在法庭上向法官提出,则可押后申请,以便发出关于申请的通知书,或可指示藉原诉动议提出申请。

(2) 传票或动议通知书,必须送达寻求发出该令状所针对的人,以及法官所指示的其他人,且除非法官另有指示,否则传票或通知书的送达与其所指明的聆讯申请日期之间必须相隔最少8整天。

(1998年第25号第2条)

3. 须提供誓章的文本(第54号命令第3条规则)

根据第1条规则提出的申请的每一方,均必须在其他每一方要求时向该一方提供他拟在该申请进行聆讯时使用的誓章的文本。

4. 命令释放被约制者的权力(第54号命令第4条规则)

在不损害第2(1)条规则的原则下,聆讯解交被拘押者并说明其拘押日期及原因令状的申请的法官,可运用其酌情决定权,命令将被约制者释放,而该命令对监狱的任何监督、警员或其他人而言,即为一项释放被约制者的足够权力凭证。

(1998年第25号第2条)

5. 关于令状的回报的指示(第54号命令第5条规则)

凡已命令发出解交被拘押者并说明其拘押日期及原因令状,发出命令的法官,须就该令状所须向其回报的法官及回报的日期作出指示。

(1998年第25号第2条)

6. 令状及通知书的送达(第54号命令第6条规则)

(1) 除第(2)及(3)款另有规定外,解交被拘押者并说明其拘押日期及原因令状必须面交送达其所致予的人。

(2) 如不可能面交送达该令状,或如该令状是致予某监狱的任何监督或其他公职人员,则必须在被约制者遭囚禁或约制的地方,将该令状留交其所致予的人的受雇人或代理人。

(3) 如该令状所致予的人多于一名,则该令状必须以本条规则所订定的方式,送达在该令状上被首先指名的人,而副本则必须以送达该令状的相同方式送达其他每一人。

(4) 该令状必须连同一份通知书(采用附录 A 表格 90 的格式)送达;该份通知书须述明被约制者所须被带到其席前的法官及被带到该名法官席前的日期,并述明如对该令状有欠服从,则会进行将不服从的一方交付羁押的法律程序。(1998 年第 25 号第 2 条)

7. 令状的回报(第 54 号命令第 7 条规则)

(1) 一份解交被拘押者并说明其拘押日期及原因令状的回报,必须在该令状上注明或附录于该令状,并必须述明将被约制者羁留的所有因由。

(2) 如经该令状所须向其回报的法官许可,则回报可作修订,或由另一回报代替。(1998 年第 25 号第 2 条)

8. 聆讯令状的程序(第 54 号命令第 8 条规则)

就解交被拘押者并说明其拘押日期及原因令状作出回报时,回报须首先予以宣读,然后提出动议,要求释放或还押被约制者,或要求修订或撤销回报;而凡该人是按照该令状被带上法庭,其大律师须首先获得聆听,接胺是代表官方的大律师,然后则由一名代表被约制者的大律师作答。

9. 将囚犯带上法庭以提供证据等(第 54 号命令第 9 条规则)

(1) 要求发出解交被拘押者到庭作证令状或解交被拘押者到庭答辩令状的申请,必须在内庭以誓章向法官提出。

(1998 年第 25 号第 2 条)

私人财产权保障的宪法设计

在宪政主义的政治哲学传统中,财产权是一个永恒的主题。如休谟所言:"没有人能够怀疑,划定财产、稳定财物占有的协议,是确立人类社会的一切条件中最必要的条件,而且在确定和遵守这个规则的合同成立之后,对于建立一种完善的和谐与协作来说,便没有多少事情要做的了。"① 因而,保护私人财产权,也被普遍地作为政府起源的理据和优良政体的基本特征。斯密说:"财产权和政府在很大程度上是相互依存的。财产的保护和财产的不平均是最初建立政府的原因,而财产权的状态总是随着政权的形式而有所不同。"②

洛克的讨论最为详尽:"最高权力,未经本人同意,不能取去任何财产的任何部分。因为,既然保护财产是政府目的,这就必然假定而且要求人民应该享有财产权,否则就必须假定他们因参加社会而丧失了作为他们加入社会的目的的东西;这种十分悖理的事情是无论何人也不会承认的。因此,在社会中享有财产权的人们,对于那些根据社会的法律是属于他们的财产,就享有这样一种权利,即未经他们本人的同意,任何人无权从他们那里夺去他们的财产或其中的任何一部分,否则他们就并不享有财产权了。"③

如果宪法的宗旨在于保障人民的自由与权利,那么,宪法中就必定需要写入财产权条款,因为,财产权是民众自由权利中之一项,甚至是最为重要的自由权利之一,财产更是人维持生存、保持尊严的基础之一。"在正义是完整的地方,财产权也是完整的;在正义是不完整的地

---

① 休谟著,关文运译:《人性论》下,商务印书馆1996年版,第532页。
② 坎南编,陈福生、陈振骅译:《亚当·斯密关于法律、警察、岁入及军备的演讲》,商务印书馆1997年版,第35页。
③ 《政府论》下篇,叶启芳、瞿菊农译,商务印书馆1997年版,第86页。

方,财产权也必然是不完整的"[1]。

问题仅仅在于,在宪法中,财产权条款应当写些什么?如何对于侵犯——尤其是政府侵犯——个人财产权的行为予以约束,如何对财产权遭到侵害——尤其是政府侵害——的公民提供救济?本文将从立宪技术的角度研究如何写作宪法的财产权条款。

宪政框架中的宪法财产权条款

在宪政主义的宪法文本中,都包含财产权保护条款。

英国《大宪章》中最为著名的第三十九条就涉及到了财产权问题:"任何自由人不得被捉拿、拘囚、剥夺产业、放逐或受任何损害。"大宪章诸多条款也都涉及到财产问题,其所奉行的就是如未经过同侪之合法判断,也即陪审团的裁决,"任何自由人不得被捉拿……剥夺产业",比如第五十二条:"若我们抢夺或移夺任何人之土地、堡垒、自由封土,或其权利,又未经过其同侪之合法判断,我们将立刻还给他。"

法国1789年《人与公民权利宣言》第十七条规定:"财产是神圣不可侵犯的权利,除非当合法认定的公共需要所显然必需时,且在公平而预先赔偿的条件下,任何人的财产不得受到剥夺。"

美国《宪法》第三修正案规定:"未经房主同意,士兵平时不得驻扎在任何住宅;除依法律规定的方式,战时也不得驻扎。"第四条修正案规定:"人民的人身、住宅、文件和财产不受无理搜查和扣押的权利,不得侵犯。"当然,最为直接的是第五修正案中一款:"不给予公平赔偿,私有财产不得充作公用。"

日本国《宪法》第二十九条:"不得侵犯财产权。财产权的内容应适合于公共福利,由法律规定之。私有财产在正当的补偿下得收归公用。"

1949年的联邦德国《基本法》第十四章之财产、继承权条款和财产之占取条款:"1. 财产权和继承权得到保障。其内容与限制由法律决定。2. 财产权承担责任。其使用也应有益于公共福利。3. 仅系出于

---

[1] 休谟著:《人性论》,第570页。

公共福利才可征用。只可依照或遵循对补偿之种类和程度作出规定的法律进行征用。这种补偿应在公平地考虑公共利益和受影响之人士的利益的基础上确定。如对补偿数量发生争议,可诉诸普通法院。"

转型国家对财产权也给予详尽规定,以波兰1997年《宪法》为例,在有关公民之自由、权利和义务之通则中首先规定于第四十六条:"财产只有在由成文法律具体规定且仅根据法院之终审判决才可没收。"然后在《经济社会与文化的自由与权利》一节第六十四条中又详尽规定:"1.每个人得拥有所有权、其他财产权和继承权;2.每个人在平等基础上应获得对于其所有权、其他财产权和继承权的法律保护;3.所有权只可通过成文法、且仅在不损害该权利之实质的限度内,予以限制。"

综合上述各国《宪法》财产权条款,我们可以发现,各宪政国家之《宪法》对于财产权,既将其确定为一项权利,因而予以保障,又对其提出了义务,而要求权利所有人予以履行。

1. 财产权保护条款

从财产权保护的角度看,大致上可以分解为若干不同的表述形态,也就体现为不同的保护手段:

(1) 权利宣示条款:最典型者系法国的《人与公民权利宣言》所宣称者,"财产是神圣不可侵犯的权利"。这主要是一种道德和政治上的宣示,它将私人财产权宣布为一项"人的自然的和不可超越的权利",宣布为一项基本的价值。

(2) 积极保护条款:比如,中国2004年通过的《宪法修正案》中关于财产权条款也有这样的表述:"国家依照法律规定保护公民的私有财产权和继承权。"在这里,强调的是国家对于公民私人财产的保护责任。德国联邦基本法所说的"财产权和继承权得到保障",中国《宪法修正案》中的表述"公民的合法的私有财产不受侵犯",也具有类似的含义。因为,保障财产权的主体依然是国家。此一宪法条款赋予国家一种义务,即国家有义务保障公民之私人财产权,这是合乎自由主义学说关于国家的基本论证的。国家应当、也有能力利用其垄断的暴力来保障一个人的私人财产不受另一个人的侵害,事实上,这是人民认可和支持国家、政府的主要理由所在。因此,国家在私人间的关系中公平地保护每个人的财产权,是一个不言而喻的责任。

(3)消极防范条款:然而,在现实中,政府经常会利用其权力侵害私人对于其财产的权利。因此,在要求国家履行其公平地保护每个人之私人财产权的同时,也应当防范政府对于私人财产权之侵犯。

英美宪法传统多以此种方式书写财产权条款,如英国《大宪章》之"任何自由人不得被捉拿、拘囚、剥夺产业、放逐或受任何损害"。就消极保护而言,美国宪法最为消极,仅于第五修正案中规定:"不给予公平赔偿,私有财产不得充作公用"。此种消极保护,乃是以防范国家权力对私人财产权之侵害为宗旨。在英美自由传统中,一直以限制政府权力为主要着眼点。

2.财产义务条款

至于财产权的义务条款,尤其以战后德国、日本制订的《宪法》为明显:德国联邦《基本法》财产权条款之第2款:"财产权承担责任。其使用也应有益于公共福利"。日本国宪法也说,"财产权的内容应适合于公共福利,由法律规定之"。

这种财产义务的观念源起于19世纪之后,社会主义观念的崛起,国家权力的扩张,社会对于私人企业、私人财产的看法发生很大变化,因而出现了所谓的"财产为社会职务说",持这种观念者,尤其以欧洲大陆为甚。根据王世杰、钱端升两位先生的解释,这种观念可以简单地概括为:社会之所以承认私人对于其财产之所有权,原因仅仅在于,在目前的社会状态下,只能利用私有财产作为一种工具,用以增加社会财富与满足社会需要,也就是说,因为私人财产权对社会的财富增长能够发挥一定作用,所以,国家才对财产权给予保护,但这种保护是有前提的,即私人的财产权必须服务于"公共福利",这就是私人财产权需要承担的义务。①

正是根据这种观念,德国1919年《宪法》便明文规定:"财产负有义务";"所有人使用其财产时,应同时有助于公益。"目前的德国联邦《基本法》在这方面与《魏玛宪法》是完全相同的。

---

① 王世杰、钱端升著:《比较宪法》,商务印书馆2002年版,第139页。

3. 征用与补偿条款

财产权乃是一种先于政府就已存在的、个人对于其所正当占有之物品的权利。财产权不是政府通过法律所创设、赏赐于个人的权利，而是一种自然权利，这种权利，在大多数社会，当然也包括中国社会，得到具有正常的理智与情感的人们的普遍承认。对于这些权利的保护，构成了法律的基本内容。即使在最原始的社会中，甚至在比较正式的国家未出现之前，也已经形成了这样的法律。因此，保护财产权，不过是一个正常的政府所必须履行的责任之一，这是合乎自然正义，也即天理良心的。相反，政府制定任何剥夺私人之全部或一部分财产的法律、政策，则是违反自然和理性的。当然，政府出于公共利益而对个人财产之征收或征用，乃是主权观念的一种延伸。公民也有义务予以配合。

不过，当政府这样做的时候，政府需要给出清晰而令人信服的理由。一个文明的政府，在提出征收或征用公民私人财产的时候，一般会提出公共利益的理由。而且，政府在此必须与相关的公民进行平等的协商，按照自然的正义原则，对于遭遇损失的公民以充分的补偿。

因此，早在美国《宪法》中就已有了征用条款，但在宪政主义宪法中，这种征用必然伴随以补偿，而且是"公平的"或"合理的"补偿。美国《宪法》第五条修正案即为一个典型的表述："不给予公平赔偿，私有财产不得充作公用"，随后各国宪法均有此种规定。

但由谁来判断补偿是否公平、合理，在英美国家中，这不是一个问题。因为，感觉未得到公平、合理补偿的当事人自可诉诸普通法法院，而寻求获得司法救济，而普通法法院对于征用或征收之行政部门的行政命令、甚至对于授权征用或征收的国会立法，均拥有审查权。

而在大陆法系中，普通法院对于此类纠纷却未必能够进行公正的审查。因而，德国联邦《基本法》特别作出规定以保障遭遇征收或征用之私人的财产权利：首先，"只可依照或遵循对补偿之种类和程度作出规定的法律进行征用。这种补偿应在公平地考虑公共利益和受影响之人士的利益的基础上确定"。也就是说，补偿之标准应当是公正的，其实，更准确地说，应该是确定补偿标准的程序是事先确定的。而此一程序是否正当，补偿标准是否合适，应由法院予以审查。也就是说，政府与私人"如对补偿数量发生争议,可诉诸普通法院"。这样,大体上为财产所有人提供了司法救济途径。

法院在审理这类案件时,应当将遵循两个原则:第一,政府必须证明征收或征用所带来之公共利益,显著地大于被征收或征用之个人所可能遭受之损失;第二,征收或征用应系万不得已之最后手段。哈耶克曾精辟地阐述过这两个原则:

> "无正当补偿便不能剥夺"(no expropriation without just compensation)的原则,在任何实行法治的地方都得到了承认。然而,人们并不总是能够认识到:这项原则实际上是法律至上原则(the principle of the supremacy of the law)的不可分割且不可或缺的一部分。当然,这项原则也是正义的要求所在;但是更为重要的一项保障措施则是,只有在公共收益明显大于个人因正常期望受挫而蒙受的损害的情形中,才能允许对私域予以上述必要的干预。主张对损失进行完全补偿的主要目的,乃在于对这类侵犯私域的行动施以制约,并提供一种手段,以使人们能够确定某个特定目的是否已重要到了足可以证明为实现这个目的而对社会正常运行赖以为基础的原则进行破例为正当。由于对政府行动所具有的常常是无形的助益进行评估甚为困难,又由于专职行政人员明显倾向于高估即时性特定目的的重要性,所以采取下述做法就极为可欲,即私有财产的所有者应当始终被假定为是无辜的(the benefit of the doubt),而且对侵害的补偿应当被确定得尽可能的高,以堵塞滥用剥夺权力之门。综而言之,如果要对一正常的规则施以例外,那么相关的公共收益就必须是显见的,且在实质上大于其所导致的损失。"①

中国宪法的财产权保障传统

在传统中国政制中,私人财产权主要是一种自然权利,依靠习俗和惯例获得保障,政府对于私人财产权之干预,也受到这种习俗的约束。

---

① 弗里德里希·冯·哈耶克著,邓正来译:《自由秩序原理》上,三联书店1997年版,第276页。

近代以来的中国宪法,均模仿各国宪法,写入财产权条款,但不管是从其表述方式看,还是从表述内容看,都存在着一个明显的趋势:对于私人财产权的保护越来越弱。

光绪三十四年(1908年)八月初一颁发之《宪法大纲》所附臣民权利义务中即已明确规定:"臣民之财产及居住,无故不加侵扰。"

《中华民国临时约法》似乎将财产权放到经济自由的语景中加以保护,第六条第三款:"人民有保有财产及营业之自由"。《中华民国约法》(民国三年五月一日公布)与此一脉相承,第五条第三款云:"人民于法律范围内,有保有财产及营业之自由"。

民国十二年(1923年)十月十日公布之《中华民国宪法》则首次加入了"公共需要"的限制,第十三条规定:"中华民国人民之财产所有权,不受侵犯;但公益上必要之处分,依法律之所定。"

《中华民国训政时期约法》(民国二十年六月一日公布)则将财产权细分为四条之多,并首次涉及到继承权问题:第十六条为消极保护条款:"人民之财产非依法律不得查封或没收。"第十七条为积极保护条款:"人民财产所有权之行使,在不妨害公共利益之范围内,受法律之保障。"第十八条为征用或征收条款:"人民财产因公共利益之必要,得依法律征用或征收之。"第十九条为继承权条款:"人民依法律,得享有财产继承权"。

至民国二十五(1936年)年五月五日宣布的《中华民国宪法草案》中财产权条款则仅保留消极保护条款,即第十七条:"人民之财产,非依法律,不得征用,征收,查封,或没收。"

到民国三十六年(1947年)十二月二十五日施行之现《中华民国宪法》对于财产权的保障则退了一大步,将财产权与生存权、工作权相提并论,且置于最后,第十五条规定:"人民之生存权、工作权及财产权,应予保障。"与此相应,在宪法具体条款中更对财产权设置诸多限制:第一百四十二条(国民经济之基本原则):"国民经济应以民生主义为基本原则,实施平均地权,节制资本,以谋国计民生之均足。"第一百四十三条(土地政策):"中华民国领土内之土地属于国民全体。人民依法取得之土地所有权,应受法律之保障与限制。私有土地应照价纳税,政府并得照价收买。附着于土地之矿及经济上可供公众利用之天然力,属于国家所有,不因人民取得土地所有权而受影响。土地价值非因施以劳力资本而增加者,应由国家征收土地增值税,归人民共享之。国家对于土地之分配与整理,应以扶植自耕农及自行使用土地人为原则,并规定其适当经营之面积。第一百四十五条(节制私人资本):"国家对于私人财富及私营事业,认为有妨害国计民生之平衡发展者,应以法律限制之。"

这种规定是上述财产权之"社会职务说"的典型体现。此种观念早已体现在孙中山的三民主义思想中。而后来所制订之历次宪法,均有当时的自由主义者参与制订的。由此也可看出,当时中国的自由主义者,受到欧洲自由主义向左转向的影响,而至少在经济层面上,强烈地倾向于计划经济和集体主义。对于财产权也趋向于强调义务,而非权利。王世杰、钱端升两先生即可为当时之典型,他们在论述了"财产为社会职务说"之后即评论说:"社会职务说,不独在理论上较人权说为完满,即就事实言,各国晚近法律关于财产权的规定,亦实倾向社会职务说"[①]。

因而,1949年后宪法中有关财产权条款之转向,在某种程度说,也许正是上述整个思想界——不仅是西方、也包括中国——在经济层面之社会主义思潮的自然延伸而已。

1949年9月29日中国人民政治协商会议第一届全体会议通过的《中国人民政治协商会议共同纲领》第三条规定:中华人民共和国必须取消帝国主义国家在中国的一切特权,没收官僚资本归人民的国家所有,有步骤地将封建半封建的土地所有制改变为农民的土地所有制,保护国家的公共财产和合作社的财产,保护工人、农民、小资产阶级和民族资产阶级的经济利益及其私有财产,发展新民主主义的人民经济,稳步地变农业国为工业国。"

这一条款确立了一条在迄今为止的宪法财产权条款的基本原则,可以称之为"区别对待原则":国家对于私人财产权的保护奉行不平等原则,是否保护及保护力度有多大将因人而异,取决于财产所有人的政治身份。

具有临时宪法性质的《共同纲领》规定,国家仅"保护工人、农民、小资产阶级和民族资产阶级的经济利益及其私有财产",其他人的财产则

---

① 王世杰、钱端升著:《比较宪法》,第139页。

不在保护之列。而在此之前则明确宣布,将对一部分人的财产进行"没收"("消灭"),对另一部分的财产所有权进行"改变",在后来的实践中,也是"没收";对于这些没收丝毫没有提及补偿问题。

因而,可以说,该法已经确定了另一条宪法原则:私人对于他们的财产已不拥有任何权利,国家不保护、甚至将致力于剥夺私人的这种权利;有些人在政治上被划入某一类,因而将立刻被剥夺,有些人则具有利用价值,将在以后进行剥夺。这一条款将国家对于私人财产权的责任,从保障基本上转变为剥夺。这是集体主义观念在宪法上的具体体现。

与此相应,国家的保护对象从私人转向公共:国家将"保护国家的公共财产和合作社的财产";在财产权利体系中公民的位置也发生了根本性转变,第八条规定:"中华人民共和国国民均有爱护公共财产……的义务"。当然,这也可以说是区别对待原则的一个应用。该原则首先区别对待公有财产与私有财产;其次,对于具有不同政治身份的私人公民的财产,也区别对待。

这在中国宪法历史上是一个决定性的转折。此后的宪法均多多少少是对此一条款的延续。

出于区别对待原则的考虑,由于当时复杂的所有制体系,因而,1954年《宪法》中关于财产权的条款多达十条之多:其中涉及私人财产权者包括第八条"国家依照法律保护农民的土地所有权和其他生产资料所有权。"因为此时的土地所有权尚属农民私人,但"国家对富农经济采取限制和逐步消灭的政策"。第九条"国家依照法律保护手工业者和其他非农业的个体劳动者的生产资料所有权。"但鼓励其向集体经济转变。第十条,"国家依照法律保护资本家的生产资料所有权和其他资本所有权。"但对其"采取利用、限制和改造的政策。国家通过国家行政机关的管理、国营经济的领导和工人群众的监督,利用资本主义工商业的有利于国计民生的积极作用,限制它们的不利于国计民生的消极作用,鼓励和指导它们转变为各种不同形式的国家资本主义经济,逐步以全民所有制代替资本家所有制。国家禁止资本家的危害公共利益、扰乱社会经济秩序、破坏国家经济计划的一切非法行为"。第十一条:"国家保护公民的合法收入、储蓄、房屋和各种生活资料的所有权。"第十二条:"国家依照法律保护公民的私有财产的继承权。"第十三条是征用、征收条款:"国家为了公共利益的需要,可以依照法律规定的条件,对城乡土地和其他生产资料实行征购、征用或者收归国有"。第十四条为一条严厉的公共利益条款:"国家禁止任何人利用私有财产破坏公共利益"。

1982年《宪法》对于所有制也有繁琐的规定,而涉及到私人财产者包括,第十条第一款:"城市的土地属于国家所有。"城市居民失去了土地所有权。根据第二款,农村一切土地则属于集体所有,农民失去了土地所有权。第十二条则规定了国家和公民对于公共财产的义务:"社会主义的公共财产神圣不可侵犯。国家保护社会主义的公共财产。禁止任何组织或者个人用任何手段侵占或者破坏国家的和集体的财产。"第十三条:"国家保护公民的合法的收入、储蓄、房屋和其他合法财产的所有权。国家依照法律规定保护公民的私有财产的继承权。"

扭曲的财产权条款

随后宪法不断出台修正案,其中主要的内容便是对于所有制条款进行修改,这种修改,乃是一种扭曲的宪法观念的必然后果。

现行的宪法观念,基本上自苏联而来。1936年的《苏维埃社会主义共和国联盟宪法》第四条规定:"社会主义的经济制度和生产资料的社会主义所有制随着消灭资本主义经济制度而已经稳固地建立起来,正式废除生产资料的私人所有和消灭人对人的剥削,构成苏联的经济基础。"第五条规定:"苏联的社会主义财产,或者是以国家财产(全民所有)的形态存在,或者是以合作社和集体农庄的财产的形态存在。"

接下来第六条规定,土地等自然资源、铁路、银行、电信等等企业的财产和城镇的住房,均属于全民所有。第七条规定,集体农庄和合作社的土地、企业等等属于集体所有。但农民家庭可拥有一小块自留地,可拥有自己的住房和小型农业生产资料。

第十条规定,"公民个人持有其从工作和储蓄中得到的收入、对其住房和附属的家庭经济、对其家具和器物及各种个人用品的权利,以及公民的个人财产继承的权利,得到法律的保护。"

对照1949年之后的几部《宪法》,与上述苏联《宪法》条文极为类似,尤其是继承了消灭私有财产的基本宪法原则。不过,值得注意的是,中国宪法在所有制问题上似乎稍微灵活一些,发展出了一种比较完善的区别对待原则。

但这种区别对待其实也是隐含在苏联宪法背后的宪法观念中的。苏联的法律学说是最为极端的法律实证主义,法律不过是国家意志、也就是统治阶级意志的体现而已,整个法律——当然也包括宪法,被理解为统治阶级进行统治的工具。宪法不过是将统治阶级所建立之政体结构予以具文化而已,并承担着宣示统治者之意识形态目标与终极性理想的功能,以作为该统治者动员社会资源之工具。

从根本上说,这样的宪法乃是一种政府及相应的垄断性政治团体单向进行治理的工具,而不是人民与政府之间订立的共同治理国家的规约。宪法的一大重要功能就是确定各个阶层在社会中的位置。在这样的宪法中,明确规定着统治者的价值取向和政治目标,并依据这样的标准,清晰地规定着各个阶级、阶层、集团在政治权力上的排列次序。宪法不是平等地、无差别将公民视为平等的公民,而是将公民视为分属于不同集团和阶层的政治性存在物。宪法对于不同阶层与集团的权利和义务,作出了个别的、不同的安排,这样的安排反映着垄断性政治团体在某一特定时期的偏好。这一点,在财产权条款之区别对待原则中体现得淋漓尽致。

在这样的宪法模式中,随着社会状况之变化,随着居于主导性地位的集团之偏好的变化,不同的社会阶层在不同时期会被安排在权力、财富、声望等等人人欲求的价值分配体系中的不同位置。因而,财产权条款的"区别对待原则",在时间过程中,便会呈现出国家对于不同社会群体的财产是否保护、保护力度是大是小,会发生相当明显的变化。

因此,即使我们不考察这种宪法的内容本身是否合乎美国宪法学家萨托利所说真正的宪法之定义,单从技术上说,这样的宪法面临着一个内在的难题:宪法过于工具化,因而,必然过于具体,因而,也就不可避免地是刚性的;它总是事后对于现实的认可,而没有任何可以预期的前瞻性,几乎所有的重大政治性措施,不管是政治体制改革,还是经济体制改革,严格说来,几乎都是违宪的;当然,它也不能包容现实的任何变动。为了对应于主导性政治团体价值之变动、为了满足不断消长的各种政治力量之需求,为了适应社会结构之变动,它必须不断地进行修改。

从工商阶层、从私人企业主地位在半个多世纪以来的变迁中,我们可以清晰地看出这种宪法的困境。最初这个阶层被指为政权的盟友,后来它则被视为敌人,再后来,1982年以来又逐渐恢复地位,并且,随着主导性政治团体价值的转向,它的宪法地位在不断提高。宪法中的财产权条款在不断变化,背后所反映的其实是对私营企业主阶层政治地位的逐渐认可。

如果人们确实是在谈论合乎正义的宪法,则这种区别对待原则本身是不恰当的。如果人们讨论的是自由宪政意义上的——或者哪怕具有这样的指向——私有财产权条款,则必须首先从根本上扭转目前的宪法观念。人们似乎需要明确一点:任何一部旨在维护正义、因而也是可以维续的宪法,均须无差别地、平等地保护任何一个人的自由、权利和利益。也就是说,在制订宪法时,根本不去考虑某一具体条款会为某一可具体指认之公民带来什么样的好处或坏处;任何一个人与其他人相比,宪法对他或她的保护,既不多一点点,也不少一点点。所谓"法律之下的平等",当然首先是宪法之下的绝对平等。

这就是说,宪法中所明确地或隐含地保护之自由与权利,均是普适的,此所谓"正义"之根本含义。一个不识字的农民,仍然享有思想、言论与出版的自由。同样,一个身无分文的流浪汉,宪法仍保护其私人财产权。因此,宪法的任何修订,均不是具体地、专门地扩张某一个别集团之自由,相反,该自由作为一种绝对的公共品,可为所有人平等地享有。

只有这个意义上的私有财产权条款,才有可能获得稳固的正当性。对于宪法——如果有可能的话,对于执行宪法的宪法法院法官来说,流浪汉手里仅有的一毛钱,农民家里的一头牛,城市平民的自有住宅,与富豪保险箱里的10亿元,具有同等的宪法价值。所有的人都是以普通公民的资格而获得政府对于其财产权之保护的。

如何修改宪法财产权条款

从根本上说,一个保障自由的宪法所需要之财产权条款,应以限制国家权力为宗旨。强盗可以抢走一个公民的财产,但他不可能抢走该人对于自己的财产的所有权,只要社会默认、而政府也承认该财产属于该人所有。而事实上,通常情况下,社会必然默认地承认一个人对于自己的财产的所有权,问题就在于,拥有强制力量的政府是否承认这一点。

如同宪法本身是划定政府之权力的范围及程序一样,一种基于正义的私有财产权条款,也旨在为政府在与公民及公民之自愿性组织的私有财产权发生关系时设定基本的处理原则。因为,公民之间围绕财产发生的一般性纠纷,均可借助于普通的民事法律甚至习俗惯例予以处理。宪法的私有财产权条款除了为这些具体的民事法律确定一个最为抽象的原则之外,更基本、或者说首要的功能在于,特别地限制政府在面对私人财产权时之权力的范围与深度的功能。

这样的论证转换了宪法的取向。我们不是因为要政府保护私营企业主、保护富豪、甚至保护权贵的财产而制订私有财产权条款的。制订私有财产权条款,完全不是基于经济学的理由,也不是对社会变动之结果的一种简单反映。相反,私有财产权条款乃是一种出自于人之天性、人人均本能地认同的普遍的诉求。而宪法所要做的,不过是承认人们这一基本的正义感,制定出一条早已存在于人心中的律令:保护人们的财产权。这是一个普遍地惠及所有人的宪法条款,普遍地惠及所有人,也是政府在执行此一条款时的责任,任何偏向、照顾、疏忽更不要说刻意的厚此薄彼,都是有违正义的。宪法及宪法执行体系并不刻意地保护富人的财产,亦不会刻意地强调保护穷人的财产。正义的宪法不能隐含这样歧视性的涵义。

当然,在修宪的过程中,基于政治上的权宜考虑,支持财产权条款的专家及知识分子,其实应该特别地强调财产权条款对于一般民众、尤其是对于穷人的重大意义。如果说宪法可以有所偏颇的话,那它当然偏向于弱者。知识分子应当向民众指出:正义的财产权条款平等地保护所有人的财产,穷人当然可以利用这样的条款捍卫自己微薄的权利和利益。但这仅仅是政治上的权宜之计,而绝非宪法原则。任何区别对待的原则,都有违宪法的另一项基本原则——平等原则。

归根到底,宪法的私人财产权条款与其说是要求政府保护私人财产,不如说是希望通过约束政府,而使私人财产免受政府之侵害和剥夺;至于要求政府特意地保护某一群体的财产,则完全是对宪法真谛的扭曲。宪法中合乎正义的私人财产权条款所针对的不是一般的财产纠纷,而是为解决公权力与私人财产间的关系确定一个元规则。

为此,在修宪时,财产权条款也应当进行周密的设计。

首先,为了恢复对于财产的自然的正义观念,需要一个价值宣示性条款:公民的私有财产不受侵犯。对于任何一个前现代的自然发育的社会,财产权总是受到比较严格的保护,甚至不需要政府的法律,仅靠源远流长的社会习俗和传统观念,私人的财产权就获得了坚实的保证。因为一个能够正常地维持下来并获得的繁荣的社会,其习俗必然大体上是维护个人的财产权利的,因为这是社会广泛的交换合作网络得以形成及永续维系的基础。中国古典甚至近代社会的情形也不例外。西方经过近代政治哲学的不断重复,保护财产权的精神已经渗透在法律和政制的各个方面,从而成为一个各项制度隐而不彰的基本价值预设,乃是一个毋须讨论的前提。

但当代中国却与上述情形大有不同。全面的财产公有制的建立,在从根本上改变了人们对于私有财产的观念。宪法也反复强调"公共财产神圣不可侵犯",而对于私人财产却奉行剥夺原则。因此,我们首先面临着一个重建正义观念的问题:即恢复曾经被打断的有关财产的自然正义的传统观念。如果没有这样的观念作为支撑,保障私人财产权的制度是无法完善而稳固地建立起来的;而没有这样的私人财产保护制度,市场、宪政等更抽象层面上的制度也只能是建立在流沙之上的大厦。在宪法中将私人财产权确立为一项基本价值是必要的。

其次,需要一个消极防范条款,即规定,"非经正当程序,不得侵害和剥夺任何人的财产"。此一条款的限制对象是显而易见的,它是针对着政府的权力而作出的否定性规定。当然,何为正当程序,需要更细密的论证。所谓正当程序,并不仅仅意味着政府针对个人之财产所采取的行为只要合乎现有的法律、法规规定即可,问题的关键还在于,该法律法规本身应当是正当的,也就是说,在具有正常的理智与情感的人看来,它们的条文合乎天理良心。否则,各地政府完全可以先规定出一套程序,并严格按照程序执行,但最终仍然侵害或剥夺公民的财产。此前几十年所发生之大规模地剥夺私人财产权的政治运动,并不能说不合乎当时的法定程序,但却很难说是合乎天理良心的。

第三,正面地规定国家在保护私人财产权方面的义务。其实,这一条款只需简单规定即可,因为,政府的职能本来就在于此,此一条款乃是不言而喻的。

第四,需要一个征用与补偿条款。公共事务是必不可少的,因而为了更大的利益对私有财产征收或者征用制度是必要的。2004年全国人大通过之《中华人民共和国宪法修正案》中已提出补偿条款:"国家为了公共利益的需要,可以依照法律规定对土地实行征收或者征用,并给予补偿。""国家为了公共利益的需要,可以依照法律规定对公民的私有财产实行征收或者征用,并给予补偿。"但不足之处在于,对于补偿的原则没有予以明确。

这种原则就是公平应当"公平而及时"。补偿首先应当是公平的,而不能随意补偿。目前我国存在的大量上访是因为房屋拆迁或者土地征用引发的,主要是补偿不合理的问题。如果补偿合理,即使有少数人不接受,他们也一定不会得到广泛的同情和支持,而现实中,民众的不满情绪相当普遍,这背后的原因就在于补偿没有体现公平。需要指出的是,公平不一定等同于等价,而是要通过公正的程序产生一个大多数利害关系人能够接受的标准。

补偿也应当是及时的。也就是说,只有在获得补偿后,才可以征收或征用。

最为重要的是,是缩小由政府出面征收或征用的范围。目前所存在的大量征收或征用,是由地方政府执行或得到政府暗中支持,而所征用或征收的土地其实却被用于商业开发。这种做法将把政府置于一种同时充当裁判与运动员的位置,而财产被征收或征用的公民的权利,则失去可以保障的可能性。政府之征收或征用,必须确系公共事务所需要者,而公共事务的范围绝对不应随意扩大。

第五,当然,即使是大大缩小政府的征收或征用范围,在仅存的政府征收或征用活动中对于与政府发生争议之公民,应提供一条司法救济渠道。

当对于补偿标准和数量,当事人与政府之间可能发生冲突,我们看到,一旦发生这种冲突,公民个人就完全处于劣势,国家可以强制拆迁,而公民却无处主张自己的权利,因此,宪法的征收或征用条款中应当规定:对于有关补偿数量之争议,当事人可向法院提起诉讼;在法院作出终审判决之前,不得实施征收或征用。

事实上,有不少争议本身涉及到政府是否有必要征收或征用,因而,宪法应明确规定:对于何者系公共利益,应由法律事先予以明确规定,且此种规定本身应当是正当的。对于其是否正当,法院也应予以裁决。

综合上述条款,法院在对征用纠纷进行审理时,首先需要对征用是否确系出于公共利益进行考量,然后才对补偿是否公平作出判断。

结　语

我们通过对西方及中国近代以来宪法有关财产权条款的历史考察,而抽象出宪法财产权条款的一些基本内容,并针对中国特殊的宪法原则,提出撰写宪法财产权保护条款的设计。这样的设计,乃是以对普通人的正义感的一种探究的基础,基于历史经验而得出的一个审慎判断。

探讨一部优良宪法的文本形式

——以欧洲宪法草案、美国宪法和中国宪法为例

宪法性文件也许是一个国家最重要的文件。按照权威的说法,一部宪法,就其总体结构而言,通常应包含三项内容:第一,个人的基本权利和义务;第二,国家最重要机关的组织及其相互关系;第三,宪法的修改。①《布莱克维尔政治学百科全书》则说,"宪法所涉及的范围非常广泛——政府机构——立法机关、行政机关、司法机关及它们之间的权力分配;以及为保证个人或团体在种族、宗教、语言或人种方面的权利而对政府权力所施加的必要限制。"② 概括而言,宪法性文件应包含两大内容:权利法案,即免受国家侵害——有的人则喜欢说是受到国家保护的,尽管这两个说法具有重大的政治学区别——之个人权利的目录;政体安排,关于权力分割、制衡的制度安排。

本文不拟讨论宪法的实体性内容,也即宪法作为宪政规划的具体内容,而仅局限于讨论宪法的文本形式,也即,从结构上看,一部宪法应当写些什么,不应当写些什么。也就是说,本文拟回答一个经常被宪法学者忽略的问题:什么样的宪法才是一种形式上比较可取的宪法?当然,形式总是跟内容密切相关的,所以,可能会涉及到一些有关宪政规划的内容问题。

这个讨论将通过比较展开,比较的对象是美国宪法和欧洲宪法草案③,旁涉中国宪法。本文的结构安排如下:第一部分,是关于欧洲宪法与美国宪法总体结构的一个对比。第二部分是对欧洲宪法、美国宪法和

---

① 王世杰、钱端升著:《比较宪法》(1927,1928,1936),商务印书馆2002年版,第5—9页。
② 中国问题研究所等组织翻译,中国政法大学出版社1992年版,第169页。
③ 这个宪法草案的文本已由笔者与鲁仁译出,即将出版。

中国宪法的序言和总纲的比较。第三部分则基于对欧洲宪法和美国宪法中权利宪章的比较,探讨宪法的权利条款应当如何设计。第四部分探讨宪法关于各个政府分支的权力配置的规定。第五部分探讨宪法中包含大量政策性内容是否可取。通过上面五个部分的探讨,我们已经可以清晰地看出欧洲宪法与美国宪法在形式上的重大差异,而这种差异背后,蕴涵着不同的宪法观,第六部分即对此予以探讨。最后一部分是结论,提出我们对于一部优良宪法所具有的形式的总结性看法。

宪法总体结构的对比

对比一下欧洲宪法草案与美国宪法,第一个突出的印象是,欧洲宪法比美国宪法的篇幅长得多。

美国《宪法》仅有7条,第一条,立法分支,第二条,总统,第三条,司法机构,第四条,州,第五条,修订程序,第六条,宪法的法律地位,第七条,批准条款。目前共有27条修正案,其中第十八修正案还被第二十一修正案废止,实际发挥作用的仅25条修正案。宪法文本仅4500个左右英文单词。

欧洲《宪法草案》的英文本则长达230余页,翻译为中文,约在12万字左右。整个宪法草案共分四大部分(part),第一部分相当于一个概要,共59条;第二部分是《联盟基本权利宪章》,共54条;第三部分是《联盟的政策与职能》,共342条;第四部分,《一般性与最终规定》,共9条。总共464条。另有5份议定书,3份宣言。

一个显而易见的历史事实是,自美国制订成文宪法以来,随着时间推移,各国宪法文本似乎越来越长。早在1928年,王世杰、钱端升二先生即已注意及此点:"就近二十余年来各国的新宪法考之,则其内容大都有趋于繁长的倾向。"[①] 举例来说,目前《联邦德国基本法》共分11章、146条。目前的《日本国宪法》有103条。经1987年最新修改的《大韩民国宪法》则有130条。但一般国家的宪法条款在100多条左右,欧洲宪法草案则打破了这个惯例。

---

① 王世杰、钱端升著:《比较宪法》,第9页。这句话的脚注有所说明。

看得出来,在各国宪法中,作为宪法的主要内容的权利法案和政体结构的内容同时在增长。

第二个也许不那么重要的、实则能够令人感受到制宪技巧的,是序言部分。美国《宪法》的序言"仅用有力、仅具有宣示意义、十分具有概括性的 52 个英文词"就描述了宪法的目标,"因而,没有赋予任何具体的政治决策以权威"①。

相反,欧洲《宪法草案》则用了 293 个单词来描述欧盟各国共享的价值与目标,这是完全不必要的,且肯定会引起持续的争议。

对比欧洲《宪法草案》和美国《宪法》得到的第三个印象是,前者包含了一个很长的权利宪章,而后者则比较简明。权利法案在美国《宪法》最初文本中没有体现,而体现为前十条宪法修正案。而欧洲《宪法草案》中的权利宪章达到 54 条。自 20 世纪以来,各国宪法关于个人的权利(和义务)的规定,大都"趋于详明"②:法国 1789 年《人权宣言》仅为 17 条,文句也极简单;1919 年德国《魏玛宪法》达到 57 条,各条文句也往往很长,尽管这个宪法最终只是一个装饰品而已。

第二次世界大战后制定的各国宪法,也纷纷列举一个详尽的权利目录:《联邦德国基本法》第 1—19 条规定了公民的基本权利;《日本国宪法》第三章为《国民的权利与义务》,共 31 条。《大韩民国宪法》第二章《公民的权利与义务》共 30 条。《世界人权宣言》则包括 30 项条款。欧洲宪法草案看来又创造了一个人权目录的新纪录。

第四个印象是,有关政体结构的规定,欧洲《宪法草案》的内容也极为繁复。《联盟的政策与职能》是欧洲《宪法草案》中篇幅最大的,对于欧洲联盟各个机构的职能作了非常详尽的描述,详尽得令人感觉到,制宪者可能都是些行政管理专家,而不像是宪法专家。在这个叙述过程中,涉及到了大量的政策内容,也涉及到了各个机构内部及各机构之间合作的工作程序,其详尽程度令人叹为观止,比如规定某机构应当多长时间向另一机构提交一份有关什么样内容的报告。欧洲宪法草案整个

---

① Comparing the U.S. and EU Constitutions by William Niskanen,见 Cato 网站,August 14, 2003 文章(http://www.cato.org/dailys/08-14-03.html)。
② 王世杰、钱端升著:《比较宪法》,第 69 页。

第三部分充斥着这类内容。

欧洲宪法第五个给人极深的印象是,在这个宪法文本中包含了大量的政策性内容,包括经济政策、社会政策、科技政策、甚至文化体育政策等等。通过国家立法来制定政策,已经成为西方的一个趋势。美国20世纪以来的大量立法均是政策性的,旨在对政府管制经济、社会的活动进行管制,绝大部分法律不是哈耶克所说的抽象且一般性的正当行为规则[1]。不过,这些法律通常只是国会的法案,而没有被写入后来陆续颁布的宪法修正案条款中。而欧洲制宪者则把大量这类具体的、针对特定社会群体的、保障特定群体之特殊利益的政策性内容,大量地写入宪法中,使得宪法内容臃肿不堪。

最后但并非最不重要的一点是,与欧洲《宪法草案》及一般性宪法相比,当会发现,中国《宪法草案》有一个令人注目的缺失,即没有关于宪法修正、生效、公布程序的条款。自美国宪法以来,当代几乎所有宪法都有此一个基本条款,惟有1848年的意大利《根本法》是个例外。王世杰、钱端升先生甚至将"宪法的修改"程序列为宪法的三大要件之一[2]。

然而,迄今为止,包括宪法学家在内,并不清楚中国的宪法应当遵循什么样的程序予以修改。这一缺失将把宪法置于一个非常尴尬的境地:宪法既然是效力最高的成文法律,那么,理论上,它必须自己设定一个修改自己的程序,根据除它之外的任何其他法律或政策所规定之程序来对它进行修订,都将使宪法不复成为最高的成文法律。在成文法制度中,假如此一法律不是为人民所公知,则修订之结果的效力,也是可疑的。

对于上述印象,下面进行一些较为仔细的考察。

宪法序言与总纲:简洁为上

一般国家的宪法均有序言(或前言),以向国民阐述制宪的主要目的

---

[1] 关于法律的这种性质,参见哈耶克著,杨玉生等译:《自由宪章》,第十章《法律、命令与秩序》及第十四章《个人自由的保障》的相关论述。
[2] 王世杰、钱端升著:《比较宪法》,第6—7页。

和宪法所蕴涵的精神,即制宪者所认同、且将在宪法的设计中予以体现的诸原则、价值。它尽管只具有政治和道德宣示的价值,但却能够揭示政体的性质,表明国民之价值指向,对于形成人民之宪政认同具有重要意义。

通常各国宪法的序言均比较简洁,美国《宪法》即为一典范:"我们,合众国人民,为建立更完善的联邦,树立正义,保障国内安宁,提供共同防务,促进公共福利,并使我们自己和后代得享自由的幸福,特为美利坚合众国制定本宪法。"

民国十二年(1923年)十月十日公布之《中华民国宪法》之前言也简洁而有力:"中华民国宪法会议为发扬国光,巩固国圉,增进社会福利,拥护人道尊严,制兹宪法,宣布全国,永矢咸遵,垂之无限。"

这两个宪法前言除文本简短而有力外,其所使用之概念也极为抽象且一般化,因而,具有非常广泛的涵括性,能够尽最大可能包容社会中各种价值;不过,作为近代价值熏染下的宪政性宪法,这两份前言又还没有抽象到至于漫无边际,它们以"正义"、"人道尊严"等等合乎正道的词汇,为宪法、从而也为国家机构及人民划定了一个最为根本的界限,也即确立了政体维护正义和人道的内在精神。

欧洲宪法的结构则相当奇怪。开首是一个《制定一部欧洲宪法之条约》序言,接下来是第一编,该编实际上相当于整部宪法的一个提要。从内容上看,相当于其他国家宪法的前言部分应包括《制定一部欧洲宪法之条约》序言和第一编第一目《联盟的定义和目标》。因而,其长度极为可观。

宪法序言之各内容的叙述也过于繁琐,比如,关于欧盟之建立,即被描述为:"为反映欧洲公民和欧洲国家建设一个共同的未来之意愿,本宪法建立欧洲联盟,联盟之成员国将授予其以实现他们共同追求之目标的权能。联盟应协调成员国旨在实现这些目标的政策,应以共同体的方式(in the Community way)行使授予它的权能。"这里实际上指出了欧盟的性质,即它仅是一个协调性的机构,其权力不是来自人民之授权,而来自联盟成员国,因而欧洲联盟不是一个民族国家。

接下来是联盟的基本价值,同样是过于繁琐:"联盟的基础是:尊重人的尊严,自由,民主,平等,法治,及尊重人权。在一个多元、宽容、正义、团结和没有歧视(non-discrimination)的社会中,这些价值是成员国共有的。"制宪者们希望将所有美好的价值都写进宪法,却没有注意到,如果关于这种价值的描述过于具体,从而被人理解为列举式的,那么,假如遗漏了某一点,则将暴露宪法价值之缺失。相反,如果对于基本价值的描述非常抽象,比如美国宪法之"正义",反而能使宪法始终是整全的,因为,它是一切人、一切时代所能认同的价值,人们可以根据情势的变动而对其可以进行解释、深化、细化。

当然,中国《宪法》的序言是最长的,达到近1800字。它叙述了现政体赖以建立的革命的历史(第1—5段),新政体下所取得的历史成就(第6段),取得这些成就的理论指导方针(第7段),对于阶级状况的分析(第8段),作为内战延续的台湾问题的表述(第9段),统一战线策略(第10段),处理民族问题的原则(第11段),中国与世界(第12段),最后一段是对《宪法》自身重要性的强调。

这一序言具有极其明显的意识形态色彩,也具有强烈的功利考量,显示了建立和巩固一种基于意识形态的政体的雄心。不过,由于这些条款过于详尽具体,且与制宪时的政治现实关系过于密切,因而,注定了必然随着政治现实的变化而需要不断修正。自1982年《宪法》颁布以来,这些条款已经过两次修正。原因就在于,其所宣示的价值、目标过于具体,《宪法》中包含了过多的特殊性内容。而频繁的修正反倒使序言本身丧失了其庄严性,而失去了其道德宣示的功能。

这样将某些过于具体的内容写入宪法,实际上在民国时期即已存在。民国三十六年(1947年)十二月二十五日施行之《中华民国宪法》前言即规定:"中华民国国民大会受全体国民之付托,依据孙中山先生创立中华民国之遗教,为巩固国权,保障民权,奠定社会安宁,增进人民福利,制定本宪法,颁行全国,永矢咸遵。"当然,它的内容尚属简洁。

欧洲《宪法》尽管没有明确标明,但似乎存在一个可以被称为"总纲"的部分,它进一步对宪法前言中所宣示的价值、原则进行阐述。第I-3条阐述了联盟的目标,第I-4条则规定,确保人员、货物、服务和资本的自由流动,及创办企业(establishment)的自由,禁止任何基于国籍(nationality)的歧视。第I-5条规定了联盟与成员国的关系。接下来,第二目为联盟的基本权利和公民资格,第三目规范了联盟的权能,提出了联盟处理其权能的基本原则:授予原则,辅助性原则,比例适度原则;又对联盟的权能进行了分类。

欧洲《宪法》的总纲仍然存在着其序言中存在的问题,所用的概念过于具体。比如,在第一篇第3条有关联盟的目标的第3段写道:"联盟应致力于在平衡的经济增长、社会市场经济、较高竞争性的基础上实现欧洲之可持续发展,追求充分就业和社会进步,并使环境得到高水平的保护,环境质量得到提高。"在这一句话中,就包括了至少五个不具有法律的确定性的含糊的用词:"平衡的经济增长"、"社会市场经济"、"可持续发展"、"充分就业"、"社会进步"。何谓"充分就业",政府应当追求充分就业吗?似乎经济学家远没有达成一致。"社会市场经济"、"可持续发展"是什么东东?至于"社会进步",不同的国家、各个国家内部的不同党派,似乎也有完全不同的理解,并持有完全不同的态度。

欧洲《宪法》的总纲具有强烈的法国色彩——这并不奇怪,法国前总统德斯坦就是欧洲制宪会议主席。法国第五共和国宪法的第一章中类似于总纲的有三条,其中第二条规定了法国的政体:"法国是一个统一、世俗、民主和社会的共和国",对"所有公民保证在法律面前的国籍、种族或宗教之平等"。共和国的座右铭是"自由、平等、博爱",其原则是"民有、民治、民享"。第三条规定"国家主权属于人民",选举应该"永远普遍、平等和秘密"。第四条则规定政党组建自由。

令人惊讶的是,美国《宪法》竟然没有这样一个总纲。它没有刻意地说明美国是一个民主和世俗的政体。在美国制宪者看来,世俗是不言而喻的,那么,就没有必要写入宪法。事实上,法国也似乎从来不存在建立神权政治的可能,写入宪法又有何用?至于民主,当宪法说法国是个民主政体的时候,实际上极容易陷入语义分歧。所谓民主是指立宪民主,还是指希腊式的民主?

中国几部主要的《宪法》都有总纲。1947年施行的《中华民国宪法》第一条是国体条款:中华民国基于三民主义,为民有、民治、民享之民主共和国。第二条规定:中华民国之主权属于国民全体。第三条是国籍条款,第四条为领土条款,第五条为民族之平等条款,第六条为国旗条款。

中国现行《宪法》的总纲则再次成为最复杂的,总共有32条,在关于政体、国家主权、民主集中制原则、民族平等、法治原则的诸条款之后,从第六条到第十八条,全部是关于生产资料所有制、企业所有制、财产权、经济制度的规定。

这一总纲的写作传统明显地继承自苏联宪法。从序言中就可以清楚地看出这一点,苏联 1936 年《宪法》也有一个非常长的序言,英文译文共有 800 多个单词。中国《宪法》的行文结构与其极为类似。

总纲部分的结构也完全类似,而苏联 1936 年《宪法》的这一部分的标题直接就叫做《社会结构和政策的原则》。里面的大部分内容,也是规定"生产关系",也即与经济、所有制等问题有关的结构与政策的宪法原则。

所有这些规定具有强烈的政策含义,随着时间的推移,随着政治环境的变化,这些条款不得不经常进行修改。而在修改之前,这些条款被非常庄严地违犯。[①]事实上,我们发现,1982 年宪法的历次修正,无不涉及这一部分。

在这方面,欧洲《宪法》与中国倒比较类似。欧洲《宪法》在其联盟的目标一节中也规定了联盟的经济政策,"联盟应致力于在平衡的经济增长、社会市场经济、较高竞争性的基础上实现欧洲之可持续发展,追求充分就业和社会进步,并使环境得到高水平的保护,环境质量得到提高。"

欧洲和中国宪法也规定了其他领域的政策,比如,中国《宪法》"第二十条 国家发展自然科学和社会科学事业,普及科学和技术知识,奖励科学研究成果和技术发明创造。"在欧洲《宪法草案》中,我们也可以看到同样的条款,不过更为详尽一些。见第三部分第 9 节《研究、技术开发与空间》。

《宪法》总纲中也写入了一些注定了无法执行的条款,比如,中国《宪法》第二十四条"国家通过普及理想教育、道德教育、文化教育、纪律和法制教育,通过在城乡不同范围的群众中制定和执行各种守则、公约,

---

① 关于经济制度内容在中国宪法中的地位及其在近 20 年中的变化情况,参刊刘军宁的文章《论经济制度在宪法中的地位》(http://www.xianzheng6.com/cgi-bin/lb5000/topic.cgi?forum=2&topic=1554&show=0)。刘军宁指出,"从宪法自身的定位看,中立的宪法才有生命力。宪法中立的必要性,在于宪法及其相应的国家机器应是保护所有人的工具,而非少数人的工具。宪法对所有公民和党派应一视同仁。宪法要持久,它除了有价值立场之外,在具体的制度选择尤其经济制度上,它应是中性的。"

加强社会主义精神文明的建设。国家提倡爱祖国、爱人民、爱劳动、爱科学、爱社会主义的公德,在人民中进行爱国主义、集体主义和国际主义、共产主义的教育,进行辩证唯物主义和历史唯物主义的教育,反对资本主义的、封建主义的和其他的腐朽思想。"与此类似,欧洲《宪法草案》第一部分第三条则规定:"它[联盟]应推进经济、社会和地区凝聚力,推进成员国间的团结。联盟应尊重其丰富的文化和语言的多样性,应确保欧洲的文化遗产得到切实保护和发展。"中国《宪法》第二十七条:"一切国家机关实行精简的原则,实行工作责任制,实行工作人员的培训和考核制度,不断提高工作质量和工作效率,反对官僚主义。一切国家机关和国家工作人员必须依靠人民的支持,经常保持同人民的密切联系,倾听人民的意见和建议,接受人民的监督,努力为人民服务。"这一条与欧洲《宪法草案》中人民"拥有获得良好管理之权利"异曲同工。

权利目录:越长越好吗?

权利条款是现代宪政性宪法的主要内容。归根到底,宪政的目标乃在于透过限制政府的权力,达到保障公民的自由和权利的目的。因此,在当代各国宪法中,都有大量条文直接涉及公民的权利。然而,宪法在形式上应如何处理公民权利,对于宪政是否能够有效保护公民权利,似乎具有相当意义。

我们先来对比美国《权利法案》与欧洲《宪法草案》中关于权利的条款,下面是欧洲《宪法》中的权利宪章所列举的权利:

第一章:尊严
第 II-1 条:人的尊严 人的尊严是不可侵犯的。它必须得到尊重和保护。
第 II-2 条:生命权
1. 人人都有生命权。
2. 任何人不得被判处死刑或被执行死刑。
第 II-3 条:人格的完整性的权利(Right to the integrity of the person)……

第II-4条：禁止酷刑和不人道的或侮辱人格性的待遇或刑罚……

第II-5条：禁止奴隶和强迫劳动

TITLE II：自由

第II-6条：自由与安全的权利 每个人都拥有人身的自由和安全的权利。

第II-7：尊重私人与家庭的生活 每个人都拥有他或她的私人和家庭生活、住宅和通信获得尊重的权利。

第II-8条：个人数据的保护……

第II-9条：结婚权与组建家庭的权利 结婚权与组建家庭的权利应由统辖这些权利之行使的国内法律予以保障。

第II-10条：思想、良心与宗教的自由……

第II-11条：表达与信息的自由

第II-12条：集会与结社的自由

第II-13条：艺术与科学的自由 艺术与科学研究应免于强制。学术自由应得到尊重。

第II-14条：获得教育的权利……

第II-15条：选择职业的自由与参加工作的权利

第II-16条：经营企业的自由

第II-17条：财产权……

第II-18条：庇护权

第II-19条：在遭到开除、驱逐、引渡时的保护

TITLE III：平等

第II-20条：法律面前的平等 法律面前人人平等。

第II-21条：无歧视(Non-discrimination)

第II-22条：文化、宗教与语言的多样性

第II-23条：男女平等……

第II-24条：孩子的权利……

第II-25条：老年人的权利 联盟承认及尊重老年人过一种有尊严的、独立的生活及参与社会、文化生活的权利。

第II-26条：残疾人的平等待遇 联盟承认和尊重残疾人从旨在

确保他们的独立的措施中受益、获得社会和职业平等待遇及参与社会生活的权利。

TITLE IV：团结

第II-27条：工人在企业内获取信息及参与协商的权利……

第II-28条：集体谈判和行动的权利……

第II-29条：获得就业安置服务（placement services）的权利……

第II-30条：在被不公正开除时获得保障……

第II-31条：公平与应有的工作条件

第II-32条：禁止童工和保护从事工作的年轻人……

第II-33条：家庭与职业生活

第II-34条：社会安全与社会援助

第II-35条：健康照顾

第II-36条：获得普遍经济利益服务（services of general economic interest）

第II-37条：环境保护……

第II-38条：消费者保护

TITLE V：公民的诸权利

第II-39条：在欧洲议会选举中投票及充当候选人之权利

第II-40条：在地方选举中投票及充当候选人之权利

第II-41条：获得良好行政管理的权利

1. 每个人都获得使他或她的事务得到联盟各机构、实体及独立机构在合理的时间内、公正地、公平地予以处理的权利。

2. 这种权利包括：

(a) 每个人都拥有在将采取可能对他或她产生负面影响的措施之前倾听其意见的权利；

(b) 每个人都拥有在尊重诚信及保守专业与商业机密之合法利益的情况下，接触他或她的档案的权利；

(c) 行政机构有对其决定给出理由的义务。

3. 每个人都拥有按照各成员国法律共通的普遍原则，要求联盟对其机构或其公务员在履行其职责时所造成之损害进行赔偿的权利。

4. 每个人都可以以本宪法之任一种语言向联盟各机构写信,并要求获得以同种语言书写之回复。

第 II-42 条:接触文件的权利……

第 II-43 条:欧洲巡视官……(即举报权)

第 II-44:请愿(petition)权

第 II-45 条:迁徙与定居的自由

第 II-46 条:外交与领事保护……

TITLE VI:司法

第 II-47 条:获得有效救济与公平审判的权利……

第 II-48 条:无罪假定与辩护权……

第 II-49 条:刑事犯罪与刑罚之合法性与适度原则……

第 II-50 条:不因同一刑事犯罪在刑事诉讼中两次被审判或惩罚……

在这里,总共规定了 50 多种自由或权利。这些权利可以划分为作为联盟公民的政治权利、经济性权利(如在他国开办企业的权利),作为成员国公民的政治性权利、社会文化权利、经济性权利等等。

我们再来观察美国的《权利法案》。

在一些美洲殖民地,早就有了将个人之基本权利写入宪法文本的传统。但麦迪逊、汉密尔顿等联邦党人所主导之美国费城制宪会议注重设计优良的政府,而没有仔细地讨论权利法案,遭到乔治·梅森等一批反联邦党人的强烈反弹。杰佛逊也强烈要求将权利法案写入宪法。因而,第一届国会集会后不久,詹姆斯·麦迪逊提出一项包含十二条的权利法案,并获得国会批准,但只有十条为各州所批准,并于一七九一年十二月十五日正式生效,成为最初十条宪法修正案,而终究没有进入宪法正文,这是联邦党人与反联邦党人之间达成的一个妥协[①]。

第一条修正案 国会不得制定有关下列事项的法律:确立一种宗教或禁止信教自由;剥夺言论自由或出版自由;或剥夺人民和平

---

① 关于这一过程,参见王希著:《原则与妥协:美国宪法的精神与实践》,北京大学出版社 2000 年版,第 131—134 页。

集会及向政府要求伸冤的权利。

第二条修正案　纪律良好的民兵队伍,对于一个自由国家的安全实属必要;故人民持有和携带武器的权利,不得予以侵犯。

第三条修正案　任何兵士,在和平时期,未得屋主的许可,不得居住民房;在战争时期,除非照法律规定行事,亦一概不得自行占住。

第四条修正案　人人具有保障人身、住所、文件及财物的安全,不受无理之搜索和拘捕的权利;此项权利,不得侵犯;除非有可成立的理由,加上宣誓或誓愿保证,并具体指明必须搜索的地点,必须拘捕的人,或必须扣押的物品,否则一概不得颁发搜捕状。

第五条修正案　非经大陪审团提起公诉,人民不应受判处死罪或会因重罪而被剥夺部分公权之审判;惟于战争或社会动乱时期中,正在服役的陆海军或民兵中发生的案件,不在此例;人民不得为同一罪行而两次被置于危及生命或肢体之处境;不得被强迫在任何刑事案件中自证其罪,不得不经过适当法律程序而被剥夺生命、自由或财产;人民私有产业,如无合理赔偿,不得被征为公用。

第六条修正案　在所有刑事案中,被告人应有权提出下列要求:要求由罪案发生地之州及区的公正的陪审团予以迅速及公开之审判,并由法律确定其应属何区;要求获悉被控的罪名和理由;要求与原告的证人对质;要求以强制手段促使对被告有利的证人出庭作证;并要求由律师协助辩护。

第七条修正案　在引用习惯法的诉讼中,其争执所涉及者价值超过二十元,则当事人有权要求陪审团审判;任何并经陪审团审判之事实,除依照习惯法之规定外,不得在合众国任何法院中重审。

第八条修正案　不得要求过重的保释金,不得课以过高的罚款,不得施予残酷的、逾常的刑罚。

第九条修正案　宪法中列举的某些权利,不得被解释为否认或轻视人民所拥有的其他权利。

第十条修正案　举凡宪法未授予合众国政府行使,而又不禁止各州行使的各种权力,均保留给各州政府或人民行使之。

否定性权利与肯定性权利

将美国《宪法》前十条修正案称为《权利法案》，特别容易引起当代人的误解，尤其是如果将其与欧洲权利宪章做一对比，则立刻会发现，两者所规定的是两类大不相同的权利。①

以赛亚·伯林在其讨论自由的经典论文《两种自由概念》② 中，区别了两种不同性质的自由，积极自由与消极自由，或者"肯定性自由"与"否定性自由"。美国权利法案准确的说法也许应当是"否定性权利法案"，即保障人民消极自由的法案，它的句式是"政府某个部门不得……"，也即伯林所说的"免于……"的自由。"权利法案对权利的列举不是采用肯定语式，而采用否定语式，即不准联邦政府侵犯或剥夺人民这样或那样的权利，而不是说人民拥有这样或那样的权利"③。权利法案中几乎所有的条款，都是对政府权力施加的限制，规定联邦政府不能做的事项。而在一般情形下，这项法案也被解释为适用于州政府。另一方面，我们也看到，这些法案对于不同的政府权力，比如行政权（包括军事权）、立法权、司法权，都施加了限制。也就是说，这些修正案周全地设想到了对于一切权力的限制。比如，第一宪法修正案规定："国会不得制定有关下列事项的法律……"。

与此相反，欧洲的《权利宪章》更多地是规定了"肯定性自由"，是一部"积极自由法案"，他的句式是"人民拥有……的权利"（a right to …）。它所涉及的是人民应当得到什么样的有价值的东西，人民有资格要求他人、社会——其实在很大程度上就是政府——为他做什么的事项。举例来说，第 II-14 条"获得教育的权利"，第 1 段："每个人都拥有获得教育的权利，拥有接受职业和继续培训的权利。"第 II-34 条"社会安全与社会援助"："1. 联盟承认、尊重遵照联盟法律和国内法律、惯例所规定的规则，在诸如怀孕生育、疾病、工伤事故有家属需要抚养或

---

① 可参见 William Niskanen, Comparing the U.S. and EU Constitutions。
② 收入以赛亚·伯林著，胡传胜译：《自由论》，译林出版社 2003 年版。
③ 《原则与妥协：美国宪法的精神与实践》，第 134 页。

老年时期,及在失去工作职位的时候,享受社会保险收益及提供保障的社会服务的权利。2. 每个居住及在欧洲联盟内部合法迁徙的人,都有遵照联盟法律和国内法律与惯例、享受社会保险收益和社会(social advantages)的权利。3. 为消灭社会排斥(social exclusion)和贫穷,联盟承认、尊重为确保所有缺乏足够生活来源的人体面地生存而获得社会与住房援助的权利。"第 II-35 条"健康照顾":每个人都拥有获得预防性健康照顾的权利,在国内法律和惯例所确定的条件下享受医务治疗的权利。在制订和实施所有的联盟政策和活动时应对人身健康给予高水平的保护。"等等。

在这里,获得义务教育的权利所针对的是政府,政府应当为人民提供义务教育,而接受职业和继续培训的权利则针对的是政府和雇主;"享受社会保险收益及提供保障的社会服务的权利",所针对的似乎也是政府,政府应当向人民提供这种服务。

有些权利更为有趣,比如,欧洲《宪法草案》第 II-31 条"公平与应有的工作条件"第二款为:"每位劳工都拥有限制最长工作时间、保证每日和每周休息时间、及年度带薪休假的权利"。这极其类似于中国《宪法》中的第四十三条:"中华人民共和国劳动者有休息的权利。国家发展劳动者休息和休养的设施,规定职工的工作时间和休假制度。"而中国的这一条很有可能继受自 1936 年苏联宪法第四十一条"休息权"。

大体上,我们可以说,政治的、人身的权利属于否定性权利,而经济与社会权利,则属于肯定性权利。美国最初的《宪法》和《宪法修正案》所强调的显然是否定性的、对于个人自由来说最为根本性的权利。在欧洲的权利宪章中,显然强调的是社会与经济的权利。尤其是在第二目"平等"和第三目"团结"的标题下,包含了大量肯定性权利。这些权利是随着现代福利国家的兴建而逐渐形成的,在很大程度上,乃是国家提供给公民的一种福利,而非一种自由。

正因为这种权利是公民向国家索取某种福利、利益的一种资格,因而,非常有趣的是,一个内容极端丰富的权利宪章却以对于权利的限制而结束。《欧洲权利宪章》的最后一条即第 II-54 条系权利滥用之禁止条款,它明确规定:"本宪章之任何规定不得被解释为承认一种权利,可从事旨在对本宪章所承认之权利和自由进行破坏,或旨在对其施加超出所规定之程度的限制的活动或实施具有此种目的行为。"事实上,在欧洲福利国家体制下,确实有很多人在"滥用权利",比如借就业保障制度而逃避工作,通过家庭保障制度获得福利资助,借助教育保障制度长期在校而拒绝毕业,等等。

而对于否定性权利或否定性自由来说,是不存在滥用问题的。因为,这种权利乃是对于政府的一种消极要求,限制其做某些可能侵入公民之私域的范围。

在《欧洲权利宪章》中,还有一些权利纯粹属于一种空洞的道德宣示,而没有任何实质性含义,比如"获得良好行政管理的权利"。

权利是宪法赋予的吗?

我们注意到,在美国《权利法案》中,有至关重要的一条,即第九修正案:"宪法中列举的某些权利,不得被解释为否认或轻视人民所拥有的其他权利。"它假定:制宪者的理性是有限的,因而,不可能穷尽理应予以保护的现有的一切权利,更不可能预测未来可能出现之权利,在这里,权利被理解为一种不断生长的事物,事实上,在英美普通法传统中,权利确实正是通过司法活动而被发现、确认和保护的。

这里反映的是一种自发生长的权利观。"权利法案所列举的基本权利实际上来源于英国普通法和殖民地时期权利的积累"[①]。美国制宪者假定:这些权利是人民在历史上所拥有的,且由普通法所保护的,因而,乃是一种先于宪法即存在的权利,不管有没有宪法,美国人民都拥有这些权利。这些权利不是联邦宪法所创设的,当然也不是此前各州宪法所创设的。相反,它们不仅在逻辑上、而且在历史中,先于宪法。宪法是不能改变它,更不能限制它。对于这些权利,宪法所能做的,仅仅是限制政府的权力,使之在服务于人民的福利的同时,不至于侵害人民所固有的、并得到传统与普通法保护的权利。

正因为如此,美国《权利法案》更侧重于从司法程序上保障人民的权利。第四至第八条修正案,均是有关司法程序的条款,旨在透过对于司

---

① 王希著:《原则与妥协:美国宪法的精神与实践》,第133—134页。

法程序的限制性规定,一方面,使司法机构不至于侵害人民的自由、权利;另一方面,也确保人民获得法院公正的审理,从而能够在法院主张其正当权利,并发现新的权利。

相反,在欧洲大陆唯理主义的传统中,学者们对于个人权利的论证理路,完全不同于英美普通法的论证理路。个人的权利,是经由理性按照自然法逻辑地推演出来,并由宪法所宣告而确立的。如戴雪在评论英国《大宪章》第三十九条与比利时宪法中有关人身保护的条款时所说:"前者只用以记录早经存在于国中之一类权利;后者却用以赋予这类权利于人民。而且依上文所指示,'保证'一名词至可玩味:他实能暗示一个观念。这个观念是:人身自由是一种特别利益,比利时政府特以超越寻常法律的宪法替比利时人民担保。"①

在欧洲《宪法草案》中,我们也看到了一个具有相同涵义的句子,即《联盟的基本权利宪章》之前言的最后一句话:"联盟承认下列各项权利、自由和原则",下面才是人与公民权利目录。这一句子的潜台词是:公民之权利和自由,需得到宪法之承认,需被写入宪法,才能得到联盟的保护。因此,权利和自由是由宪法规定的,而不能有其他来源。

因为相信这种权利观,所以,制宪者唯恐遗漏哪一个人群的权利。于是,宪法不遗余力地对于各色人等都规定了一种个别的权利,比如妇女的权利,孩子的权利,残疾人的权利,工人与雇员的权利,老年人的权利,奇怪的是,却没有规定男人的权利,父母的权利,正常人的权利,雇主的权利,中年人的权利。为什么,这里的标准其实完全是任意的,完全取决于制宪者当时的政治需要。

同样,基于权利来自宪法授予的观念所制定之宪法必然承认,制宪者、甚至普通法律的立法者有权力对于这些权利和自由进行取舍、限制,在权利宪章的最后一条,"诸权利与原则的范围与解释"中便详尽规定了谁可以对前面详尽罗列的权利进行限制,第一款在原则上承认了限制之权:"对于本宪章所承认之权利和自由之行使施加的任何限制,必须由法律予以规定,并应尊重这些权利或自由之根本。根据比例适度原则,只有在限制是必要的、并确实能够满足联盟所认识到的普遍利益之

---

① 戴雪著,雷宾南译:《英宪精义》,中国法制出版社2001年版,第259页。

目标或保护其他人的权利和自由的需要之时,才可施加限制。"第二款则说,"本宪章所承认的诸权利,如在本宪法的其他部分中作出了规定,则应在这些相关部分所明确规定的条件下和范围内行使。"也就是说,宪法本身可以对权利进行限定。第三款说,"如本宪章包含着与《人权与基本自由保护公约》所保障之权利相同的权利,则该权利的含义和范围应与上述公约所规定的等同。本规定不应妨碍联盟法律提供更为广泛的保护。"第四款说,"如本宪章承认的基本权利源于成员国共同的宪政传统,则该权利应予以与这些传统相一致之解释。"这两款的意思都是:权利的范围,是由公约或法律所确定的,而保护之范围和程度,也同样是由法律规定的。

最后一条的意思比较含混:"本宪章之包含着各项原则的规定,可由联盟各机构和实体所采取之立法或行政活动——当成员国在实施联盟法律时由成员国的活动——在行使其各自的权力时,予以实施。只有在对这些活动进行解释、在对其合法性进行裁定时,这些规定才属于司法管理范围内。"这里的意思似乎是说,落实上述权利的主体,是联盟和民族国家的行政性机构,而司法机构只有在行政机构之执行活动引发纠纷的时候,才能对行政机构的执行活动进行解释和判断。也就是说,司法机构只能对行政机构的行动是否合法进行裁决,但不能创设权利本身,权利仍然只能由宪法和制定法予以建立。

关于财产权的规定

我们再来讨论一下宪法中有关财产权的规定,欧洲宪法草案和美国宪法对此规定有微妙的区别。这种区别显示了两个世纪以来财产权观念的变化,其总的倾向是不再认为私有财产是一种重要自由权利,这一点早就显示出来,有学者在上个世纪初写道:"财产权向亦被视为个人自由中的一种,但晚近人士对于财产的观念,已与18世纪美法大革命时代人士的观念大为不同。18世纪时代的人士大率认财产为财产所有者的一种人权,为一种自由;今之解释财产者,则认财产为财产所有者的一种社会职务(social function)。我们倾向于今人的观念;因此,财产权亦不能与各种个人自由权相提并论。"①

美国制宪者把财产权视为一种根本性的自由，宪法第三修正案规则："任何兵士，在和平时期，未得屋主的许可，不得居住民房；在战争时期，除非照法律规定行事，亦一概不得自行占住。"第五修正案最后一句话"未经适当法律程序，不得剥夺任何人的生命、自由或财产；人民私有产业，如无合理赔偿，不得被征为公用。"这里延续的是古典自由主义的言说。

到了20世纪中期，同样是由美国人主导的《日本国宪法》，已经认同了上揭新的财产权观念，其宪法第二十九条规定："不得侵犯财产权。财产权的内容应适合于公共福利，由法律规定之。私有财产在正当的补偿下得收归公用。"在这里，对于财产权施加了一项义务，即适合于公共福利，且是否适合，由国家制定之法律规定，则私人财产权因而也就处于一种不利地位。

这种理论本来就是在欧洲发展起来，法国宪法学家狄骥本来就是倡导财产为社会职务说最力之人②，而早在1919年的《德国宪法》就已明确规定，"财产负有义务"。因而，毫不奇怪。《欧洲宪法》中，财产权条款在权利宪章中处于较不重要的位置，且对于财产权加以限定：第II-17条"财产权"第1段规定："每个人都拥有占有、使用、处置和遗赠他或她的合法获得的财物的权利。任何人不可剥夺他或她的财物，除非为了公共利益及在法律规定的情况和条件下，并应对于他们的损失及时给予补偿。财产的使用可基于普遍利益之需要而由法律调节。"

在这里，首先，个人所能支配之财产，须是"合法的"，至于何为合法，并未明言，因而留下相当大的解释余地。其次，美国和日本宪法也谈到了征用，但相当简洁，突出的是国家补偿的必要性，而欧洲宪法中则列举了征用之理由"为了公共利益及在法律规定的情况和条件下"，则似乎除了为了公共利益之外，政府也可以为了其他目的而征用私人财产，只需由法律予以规定即可，此中隐藏着政府通过合法程序而不正当地征用私人财产的可能性。第三，《欧洲宪法》发展了财产义务理论，把

---

① 王世杰、钱端升著：《比较宪法》，第137页。
② 同上书，第139页，注1。

财产的使用置于一个笼统的"法律调节"概念之下。

总之,《欧洲宪法》中的财产权条款行文繁复,但却充满歧义,且为政府之任意立法留下了太多自由空间。这充分地显示了欧洲制宪者对于私人财产权的不信任、甚至防范心态,也是与其宪法中所谓的"社会市场经济"原则及对经济活动的大量管制措施相适应的。

救济是最重要的

仅仅在权利法案中罗列各种各样的自由权利,而不考虑其救济方式,尤其是司法救济,则这样的权利法案就不过是摆设而已,并无益于增进和保障人民的自由与权利。即以现代权利法案之滥觞——法国1789年的《人与公民权宣言》为例,在其颁布后的一个多世纪中,"《人与公民权宣言》一直仅被认为表达了法国的政治与社会理念——而非可被法院实施的文件,因而它所宣布的权利仅停留于字面条文。"[1] 戴雪也说,尽管法国人权宣言规定至为周详,然而,法国之人权保护却乏善可陈,原因即在于,"法兰西国民实未设计权利受损害后之救济方法故。"

因此,宪法的权利法案,其实应当着重于设计如何令这些权利能得到救济的渠道。这正是美国之权利法案的优良之处。美国的权利法案十条中,有五条直接对司法程序作出规定(或限制)。因而,美国的权利法案所反映的是一种普通法的权利观。诚如戴雪所说,"英宪的通常原理(譬如即以人身自由的权利或公众集会的权利为例)的成立缘由起于司法判决,而司法判决又起于民间诉讼因牵涉私人权利而发生"[2],因而,"权利本身与强行权利的方法在英宪中常有不可分离的相互联属"[3]。生活于此一普通法传统中的英国人在确定其权利的时候,"他们注意于救济侵权行为的损害,胜似宣示人的权利或英吉利人们的权利"[4]。我们可以说,在英国普通法制度下,正是通过对权利遭受侵害之司法救济,才形成了权利本身,在逻辑上,权利的救济是先于权利的。

---

[1] 张千帆著:《西方宪政体系》下册,欧洲宪法,中国政法大学出版社2001年版,第1页。
[2] 《英宪精义》,第239页。
[3] 同上书,第242页。
[4] 同上。

柏克所说的"英国人的权利"之此种鲜明特性,充分地表现在英国历史上的权利性宪章文件,如英国17世纪之《权利请愿意书》和《权利法案》中,这两份权利文件,"与其称之为对于人权的宣言,毋宁称之为对于君主特权或积威的否认。而且否认之余,两种著名公文均用一种司法判决的发放判决君权的滥用均作无效。是以在几及全数的条文中无一不要把假借特权以肆虐的行政加以否决"①。

与英国不同,美国制定了成文宪法,且是在18世纪末的背景下制定《权利法案》,因而,其形式上类似于欧洲大陆各宪法之权利宪章。但戴雪却明确指出,"但美国政治家却具有超越平凡的政治技能以筹谋所以救济侵权行为之善法。"② 但我们前面的分析已经表明,美国的《权利法案》在内容上大不同于欧洲大陆的各种权利文件,它突出了司法救济的重要性,相反,"大陆宪法的用意只在于以此项宣言希图作一种对于人权的普遍保证"③。

如果说,"英国人的权利"之发展史证明了,只有具有优良的政体框架和司法制度,则即使没有权利法案,人民的自由和权利也依然能够得到保障,普通法制度在生成权利的同时,能够自发地生成救济;那么,美国的成文宪法和权利法案则证明了,权利法案要真正发挥作用,必须充分地考虑到权利救济的方式。

不应写入义务条款

在宪法中写入公民的义务,似乎已经成为当代各国宪法的一种趋势,比如,《日本国宪法》第三章的标题即为"国民的权利与义务",其中第十二条规定:"受本宪法保障的国民的自由与权利,国民必须以不断的努力保持之。又,国民不得滥用此种自由与权利,而应经常负起用以增进公共福利的责任。"

上述条款对公民施加了两种义务:第一种义务即国民须以自己的努

---

① 戴雪著:《英宪精义》,第243页,脚注1。
② 同上书,第243页。
③ 同上。

力,来维护自己的自由与权利。这一义务是可以接受的,一些自由主义经典作家也承认这一点。这种义务,其实是公民基于自由的自觉而主动承担的一种道义和政治责任,这对于维护一个自由宪政制度的正常运转是至关重要的。究其实质,这种义务其实是试图培育一种公民精神,旨在鼓励公民透过个人的努力,比如,通过宪法诉讼,通过舆论批评,通过投票,来限制政府滥用权力,保障自己的权利。

但第二种义务却是扭曲的。这种义务跟欧洲宪法权利宪章的最后一条类似,即公民不得滥用权利。以保障权利为本的宪法,却写入这样的条款,令人略感费解。不过,仔细地考察一下那些写入这种义务的各国宪法,即会发现,这其实是合乎该种宪法之内在逻辑的。因为,这些宪法通常都写入了大量肯定性权利,如《欧洲宪法草案》那样。否定性权利相当于一种免费的公共品,必须我之拥有人身自由,并不妨碍他人同样拥有人身自由。我获得法庭公开且及时之审理的权利,也不会影响他人行使同样的权利。然而,肯定性权利却通常是需要他人、社会、政府支付成本的,因而,一个人行使此类权利,则可能会影响他人行使同样的权利,或需要他人支付成本。比如,我获得福利的权利,就需要有人来掏腰包。而宪法中的权利话语会使很多人理直气壮地要求国家为自己的福利买单。因此,大量规定了肯定性权利的宪法,必须像欧洲权利宪章那样,在宪法中写入禁止滥用权利的条款,以此对权利主体施加一种义务。这种义务是对国家无法承受的福利责任的一种平衡。

除此之外,当代有些国家的宪法中,还有另一种纯粹的义务,比如劳动的义务。《日本国宪法》第二十七条跟《中国宪法》一样规定:"全体国民都有劳动的权利与义务"。《中国宪法》第四十九条规定:"夫妻双方有实行计划生育的义务"。至于《总纲》,则向所有公民和社会团体,施加了一种不得推卸的根本性政治义务。

后两种义务条款显然有违宪政性宪法的宗旨的。就第二种义务而言,公民之滥用自由,比如滥用言论自由而对他人进行诽谤,本已由普通法予以规范,毋须在宪法中另行规定。至于第三种义务,则是国家对于公民的一种直接要求,这种要求是基于一种错误的理论而提出的,是无法获得正当性证明的。

总之,制宪者需明白宪法与普通法律的区别,宪法的"主要目的不是为了规定个人义务——因为那是普通法律的事情,而正是为了防止法律对公民的自由的过分控制;在这个意义上,宪法是'控制法律的法律'。"① 因此,不管是纯粹的义务,还是不得滥用权利的义务,都不应被直接写入宪法中,因为,归根到底,宪法的功能是限制国家权力,使之不能侵犯公民的自由与权利。

批评性结论

从历史的经验看,一种正确的权利法案制作方式,对于权利之保障,具有至关重要的意义。

欧洲宪法中的《联盟的权利宪章》跟它的其他部分一样,同样过于繁复、具体,而缺乏宪法所应具有的基本美德:简明而抽象。它列举了太多具体的、针对个别人群的特殊权利,它唯恐遗漏一种权利。然而,这种事无巨细的罗列,反而遮蔽了个人自由来说最为重要的权利,把这些权利淹没在一些无足轻重的权利中,恰恰损害了宪法权利保障条款所应发挥的作用:保障公民最基本的自由与权利。

这些最根本的自由,就是那些被历史证明对于个人之生命、财产最为重要的政治和司法权利。然而,《欧洲宪法》却把主要的篇幅用于描述福利性的经济社会权利。这种倾向非常典型地体现了当代西方自由主义理论的误区。哈耶克在《法律、立法与自由》第二卷《第九章补遗:正义与个人权利》中对于这种权利观念、及体现这种权利观念的《世界人权宣言》,给予了严厉而深刻的批评,这一批评完全适用于欧洲宪法的权利宪章。

哈耶克提出的批评的要旨是:第一,这些权利是不完整的,因为,它们没有说明,谁来满足权利人之诉求:"这些权利所要求的乃是每个人本身被假设为有资格享受的那些特定利益,而至于谁应当有义务提供那些特定利益或者应当根据何种程序来提供那些利益的问题,它们却没有

---

① 张千帆著:《宪法学导论》,法律出版社2004年版,第25页。

给出任何提示。"①

第二,这些权利是无法通过合乎法治的手段行使的,尤其是,这些权利无法在法院得到执行和保障:《世界人权宣言》"完全没有以一种使法院有可能在特定场合中确定这些权利的含义的方式对这些权利作出界定。"②

第三,因此,这些权利便被解释为向作为整体的社会提出的要求,而"如果要满足这样的要求,那么那种被我们称之为社会的自生自发秩序就必须被一个受刻意指导或操纵的组织所取代——这就是说,市场这种内部秩序必须被一种外部秩序(a taxis)所取代,而在这种外部秩序中,组织成员必须去做他们被命令去做的事情,或者说,他们不得运用自己的知识去实现自己的目的,而必须去实施他们的统治者为满足那些有待满足的需求而设计出来的计划。"③"所有这些'权利'都是以那种把社会解释成一种刻意建构的并支配着每个人的组织的观点为基础的。"④

据此哈耶克得出一项乍看令人吃惊、实则极为深刻的结论:"历史悠久的公民权利和新近提出的社会与经济权利不仅不可能同时得到实现,而且二者之间事实上还是不相融合的;如果不摧毁历史悠久的公民权利所旨在实现的那种自由秩序,这些新近提出的社会与经济权利就不可能得到法律的实施。"⑤ "在一个以个人责任观念为基础的正当行为规则制度内,这些权利是不可能得到普遍化的;如果要使这些权利得到普遍化,那么就必须把整个社会转变成一个单一化的组织,也就是说,把整个社会变成一个十足的全权主义社会(totalitarian society)。"⑥

人们当然并不能说欧洲制宪者们意欲在欧洲建设一个极权主义国家,但从古典自由主义的角度看,欧洲宪法权利宪章的形式确实是不可取的。

当然,在宪法中写入权利法案,已经是当代各国立宪的趋势,在理论

---

① 哈耶克著,邓正来译:《法律、立法与自由》第二、三卷,中国大百科全书出版社2000年版,第183页。
② 同上书,第184页。
③ 同上书,第183页。
④ 同上书,第184页。
⑤ 同上书,第183页。
⑥ 同上书,第184页。

上也有一定必要性,诚如20世纪上半叶学者所总结的,写入权利法案可收四种成效:第一,"可使立法者,行政者,及司法者有一行为的准则";第二,"可以为人民权利谋有效的保障",当然,发挥这一作用的前提是法院有宪法之解释权;第三,"可以纠正特殊的弊端";第四,"可有政治的教育作用",也即可以普及自由主义的政治观念。①

但是,并不是权利宪章中所列的权利目录越长,宪法就越完善。在宪法书写权利法案,应当与书写宪法其他部分一样,突出重点,简明扼要,而不应过于具体地罗列一些只针对特定人群的权利。也就是说,宪法只须写入最普遍的自由和权利,为所有人平等地享有的自由和权利。宪法在涉及到权利的时候,应当使用高度抽象的表述方式。也就是说,权利宪章主要罗列个人所应享有之否定性权利。

至于次一级的、肯定性权利,比如各种社会文化性权利、福利性权利,则尽量不写入宪法中。因为这些权利是不断变换,也在不断生长的。对于那些只有某个特定族群(比如妇女、孩子、少数民族、残疾人)的特定的权利,宪法可不作明文规定,而仅规定某个原则,比如法律之下的平等。如果你要写入某一种权利,比如不得歧视艾滋病人,那么,未来当生长出另一种与此同类的权利时,比如,不得歧视SARS病人时,是否就要修改宪法,将此种权利正式写入宪法?而如果不写入宪法,宪法难免会遭到不公之讥。

最后,宪法制宪者在制作权利宪章时,最重要的任务并不是罗列权利目录,而是寻找救济权利的方式。比如,仅仅宣布个人拥有人身自由是不够的,而必须规定相应的防范政府侵犯人身自由的途径,比如人身保护状制度②。

宪法关于政府的规定

除了权利宪章之外,宪法的另一个主体部分是关于政府体制的设计。宪法一词的宪法本来就是 constitution, 即构成的意思。但由于欧洲

---

① 王世杰、钱端升著:《比较宪法》,第66—68页。
② 参见本书所收拙文《人身保护状制度源流略考》。

联盟尚不是一个成熟的国家形态,因而,对于其政府体制,我们只作一非常简单的评论。

对比《欧洲宪法草案》与《美国宪法》,我们会发现一个显著的事实:美国宪法的主体就是政府体制的设计,即如何在政府的各个部门之间分割权力,如何保证各个部门之间的权力制衡发挥作用。不过,这部分的规定也相当简明。它用明确的语言,清晰地勾画出了各个部门的权力,及其可为、不可为的事项。

相反,《欧洲宪法草案》关于政府结构的部分,即第三部分《联盟的政策与职能》,却非常冗长,共达 342 条。但复杂的叙述中包含了大量的政府部门内部日常运作的规章,其实本来应当属于各部门的组织法所规定的。

尽管条文众多,但通过对宪法文本的考察,人们对于各个政府机构的权力范围,依然不甚清楚。条文的安排也是含混的,制宪者似乎以仁慈政府为假设,包含大量的委托立法条款,把大量法律的制定权授予联盟各个机构,从而为联盟各机构留下了广泛的自由裁量权。我们甚至可以说,尽管《欧洲宪法草案》在字面再三强调自由法治民主的价值目标,然而,从宪法文本中的具体规定来看,为联盟、成员国或某些特权组织直接、间接地侵害个人自由留下了很多可乘之机。

这种含混性可能与欧洲联盟本身地位的含糊不清有关。目前的欧洲联盟显然不是一个民族国家,既不是联邦,甚至也不是邦联。虽然宪法草案规定,联盟具有法人资格,但宪法草案却始终没有明确,目前的联盟属于哪种政体,草案第一条只是含糊地说:"为反映欧洲公民和欧洲国家建设一个共同的未来之意愿,本宪法建立欧洲联盟,联盟之成员国将授予其以实现他们共同追求之目标的权能。联盟应协调成员国旨在实现这些目标的政策,应以共同体的方式(in the Community way)行使授予它的权能。"

在这种情况下,联盟各机构的职能都与民族国家中相应机构完全不同。比如,欧洲议会就没有民族国家议会之完整立法权,也没有审议行政机构之政策或作为的权力。联盟也缺乏一个明确的行政分支,虽然欧盟委员会初具雏形,但并不拥有完整的执行权力,其大多数工作其实是协调成员国的政策和行动。

在这个意义上,欧洲宪法其实是在时机尚不成熟的时候出台的早熟儿,现代宪法均是民族国家所制定的,人民对该国家已经形成认同,宪法就是基于人民的这种认同,对该国家之核心制度和政体之基本原则的价值作出安排,而完善的司法与执行体系,将使宪法所确定之制度和价值可得以落实。欧洲还远不是一个国家,事实上,也没有人能知道它能不能最终成为一个国家——比如联邦制国家。因而,对于各种机构的职能、权限,没有人能够给出清晰的界定。在这种情况下,制宪者徘徊失措,宪法含混不清,是很自然的事情。

至于《美国宪法》之机构安排中值得注意的一点是,《美国宪法》并没有规定哪个机构是国家最高权力机构。事实上,这是美国的政体所决定的。美国采用的是混合政体,立法、执行与司法之权力并无高下之分,三个分支间的关系,也不是孟德斯鸠所说的三权分立,而毋宁说是"三个部门共同分享权力……《美国宪法》的体系其实是一种权力的平衡,正如一般所熟知的'监察与制衡'制度"①。这一点尤其明显地表现于参议院与总统的权力多有共享之处,而参议院之权力明显地大于众议院。

宪法应当写入政策吗?

前面我们已经提到,《欧洲宪法草案》在其序言、总纲中均混入了大量政策性内容,甚至权利宪章中也不例外,其第三编《联盟的政策与职能》中更是以政策性内容为主。其中包括与建立和维护欧盟内部市场有关之政策,联盟的经济与货币政策,其他特定领域的政策,这更是一个大杂烩,涉及就业、社会政策、经济、社会与地区的凝聚力、农业和渔业、环境、消费者保护、交通、全欧网络、研究、技术开发与空间、能源等领域,自由、安全和正义的地区,主要涉及司法合作,欧盟对成员国进行协调、补助和支援的政策,欧洲联盟的对外行动政策,其中包括,共同的外交和安全政策、共同贸易政策、同第三国的合作与人道主义援助,联盟内部的强化型合作,如此等等。接下来,在《欧洲联盟的功能》中,又对联盟的各个机构内部的运作程序进行了详尽的规定。

---

① William Burnham 著,林利芝译:《英美法导论》,中国政法大学出版社 2003 年版,第 13 页。

在这其中,有些政策性内容确实具有宪法意义,比如共同外交与安全政策、共同安全与防务政策、内部市场政策,等等。假如没有这些政策,欧洲联盟就不复存在。然而,有一些政策,却完全是短期权宜之计,比如经济与货币政策、就业、社会政策、经济、社会与地区的凝聚力、农业和渔业、环境、消费者保护、交通、全欧网络、研究、技术开发与空间、能源。将其写入宪法中,使宪法失去了其应有的严肃性。

这些占去宪法大部分内容的规定,使《欧洲宪法草案》在近代以来的一切宪法中鸡立鹤群。它太独特了,没有一个国家制定过这样充斥着政策内容的宪法。

从这个角度看,欧洲联盟的宪法草案,其实并不是一份严格意义上的宪法,而毋宁说是联盟的一份政策纲领。这可能也是由欧洲联盟自身所处的尴尬地位所决定的。当联盟未成熟之时,各个机构所要采取的政策便不像民族国家相应机构那样是理所当然的,而必须予以详尽规定。

但由于制宪者的倾向,所有这些政策,具有明显的福利国家特征,也具有明显的管制特征。几乎所有的政策,都旨在授予相关政府机构以某种管制权力,相应地对私人和企业的活动施加某种限制。

制宪的限度:有限理性的宪法观

根据上面的比较,看得出来,在形式上,欧洲宪法草案与美国宪法之间存在着重大差异。在这种形式差异的背后,我们可以看到两种不同的宪法观。哈耶克曾经区分了建构论唯理主义与进化论(或波普所说的"批判的",其实更准确的说法是"有限理性的")理性主义,并据此对法律就等于立法的观点提出严厉批评①。由于这种哲学上的分野,而形成了普通法与大陆法两种不同的法律观。后者认为,人们可以设计社会制度,立法者可以随意地制定周全的法律,而前者认为,法律就是普通法法官在司法过程中所发现之一般且抽象的正当行为规则。这样的哲学观念和法律观念,决定了两种法系截然不同的特征。这些特征当然清晰地反映在宪法中,上文所揭明的欧洲宪法草案与美国宪法的不同之处,

---

① 参见哈耶克著:《法律、立法与自由》第一卷,第一章《理性与进化》。

都可以归之上这两种哲学观念及法律观之对立上。

《欧洲宪法草案》体现了制宪者的一种建构论唯理主义宪法观。这种唯理主义也与法律实证主义有千丝万缕的联系。法律实证主义者将宪法理解为主权者——在民主国家就是人民——意志的简单反映,而通过制宪机构的产生程序,可以确保制宪者反映人民的意志。宪法跟政府的政策没有质的区别,惟一的区别仅在于立法程序上更为严格而已。这种宪法观以为,制宪者已经对未来各种各样的情形具备了准确的知识,因而他们有能力详尽地为各色人等确定一系列详尽的权利目录,也可以确定各种各样的政策性细节。

基于有限理性的宪法观则对于制宪者能否清楚地代表人民的意愿表示怀疑。宪法仅应规定一个有利于发现规则、有利于制定公正的政策的架构和程序,然后,通过这种体制的运作,逐渐地发现权利、发现法律、发现政策。当然,基于经验,我们确实可以确定某些最基本的自由和权利,确定一些比较抽象的政策框架。但是,作为宪法条文,也应当以否定性条款的形式写入,因为,"公正规则本质上有着禁令的性质,或换言之,不公正才是真正的首要概念,公正行为规则的目的就是要阻止不公正的行为"[①]。宪法中的权利不是要具体地规定享有哪些权利,而是要规定政府不得侵犯哪些权利;宪法中的政策内容不是具体地授权政府可以采取哪些政策,而应当从原则上规定政府不应当采取哪些政策。而当对政府权力作出这种限制后,通过司法程序,会自然地确认人民的各种更为具体的权利。

经验证明,一个宪法,如果侧重于对于最基本的权利的列举,或者说对于政府之权力的禁止,侧重于清晰地刻画政府各个部门之间权力分割、分享与制衡的架构和规则,而拒绝编制详尽的肯定性权利目录,拒绝详尽的政策细节,则其生命力会更长。相反,基于理性的自负而制定过于详尽的宪法,则使宪法注定多变而不稳定,这样的宪法必须不断地跟随现实的转移而进行修改。自 1790 年以来,法国已经更换了 20 多部宪法! 在很大程度上,这样的宪法仅仅是一份道德宣言,或者说是临时

[①] 哈耶克:《自由社会的秩序原理》,见载哈耶克著,冯克利译:《经济、科学与政治——哈耶克思想精粹》,江苏人民出版社 2000 年版,第 397 页。

凑合而成的多数派已经实行或期望实行的政策的大杂烩,或者仅仅是一些政客的政治宣言而已。随便聚集起一群人,他们宣称自己获得了权力,就可以对宪法进行大规模修改,而人民也会痛快地投票,因为,所有人都不把这样的宪法当回事。没有人会尊重这样的宪法。一部自身变幻无常的宪法,不可能为法律家所掌握,又如何能得到民众的信仰?正因为法国在频繁地制定宪法,因此,宪法在法国的司法活动和政治社会生活中,远没有美国那样重要。

结　　论

从上面的讨论中,我们可以看出,宪法的制作形式对于宪法本身是否具有切实限制政府权力、保障人民自由的功能,其实具有重大关联。我们可以初步地确认,一部优良的宪法,在形式上,至少应当合乎下列条件。

第一,宪法的序言和总纲应当是简洁的,高度抽象的,而尽量避免涉及可能赋予某些具体的政治决策以权威的内容。

第二,宪法中关于权利的规定应当主要是否定性的,而不应写入过多肯定性权利。宪法中尤其应当写入救济权利的方式。

第三,宪法对于政体结构的规定应当是清晰的,但又不至于详尽到成为政府内部工作流程的地步。

地方自治之宪法安排的比较性研究[①]

地方自治(local self-government)是宪政民主制度的基础性结构,是保障个人自由的重要政治机制,是人民参与公共事务的基本途径。地方自治是一项民主政治原则,它要求地方政府承担其保障人民自由、和平生活之责任。它将解决人民日常问题、并确保人民参与其问题之解决的责任托付于地方政府。

自治在英文中有几个词来表达,其意思有微妙的差异,并且具有丰富的含义。自治/自主(autonomy)的"字面意思是指'自我统治';在通用的政治语言中,亦指实行自我管理的国家,或国家内部享有很大程度的独立和主动性的机构"[②];自我治理(self-government)是指"某个人或集体管理其自身事务,并且单独对其行为和命运负责的一种状态"[③]。在这两个概念中,都既包括私人或私人自愿组成之团体(比如社团、公司、互助组织等等)的自主和自我治理,也包括大大小小的政治共同体的自我治理。这两者之间是有关系的,一般而言,呈现为正相关关系。但本文主要探讨是政治共同体的自我治理,即地方自治。

瑞士历史学家加塞尔曾经精辟地指出:"共享自由的团契感(a sense of community in freedom)只可能在某种国家组织具有明晰而简单的结构的社会中生存下来,在这样的社会中,人们彼此相识,他不仅可以根据自己选择出来的的人和政府官员的党派、也可以根据这些人的能力、更

[①] 本文原题《欧盟立宪中的地方自治及其对中国的启示》,其中有关中国部分的文字由中国人民大学博士生谈志林、秋风合写,但作者对其进行了大幅度改写,并改变了其中若干观点,因而,秋风对其承担全部责任。其余内容(包括附录)由秋风撰写。本文在写作过程中得到冯兴元先生在资料上的大力帮助,初稿也得到他的详尽评论,在此表示感谢。

[②] 戴维·米勒、韦农·波格丹诺编,邓正来主持翻译:《布莱克维尔政治学百科全书》,中国政法大学出版社1992年版,第48页。

[③] 同上书,第693页。

重要的是根据这些人的性格,对其作出评估。一个这种性质的'公民论坛',只有借助自愿的市镇的自治才能形成,而这样的公共论坛能让不同的意见和特殊利益互相角力,以确保达成一种合情合理的平衡。"①

概观中国五千年的制度变迁历程,不乏地方自治的雏形,虽然并未形成宪政意义上的地方自治。清末民初,则曾出现蔚为壮观的地方自治,但却被随后更严厉的中央集权制度切断。

有趣的是,20世纪中国的这一集权趋势,与整个世界的潮流完全吻合。同样,与整个世界的潮流一致,从80年代初期开始,地方自治开始成为综合性改革的一个组成部分,进入人们的视野。目前已经在广泛开展一些最初级的自治试验。

不过,这种自治远远没有到真正意义上的"地方自治"的层面。在农村,只涉及村级,在城市,仅刚刚开始完善业主委员会制。但事实上已经证明,即使是这样的初级水平的自治实践,也已经产生了积极的效果。这已经初步地证明,对于转型期的中国来说,地方自治非常有必要。

但目前中国有关地方自治的理论还相当薄弱,而有关地方自治的法律建设更是严重滞后。最大的问题在于,没有从宪政的角度研究地方自治问题,没有将地方自治确定为一项具有约束力的宪法原则。

就这方面而言,对于其他国家之地方自治在宪政制度中的安排进行研究,可能是一项有益的知识事业。本文旨在透过对于欧盟及其他国家地方自治发展状态及其制度性框架的描述和分析,探讨中国实行地方自治的原则和制度性框架。

在探讨地方自治获得重视和发展之前,首先需要解释与之相对立的中央集权制度在全球兴衰的过程和原因。本文第一部分将由此开始,并在一般性理论解释框架的基础上探讨中央集权主义在欧洲兴衰的历程。第二部分讨论欧洲国家及欧盟在其宪法中如何安排地方自治。第三部分讨论转型国家宪法中对地方自治的安排。第四部分将简单介绍曾受中国古典政制影响的韩国、日本如何在当代推进地方自治。第五部分,即最后一部分将是对于中国地方自治问题的探讨。

---

① 罗伯特·内夫著,秋风译:《论非中心制度》(九鼎评论之一),北京,2003年8月,第70页。

20 世纪的中央集权潮流

　　整个 20 世纪,尤其是在两次世界大战之后,许多国家都经历了地方政府权力被削弱、大量权力被集中至中央政府层面的过程。计划经济国家自不用说,这些国家的中央政府拥有异乎寻常的权力,而地方政府在很大程度上只是中央政府的派出执行机构而已;即便是实行市场经济制度的西方国家,中央集权化的趋势也非常明显。

　　这一集权化过程的根本动力是政府大规模地干预经济和社会事务所致。哈耶克曾经分析过这一过程,他痛心地指出:"无限民主导致了许多结果,而最为凸显的结果则表现在这样一个方面,即中央政府的权力经由攫取此前由地方政府当局承担的职能而得到了普遍的增加。中央政府不仅成了几乎所有国家的典型政府样式(the government par excellence),而且还一步一步地把越来越多的活动纳入到了它的排他性权力范围之内——很可能只有瑞典是个例外。值得我们注意的是:第一,一个国家在今天主要是通过它的首都进行治理的;第二,有权发布命令的中央权力机构不仅为整个国家提供了一个共同的法律结构(或者至少拥有一种调整所有居民间关系的公知明确的法律),而且还直接操纵着愈来愈多的原本由地方政府向广大公众提供的服务;……"更为不幸的是,"上述种种现象却渐渐地被人们视作是历史发展不可避免的和自然而然的结果——尽管晚近在世界各地表现出来的那种分离主义(secessionism)倾向表明,人们对这种状况的怨恨正在日益加深。"①

　　而且,"近来,中央政府的权力还在某些中央计划者的推波助澜下得到了扩大。一如我们所知,当这些中央计划者所提出的方案在地方一级或地区一级蒙遭挫败以后,他们往往会宣称说,要使他们的方案行之有效,就必须在一个更大的范围内实施这些方案。在解决较小范围内出现的难题的过程中所遇到的挫折,往往会被当作尝试更为自负的方案的借口——实际上,中央权力机构更不适合去指导或实施这些庞大且自负的

---

① 哈耶克著,邓正来译:《法律、立法与自由》第二、三卷,中国大百科全书出版社 2000 年版,第 481—482 页。

计划。"①

事实上,我们看到,大量的地方问题被集中到中央来解决,因为人们相信,只有中央才能解决,而且,只有由中央来解决,才更合乎社会正义。正是基于这样的逻辑,管制市场主要成为中央政府的责任,因为据说只有这样才能维护全国统一的竞争性大市场;福利分配也在全国层面上进行,因为据说,只有这样,才能实现全国范围内的平等,只有这样的平等才是有意义的平等。当然,像宏观经济政策自然被认为只能由中央层级的机构来实行。

詹姆斯·布坎南则更加明确地将中央集权化趋势与计划经济或计划心态联系起来。他说,"在全国范围内对经济活动的中央集权式的计划与控制,要求政治权威所指定的计划与经济互动的程度完全一致。……在美国的情形下,体现20世纪初期中央计划者理想的社会化经济已经造成政治权力集中于政府机构之手。"② 正是因为"计划经济的意识形态无所不在,且在促使美国在本世纪的大多数时间里的制度变迁方面发挥着重要作用",由此才导致美国的中央政府即联邦政府"大规模地、以牺牲各州的权力为前提来增加其权力"。布坎南的结论是:"在一个有活力的联邦制中,政治权力、主权通常是由中央政府和各州或各省分享的。这种有活力的联邦制与经济组织的计划控制模式是合不拢的。计划经济世纪的哲学逻辑必然导致中央集权的政治权力。"③

哈耶克更进一步分析指出,中央政府权力的扩张,与现代政体的特殊结构有关,在这种政体下,法律就等于议会立法,而中央政府可以通过议会立法获得其所想望的所有权力:"中央政府之所以能够在当代变得越来越不可一世,决定性的原因还在于:至少在单一制的国家里,中央一级的立法机关拥有着任何立法机关都不应当拥有的无限权力(当然,在这样的国家,任何地方立法机关也没有这样的权力);正是这种无限权力使得中央一级的立法机关能够通过'法律'的制定而把实施某些自由裁量措施和歧视性措施的权力赋予了中央行政机关,而这些措施则

---

① 哈耶克著:《法律、立法与自由》第二、三卷,第482页。
② 詹姆斯·布坎南著,布公译:《经济自由与联邦主义》,载《经济民主与经济自由》,三联书店1997年版,第33页。
③ 同上。

是中央行政机关刻意控制经济过程所不可或缺的。只要中央政府能够决定许多地方政府不能决定的事情,那么满足群体需求的最为简便的方法就是把这方面的问题都推给拥有这些权力的中央权力机构去决定。因此,只有剥夺国家级(包括联邦制国家中的最高级)立法机关通过立法方式向行政当局赋予自由裁量权的权力,我们才有可能彻底根除中央政府不断集权的主要根源。"①

与古代的集权制度不同,迈向现代中央集权的每一步,都具有明确的法律依据,而这些立法往往是合乎临时的多数的意志的,而"在经济富裕的民主制福利国家中,永远可能存在喜欢靠集体行动实现一定程度再分配的多数选民"②,也正因为,计划心态与福利制度具有巨大的刚性,相应地,中央集权制度也具有强烈的惯性。尽管自70年代以来出现了较为明显的分权趋势,地方自治的地位有所提升,但中央集权作为成为现代政体之本,并未受到根本冲击。这一点是我们观察当代地方自治时所要留意的。

欧洲国家在整个20世纪所出现的集权化趋势,也遵从着这一普遍逻辑。基于计划心态的福利国家及国家对于经济生活越来越深入广泛的控制,是政治趋向于中央集权化的基本动力。

法国现代社会学家杜尔凯姆曾认为,"社会越发展,国家也越发展,国家功能也越趋复杂化,导致国家介入越来越多的社会运作功能,使得国家本身的功能自己会越来越集中与密集化",因此,"集权政策的现代化是平行于文明的进步,也就是说社会分工的结果,因此,国家的功能无可避免地会一直被加强。杜尔凯姆认为,一个现代化的国家就是一个中央集权的国家"③。

这些不断增加的功能,主要是两类:经济管理职能,社会福利职能。

经济管理职能主要表现为两方面,一方面是政府对宏观经济的管理,尤其是凯恩斯主义的总需求管理。由于事务性质所决定,这些宏观

---

① 哈耶克著:《法律、立法与自由》第二、三卷,第482页。
② 柯武刚、史漫飞著,韩朝华译:《制度经济学——社会秩序与公共政策》,商务印书馆2000年版,第394页。
③ 转引自吴志中:《法国的分权政策》,载《东吴政治学报》第十五期(http://www.scu.edu.tw/politics/journal/J15/Wu.htm)。

经济政策基本上都是由中央政府制订并执行的。另一方面则是微观管制职能,如市场管制、产业政策、食品安全、消费者保护、环保标准等等。地方政府也在进行这样的管制,但大部分管制也是由中央政府进行的。在政府的经济职能中,还有非常特殊的一种政策,即国有化。战后各国都进行了或多或少的国有化,法国政府直到20世纪80年代,在密特朗时代还进行了法国有史以来最大规模的国有化。

社会福利职能的扩张,在欧洲表现为战后开始建立的"人民社会主义"和福利国家,即国家向全体人民提供普遍的社会保障计划。1948年,英国工党政府通过一系列法案,宣布建成"福利国家",此后,瑞典、荷兰、法国等先后仿效实施。而要落实这些保障,就需要政府掌握大量资源。在西欧,政府正消耗着平均54%的国内生产总值[1],这其中,社会福利开支是重头,到1980年欧盟12国社会福利支出占国内生产总值的比重平均已高达24.4%。[2] "在发达的福利国家中,政府预算的主要部分用于社会福利部门。福利国家大大扩展了公共政策的领域。"[3]

日益增长的管理宏观经济和进行市场管制的权力与社会福利资源,在很大程度是由中央政府掌握的,管理经济与管制市场的权力基本上是由中央政府行使的,而社会保障资源一般是由中央政府掌握的,由中央政府或其地方的派出机构来自上而下地进行分配。因此,混合经济和福利国家形成的过程,大体上就是中央集权化的过程。

欧盟政体结构中的地方自治

不过,20世纪70年代以来,几乎所有国家都进行了地方政府改革,而改革的总趋势就是分权和提高地区、地方自治的地位。

变革的根源是,急剧扩大后的政府——尤其是中央政府——陷入了

---

[1] 柯武刚、史漫飞著:《制度经济学——社会秩序与公共政策》,第391页。
[2] 邹根宝:《谈谈欧盟国家社会保障改革的经验》,载胡瑾、王学玉主编:《发展中的欧洲联盟》,山东人民出版社2000年版,第380页。
[3] 戴维·米勒、韦农·波格丹诺编:《布莱克维尔政治学百科全书》,第797页。

困境。这种困境可以归结为三方面:财政危机,管理危机和信任危机。[①] 巨大的福利开支成为政府沉重的财政负担,几乎所有欧洲国家的财政赤字都居高不下,在税率已经极高的情况,也无法继续扩大财源,从而使政府陷入财政危机。管理危机则是由官僚体制的性质所决定的,尤其是当权力大量集中到中央政府的时候,由于缺乏民众的直接参和监督,政府活动几乎到了失控的地步。由此必然导致民众对于政府的不信任,民众普遍地对政治冷淡,威胁到民主制度的基础。

在这种情况下,政府要摆脱困境,就必须进行改革,改革的基本内容是重新划定政府与市场的界线,包括私有化、解除或放松管制。在政府权力分割方面,则表现为中央集权的后退:中央政府下放权力,减少政府的控制,减少官僚的干预,提高效率,扩大民众的参与。在欧洲,大多数国家采取的具有实质内容的改革都是"以分权的名义进行的,涉及向地方或大区级分配更多的职能、扩大财政自由度和减少中央的调控"[②]。

总之,这些改革,基本上是朝着扩大地方与地区自治的方向发展。我们下面将首先研究欧盟成员国宪法和欧盟宪法草案对于地方自治的安排。

1. 德国的地方自治制度[③]

德国实行联邦制,联邦共和国由 16 个联邦州组成。州即是欧洲意义上的"地区"。联邦州不是省份,而是本身就具有国家权力的政体。各州都有自己的州宪法,尽管根据《基本法》,各州宪法必须与基本法的共和制、民主制和福利制的法治国家的原则相符合。除此之外,各州在制定其宪法方面享有广泛的自由。

州以下的地方也实行充分的自治。

在德国,地方自治是公民自由权的表现。它具有悠久的传统,可以

---

① 参见周志忍主编:《当代国外行政改革比较研究》,国家行政学院出版社 1999 年版,第 11—16 页的论述。
② 董礼胜著:《欧盟成员国中央与地方关系比较研究》,中国政法大学出版社 2000 年版,第 109 页。
③ 主要参考《德国概况》,见中国德国商会网站(http://www.ahk-china.org/chinese/survey/0303.htm)。

一直追溯到中世纪自由城邦的特权。当时的市民权将人们从封建农奴的桎梏中解放了出来(那时人们说"城市空气给人自由")。在近代,地方自治首先是同冯·施泰因男爵的改革,特别是1808年的普鲁士城市规章联系在一起的。

德国实行地方自治的单位主要是市与乡。市又分为县属市和非县属市。与各州的地位一样,市和乡不是联邦或州的下属机构,而是"与联邦和州并列的国家管理机关,是有完全管理权的公共管理承担者,它们像联邦和州一样,都是公法的地区法人。"① 较小的乡和市归属某个县,它的职能是承担本属于乡或市的自治范围、但它们无力承担的任务。但较大的市不属于任何县,是"无县的",拥有完全的管理权限。

德国联邦《基本法》明确地保证市、乡和县的地方自治。目前的《基本法》第二十八条规定:

(1)……在每个州、县和市,人民应被由普遍、直接、自愿、平等和秘密选举产生的机构所代表。在县和市的选举中,拥有欧洲共同体任一国家公民资格的人,也都有按照欧洲共同体法律参加选举及被选举的资格。在各市,地方议会可取代选举产生的机构;

(2)在法律规定的范围内,市必须被确保拥有自行负责管理一切地方事务的权利。在法律所指定给它们的职能范围内,各市组成的联合体也拥有按照法律自治的权利。自治的保障应扩展至财政自治的基础;这些基础应包括市获取基于经济能力的财政收入来源的权利及确定以何种水平征收税款的权利。

(3)联邦应保证各州的宪法秩序合乎基本权利及本条第(1)和(2)段的规定。

根据上述规定,地方有权在法律的范围内对地方集体的一切事物自己负责地作出规定。所有市、乡镇、县的组织结构必须是民主的。乡镇法是各州的事务。由于历史的原因,各州的地方法规迥然不同。但是,上引《基本法》第二十八条第3段已经明确规定,各州的地方行政管理法

---

① 冯兴元:《欧盟与德国——解决区域不平衡问题的方法与思路》,中国劳动社会保障出版社2002年版,第67页。

规必须要保证地方自治的权利。

自治权首先包括地方短途公共交通、地方道路建设、水电及煤气供应、废水处理和城市建设规划。此外还有学校、剧院、博物馆、医院、体育场所和公共游泳池的建造与维持。乡镇也负责成人教育以及青少年校外辅导。乡镇自行决定它们的行动是否合适以及是否经济。许多地方性任务非乡镇或小城市力所能及,则可由上一级地方单位－县来承担,县以及它的民主选举产生的机构也是地方自治的一部分。

总的来说,地方的任务可以分为三类:① 第一类是指令性的义务性任务,即联邦和州需要市和乡在本辖区内完成的任务,包括:根据国家的统一规定,支付社会救济和住宅补贴,消防和急救事业,防止自然灾害的措施和组织联邦和州的选举等等。第二类是非指令性的义务性任务,即为本辖区居民提供基本的生活便利设施和服务。第三类是自愿性任务,比如兴建地方娱乐设施等等。

如果乡镇缺乏完成任务所需的经费,地方的自治与独立性必将名存实亡。因此,德国《基本法》规定市、乡拥有征税权,包括土地税和地方营业税。此外,乡镇还可征收地方的消费税和使用税。除此之外,乡镇还收取服务手续费。根据《基本法》,各地方可以自行确定税率。不过,这些财源似乎不足以满足地方的财政需要。因此,乡镇从联邦及各州获得例如工资税和所得税的份额,还有在每个州内调节的财政平衡中的分配。给乡镇配备以适当的经费,是德国政界反复讨论的一个课题。

地方自治为公民创造了参与和监督的可能性。他可以在市民大会上同他选举的乡镇代表们交谈,审阅预算计划或讨论新的建设规划。市和乡镇是政体的最小细胞。它们必须进一步生气勃勃地发展以保证国家和社会中自由和民主的长存。

2. 法国开始释放地方自治力量②

法国是典型的中央集权制国家,地方自治力量一直受到压抑。诚如

---

① 冯兴元:《欧盟与德国——解决区域不平衡问题的方法与思路》,第68页。
② 本节主要参考,董礼胜著:《欧盟成员国中央与地方关系比较研究》,第七章《法国》;吴志中著:《法国的分权政策》及卓越:《当代法国行政发展基本架构分析》,载《厦门大学学报》1996年第2期,http://www.xmu.edu.cn/chinese/resources/xuebao/96.2.2.htm。

法国总统戴高乐所说:"历史的自然演化已经将我国带向一个新的平衡点。数世纪以来,法国一直致力于中央集权政策。这样的政策虽然一直被逐一受归化的县市所质疑,而且他们也不断有着分歧的意见,但确实一直是实现与捍卫法国统一的重要因素。"

法国大革命后形成统一国家,在全国建立省级行政区划。拿破仑执政时期,任命省长为中央政府驻省的代表,形成一种高度中央集权的行政体制。此后的王政复古、第二共和至第二帝国,法国中央一直掌握着的地方的人事任命权,并拥有强大的监督权限,地方政府充其量只能称之为中央的执行单位。第三共和时期,1871年的《县自治法》与1884年的《乡镇市法》确立了法国的地方自治的基本体制,市镇长由民选产生,实行市镇自治,才稍微缓和了极度的中央集权。第四共和时期,在地方上实行议会自治,地方议会的决议由地方议会执行之,地方自治在制度上有所进展。但由于第四共和的内阁政府不稳,中央更迭频仍并且无实质上的成效。二战以后到50年代,中央集权主要通过中央各部派驻地方机构表现出来,由中央政府委任的省长权力不大,只是起协调和沟通作用。60年代经过多次改革,权力逐渐集中到省长手里,不仅地方政府,连中央政府各部派驻机构都要受省长的监督。

这种中央集权制度的性质清楚地反映在宪法中。1958年通过的《第五共和国宪法》第72章规定:

> 共和国的领土单元是县、省和海外领地。法律可建立其他领土单元。根据法律规定的条件,这些单元应通过选举理事会来自由管理自身。
>
> 在行省和领地,政府代表应对全国利益与行政监督负责,并保证法律获得尊重。

根据这样的体制,相对于中央政府,地方政府充其量只能说是一个执行中央政策的执行机关,地方政府仅仅扮演着履行中央政府分配给它的任务的角色,事务的权限大都由中央来决策,地方政府并没有应具备的决策权,自然也没有充分的人事权和财权。

直到80年代后,法国才开始推动大规模的地方分权改革措施。1982年3月2日通过《关于市镇、省和大区的权利和自由法》基本上确立了大区(Région)、省(Département)及市镇政府(Commune)的地方自治原则。地方首长人事任命权上,原本由国家指派的行政区长与县长的人事任命权力,从此转换至行政区议会议长与县议会议长身上,并且由地方民意机关来决定地方行政首长人选。

20世纪80年代后的一系列权力下放法律将大量中央的权力下放到地方,包括区域规划及区域发展、城市规划、国家财产及历史文物的保存、居住、社会专业训练及学习、社会保障、运输、教育、文化等项目。

在法国,相关的组织法和地方自治法将地方行政管理区域名称划分为五种:乡镇市(commune)、选区(canton)、专区(arrondissement)、省(département)、行政区(région)等五种。而具实质地方自治权力的单位有三种,分别为乡镇市、省及行政区。地方自治单位基本上也如同一个内阁制,地方政府的行政权是由地方议会的多数党所组成。

乡镇市政府所承担的地方自治事务功能包括创立公共服务设施、初级教育、城市规划及维护、文化体育活动的举办及跨乡市镇地方经济的规划及补助等事项。乡镇市的财政三大来源为:一、中央政府的补助;二、乡市镇服务费的收取(游泳池、托儿所、学校食堂等);三、乡市镇的地方税,包括四项地方税(房屋税、空地土地税、房屋居住税、专业老板税)、收取垃圾税、扫地税、生活居住税。

省是法国国家行政管理划分的主要骨干,也是一个地方自治团体单位。省府主要的权力来源为省议会,议长是省政府的行政首长。县的财政来源为中央政府的补助,县的税务收入如汽车税、牌照税、维护绿色空间税、环保税及乡市镇四项地方税的部分税收。县政府的地方自治事务责任则为社会福利政策及健康保险政策的补助,交通要道的维护,商业港口与渔业港口的维护,公共建筑物(社会性、文化性、运动性、教育性)的建造与维护,旅游事业,环保政策,初级中学教育,贫穷乡镇市的补助及经济发展政策的落实。

大区为法国1972年设立、1984年才获得自治权利的行政管理划分及地方自治团体。区的财政来源为中央政府的补助,区的税务收入如行政区政府税、四项地方税、不动产的转移税、驾照税及行照税。区政府的地方自治事务责任为发展河流港口、运输的水路运河、公路的建设与维修、国土规划、企业的直接与间接援助、高级中学的设备与教育、在职进修的设备与教育及文化科学环保政策。

总的来看,近二十年来,法国经历了一个分权过程,地方自治获得较大程度发展,具体表现为:"一是地方官员的任命制逐步被选举制所取代;二是国家的各个行政区在一定程度上成为具有法人身份的、对直接关涉地方的事务享有总的权限的次中央层级政府所取代;三是以前由国家的分支机构管理的各个领域的权限和资金调度权逐步转交给了各级次中央层级政府。与这个分权的趋势相伴随的还有一定程度的分散化。"①

不过,法国的地方自治远不够彻底,仍然保留着严重的中央集权特征。首先,中央政府对地方政府拥有强大的的监督权力。尽管省议会议长成为省的行政首脑,但中央政府委任的省长一职并未取消,只是改称为共和国专员,其行政权力确实被大大削弱了,只是管辖警察及中央各部派驻省里的机构,但却负有对省的财政和行政事务进行监督的新的使命。在重大问题上,如果共和国专员与省政委员会主席发生冲突,可通过垂直系统的行政法院和地区审计局裁决。而且,中央政府本身也有权通过行政、法律、经济的手段对地方政府进行监督。比如,中央有权否决地方议会的任何决议。省市议会的主要权力只限于表决预算案和负责税收事务,有关职权如市政规划必须得到中央装备部门的批准,市镇议会只能决定1/4的教育事业投资等等。其次,设立大区,削弱省的权力。

3. 欧洲的市镇自治传统

在欧洲大陆传统中,地方自治的核心是市镇自治,它也是最基层的自治单位。作为欧盟成员国共同的历史遗产,"市镇作为行政体制的基础一直受到精心维护,对市场作为基本地方政府单位的例外是英国和在稍低程度上瑞典及其他经过了合并过程的国家的大城市。"②

托克维尔曾这样评论新英格兰的市镇(townships,即中文译本所说

---

① 董礼胜著:《欧盟成员国中央与地方关系比较研究》,中国政法大学出版社2000年版,第156页。
② 同上书,第79页。

的"乡镇"):"市镇却是自由人民的力量所在。市镇组织之于自由,犹如小学之于授课。市镇组织将自由带给人民,教导人民安享自由学会让自由为他们服务。在没有市镇组织的条件下,一个国家虽然可以建立一个自由的政府,但它没有自由的精神。"① 同样,对于欧洲,瑞士历史学家阿道夫·加塞尔曾经指出,"市镇自由乃是欧洲的救星"。民主政体,只有在具有联邦制的结构、只有在市镇享有广泛的、获得保障的立法自治权的情况下,才有可能维续下去。②

在整个欧洲,市镇是平均人口在500人至5000人之间的政府单位。这样的人口数量既能保证市镇具有一定的财力,又能保证居民的直接参与。

市镇是其他政治或行政治理单位的区别在于,尤其是在单一制国家,地区、省、县等等一般是国家的行政区划单位,其权限是由国家明确授予的,而市镇却是居民自治的社区,在很大程度上,其权力是不需要国家授予的,而是其固有的。因为就像托克维尔所说的,"市镇是自然界中只要有人集聚就能自行组织起来的惟一联合体"③。除非由法律明确地划给其他治理单位,或者被司法机关宣布为非法,市镇对本社区的一切事务均拥有管辖权和自由裁量权。中间层级的政府差异比较大,有的是中央政府或上级单位的派出机构,有的仅仅具有行政职能,甚至只具有协调下级治理单位的职能,而市镇则一般都是综合性治理单位,它需要处理地方的一切公共性事务。

市镇拥有一套健全的、能够满足其管理需要的机构,包括基本完整的行政机构、立法机构和监督机构。在大多数国家都实行市镇委员会制度。以西班牙为例④,实行不完全的议会体制:由公民通过直接选举产生市镇议会,议会再从其成员中选举或推举出市镇长和市镇委员会。议会设有多个委员会,负责各个方面的工作,但决定须由整个议会作出。这些委员会也指导和监督行政机关的活动。市镇长召集并主持议会会议,负责制订议会的日程;准备预算,批准支出,并提交决算报告;在所

---

① 托克维尔著,董果良译:《论美国的民主》上卷,商务印书馆2002年版,第67页。
② 罗伯特·内夫著:《论非中心制度》,第68页。
③ 托克维尔著:《论美国的民主》上卷,第66页。
④ 参见董礼胜著:《欧盟成员国中央与地方关系比较研究》,第194页。

有的法律问题上代表市镇,执行议会的决定,并监督市镇行政部门的日常工作。

市镇总是负责与居民生活密切相关的日常事务。以法国为例,市镇承担的职能包括市场规划、基础设施、有补贴的住房、地方公共服务(照明、供水、家庭垃圾处理、公共交通)、医疗与社会服务、小学的建设与维护、文化事务(博物馆、剧院)、公共安全、秩序与卫生、就业和对企业提供帮助。①

为履行上述职责,市镇拥有自己的财源。欧洲的市镇均享有一定的征税权。这种征税权是市镇自治的基础。只有拥有独立的、并且获得宪法和法律保障的征税权,市镇才能作为社会结构中自主的、自我治理的实体,独立自主地履行其对居民所应承担的责任,包括基础学校教育体系、社会福利和公共卫生服务。即使市镇在履行这些责任时要接受上一级政府,比如县、省或地区政府的监督,并可能从上一级政府那里获得财政帮助,但承担那些社会服务责任的资源,主要还要由市镇自己来筹措。与市镇所享有的职能上的自治相适应,它们必须享有财政上的独立性。

以瑞士为例,市镇可以下列所得税、净财产税与其他税种:所得与净财产税、人头税、直接税、户税、净利润税与资本税、继承与馈赠税、房产销售资本所得税、契税、房产税、博彩奖金税、各种交易税;还可以征收下列所有权税与开支税:养狗牌照费、娱乐税、杂税。②

在20世纪中期以前,市镇的规模与职能没有发生多大变化。但随着福利国家的发展,在欧洲各个国家,市镇的职能、规模与数量都发生了较大变化,出现了一股市镇合并的潮流。市镇合并的主要目的是扩大市镇规模,增强市镇的财政能力,以适应居民对于公共服务的需求扩张的要求。合并既有自愿进行的,也有由国家通过法令等形式强制进行的。各个国家的市镇数量因此都有较大缩减。

不过,有的愿意保持传统价值的市镇拒绝进行合并,而选择了合作,以自愿契约的形式共同提供某些公共服务以追求规模效益。欧洲各国

---

① 参见董礼胜著:《欧盟成员国中央与地方关系比较研究》,第142页。
② 罗伯特·内夫著:《论非中心制度》,第61—62页。

宪法都规定了市镇之间有结社、合作的权利。

4. 欧盟立宪背景下的地方自治

从欧洲人所捍卫的基本价值原则出发，尤其是其中的民主原则，欧洲立宪者把地区和地方自治作为一项重要的制度内容来对待。早在1985年，就通过了一份《欧洲地方自治宪章》。该宪章旨在为衡量和保护地方政府的权利提供一个欧洲标准，这些地方政府与人民的关系最为密切，并使人民有机会有效地参与影响其日常活动的决策过程。尽管它并不具有强制的约束力，但至少表明了欧洲层面维护地方自治的政治意愿。这里隐含的一个原则是：地方政府所享有的地方自治的程度，可以被视为真正的民主制度的试金石。

该宪章共分为三部分。实质性内容都在第一部分，对地方自治的原则作了相当详尽的规定。它尤其强调指出，各国宪法和法律应对地方自治予以保障。

在欧洲立宪过程中，地方和地区在大欧洲的民主架构中发出了强有力的声音，迫使欧洲立宪者不得不对于地方、地区的权利、利益和地位给予一定程度的重视。在欧盟各种宪法性文件中，不断地加进有关地方自治和保障地区权利和地位的条款，从而在欧洲层面上形成了一套尚称完整的地方自治制度框架。

在2003年5月26日公布的《欧盟宪法》草案第三章《联盟的权能与行动》，第一条第9款《基本原则》中规定了处理欧盟、成员国与地区和地方权能的基本原则：

1. 联盟权能的范围由授予原则（the principle of conferral）来治理。联盟权能的行使则由辅助性原则和适度原则来治理。

2. 根据授予原则，联盟为实现其由本宪法所规定的目标，应在本宪法中由其成员国所授予的权能限度内活动。本宪法未授予联盟的权能由成员国保留。

3. 根据辅助性原则，在那些未划分入其专有之权能范围内的领域中，只有当且仅在所欲采取之行动的目标无法由成员国——不管是中央层级还是地区或地方层级——充分地实现，相反，基于所提议之行动的规模或影响,可在联盟层级更好实现之时,联盟才可采取行动。

联盟各机构应在根据本宪法所附录的《关于辅助性与适度原则之适用情况的议定书》之规定适用辅助性原则。各国议会应确保该原则合乎本议定书规定的程序。

4.根据适度原则,联盟行动的范围与形式不应超出实现本宪法之目标所需要者之外。

各机构应按照第三款所涉及地议定书之规定适用适度原则。

这里提出的三项原则,其中的两项,即辅助性原则与适度原则,与地方与地区自治有关。另外,根据欧盟立宪过程中的讨论,我们在下面的讨论中补充第三个原则——接近性原则。

1)辅助性原则(the principle of subsidiarity)

辅助性原则并不仅限于国家组织,也涉及到社会、经济、教会、文化及其他领域。辅助性原则是建立在个人、社会与国家的基本分立之上的。辅助性原则认为,从根本上说,个人首先要对自己承担责任,在个人无法解决的时候,可以通过自愿性合作来解决共同的问题;在自愿性合作无法解决问题的时候,才需要强制,即需要公共权力的介入;而在进入政府解决范围之内,也应当由较小的共同体承担起解决共同问题的责任;只有在下属实体需要更高一级政治支持的时候,更高一级实体才能进行干预。从这个意义上说,政府层级越高,越属于辅助性的,因为,下属实体可以自助,家庭的援助、慈善性帮助都发生在国家提供的援助之前;同样,在市镇层面解决问题,要先于在地区、州、民族国家及国际层面解决问题。

从自由主义立场来看,辅助性原则乃是个人面对集体性组织、尤其是面对各种形态的国家强制时保障自由的一项防御性原则,即尽可能地保障私域,而限制公共权力的范围。这是辅助性原则的根本出发点。

从国家结构的组建角度看,辅助性原则是一种从下到上的组织原则。"辅助性原则规定,只有当下级主管机构不能解决或完成某项任务时,上一级主管机构才能采取干预行动。具体运用到欧盟,就是说,只有当民族国家不能很难独立承担某个问题时,欧盟才能把它看作欧洲问题加以解决。"①

欧洲各地区和地方政府一直在争取辅助性原则的适用范围。《威尼斯宣言：欧洲需要它的公民：强大的地区与城市——欧洲的支柱》②将辅助性原则作为清晰划定权能的基本原则。它明确提出，垂直的和水平的辅助性，应当是欧洲采取行动及欧洲宪法清晰界定权力的指导性原则。欧盟、成员国、地区和地方代表是平等的伙伴关系。欧盟的政策只应涉及那些必须在欧洲层级上处理的任务。这并不排除向欧洲层级转让新的任务与权能，但——如果证明这种转让正当的理由已经消失——有些目前由欧洲层级处理的领域，最终还有可能交回给成员国。

在欧洲立宪过程中，辅助性原则有一个发展过程。1992年的《欧洲联盟条约》（即马约）规定，决策必须尽可能在最贴近公民的层次作出，只有在所提议的法案由共同体出面可以做得更好时，共同体才应介入。在尼斯峰会上，理事会在其关于《欧盟的未来》的声明中决定要考虑"如何确定和监督更明确地在欧盟和成员国之间划定权力，以反映辅助性原则。"其目标是改进欧盟的运作方式及其行动能力，使欧盟的决策过程对成员国的公民更为透明。

显然，此处的辅助性原则仅仅涉及到欧盟与其成员国的关系，而没有直接涉及地区与地方层级的权能行使问题。在最早公布的欧盟宪法草案中，一仍其旧。在宪法辩论过程中，一个专门的工作小组认为，这一点需要予以修改③。在一体化过程中，地区和地方政府没有直接参与权能的转让过程。因此，可以理解的是，它们担心国家将自己的权能也转让给了欧盟。他们要求，权力的转让本身也应该遵循辅助性原则，应当明确界定欧盟的权能。而随着民族国家将自己的权能转移给欧盟层级，欧盟为了进行治理，必然会越来越多地与地区与地方政府打交道，与此相反的一个趋势是，在欧盟成员国中，地方和地区政府的作用越来

---

① 格哈德·弗里德尔：《前进中的欧洲——从煤炭、钢铁到欧元》，转引自冯兴元：《欧盟与德国——解决区域不平衡问题的方法与思路》，第55页。

② 见欧罗巴网站，http://europa.eu.int/futurum/documents/contrib/cont050702_en.pdf。

③ 见 OPINION OF THE COMMITTEE ON REGIONAL POLICY, TRANSPORT AND TOURISM for the Committee on Constitutional Affairs on the division of powers between the European Union and the Member States(2001/2024(INI)), Draftsman: Elisabeth Schroedter, 见欧洲立宪网站。

越大。凡此种种,都使地区和地方政府相应地寻求维护地区与地方的独立自主。

因此,我们看到,到了 2003 年公布的新宪法草案中,则在涉及到辅助性原则时,加上了地区与地方政府。

同时为了使得欧盟机构更好地执行辅助性原则和适度原则,《欧盟宪法草案》还作出了更多复杂的制度安排。为了确保决策在尽可能接近联盟成员的层级作出,并确定适用辅助性原则和适度原则的条件,并确定一种监督有关机构执行这些原则之适用情况的制度,欧洲立宪大会在最新宪法草案中包括了一份《关于适用辅助性原则和适度原则的议定书》(Protocol on the Application of the Principles of Subsidiarity and Proportionality),将作为宪法的附件。该议定书内容如下:

1. 每个机构都应永续遵守辅助性与适度原则。

2. 在提出立法法案之前,欧盟委员会应广泛咨商各方,特别紧急或机密的事项除外。这样的咨商应考虑可能涉及之地区与地方的维度。在例外的紧急情况下,委员会可不进行这样的咨询,但应给出这样做的理由。

3. 委员会应在将其所有法律提案和修正案送交联盟议会之同时送至成员国国家议会。欧洲议会和理事会应将其各自的立法决议和共同意见书送给各成员国国家议会。

4. 委员会应证明其提案合乎辅助性原则和适度原则。任何法律提案都应包含一个详尽的陈述,阐述其合乎辅助性与适度原则。该陈述应包含该提案对于成员国所实施的规则——必要的时候包括对地区立法——的财政影响,在涉及到框架性法律时,应阐述其含义。必须用定性的、并尽可能地用定量的指标来证明联盟的目标可以在联盟层级得到更好实现的理由。委员会应考虑使得落在联盟、民族国家政府、地区或地方政府、经济经营者和公民身上的负担——不管是财政的还是行政的——最小化,并与所欲实现之目标相称。

5. 成员国之国家议会或国家议会之一院可以在委员会法律提案收到之日起六周之内,向欧洲议会议长、理事会和委员会送交理由充分的意见书,阐明为何它认为该提案不符合辅助性原则。任一国之国会或其中一院在两院制下应互相咨商,合适的时候,也应咨商具有立法权之地区议会。

6. 欧洲议会、理事会和委员会应考虑成员国国会或其中一院递交之意见书。单院制之成员国国会具有两票,而两院制之每一院各具有一票。如关于委员会提案之意见书认为该提案不合乎辅助性原则者占到全部票数的三分之一以上,则委员会应审查其提案。经过审查后,委员会可坚持、修正或撤回该提案,不管作出何种决定,均应给出理由。

7. 成员国之国会也可以在调解委员会(Conciliation Committee)召开会议与作出裁决期间发出阐述它们为什么认为理事会之共同意见书或欧洲议会之不合乎辅助性原则之意见书。在调解委员会会议上,欧洲议会和理事会应最充分地考虑成员国国会所表达之意见。

8. 根据本宪法[目前的第230条],欧洲法院可受理由成员国依据第230条规定之规则就有关某一法案违反辅助性原则提起之诉讼,或可由成员国按照它们各自的宪法规定应其国会之请代表其国会或其中一院提起诉讼要求遵守它们的法律秩序。也就是说,辅助性原则是司法审查的对象。

按照宪法本条,地区委员会也可以依据本宪法规定有些法案应向其咨商而未向其咨商之情事提起诉讼。

9. 委员会应每年向欧洲理事会、欧洲议会、理事会和成员国的国会提交一份关于适用宪法第九条第9款的报告。该年度报告也应抄送地区委员会和经济与社会委员会。

这一议定书使得抽象的辅助性原则具体化为可执行的规则,从而大体可以确保辅助性原则得到落实。

2)适度原则(the principle of proportionality)

适度原则是现代法治的一项原则。它的基本内容是:国家机关及公务员在执行职务时,面对多种可能选择的处置,应选择与法律目的最接近的方法。欧盟立宪者将这一法治原则发展为一项处理限制欧盟权限的一项宪法原则,《欧盟宪法草案》规定,"根据适度原则,联盟行动的范围与形式不应超出实现本宪法之目标所需要者之外。各机构应按照第三款所涉及地议定书之规定适用适度原则。"

在地区委员会 2002 年 7 月 8 日提交给欧洲立宪大会的报告说提出[①],地区委员会确信,"只有在欧盟新的立法框架与决策程序变得更透明、更容易执行的情况下,欧洲的民主制度才能正常运转。"为此,必须更清晰地界定欧盟、民族国家与地区、地方的权限,它认为,"要讨论更好地界定和分配权力,就必须不仅以辅助性原则为基础,也必须依据适度原则和接近性原则(the principles of proportionality and proximity)"。

适度原则是对政府——不管是那一级——的权限作出的规定,其含义就是要严格地将政府活动限制在实现其目标所必要的范围内。如果每一级政府——尤其是上一级政府、中央政府——都做到这一点,则自然可以确保地区或地方的自治政府正当地行使自己的权力。

3）接近性原则（the principle of proximity）

2001 年 6 月地区委员会数值欧洲若干地方与地区政府在西班牙的萨拉曼卡召开第一届"接近性"会议[②],后来又于当年底发表了一份《关于接近性的报告》[③],较为清晰地阐述了"接近性"原则。接近性有时也被称为密切性(closeness)。

地区委员会认为,地方与地区政府是可以最直接地对公民的要求作出反应的政府,能使民主制度得到最认真的实行。地方和地区自治对于欧洲的民主制度来说是必不可少的条件,也是欧洲人的公民权的组成部分,使其可以实现其社会福利。同时,欧盟与其公民的联系必须以地方和地区政府为基础,事实上,只有地方与地区政府能够在与公民关系最密切的政策领域创建互相帮助和交流经验的网络,而这是确保获得良好治理的条件。

---

① CONTRIBUTION OF THE COMMITTEE OF THE REGIONS TO THE EUROPEAN CONVENTION, Brussels, 8 July 2002, http://www.cor.eu.int/en/conv/pdf/cdr127-2002-fin-d-en.pdf。

② 其最后的声明见欧罗巴网站,http://europa.eu.int/futurum/documents/offtext/doc210601-en.htm。

③ 见地区委员会网站,http://www.cor.eu.int/en/conv/pdf/cdr436-2000-fin-pr-en.pdf。

因此，各地方与地区政府认为，接近性既是欧盟的重要目标，也是其采取行动的依据。人们总是对"良好的政策"有一种亲近感，这样的政策就是那些考虑了社会的要求并在其成员中创造出了团结一致的政策。它包括四个方面：

效率：欧盟、成员国及地区的制度体系应当各司其职，并带来正面结果；

清晰：欧盟的政策必须避免官僚主义的繁复，其目标、手段与结果必须简单清晰；

接近性：欧盟所奉行的政策、作出的决策必须与它们所欲服务之人民有密切关系，只有这样，它们才能被接受，并充分地融入到人民的日常生活中；

灵活性：欧洲公民必须能够广泛地参与欧洲政策的决策。

只有这样，欧盟的政策才能接近其公民，才是民主的，其合法性才不会受到质疑。

要贯彻接近性原则，公民就必须能够参加决策者的选举，必须感到他或她是民主社会表达其意见过程的一分子，使他/她可以对于每个层级的决策都发挥影响。接近性政策要以政府与公民的有效沟通为基础，确保反映民众心声的信息能够达到欧盟层级。而欧洲的政策也应当致力于解决公民最关心的问题。

各个层级的政府的决策过程应该是高度透明的，应当使公民能够清楚谁对某一决策及其执行承担责任，便于公民进行监督，也应当使公民理解决策的背景与含义。规则和程序应当是简单明了的。

地方与地区层级在有效执行共同体决策的时候可以有选择自由。因此，每个层级、尤其是地方与地区的决策者应当建立咨询程序，使他们能够准确地确定，地方与地区层级如何执行欧盟的决策。这就要求充分地完整地承认辅助性原则，在地区、成员国与欧盟之间，权力必须清晰地划分，也必须有清晰的责任结构。欧盟的活动应仅限于各项条约所规定的范围。欧盟必须确保地方与地区的自治，尊重地方的文化认同。

根据这一原则，地方与地区政府提出，为了最好地利用地方与地区的局部知识与经验，他们应当更深入地参与到欧盟的决策中，并要求欧盟给予地方与地区政府更大的自主权,在执行欧盟的决策时可以适应本地的具体情况,充分利用本地的潜在优势。同时,地方与地区也应参加与每个成员国确定其在欧盟立场的决策中。

另外,地方与地区政府间也更积极地建立伙伴关系,开展各种各样的合作,这就使欧洲一体化过程不再只是"高层政治",而这样的合作所带来的好处能更直接地被民众感受到,从而对于加强欧洲的凝聚力具有重要作用。而地方、地区间在合作的同时也在展开制度竞争,使得良好的制度可以更快地被其他地方与地区模仿。

5. 欧洲的地区自治:地区主义

在欧洲,欧盟政治一体化的深化,也为地方与地区自治提供了一定的动力。因为民族国家将部分主权让渡给欧盟,国家的权威相对下降,而地方、尤其是地区,可以在更高的政治层面上,与国家进行讨价还价,他们甚至可能与欧盟在某些问题上结盟,这也有利于扩大地方与地区的自治范围。"每当民族国家的权限被让渡给欧盟的时候,它们都力争提高自己的经济地位和有效地捍卫自己的权力。"自 80 年代以来,随着欧洲一体化进程加快,"在许多方面,次中央层级政府成为欧洲多层级治理的更大整体的有机组成部分"。[①]

自 70 年代以来,在欧洲的单一制国家中,随着分权化进程,尝试通过各种办法来处理地区问题,"地区化"似乎成为一种趋势。之所以会出现这种趋势,主要原因是,随着资本流动在国内和国家间流动加速,地区间的差异扩大,而传统的民族国家无法解决这些问题,因此,民族国家常常撤回对大区发展的承诺,将社会和经济发展的包袱往下推,交给地方政府或地区政府,这些地区就从中央政府那里获得了或多或少的自治权力,最起码也有部分的行政自治权。而地区间的竞争,也会强化地区的凝聚力,从而使地区的特质更为明显。[②]

一般而言,在单一制国家,地区自治权可能透过两个不同的途径实现:在有些国家,是中央政府"自上而下"放权的结果,在有的国家,则是

[①] 董礼胜著:《欧盟成员国中央与地方关系比较研究》,第 114 页。
[②] 同上书,第 1197 页。

地方自下而上争取而形成的。但不管怎样,地区自治权的形成是一个历史的演进过程:首先可能具有某种管理经济、社会事务的行政权力,而地区议会也逐渐从咨询机关,变成具有一定立法权力的真正的地区议会。此时,地区则从行政性地区演变为政治性地区。

当然,在不同国家,地区自治权处于不同的演进阶段。而且,仅靠这一演进过程,一般并不能自动地发展为联邦制的安排。

根据欧洲地区大会的定义,地区是仅次于民族国家的一个层级。目前欧洲的"地区"可以分为六类:

第一类是具有类似国家性质的地区,包括德国的16个州,奥地利的9个州,比利时的3个区和3个社区:法语区、德语区和作为弗兰德斯区组成部分的弗兰芒语区,瑞士的26个州等。

第二类是具有强大的行政管理权限、政治上独立的大区,包括西班牙的17个自治区(4层政府),意大利的5个自治区,2个具有特殊地位的省和普通的大区(4级政府),葡萄牙的2个自治区,英国的3个自治区(苏格兰、威尔士、北爱尔兰),3个具有特殊地位的岛,丹麦的1个自治区;

第三类是分权化国家的大区,比如法国的26个大区(4级政府),荷兰的12个省(3级政府);

第四类是具有区、"省"或类似县性质的地区;

第五类是在高度集权国家中以县代表团为基础的区,即爱尔兰的8个区政府;

第六类则是没有地区化的国家,比如卢森堡、英国的英格兰等。

从上述情况看,这些"地区"的自治程度存在极大差异。

在80年代以前,地区在欧洲的政治事务中几乎是一个不被人注意的因素。欧洲一体化的过程完全由民族国家主导。不过,这种情况从80年代中期以后改观。伴随着民族国家的分权,地区获得了较大的权力、责任和利益,也拥有了越来越强烈的表达欲望,因而,在政治舞台上越来越具有活力,在欧盟政治结构中,地区所扮演的角色越来越吃重。

目前,几乎所有获得欧洲结构基金资金的地区,都在布鲁塞尔或斯特拉斯堡设立了代表处,对欧洲理事会或欧洲议会进行政治游说、跟踪欧盟法规,保护和扩大地区的利益。在欧盟层面维护地区的利益,已经成为欧洲政治中的一个重要特征。

反过来,在决策过程中,如果遇到民族国家的反对,欧盟也会直接与地区层面的政府沟通,使其自下而上对民族国家施加压力。在很大程度上,地区已经与欧盟达成某种同盟关系,与民族国家争夺权力,民族国家则出现所谓"空心化"。

欧洲的地区也组织起来,在欧盟框架内捍卫自己的利益。1985年,大约260个欧洲的地区组成了一个自愿性组织——欧洲地区大会。自1989年以来,一批比较具有影响力的地区多次组织召开了"地区的欧洲"会议,该会议后来被整合进欧洲地区大会。并于1996年12月4日发表了《欧洲地区主义宣言》,对于地区的定义、概念、权能与制度组织、财政地位、财源、地区与国家、与地方、与欧盟的关系、地区之间的关系等等,提出了明确的规定。关于地区与欧盟的关系,该宣言提出:

1. 欧盟应承认其成员国的地区及地区性的合作组织,乃是其政策的积极参与者。应有一个由地区组成的机构参与涉及到地区问题的决策过程。其成员应由地区提议。

2. 地区可以向欧盟机构派驻代表。这些代表机构可由几个地区共同建立。欧盟和这些地区所在之成员国应承认这些代表机构之正当地位。

3. 地区在其权限范围内或在其利益可能受影响之时,应参与国家决定地区在共同体机构中的地位问题之决策。

4. 某一问题如系地区负有专责或对其有特殊影响,国家不能背离该地区所采取的立场,除非国内立法为整体利益要求这样。国家续有证明其背离地区立场之正当性的责任。对于这些问题,地区也有权参与欧洲机构的决策过程,尤其是有权在国家代表团中派驻代表。

5. 地区应在其权能范围内实施共同体的法律。

6. 地区可争取共同体基金对于其权力范围内事务的援助。为此,地区可不经国家中介而直接与欧盟保持联系。

7. 地区可参与旨在推进共同体政策之执行的协定。

法院可监督地区执行共同体法律的情况。国家和地区应互相通报它们为执行共同体法律和计划所采取的措施。

8. 地区应有权就共同体机构所采取的可能影响它们的权力或利益的措施向欧洲法院提起诉讼。

9. 有关欧洲议会选举的法律应涉及那些具有分权的政治与行政结构的国家的地区选民。

10. 应作出制度安排使欧洲议会与能够直接代表公民意愿的地区议会保持联系。

欧盟也意识到了地区的重要性,并逐渐承认了地区是欧盟政治游戏中的一个大玩家。最早是在1988年,欧洲理事会设立了"地区与地方政府咨询理事会",同时,欧洲理事会也在许多地区设立了办事处。

1994年,欧洲共同体设立了"地区委员会"(Committee of Regions)。不过,需要指出的是,该委员会成员不仅包括"地区"的代表,也包括"地方"的代表。地区委员会的职能和权力与经济与社会委员会一样,是咨询性机构。根据最新的《欧洲联盟宪章》草案 Article I-31 第2段的规定,"地区委员会应由地区与地方实体的代表组成,这些代表或奉地区或地方政府之令,或在政治上对选举产生之议会负责。"它跟经济与社会委员会一样是咨询性机构。第4段又规定:"地区委员会成员不受任何强制性指令的约束。他们在行使自己的职责时,应体现联盟的普遍利益,应当是完全独立的。"这一规定保证了民族国家不能干预地区委员会的活动,使地区可以直接与欧盟沟通。

在立宪过程中,地区积极地参与。欧盟开始立宪以来,地区委员会向欧盟立宪大会提出了种种建议、决议、宣言和备忘录[①],争取在欧盟宪政框架中保护和扩大地区与地方自治的范围。

鉴于地区在欧盟事务中的重要作用,有学者提出,欧盟是一种多层管理的体制。各民族国家的中央政府不再垄断欧洲层次上的决策及国内利益集团与国际政治的联系。[②] 这一点是在观察欧盟政治决策时必须注意到的一个问题。

---

① 见地区委员会网站,http://www.cor.eu.int/en/conv/conv_con.html。
② 见王铁军:《论欧盟的地方化趋势》,见载胡瑾、王学玉主编:《发展中的欧洲联盟》,第377页。

转型国家宪法中对地方自治的安排

民主化一般都伴随着地方自治的发展。这一点，在前苏联、东欧发生政体革命后得到了充分的表现。在所有这些国家，不管是大国还是小国，原来适应于计划经济的、以革命党的垂直控制为核心的中央集权制度瓦解，地方自治获得发展。尽管在不同国家，发展水平参差不齐，但受到欧盟标准的激励，地方自治作为最基本的宪法和政治原则，在整个中东欧都已经牢固地树立起来了。

1. 波兰

1997年10月17日生效的波兰现《宪法》有专门章节对地方自治作出规定，《宪法》第七章即为《地方自治》①。第一百六十三条规定，地方自治单位应承担那些未由宪法或法律保留给其他公共当局之机构的公共职能。第一百六十四条规定，市镇(gmina)是地方自治的基本单位，市镇应承担起未保留给其他地方自治单位的地方自治之一切职能。第一百六十五条规定，地方自治单位应拥有法人资格，他们拥有所有权及其他财产权利。而地方自治单位的自我治理性质将由法院予以保护。

第一百六十六条规定，旨在满足自治性社区之要求的那些公共职责，应由地方自治单位作为其直接责任来承担。如国家的根本要求极为迫切，可通过法律要求地方自治单位承担其他公共职责。而地方自治单位与根深蒂固行政单位之间的纠纷应由行政法院来解决。

第一百六十七条、第一百六十八条对地方自治的财政问题作出安排：应确保地方自治单位获得足以履行其职责的公共资金。资金来源包括自己的财政收入和国家预算的一般性补贴与个别拨款。而自治单位的财政收入来源应由法律予以界定。如果地方自治单位的职责和权限范围发生变化，其财政份额也应相应进行调整。在法律规定的范围内，地方自治单位有权规定地方税和费的征收水平。

---

① 见波兰政府官方网站，http://www.poland.pl/info/information‐about‐poland/constitution/ch7.htm。

第一百六十九条对地方自治单位的管理机构作出规定。地方自治单位应通过其立法(constitutive)和执行机构来履行其职责。立法机构的选举应当是普遍的、直接的、平等的,应通过秘密投票进行。提名候选人及进行选举的原则和程序及判定选举是否有效的标准,应由法律予以明确规定。选举和罢免地方自治单位行政机构的原则和程序应由法律明确规定。地方自治单位的内部机构设置可由其立法机构在法律规定的权限范围内自行确定。

民众对于地方自治单位可以行使监督权。第一百七十条规定,自治性社区的成员可以通过公民投票的方式决定与其社区相关的事务,包括撤除由直接选举建立的地方自治机构。举行地方公民投票的原则和程序应由法律明确规定。

第一百七十一条规定了其他政府层级对地方自治单位的监督权限:地方自治的行动的合法性,应接受审查。进行这种审查的机构是总理,在涉及财政问题时,则是地区审计院。如果地方自治的立法机构严重违犯宪法或法律,则根据总理的提议,下院(Sejm)可以解散之。

最后一条则涉及到地方自治的结社权。地方自治单位有权结社,也有权加入国际性的地方、地区社团组织,并与其他国家的地方与地区进行合作,进行这些结社和合作的原则,则由法律规定。

2. 俄罗斯:地方自治一波三折①

俄罗斯实现政体革命后,实行联邦制。然而,这一联邦制仅仅是名义上的,它完全扭曲变形为高度集权的单一制体制。前苏联学者曾经指出:"实际上,这就是与行政命令管理体制相联的高度集中的中央官僚主义体制,它导致侵犯加盟共和国的主权和自治实体的自治权,压制它们的创造性和积极性,阉割苏维埃联邦制的实际内容,使国家实际上变成了单一制。"② 论者指出,"高度集权的单一国家管理体制的形成,是斯大林政治体制思想在国家管理体制上的必然反映,同时也是斯大林政

---

① 本节论述广泛参考了 Matthew Hyde, "New Hope for Local Self-Government under Putin?", *Russian Political Weekly*, Vol. 2, No. 22, 10 July 2002, http://www.cdi.org/russia/johnson/6347-12.cfm.

② 转引自张建华:《论苏联联邦制变形的历史原因》,载《东欧中亚研究》1999 年第 4 期。

治体制思想的重要组成部分。斯大林体制最大的弊端就是高度集权和缺乏民主。这种政治体制对于苏联政府的民族政策和各民族的民族进程的负面影响是相当大的。1936年的《苏联宪法》中在各个方面大大地强化了联盟中央的权力,使行政区划权、立法权和经济管理权进一步向联盟中央集中,开始了苏维埃联邦制的变形过程。"①

这种变形的体制在客观上加剧了苏联业已存在的复杂的民族问题,而且该体制本身最终成为苏联社会一个潜在的和最具危险性的矛盾焦点。苏联的政体革命便是以苏联的分崩离析开始的。因此,在新的政体下,如何恰当地平衡中央政府与地方政府的关系,成为制宪的重要问题。在1992年3月31日俄罗斯有关各方签署的联邦条约中,共和国、边疆区和州、莫斯科和圣彼得堡市、自治州和自治专区获得了从未有过的非常广泛的权力,其中包括政治、经济、立法、对外经济联系等方面的职权,共和国成为俄罗斯联邦的"主权国家",边疆区、州、莫斯科和圣彼得堡市不再是垂直的行政区域单位,它们被赋予联邦主体的法律地位。自治州和自治专区也享有联邦主体的平等地位。

不过,1993年通过的《俄罗斯联邦宪法》则减少了上述联邦主体的权限范围。俄罗斯新型联邦制度是按照各主体平等、联邦中央与各主体分权的原则建立的。它力图既避免走向联邦中央高度集权的体制,又有效地防止分裂主义危险。

不过,也许由于决策者更多地将注意力放在民族国家与地区和联邦主体之间的关系问题上,而对这之下层面的地方自治问题普遍地忽略了。面对直接与自治单位打交道的地区,地方政府只能依靠联邦法律来捍卫自己的自治地位,但俄罗斯却没有尽到这方面的责任。90年代初、中期,尽管人们在谈论"地方革命",但中央奉行的政策却在窒息地方政府的发展。

主要的难题是准确地界定,在苏联崩溃之后,什么算地方政府。事实上,从俄罗斯改革的现实看,"自治"的概念本身就包含着内在的紧张。一方面,"自我治理"中的"自我"强调代议的重要性。如果片面强调这一点,就会要求就是最小的村庄和居民点,都应该有自己的地方政

---

① 转引自张建华:《论苏联联邦制变形的历史原因》,载《东欧中亚研究》1999年第4期。

府机构(所谓的"居住原则")。这当然不现实,因为它根本无力提供服务。事实上,居住原则有时会被反对地方自治的人作为将地方职责转让给地区一级的借口。同样,如果将地方政府定义为在法律上有别于国家的组织,也会导致有人认为,那海口不如称其为一类"社会组织",只能赋予其最小职能。

对地方政府的另一个极端定义是将其视为垂直的国家权力体系中最低一层(就像在苏联时期那样)。这当然跟自治是两回事。

到底应该奉行什么样的模式,1995年的《俄罗斯联邦地方自治法》是折中妥协的产物,基本上不具备可执行性。于是,进一步发育地方政府的责任就落在了地区一级政府身上,而这级政府却倾向于剥夺地方的资源和自治地位。各地区频繁地违反联邦关于地方自治的法律,事实上,在很多地方根本就不存在地方自治,其功能由地区的国家机构履行。而在存在着地方政府的地方,地区则不断地将责任下放,却没有同时下放资源。结果,地方政府成了联邦政策失败的替罪羊。

由于地方政府无力履行其主要任务,民众不免对地方自治大为失望,因此,在有些地方,居民强烈要求将地方政府的职责转让给地区政府。

普京上台之初,试图强化中央对地方的垂直控制,建立其从总统一直延伸到最基层政府的垂直控制链,这当然是违反地方自治原则的。事实上,他提出的措施就包括由地区政府任命人口在5万以上的城市的市长,这是对地方自治的一大打击。不过最终这一设想并未实现。

戏剧性的是,到2001年和2002年,普京却开始改变政策。2001年2月他发表讲话,呼吁通过税收收入再分配,增加地方政府的财政收入。普京也表示,他将重点关注地方政府的难题。

政府似乎已经有一些设想。财政部提出的2005年俄罗斯联邦的财政联邦主义发展纲要中提出要审查地区与地方的财政关系,并计划采取措施改善地方财政,限制地区向地方转嫁责任的权力。它也计划为地方一级建立起一个稳定的不可剥夺的税基,将一些税种转让给地方。不过,也需要看到,2002年的预算使得地方政府只能得到从其税源那里征收到的税收的5%—6%,地方反而更为依赖补贴。

不过,有一个变化将有利地方。2001年6月,建立了关于联邦、地区和地方政府权力划分的总统委员会,该委员会提出的一个最重要的建议是进行结构重组,建立两层地方政府。最低一层称为市镇(municipality),按居民原则组成,实行直接选举。市镇负责提供市镇服务,通过地方税、补助金、服务收费等获取收入。在市镇之上建立区(okrugs),至少由三个市镇组成,由市镇议会间接选举。区将处理教育、卫生及被授予的国家职能,由市镇和地区政府提供资金。这一方案的目标是确保地方政府所承担的责任与其规模和能力相称,同时又能使小单位得到有效的代表。

不过,这一方案能否得到落实,尚不得而知。而且,俄罗斯联邦有关地方自治的政策始终有自相矛盾之处,地方自治经常不过是联邦与地区一级争夺权力中的一个砝码,联邦政府经常联合地方政府对付桀骜不驯的地区政府,在这种斗争趋缓的时候,地方自治就被忘记。仅从这一点看,俄罗斯仍然没有完全摆脱中央集权的传统制度。

3. 启示性结论

在欧洲漫长的历史中,始终具有地方自治的空间,17、18世纪以来建立的现代自由政体,则更加充分地保障了这一古老的自治制度的正常运作。而到20世纪,由于受到计划心态和福利制度的诱惑,欧洲国家的地方自治制度受到中央集权的侵蚀,不过,尚没有伤及地方自治制度的根本。而由于计划体制和福利制度本身具有自我挫败性质,在其失灵之时,地方自治就又显示出其惊人的生命力。

欧盟立宪与这个地方自治复归的过程同步,因而,在欧盟的宪法规定及制度设计中,对于地方、地区的自治给予了相当大的重视。这样的制度设计其实更多地是对现实的肯定,是在欧洲传统的政府观念——即自下而上地授权观念——下,欧盟面对现实表现出来的一种自我约束。

而在当代中国,政府构造的原则是自上而下地授权,因此,在未来的修宪或立宪过程中,如何使立宪者接受自上而下的政府构造观念,接受政府——尤其是更大范围的治理单位——自我约束的观念,对于是否能够设计出一部容纳地方自治的自由宪法,具有决定性的意义。

基于这一长远考虑,培育地方自治的观念是至关重要的;同时,更重要的是,在现有的制度框架下,利用种种可能的机会,推进任何层面的自治试验,不管是个人自治,还是行业自治,或者是团体自治,不用说也包括各个层级政治治理的自治,可以为未来从宪法上确立地方自治多少确立一定观念和制度基础。

东亚国家地方自治的宪法安排

与欧洲及整个世界一样,在20世纪的大多数时间,现代化的后发国家也几乎无一例外倾向于中央集权制度,而疏远地方自治。这里有一个特殊的原因,即"赶超战略"。这些国家是在西方列强兵舰前来"叩关"、面临着沦为西方殖民地之危机的情况下走上现代化道路的。强烈的民族危机感迫使这些国家——不管是采用资本主义体制还是建立社会主义体制——都采取了尽可能地集中人力物力资源迅速发展经济、"富国强兵"、赶超西方发达国家的战略。为此,在社会主义国家,都创建了典型的计划经济模式,这样的模式逻辑地内涵着中央集权的结论。即使是在大体上奉行资本主义制度的国家,也几乎无一例外地采用了国家主导型经济体制,相应地也实行了中央集权型的政治架构。这一点,在韩国、日本、东南亚国家表现得极为明显。直到20世纪80年代后期以来,这一套体制开始面临危机。有论者指出,70年代末、80年代初以来,"鼓励权力下放,加强地方政府,已成为发展中国家的一个普遍趋势。"[①]本节将简单介绍几个国家的情形。这些国家由中央集权向地方自治转轨的过程,对于中国可能更具有参考意义。

1. 韩国地方自治发展概况

在东亚地区,韩国的地方自治活动似乎开展得有声有色。其中尤其值得注意的是地方自治的程度与民主化程度之间似乎存在强烈的正相关关系,而民间和学者的学术与政治努力,对于推进地方自治具有重大作用。

---

① 智贤:《Governance——现代"治道"新概念》,载《市场逻辑与国家观念》,三联书店1995年版,第63页。

韩国早在现代立国之初就制定了《地方自治法》，实行地方自治,时为1949年。不过,地方议会于1961年被军政府解散。尽管社会各界特别是民主人士呼吁恢复地方自治,但朴正熙独裁政府拒绝举行地方选举。

但是,20世纪70和80年代,地方经济飞速发展加强了争取地方自治的要求。为有效地满足这一要求,中央政府在80年中期开始鼓励开展可行性研究,并计划恢复地方自治。自1985年开始,韩国举行了多次公开听证会和研讨会,有关此一议题的文章和书籍也开始出现。

1988年,中央政府修订了《地方自治法》。根据新法,汉城特别市、6个自治市和9个道被定为高级地方政府。汉城的区、自治市、市(小市)和郡被定为低级地方政府实体。这种区分是为了分段推行地方自治。1991年3月,小行政单位(小市郡和大城市的区)举行议会选举,1991年6月,大行政单位(大城市和道)举行了议会选举。修改后的法律授权地方议会对地方政府进行检查和审计。1995年举行了地方政府长官的选举。

现行的《大韩民国宪法》第一百一十七条规定,"地方政府就负责处理当地居民的福利事务,管理财产,并可在法律和法规的范围内制订有关当地自治的规章制度"。[①]

从上述历程可以看出,韩国的地方自治是与民主化同步进行的。一位曾密切关注韩国地方自治进程的专家曾指出:"要理解韩国的民主化进程,最好的办法是研究地方自治的发展过程。我们可以毫不夸张地将一个国家地方自治的质量视为衡量其民主制度质量的基准。地方自治是最低层次的民主制度。在这里,公民可以最好地发现和亲身体会民主决策与参与的好处。"[②]

现任韩国总统卢武铉从政以来,一直比较关注地方自治。1993年,

---

① 上述简单介绍见韩国在线网站,http://www.hanguo.org/fact/date/index.php? new‐id=29&type‐n=59。

② Ronald Meinardus, Commentary: Local Autonomy in Korea, 见 *The Korea Times*, September 14th, 1999。

为了增进地方自治,时任总统府秘书室长卢武铉成立了作为增进民主手段之一的"地方自治事务所"。自韩国实行地方自治制以来,该研究所为地方政府培养了大量人才。该研究所现更名为自治经营研究院。[①]卢武铉提出的12大国政课题中第二项就是"地方分权与国家均衡发展",内容为:"1. 开创地方分权工作的新局面,2. 实现国家均衡发展和地域特性化,3. 发展地方大学,培育地方文化,4. 建设新行政首都"。[②]

值得注意的是,像卢创建的这类本身即为自治性的机构,对于推进地方自治发挥了相当大的作用。这样的研究机构既有学术研究性质的,也有政治性质的,既有民间性的,也有官方性、半官方性的。

1987年4月25日,韩国地方自治中心成立,该中心旨在通过历史的、比较的和跨学科的方法,来推进有关地方自治与民主的学术研究,透过进行调查、研究、培训和咨询工作,推进地方自治制度的建立,并与欧洲、尤其是德国开展国际交流。[③]

透过交流,韩国若干致力于推动地方自治的民间机构与学者就如何实施地方自治的原则达成一致,并于2001年3月21日发表了一份《地方自治宪章》(见文末附录2)。迄今为止,已有大约300多家机构在这份宪章上签字。发起者也邀请地方政府与地方理事会在这份宪章上签字。

一个半官方的推进地方自治与地方利益的机构是"韩国地方政府国际化协会"[④],成立于1994年6月,由全国地方政府团体共同出资设立,其宗旨是"为了更有效地支援21世纪国际化,世界化时代中各地方政府的海外活动够及交流工作,并为地区的国际化和地方自治发展做贡献"。这个协会突出了国际化与地方化是一体两面,一个日益国际化的地方,必将是一个日益自治的地方,这一点从欧盟的地区主义趋势中也可以清楚地看到。

---

① 见韩国在线网站介绍卢武铉总统生平的部分,http://www.hanguo.or.kr/gov/pres/ludlc3.htm。
② 见韩国在线网站,http://www.hanguo.or.kr/gov/pres/12.htm。
③ 相关信息可参见该中心网站,http://fnf-cla.hanyang.ac.kr/english/eng_index.asp。
④ 关于该协会情况,可访问其网站 http://www.klafir.or.kr。

2．日本地方自治发展概况[①]

日本曾经是所谓东亚模式的创立者,这一模式的核心是政府——中央政府——官僚主导经济发展,早就写入宪法中的、以民众直接参与为主的地方自治,曾经长期受到抑制,但随着日本进行经济转型,地方自治也成为一股重要的政治潮流。

日本的地方自治制度发端于明治初期,二战后日本政府又将其正式列入宪法,并且制定了《地方自治法》等一系列专门法律,从而使这一制度得到了确立和完善。现行《日本国宪法》第8章系为地方自治条款,其中规定:

> 第九十二条　关于地方公共团体的组织及运营事项,根据地方自治的宗旨由法律规定之。
>
> 第九十三条　地方公共团体根据法律规定设置议会为其议事机关。
>
> 地方公共团体的长官、议会议员以及法律规定的其他官吏,由该地方公共团体的居民直接选举之。
>
> 第九十四条　地方公共团体有管理财产、处理事务以及执行行政的权能,得在法律范围内制定条例。
>
> 第九十五条　仅适用于某一地方公共团体的特别法,根据法律规定,非经该地方公共团体居民投票半数以上同意,国会不得制定。

日本另有《地方自治法》,载明了日本关于地方自治的基本原则,《自治法》赋予地方自治原则以特殊的合法性。《地方自治法》详细规定了地方公共实体的形式和组织框架以及它们的行政准则,它也详细规定了这些地方实体与中央政府的关系。

有学者诠释指出,《日本国宪法》规定了"主权在民"的原则,因而能

[①] 关于日本地方自治情况的介绍,除另有注明外,主要参照中国社会科学院日本研究所韩铁英的三篇文章,《团体自治的虚像与实像——日本中央与地方的关系浅析》(http://www.cass.net.cn/chinese/s30_rbs/files/geren/hantieying/lw3.htm),《21世纪初期日本的中央地方关系——以对地方分权改革的分析为中心》(http://www.cass.net.cn/chinese/s30_rbs/files/geren/hexiaosong/lw2.htm),《居民自治的生理与病理——日本地方政府与居民的关系浅析》(http://www.cass.net.cn/chinese/s30_rbs/files/geren/hantieying/lw1.htm),俱见中国社会科学院日本研究所网站。

够保证居民有通过自治体自主处理与居民切身利益相关事务的权利。而且,宪法第八章不仅规定居民有直接选举地方政府首长和议员的"居民自治权",还规定地方政府享有自主立法权、自主执行权和自主财政权,从而排除了中央政府对地方政府的监护。

日本的地方自治体系是建立在两个主要原则基础上的。第一,某一地理区域有权建立自治性质的地方公共实体,它可以在一定程度上独立于中央政府。第二,它认同"公民自治"的观点,这些地区的居民在一定程度上参与和处理当地的公共团体的各项活动。①

不过,尽管日本地方政府的自治权利在与中央政府实际打交道的过程中获得了广泛的认同,它们被认为是自治的实体,但由于它们的资金来自于中央政府,政策方向也受中央政府的制约,实际上这些自治实体是被中央政府以不同的方式控制着。不要说第二次世界大战之前逐渐形成的高度中央集权的战时体制,即以战后而言,虽然新宪法规定日本实行地方自治制度,但日本政府出于医治战争创伤、发展经济并迅速追赶发达国家的需要,基本上沿用了战时的以国家主导、中央集权为重要特征的"1940年体制"。这一体制甚至被称为"日本模式"而得到广泛声誉、在东亚被广泛模仿。很多论者将日本战后的经济奇迹归功于这一中央集中控制的模式。

韩铁英总结指出:"战后以来的中央地方关系实际上还是一种上下级关系,而不是对等并立关系。这一状况与西方民主政治理论中的地方自治原则之间存在着明显的乖离。当然,学术理论界主张的上述地方自治原则带有一些理想主义的色彩。而更多的日本国民似乎更容易受到现实主义思潮的影响。日本毕竟是在这种中央集权色彩很浓的政治体制之下实现了经济高速增长的。这大概也就是虽然早有肖普以来国内外学术界的尖锐批评而中央集权的现状未有改变的根本原因。"②

在这种情况下,尽管法令俱在,但日本战后仍维持行政主导、中央政府主导的格局,有学者指出,日本中央对地方的干预方式有立法干预、

---

① 日本驻华大使馆网站,http://www.cn.emb-japan.go.jp/2nd%20tier/japanaccess/ac06.htm。
② 韩铁英:《21世纪初期日本的中央地方关系——以对地方分权改革的分析为中心》。

司法干预和行政干预三大类。① "因此,名义上日本实行地方自治制度,实际上中央政府的触角几乎遍及地方政府活动的各个领域。并且,这些干预都通过法律形式加以明确。"②

不过,进入90年代,随着日本经济奇迹转换成延续十余年的经济萧条,国家主导的经济模式受到怀疑,中央集权体制因之也遭到普遍的质疑。而国际社会也形成了分权、自治潮流,日本逐渐形成了一场声势浩大"地方分权改革"运动。

这场运动除了一些新锐政界人物迎合民众呼声之外,与韩国一样,各种民间和"半官方"团体发挥了重大推进作用。首先是地方官员组成的半官方团体出于自身利益考虑,扮演了推进地方自治的重要角色。1994年9月,全国知事会、都道府县议长会、市长会、市议长会、町村会、町村议长会等"地方六团体"提出了要求废止机关委任事务的"意见书"。大城市在争取自治方面似乎走在前面。东京都知事石原慎太郎在2002年向都议会发表的政策讲话中就明确提出要建立"更大程度的自治"。

在民间,日本最具有影响力的企业团体——经团联、经济同友会、关西经济团体联合会(简称关经联)等深切感受到中央集权的国家主导模式对于自由市场的约束,因而在泡沫经济破灭后,即于90年代初期提出了地方分权方案。青年会议所、行政改革国民会议、"民间政治临时调查会"、学术界团体等民间团体也都提出了改革方案或改革要求。

学术界在这次改革中的作用比较突出。战后几十年来,日本的政治行政学者们对日本中央地方关系的现状与地方自治原则之间的乖离进行了许多揭露和剖析,并在社会上产生了广泛影响。东京大学教授西尾胜在1986年出版的与几位同仁合著的《自治行政要论》一书中明确地提出了中央政府与地方政府应是"对等、并立的伙伴关系"的主张。西尾胜教授后来成为"地方分权推进委员会"的七名委员之一,而该委员会下设的两个部会的部会长和多名成员也都是大学教授,这次改革的口

---

① 具体的分析详见项中新:《日本的政府间关系:特征与启示》,http://www.cuhk.edu.hk/gpa/wang_files/XZX%20on%20Japan.doc。

② 同上。

号之一是"从上下关系变成对等关系",明显反映了学者的观点,从而使这次改革带有了一点儿"学者主导"的色彩。

经过多方努力,到1995年5月19日,村山内阁提出的《地方分权推进法》获得通过,并于同年7月3日开始实施。根据该法设立的"地方分权推进委员会"于同日开始工作。该委员会先后于1996年2月、1997年的7月、9月、10月和1998年3月向日本政府5次提出了设计改革方案的"劝告"。内阁则据此制订了"第一次地方分权基本计划"和"第二次地方分权基本计划",并取得了一些实质性进展。

其中一项重要内容是将一些征税权由中央政府转让给地方政府。日本地方财政的规模非常庞大,全国全部公共开支的约60%是由地方政府花出的。在1997财政年度,这些地方开支达到88万亿日元(7300亿美元)。但地方政府自行收取地方税远不足以满足其财政需要,比如,1995年地方税的收入仅占地方政府全部开销的33.2%。不足部分中,16.8%由地方政府债券弥补,另外部分由中央政府拨付:其中,中央政府用以对地方财政部门施加调节的地方分配税弥补了15.9%,国库支出弥补14.9%。而地方政府发行债券也必须经过专门负责地方政府事务的中央政府自治省的批准。因此,从财政的角度看,地方政府依赖着中央政府。据此人们批评说,地方政府仅有三分之一的自治权。1997年,作为增加地方政府财政收入、以提高地方政府的权威及增加地方福利项目的一个手段,地方政府开始征收一项地方消费税。2003年6月16日,官房厅下属的一个税收委员会发表了其关于日本税收制度的第二份报告,其中建议,将部分征税权下放给地方政府。这将是未来税制改革的一个基本方向。

尽管直到目前为止,日本的地方分权程度虽然比以前有一定提高,但还很难说是"对等"的"合作关系"。可以说21世纪初期的中央地方关系还将是那种"集权色彩比较浓厚的中央地方关系"[①]。不过,扩大地方自治将是日本政治发展的一个重要趋势。我们起码可以肯定一点,"日本的分权运动已经从辩论阶段进入了执行阶段。借用内政部的话说,要将一律的、集中的、强调民族一致和公平的行政体系,转变为多样

---

① 韩铁英:《21世纪初期日本的中央地方关系——以对地方分权改革的分析为中心》。

化的、分散的、尊重地方居民和地区意见的行政管理体系,就必须进行分权化。这种分权化也将导向公开的地方政府。"①

中国地方自治的历史与前瞻

1. 20 世纪上半期之地方自治制度试验

秦以前的古代中国是一个多元而分散的社会。秦始皇以武力统一中国,废封建、设郡县,建立了单一制的中央集权国家。不过,在政治上的中央集权框架下,县以下普遍地实现地方自治,这种自治以乡里制度和宗族制度为基础,由乡绅、族长主导的地方治理,这种治理也是相当自主的,且有不成文之宪则的保障。但它与近代意义上的地方自治仍有一定距离。

作为西方民主制度标志的现代意义上的地方自治,是随着西方思潮的东渐和清政府的预备立宪改革,才得以引进生根。百日维新前后,地方自治概念开始引入中国。随着西方宪政思想的传播,中国的一批知识分子和政治精英开始倡导和推行地方自治。黄遵宪、康有为、梁启超等人认为,只有推行地方自治,才能奠定立宪政治的基础,挽救国家的危亡。清政府多数官僚也认为,欲仿行宪政,应以实行地方自治为基础。在此情况下,清政府决定实行宪政,并派五大臣出洋考察宪政,并决定将地方自治作为筹备立宪的重要事项。

光绪三十四年(1908 年)十二月,清政府颁布《城镇乡地方自治章程》,在全国推行地方自治。据此,地方自治分为两级:城镇乡级自治为下级自治,限五年内初具规模;府厅州县级自治为上级自治,限七年内一律成立。并规定在城区先进行自治实验,后再推至乡镇。但因各地情形不一,也有变通实施的。为了推动地方自治运动的开展,清政府又于宣统元年(1909 年)三月颁布《自治研究所章程》,责令于各省省城及各

---

① Akira Imagawa, Local Autonomy and Transparency in Japan, 提交给韩国 The Center for Local Government 举办的 The 13th International Semina Local Autonomy and Transparency(2000 年 10 月)的论文。见 The Center for Local Government 网站。

府、厅、州、县设立自治研究所,以"讲习自治章程,造就自治职员"①。

次年,清政府又颁布《京师地方自治章程》及其选举章程、《府厅州县地方自治章程》和《府厅州县议事会议员选举章程》,使自治政策更趋完善。清政府地方自治政策的制定,使地方自治成为政府的一项基本国策,从而在全国出现了一股地方自治风潮。不长时间内全国基本上建立了地方自治的架构:有若干省成立了议事会、参事会;城镇乡地方自治机关普遍成立,作为地方自治办公、办事机构的自治公所3350个,全国选举产生的城镇乡议事会议员和董事会成员有68000人之多。府厅州县地方自治亦于1910年开始办理。至1911年,全国各地成立的自治会、自治研究会、自治预备会等团体达五十多个。此外,还有更多的自治研究所、自治公所、议事会、董事会等机构。

在一些商业发达的地区,地方自治取得了相当的成绩。

清廷退位,共和建立后,社会的权力中心、整合中枢、文化象征和资源分配中心同时出现真空状态。革命还剪断了中央与地方之间的行政纽带。但作为立宪——政治改革成果的地方民意机构和地方自治机关,因其具有与官僚行政体制不同的异质性,使其不仅未在旧政体瓦解中受到损害,反而因其异质性而顺利契入新的政治体系,获得了新的合法性,并填补了地方公共权力的真空。1912年2月,南京临时政府内务总长程德全发布命令:"民国建立,人民有参政之权,而养成政治能力尤以地方自治为先导。我国地方自治在满清时代颇具基础,应请各都督令各州县妥谕人民,通限三个月内将城镇乡会选举等一律制齐。"

作为南京政府合法继承者的袁世凯于1914年12月下令停办地方自治。但地方自治作为公民参政或曰扩大政治参与的一种制度安排,已经成为制度创新的一种象征符号。为扩大中央政府的合法性基础计,在停办令下发的几个月后,又颁布了《地方自治试行条例》及《地方自治试行条例实施细则》。

袁世凯集权试验失败后,1916年8月,国会复会讨论《中华民国宪法》,省制问题为当时各方所激烈争论者。一部分人士提出,省制入宪,且省长由省民选举。

---

① 故宫博物院明清档案部编:《清末筹备立宪档案史料》下册,中华书局1979年版,第747页。

在这之后,由于南北两个中央政府陷入僵局,各省自治的呼吁渐高。到 1920 年夏秋间,西南各省提出了各省实行自治的主张,这就是联省自治运动的起源。联省自治的理想目标乃是联邦制。即先通过各省立宪自治,最后全国在联邦制框架下实现统一。

联省自治成就最卓著者为湖南。1920 年 7 月,直皖战争结束后不久,湖南督军谭延闿通电全国,主张中国实行联邦制,民选省长,实行联省自治,并制定了《自治法》。此举得到在京湘绅的大力支持之后,湖南省开始着手制定省宪。1922 年 1 月 1 日,公布了《湖南省宪法》。该宪法将省权列举于宪法之中,从而划清了中央和地方之间的权限。另外,这部宪法也大大扩展了人民权利。该宪法曾实行 4 年有余。

《湖南省宪法》对自治的各省起到了示范作用。云南、广西、贵州、陕西、江苏、江西、湖北、福建等省,或由当局宣言制宪自治,或由人民积极运动制宪。联省自治运动由此发展到高潮,各省开始驱逐督军,并要求废督,民选省长。联省自治运动如此高涨,与各省军阀的支持是分不开的。因而,把持北京政府的直系强烈反对自治。

但北京政府也不可能无视人们自治的呼声,因而不得不认可地方之自治试验,并把事实存在的地方分立状态导入法制轨道。遂先后由国会制定《县自治法》、《市自治法》和《县自治法实施细则》、《市自治法实施细则》。1923 年 10 月颁布的《中华民国宪法》第五章"国权"明确划分了国家(中央政府)与地方的事权,并于第二十二条确定:"属于国家事项,依本宪法之规定行使之;属于地方事项,依本宪法及各省自治法之规定行使之"。此一段落似乎意味着,中央政府仅能行使宪法所明列的事权。另在第二十六条规定,凡中央与地方因在事权上"遇有争议,由最高法院裁决之",而第二十七条又云,"省法律与国家法律发生抵触之疑义时,由最高法院解释之",此系典型的联邦制安排。该宪法之第十二章则专门规定《地方制度》,省可制定省自治法,各省均设省议会为单一制之代议机关,议员均应直接选举产生。省均设省务院执行省自治行政,省务员由全省选民直接选举产生。县设县议会,为县地方自治的立法机关。县政府为自治执行机关。县议会议员、县长分别由县选民直接选举产生。县对县之自治事项有完全执行权,不受省之干涉。如果仅从法律条文上分析,这一时期的地方自治,已经到了与民主理念完全契合的程度。

20世纪20年代末,中国政治权力主体发生了根本性转换,南京政府取代了北洋政府。国民政府对于地方政府也多有留意。依孙中山的理论,"训政的根本方法,则为分县自治。所谓分县自治,在以县为试行民生主义及民权主义的基本区域"①。在国民党分裂时期,汪兆铭等所领导之一派曾于1930年10月提出《太原约法草案》,其中第三章关于国权部分规定,对于国家(中央)的事权采用列举的办法,而不归国家的事权,自然地属于地方。尽管所列举的中央事权极为繁多,但从原则上说,具有联邦制,而各省也可自制省宪。

南京政府在逐步取得对全国的统治权后,立法院自1929年6月起陆续制定地方自治法律法规,逐渐建立了地方制度。据此规定,省、县、市设参议会,区设区公所与区民大会,乡镇设乡镇公所与乡、镇民大会,乡以下的基层政权都是自治机关。上述地方行政机关与自治机关统称为地方政权。但1931年6月颁布之《中华民国训政时期约法》却违背孙中山教导,从不完全的地方自治倒退,采行中央集权,"县置县政府,受省政府之指挥","省置省政府,受中央之指挥"。惟一的亮点是,"各县组织自治筹备会",筹备训政结束后之自治事宜。

到1936年5月宣布《中华民国宪法草案》,第四章为"中央政府",第五章为"地方制度",规定省受中央指挥,而"县为地方自治单位","凡事务有因地制宜之性质者,划为地方自治事项","县民关于县自治事项,依法律行使创制复决之权,对于县长及其他县自治人员,依法律行使选举罢免之权"。另在县自治之外,又有市自治,其形式与县自治相同。据此,1939年,国民政府颁布《县各级组织纲要》,启动了因抗战而一度停滞的地方自治,实行"新县制"。1942年国民政府颁布《市组织法》,实行市自治。不过,在当时的政治生态环境下,新的县、市自治制度的推行效果十分有限。

抗战胜利后,国民党宣布实行宪政。1946年11月,颁布了《中华民国宪法》,第十章"中央与地方之权限",厘定中央、省及县各自之权限,划分方法实行列举式,划定完全属于中央之职权;立法权属于中央,执

---

① 王世杰、钱端升著:《比较宪法》,商务印书馆2002年版,第451页。

行权赋予地方;立法权属于省,执行权赋予县。第十一章"地方制度",规定实行完全的地方自治制度。省、县、市均为地方自治区域。其后又拟订了《省县自治通则草案》、《直辖市自治通则草案》、《市自治通则草案》。这些法律草案就实施自治程序、自治机关、自治范围和权限、自治监督等等做出了系统的可操作性的规定。从宪法和法律草案上看,已经完成了公共权力资源的完全开放。由于内战爆发,这一制度在大陆并未得到落实,而在台湾落根。

2. 五十年代以来台湾的地方自治

国民党政权败退台湾后,实行了有限的地方自治制度。1949年7月,"台湾省地方自治研究会"正式成立,于年底制定了"台湾省县市长选举罢免规程草案"等。1950年4月正式公布"台湾省各县市实施地方自治纲要",作为台湾省各县市实施自治的基本法规。此后又相继公布了十多种自治规章。同年下半年开始正式实行地方自治制度。依此纲要,设省、县市议会,进行县市议员和县市长的公民直选,分期分区举行了县以下各级民意代表及县长、市长和乡镇长的选举。1951年9月,《台湾省临时省议会组织规程》公布。第一届省议会实行间接选举制,55名省议员由全省21个县市议会的792名议员选出。第二届临时省议会改采直接民选。乡镇也设乡镇代表会,并由公民直选乡镇代表和乡镇长。县市议会和乡镇代表会,均是具有立法权的立法机关。自1957年第三届临时议会起,议员改由公民直选产生。1959年取消"临时"二字,成为第一届台湾"省议会"。台北、高雄两院辖市也先后设置了市议会,进行"市议员"公民直选。1959年《省县自治法》和《直辖市自治法》公布。1994年台湾首次举行省政府主席直接选举和台北、高雄改制为院辖市后第一次市长选举。1950年至1997年已经进行了13届的县市长和14届的县市议员选举。

此后,台湾社会处于政治转型的关键时期,威权体制受到激烈的挑战,中央集权式的政府运作方式已不能适应整体社会结构的变迁,分权已成为政治转型的主要标志。这种分权的取向,在中央表现为多元制衡政治,在以省市县为主体的地方则表现为自治政治。为协调各种政治势力的分权行为,因应政治体制的大幅变动,1986年台湾当局提出党政革新六大议题,其中之一是地方自治法制化。地方自治法制化成为"修宪"的重要内容。大致涉及明确划分中央与地方的权限,充实地方财源,落实地方自治,精简行政机构,减少行政层级。1977年和1999年,《中华民国宪法》两次增修,先是冻结了省级选举,后是改变了省的性质和地位。根据"增修条文"第九条第三项的规定,立法院于1999年通过了《地方制度法》,废止了原来的《省县自治法》。《地方制度法》规定:"省政府为行政院派出机关,省为非地方自治团体。"省、县(市)、乡三级自治又变成了县(市)、乡二级自治。最近,台湾民进党的"内政部长"表示,近期将提案修正地方制度法,在2006年完成乡镇长、县辖市长全面官派。若如此,台湾的地方自治将回归到孙中山当初设想的一级自治——县自治(以及直辖市和市自治)。

自治的具体内容:1.实施区域方面。地方指市县的行政区域。"宪法"第一百二十一条、第一百一十八条、第一百二十八条分别规定了县、直辖市和市均实行自治。2.施政方式方面。县、市均采取行政与立法机关直接对选民负责的机关对立主义。这样一来,地方施政的行政机关与立法机关因同出于选民选举,对选民负责,无法形成隶属关系及机关合一,行政机关对立法机关无负责的必要,从而形成对立。3.权限划分方面。依照"宪法"采取均权制度:凡事务有全国一致性质的划归中央,凡有因地制宜性质的划归地方,不偏于中央集权或地方分权。"宪法"第一百一十条及第一百一十一条规定县级自治政府之权限,并据此制定《县自治法》。第一百二十四条及第一百二十五条规定,县议会有立法权,县单行规章不能与"国家"法律或省法规相抵触。4.人民享有政治权力方面。"宪法"第一百二十三条规定,县民关于县自治事项,依法行使创制、复决权,对于县长及其县自治人员,依法行使选举、罢免之权。

台湾《地方制度法》规定地方自治团体"依本法办理自治事项,并执行上级政府委办事项"。所谓"自治事项":"指地方自治团体依宪法或本法规定,得自为立法并执行,或法律规定应由该团体办理之事务,而负其政策规划及行政执行责任之事项。"所谓"委办事项":"指地方自治团体依法律、上级法规或规章规定,在上级政府指挥监督下,执行上级政府交付办理之非属该团体事务,而负其行政执行责任之事项。"

台湾《地方制度法》还规定:"乡以内之编组为村;镇、县辖市及区以内之编组为里。"其中"乡(镇、市)为地方自治团体",村、里只是地方自治团体内部的"编组"。《地方制度法》第五十九条规定:"村(里)置村(里)长一人,受乡(镇、市、区)长之指挥监督,办理村(里)公务及交办事项。由村(里)民依法选举之,任期四年,连选得连任。"除村(里)长外,村(里)还设有作为地方公务员的干事。

3. 1949年后中国的地方自治

1949年后,中国致力于建设全面的计划体制,与此相适应,除了民族区域自治之外,基本上完全废除了一切地方自治因素。

1949年的《中国人民政治协商会议共同纲领》第十五条规定,"各级政权机关一律实行民主集中制。……各下级人民政府均由上级人民政府加委并服从上级人民政府。全国各地方人民政府均服从中央人民政府。"第十六条规定,"中央人民政府与地方人民政府间职权的划分,应按照各项事务的性质,由中央人民政府委员会以法令加以规定,使之既利于国家统一,又利于因地制宜。"

《中国人民政治协商会议共同纲领》第六章在"民族政策"标题下规定了民族区域自治的原则:

> 第五十一条 各少数民族聚居的地区,应实行民族的区域自治,按照民族聚居的人口多少和区域大小,分别建立各种民族自治机关。凡各民族杂居的地方及民族自治区内,各民族在当地政权机关中均应有相当名额的代表。
>
> 第五十二条 中华人民共和国境内各少数民族,均有按照统一的国家军事制度,参加人民解放军及组织地方人民公安部队的权利。
>
> 第五十三条 各少数民族均有发展其语言文字、保持或改革其风俗习惯及宗教信仰的自由。人民政府应帮助各少数民族的人民大众发展其政治、经济、文化、教育的建设事业。

1954年宪法则仍然将民主集中制作为处理中央与地方关系的基本原则。总纲第二条规定:"全国人民代表大会、地方各级人民代表大会和其他国家机关,一律实行民主集中制。"第六十六条规定:"地方各级人民委员会[地方行政机关]都对本级人民代表大会和上一级国家行政机关负责并报告工作。全国地方各级人民委员会都是国务院统一领导下的国家行政机关,都服从国务院"。而民族区域自治则被写入总纲,第三条第4段规定,"各少数民族聚居的地方实行区域自治。"第五节则专门对具体制度作出规定。

1982年《宪法》尽管在第一章总纲第二条第3段规定,"人民依照法律规定,通过各种途径和形式,管理国家事务,管理经济和文化事业,管理社会事务",但却并无地方自治的含义,事实上,接下来第三条第1段仍延续民主集中制原则,"中华人民共和国的国家机构实行民主集中制的原则。"第4段则明确规定了中央与地方政府的关系:"中央和地方的国家机构职权的划分,遵循在中央的统一领导下,充分发挥地方的主动性、积极性的原则。"相对于1954年的宪法,在扩大地方权利方面,这已经是一个进步。

透过上述宪法条文的分析,我们看到,严格说来,中国实际上不存在现代意义上的地方自治。

当然,在我国现行的宪法制度安排中,存在法理上的民族区域自治和作为地方自治基础的村(居)委会自治。

1982年《宪法》第一百一十一条规定:"城市和农村按居民居住地区设立的居民委员会或者村民委员会是基层群众性自治组织。居民委员会、村民委员会的主任、副主任和委员由居民选举。居民委员会、村民委员会同基层政权的相互关系由法律规定。"从这一条文可以看出,村(居)委会是宪法所规定的自治组织,目前的村级自治实践正是在这一宪法条文基础上展开的。

关于民族区域自治,早在1952年,中央人民政府就颁布了《中华人民共和国民族区域自治实施纲要》,1984年,全国人大又颁布了《民族区域自治法》。该法不仅使民族区域自治有了法律保障,而且扩大了民族自治地方的自主权。这些宪法性文件是实施民族区域自治的基础。

但由于制度性原因,民族区域自治制度始终没有得到较好的落实。原因主要有三:(1)从体制上看,民族自治机关统为中央人民政府统一领导下的一级地方政权,因而,尽管《民族区域自治法》和《宪法》规定自治机关有广泛的自治权,但实际自治权的大小最终还是取决于中央政府的集权与放权。(2) 从民族自治地方自身的情况看,民族自治地方由于历史和文化的原因,经济和社会发展的基础都比较薄弱,这在客观上就使得民族自治地方在促进本地区经济和社会发展时,对中央政府有较强的依赖性,这种依赖性限制了自治权的行使和发挥。(3) 从经济运行模式看,长期以来,我国实行计划经济,这种经济运行模式以及强大的计划性把地方经济发展,包括民族自治地方的经济与社会发展全部纳入国家统一的经济与社会发展计划。在此情况下,民族自治地方政府所具有的双重性,即既是一级地方行政机关又是自治地方的自治机关。实际上地方自治政府只是作为一级地方行政机关而存在。因此,地方自治权常常就被湮没在地方行政机关的职权中,所谓的地方自治无法落实。

70年代末80年代初开始的全面改革,在经济体制上,主要改变传统的计划经济管理体制;在政治体制上,主要改变党政合一,权力过分集中的现象。因而,改革在总体上是倾向于地方分权的。与改革前"就事论事"的地方分权相比,改革中的地方分权使得地方在财政、行政和政治上都获得了一定的"解脱",赢得了一定的自主权。

在财政方面,"分灶吃饭"赋予了地方较大的财政自主权,地方财力增长迅速。1994年,国务院实行中央和地方的分税制改革,建立了从省到乡的四级地方财政,出现了杰弗里·萨克斯、杨小凯等所谓的"中国式财政联邦主义"。

在政治与行政方面,党政分开的改革实质是对横向集权的权力结构调整,也必然会带来纵向分权的效应。党政分开后,行政领导体制逐步走向首长负责制。1982年《宪法》明确规定,地方各级人民政府实行省长、市长、县长、区长、乡长、镇长负责制。这大大提高了地方政府在地方事务决策中的地位。地方人大权力的扩大也十分明显。1982年宪法规定:"省、直辖市的人民代表大会和它们的常务委员会,在不同宪法、法律、行政法规相抵触的前提下,可以制定地方性法规,报全国人民代表大会常务委员会备案。"根据《新宪法》修改通过的《中华人民共和国地方各级人民代表大会和地方各级人民政府组织法》进一步规定,省、自治区的人民政府所在地的市和国务院批准的较大的市的人民代表大会及其常委会,根据本市的具体情况和实际需要,在不同宪法、法律、行政法规和本省、自治区的地方性法规相抵触的前提下,可以制定地方性法规。由此,改革前的一级立法体制被两级立法体制所取代,从而扩大了省、自治区、直辖市国家权力机关的立法权。

不过,由于各级政府仍然在形式上是严格的上下级关系,因此,至少在县、市,仅只存在一定程度的事实上的自治,而不存在法律意义上的自治。

惟一合乎自治理念且为宪法所承认的是村民自治。1982年人民公社制度被废除,乡镇政府取代了原来的人民公社,全国各地陆续建立了村民委员会,而成为基层群众性自治组织。1987年11月24日,全国人大常委会通过了《中华人民共和国村民委员会组织法(试行)》,开始了村民自治的进程。在实行村民自治十年后,1998年11月4日又通过了正式的《中华人民共和国村民委员会组织法》,对村民自治的基本精神和基本原则作出了明确规定,村民自治这种新型的农村治理模式终于以正式法的形式确立下来。

依照法律,村民享有民主选举、民主决策、民主管理、民主监督等自治权。经过十多年的发展,村民自治的法律制度框架已初步形成,村委会选举的民主化、规范化程度逐步提高,经常性的民主自治活动日益普及。《村委会组织法》修订并正式实施后,全国已有21个省、自治区、直辖市制定了新的村委会组织法实施办法,23个省、自治区、直辖市制定了新的村委会组织法选举办法,半数以上的省、自治区、直辖市专门制定了规范村务公开的地方法规或行政规章。不少地(市)、县(市)、乡(镇)还结合本地实际,制定了开展村民自治的具体办法。村委会选举已完成了由原来的委任制到选举制、由等额选举到差额选举、由间接选举到直接选举的转变。至目前,绝大多数省份根据公平、公正、公开的原则,已进行了四次以上的换届选举。

在村民自治发育的同时,城市也在发育社区居民自治。所谓社区自治是指由社区成员通过社区自治组织,对本区域公共事务进行管理的一种制度。1989年12月,全国人大在原有的《城市居民委员会组织条例》的基础上,通过了《中华人民共和国居民委员会组织法》。该法规定,居民委员会是居民群众自我管理、自我教育、自我服务的基层群众性自治组织。然而,在事实上,居民委员会仍然是自上而下的政权体系中的一个部分,而没有体现出太多居民自治的精神。

1991年,民政部提出了社区建设这一新概念。此后,社区建设逐步在全国试点。1999年,为了探讨并逐步完善城市社区建设思路,研究、总结适合中国国情的社区建设管理体制和运行机制,民政部制定了《全国社区建设实验区工作方案》。该方案提出,在强化社区功能的基础上,充分发挥社区力量,合理配置社区资源,大力发展社区事业,逐步完成城市基层管理体制由行政化管理体制向法制保障下的社区自治体制的转变。并实行民主选举、民主决策、民主管理、民主监督,实现居民的自我教育、自我管理、自我服务,以建设环境优美、治安良好、生活便利、人际关系和谐的现代化文明社区。这一方案第一次以政府文件的形式提出了社区自治的概念,并强调城市基层管理体制要由行政化管理体制向法制保障下的社区自治体制转变。为实施此方案,民政部陆续在全国选择了26个城区作为全国社区建设实验区。以求重新构造城市管理的微观社会基础,并改革传统的城市行政化管理体制。社区建设正在推动我国城市基层社区的自主自理。但这种自治仍然相当原始,甚至与村民自治相比,还有很大差距。

根据上述对中国地方自治历史的回顾,我们看到,在当代的政体结构下,地方自治的因素是历史上最匮乏的。从宪法文本上看,地方政府似乎拥有一定的立法、行政、财政、司法、经济、社会、文化等等方面的自主权力,但在现实中,地方政府仅仅是中央政府的工具,只要它愿意,中央政府可以直接对地方政府的一切事务行使权力。原则上,中央政府拥有一切权力,可以不经地方政府同意而任意行使。中央政府与次中央级政府和地方政府之间,没有明确的划分、授予权力的程序和机制。政府之间具有明确的上下隶属关系。地方政府不对它所管辖的人民负责,而是对上一级政府负责。因此,不存在任何意义上的地区和地方自治。

至于村民自治和城市社区自治,不仅相当原始,而且,被严格地限制在自上而下控制的政治结构中,通过党的干预、行政的干预,上一级政府可以强制改变这些自治单位的决策,因此,自治单位不具备独立的地位。

对于中国来说,地方自治之路将是漫长的。

4. 实行地方自治的必要性

民主制度除了需要赋予公民以充分的自由权利外,也应保障人民参与公共事务,而这又需要人民具有一定的公共精神。人们常常批评中国民众缺乏公共精神,因而,不适合实行民主制度。事实上,这恰恰是颠倒了因果关系,因为民主精神正是通过民主实践而逐渐培育出来的,而最基本的民主实践,就是参与地方的治理。诚如哈耶克所说:

"把政府的大多数服务性活动重新交给较小的单位进行管理,很可能会促使那种因中央集权而在很大程度上蒙遭扼杀的公共精神得到复兴。人们在现代社会中普遍感受到的那种残酷无人性(inhumanity)的一面,与其说是经济过程(在这个过程中,现代人必定在很大程度上要为他们所不知道的目的去工作)所具有的非人格特性(impersonal character)所造成的结果,而毋宁说是这样一个事实所导致的结果,即政治上的中央集权已经在很大程度上剥夺了现代人参与营造他们所知道的环境的决策机会。……对于普通人来说,更为重要的是能够参与当地事务的决策,但是现在这些地方事务却在很大程度上不是由这些普通人所了解并能够信任的人进行决策的,而是由一个地处遥远且较为陌生的官僚机构决定的——对他们来说,这种官僚机构就是一台无人性的机器。一如我们所知,在个人熟悉的领域内,采取一种能够激发个人兴趣并鼓励他贡献出他的知识和发表他的意见的做法,肯定是有百益而无一害的,但是,如果我们总是要求他对那些与他并没有明确关系的问题发表意见,那么这种做法只能使他轻蔑或厌恶一切政治。"①

也就是说,地方自治不仅对于庞大的公共事务的管理成效上有其积极贡献,最重要的是让人民能够有权利决定越来越复杂多元化及与其切身相关的公共事务。而实施地方自治,贯彻分权政策的必要性与重要性正是在此。也就说,地方自治是将自由(地方自由面对国家的权威)、多元化(地方的特殊与传统面对国家的统一性)与民主(地方与中央位阶

---

① 哈耶克著:《法律、立法与自由》第二、三卷,第483—484页。

的平等)的精神融入在国家的发展政策当中。

因此,中国的民主制度建设,始于真正意义上的地方自治。推进地方自治,不是有没有必要的问题,而是什么时候、以什么样的方式启动的问题。

作为后发国家,从知识上说,中国实行地方自治乃是一项相对轻松的任务,因为中国自己在上个世纪前半世纪有过长期的地方自治实践,而最近20年来,整个世界也有丰富的建立地方自治制度的实践。其中的大部分国家是单一制中央集权国家,它们建立地方自治制度的实践,对于中国具有重要参考价值。

但从政治上说,切实实行完整意义上的地方自治,却涉及到整个宪法观念的重塑,需要确立新的宪法原则。

现代化从根本上说是建立自由宪政的过程,而中国一百六十多年来一直没有完成这一任务,我们目前仍然面临政体重构的艰难任务,这一任务的基本内容是重新配置权利与权力。这一政体转型的根本目标是充分地保障人民的自由和权利,相应的制度设计,均须以此为出发点。只有确立这样的宪法观念,政府及民众才能拥抱地方自治的原则。历史证明,地方自治是历史地形成的捍卫个人自由的制度,而一部优良的宪法当然是以维护公民的自由权利作为其最基本的价值诉求,则从逻辑上说,它必然会将地方自治作为政体结构的基本制度元素。而国内学者习惯于将西方的地方和地区自治往往简化为地方政府改革,地方政府改革又被简化为行政改革。这低估了地区和地方自治的制度意义。

事实上,地方自治乃是从人民主权原则推导出来的一项基本的政体原则。"美国的乡镇自由来源于人民主权原则。"[①] 在最低的层面上,由人民自己治理本社区的公共事务,这是民主制度的根基,也是其最基本的表现形态,对于人民来说,经常也是最重要的形态。缺乏地方自治,谈论自由宪政和民主制度是荒唐的。

因此,我们看到,几乎所有自由宪政国家都在宪法中确立了地方自治的原则。不管是欧洲共同体传统的自由民主国家,还是新兴的自由民主国家,均将地方自治确定为一项宪法原则,并在宪法中辟出专门章节

---

① 托克维尔著:《论美国的民主》上卷,第72页。

予以详尽规定,同时也都制订了专门的地方自治法律。

中国要建立地方自治制度,首先必须确立自由宪政的指向,并在宪法层面确立地方自治的基本原则。这是地方自治的根基之所在。事实上,建立地方自治制度,涉及到政府间如何分割、平衡权力这样的根本问题,这样的问题,只有通过宪法才能解决。我们已经看到,上层权力自上而下的结构,非常容易使最底层的自治发生扭曲。要建立稳固的地方自治制度,就需要从根本上转变政府授予、分割、平衡权力的原则,简单地说,就是将自上而下的授权结构,转变为自下而上的授权结构。因此,推行地方自治,要求一次自由主义的立宪。

对于转型中的中国来说,确立地方自治这一宪法原则尤为重要。因为中国过去半个世纪的传统是绝对中央集权的,它的价值和制度是与地方自治的原则截然对立的。因此,从宪法上确定地方自治的原则,首先是一种强有力的价值宣示,是对一种政治意志的清晰表达。这可以有力地抑制实行地方自治的政治阻力。而确立这一宪法原则后,未来也可以透过司法审查来维护地方的自治地位。

5. 实行地方自治的操作性考虑

理论上的论述和经验上的事实表明,地方自治乃是宪政框架中不可或缺的部分。因此,宪法必须对地方自治作出适当安排。

1) 确定基本地方自治单位,并使其享有充分的自主性。

研究地方自治,首先应确定自治之单位。我们或许可以区分出两个概念:基本自治单位与宪法自治单位。所谓基本自治单位,就是最小治理单位的范围。在欧洲和美国,最基本的自治单位是市镇。市镇的人口在500—5000人之间。实际上重要的不是规模,而是在自治能力与接近性——即居民的直接参与——之间寻求一个平衡。市镇区域过于狭小,即使表面上拥有自主权,实际上也会因缺乏财政收入而无所作为。但市镇规模过于庞大,也将削弱居民的参与意识,并且失去自治的意义。在中国,目前施行村民自治,这可以说是基层自治单位。

然而,考察中国近代以来的多部宪法,对于县以下之自治一般不予涉及,因为,乡村之自治乃是自然而然的事情,毋须宪法专门规定。因而,不管是民国北京政府制定的宪法,还是南京政府制定的宪法,一直将自治的重点放在县一级,并在宪法上予以明确规定。至于县以上的省,是否自治则在摇摆不定之中。实际上,省的自治,是在联邦制框架下才可讨论的问题,而已超出地方自治的范围。故此,根据民国立宪传统,我们可以将县称为宪法性自治单位。

用这两个概念来进行考察,则我们发现,目前各方争论之是否以乡镇作为自治单位,其实不应该是个问题,因为,由村自治到乡镇自治,乃是毋须讨论的问题。问题的重点在于,县是否应当自治。根据20世纪上半叶的试验,我们可以发现,县自治与非联邦制的上层政体框架是完全可以相容的。

地方自治单位应当拥有完整的治理权力;它只是在自己没有能力履行某些职责的时候,才会将某些权能让渡给更大范围的治理单位。它拥有健全的治理结构,人民可以通过民主原则选举产生自治单位的议事、行政机构。尤其重要的是,自治单位应当拥有充足的财源,保证其征税的权力。

就目前而言,在整体上应以持续推进农村村民自治和城市社区自治为突破口,但不应停留在这一层面,应当清醒地认识到,实行村民和业主自治,仅仅是地方自治的预备班而已,它固然可以培植公民自主自理的素质,逐步营造地方自治的内在制度环境,但却不能代替从宪法层面上实现制度变迁本身。毕竟,哪怕是乡镇自治,也不是宪法意义上的地方自治。

2) 处理政府间关系的原则:循辅助性与比例适度原则。

当然,一旦确定县为自治单位,则其与地、省两级政府间,就不再是上下级隶属关系。当然,县与同样自治的乡镇也不再是上下级关系。实行自治之县及乡镇的权力是自足的、天然具有的。它的权力来自社区的人民,而不是来自于其他政府。它们独立地处理自己的公共事务,并拥有宪法所保障的独立的财源。国家对其活动仅能监督和帮助。而监督在很多情况下,需借助于司法手段,而非行政手段。对于中国来说,这是一个非常重要的问题,需要人们转变对于权力的基本认识,认识到政府的权力是自下而上被授予的,而不是自上而下赐予的。

当然,其他更大范围的治理单位,比如中央政府、省政府,可以委托自治单位承担某些职责,中央、省可以对地方自治单位提供帮助和指导,也可以按照宪法的规定对其进行监督,但这并不能改变一个基本的事实:地方自治单位的权利和权力不是其他政府单位可以任意剥夺的。

也就是说,在宪法中就与地方自治制度相配合,应当将辅助性原则确定为处理地方自治单位与更大范围治理单位间关系的基本原则。当然,要保证这样的约束切实有效,需要有相应的制度安排,主要的保障机制可能还是司法审查,即地方自治单位可以就权限之争问题向宪法法院或类似司法机构提起诉讼。

在目前的制度下,处理各政府间关系的原则则是"主导性原则",也即,一般都是试图自上而下地解决问题。地方政府的大多数权能都是由上级政府指派的,下级政府的主要职责就是完成上级政府布置的任务。要确立辅助性原则,首先必须从根本上改变权力观,重新构造权力授予与行使的机制。同时对于财权作出恰当的安排,以保证地方自治政府可以拥有足够财力自主地行使权力、提供公共服务。

中央政府对于地区政府、地区政府对于地方自治政府,也应遵循比例适度原则。应当明确地划定中央政府、省政府、地区政府的权能范围。每一级政府都致力于在自己的权能范围内完成宪法和法律规定的职责。从立宪技术的角度看,对于更大范围的治理单位的权限,应采用列举式,凡未列举者,均属于地方自治单位。

六、结　　论

地方自治是现代宪政的一项基本制度,因为它具有优良的后果:"在无从依赖私人企业提供某些服务的场合,从而亦即在需要采取某种集体行动的场合,人们有极充分的理由认为,地方政府的行动一般可以提供次优的解决方案,因为地方政府的行动具有着私有企业的许多优点,却较少中央政府强制性行动的危险。"[①]

在20世纪的大多数时间里,全球范围内都出现了一股强大的中央集权趋势,这种趋势是政府权力扩大、政府广泛地干预经济和社会生活的必然结果。而自1970年代以来,随着市场化席卷全球,政府的权力

---

① 哈耶克著,邓正来译:《自由秩序原理》下,北京:三联书店1997年版,第16页。

开始向减少和下放权力的方向调整,地方自治似乎成为一个世界潮流,甚至连鼓吹社会主义并实行了法国最大规模的国有化的法国总统密特朗也曾经说:"过去法国的形成应该是归功于一个强大与集中的中央政权。今日,要维持法国的统一不至于分裂,却是需要一个分权的政府体制。"①

20世纪上半叶和中期的中央集权的历史,让人们充分认识到,中央政府将地方事务权限下放,由人民基于自我责任,组成地方自治机关,决策与执行地方事务,是实行民主制度、落实国民主权原则所必然要努力的方向。只有在一个实行地方自治的社会中,人民才能真实地行使自己作为公民的权力、保障自己的权利。

目前的中国正在实现宪政转轨,在这一过程中,地方自治应当是政体变革的一个重要内容。一个社会,只有当它同时也成为一个奉行地方自治原则、建立具有生命力的自治的社会的时候,才有可能成为一个实行普遍而真正的民主制度的社会。不管是从民主还是从效率的角度看,中国都需要发育现代地方自治的制度,为此,需要从宪法的层面上对地方自治制度作出安排。

地方自治立法的过程,就是界定地方自治单位、它的自治权限、及它与其他治理单位之间的关系的过程。这样的过程需要进行广泛的宪法辩论。透过对于国外地方自治制度的研究、借鉴中国近现代以来的地方自治经验与教训,结合现有的政治治理结构、经济状况及民情,理性地设计地方自治的制度框架。在这个过程中,应当借鉴韩国、日本的经验,鼓励民间成立各种组织,宣传地方自治的理念,尝试各种自治形式,从政治上推动地方自治的实践。

在目前的中央行政高度集权的国家,接受地方自治的理念、建立地方自治制度,是一个漫长的过程。同时,这也是一个试错过程。应当允许民众在基层进行制度创新试验,探索合适的地方自治模式。但渐进并不是等待和拖延。我们不应当无限期地辩论下去,因为只有尽早地方自治,才能解决目前地方政府所存在的严重问题,也才能有效地推动民主建设。如果我们确定乡镇作为基本自治单位,那么,就应当制订一个推

---

① 转引自吴志中著:《法国的分权政策》。

进乡镇自治的中长期规划。

事实上,中国传统政制和社会中具有丰富的地方自治制度要素,比如乡村自治、城市商会自治,这些自治制度在传统社会中承担了为其居民提供大多数公共用品的责任,且运转良好。尤其是20世纪初的地方自治实践,已经与现代宪政框架初步实现了无缝对接。只是20世纪以来日趋刚性的集权化制度切断了这一自然过程。现在我们所需要的,就是权力之自我约束,或者通过宪政改革,限制权力,从而为地方、为人民自发地发现合适的自治制度提供充分的空间。如果我们确欲建立地方自治制度,则企图自上而下地设计自治方案,本身就是自相矛盾的。上一级根深蒂固所要做的,不过就是让渡出它所不应占有的权力。

第三部分

古典的宪政主义解读

传统、自由与启蒙

为什么把这三个词放到一起。因为，人人都热爱自由，即使没有自由主义理论。自中国与西方接触后，中国人知道了自由民主制度，并且基本上认定了这是一种良好的制度，因此，一百多年来一直致力于在中国也建立这样的政体。一部中国现代化的历程，其实就是建设自由宪政政体的历史，当然，中间走过很多弯路，而且是非常大的弯路。

但到今天，至少根据我对目前知识界的立脚点，根据自由主义的基本原则建立一个自由民主的政体，已经是一个基本的共识。因此，去年领导人提出修改宪法，不管是经济学界、还是法学界、政治学界，都积极参与修宪讨论，并根据自由主义原则，提出很多建议。尽管到8月份，修宪讨论中止了，但我们需要一部什么样的宪法，在知识界却逐渐有了一个清晰的认识，那就是中国需要一部保障人民的自由、权利的宪法，保障民主制度正常运转的宪法，这样的立宪可以被推迟，但可以预计，中国迟早会出现这样一部宪法。至于是由谁来建立这样的宪法并不重要。

问题是，中国人所了解、接受的自由、民主这一套观念和制度，都是来自于西方。于是，知识分子、尤其是自由主义知识分子在接受这些观念的时候，面临着一个重大的问题：如何对待传统？我们已经看到，自从新文化运动以来，中国知识分子——尤其是自由主义知识分子——的一大特征是具有强烈的摧毁传统的雄心。知识分子津津乐道的五四运动是如此，打倒孔家店是那个时代最响亮的口号；20世纪80年代的新启蒙运动也是如此。这些思想运动中最振奋人心的口号是启蒙。

我曾经想像，90年代以来的自由主义者与五四自由主义知识分子的区别之一就是，目前的自由主义者似乎不再那么强烈地反传统，不再要求全盘打碎传统，全面建构新社会了。然而，跟几位我尊敬的师长、及志同道合的朋友交流过之后发现,似乎远不是这么回事。许多热爱自由的朋友提到中国的传统,就深恶痛绝;这令我感到非常吃惊。

因此,我们需要回答一个非常重大的问题:中国知识分子要接受自由民主的观念,中国要建立自由民主制度,是否必须经历一番摧毁传统的启蒙运动?我们是否真的需要一场启蒙运动?启蒙运动应该启谁的蒙?谁究竟是最蒙昧者?中国的传统与自由民主政体是否势不两立?

传统的叙述

首先,我们需要搞清楚,什么是传统?

当然,根据一般的理解,在中国几千年的传统中,根本没有自由的传统,甚至连任何自由的迹象都没有。因此,知识分子提倡启蒙和继续启蒙,启传统之蒙,认为是传统是恶劣的政体的根源。

不过,人们所痛恨、所批判的传统,果真是真实的传统吗?事实上,如果稍加思索,便不难发现,人们所反对的传统,不过是他人讲述的传统。其实,没有人敢声称自己知道历史是什么样的。你所知道的历史,都是历史学家告诉你的历史。司马光笔下的中国古代史,跟郭沫若笔下的中国古代史,哪一个更真实?——当然,就我自己而言,我更相信司马光。不过,这不是关键,重要的是,我们要时刻意识到:我们所理解的传统,不知道是已经倒过几次手的传统了,而这些经手的人在讲述历史、传统的时候,却总是在其中隐含了自己的假设和解释框架。这是解释学的常识。

恰恰是在这里出了问题:第一,这些传统几乎都是反传统的人讲述的。从所谓科学的历史学传入中国以来,研究中国历史和传统的人,差不多都隐含着西方中心论的解释框架,他们已经得出了一个结论:从现代化的角度看,中国不如西方,甚至在价值、意义的领域,他们也要比出个高下来,比如有人断言,基督教比佛教更"先进"。实证主义历史学在中国所提出并且最热烈地探讨过的问题,比如历史阶段、中国有没有资本主义等等,最清楚地表明了这一点。他们奉行进步主义历史观,他们把历史设想为一个线性的发展过程。而过去就代表着落后和黑暗,未来必然意味着进步和光明。所以,他们的研究志向,其实是证明,中国为什么不如西方。

不出意料,在这些学者笔下,传统成为漆黑一团,如同在法国启蒙哲学家眼里,中世纪是漆黑一团一样。于是,谈到家族制度,人们立刻联想到将通奸者沉入河中。说到古代政治制度,立刻就扣上一顶专制主义的帽子,更有将其与现代极权主义相提并论者,并断言现代极权主义是从古代专制政体发展而来的。谈到宗教制度,就说如何欺骗人民,宗教是人民的鸦片的荒唐论断,至今仍为许多知识分子所津津乐道。而其他知识分子所接受的现代知识,同样蕴涵于西方脉络中,因而对于历史学家、人类学家关于中国历史的这种叙述,本能地予以接受。

于是,这些历史学家及认同其叙述的知识分子纷纷要求改造"国民性",仿佛几亿人的生存方式、信仰、价值是一件工业品,只要修改一下设计图纸或调整一下生产线,就可以让这几亿人按他们已指明的正确方向齐步前进。对于任何一个严肃的社会观察家来说,这似乎都是一件不可能的任务。但他们口口声声地持续地呼吁,最终,由全权主义承担起这个不可能的任务。无所不在的社会革命、宗教革命、灵魂深处的革命、塑造新时代的新人,等等全盘摧毁旧社会、建造新社会的宏大理想,是从法国大革命、到俄罗斯革命一直到中国革命最吸引知识分子的事业。建设现代政制的事业,变成了摧毁传统的事业,变成了创造新人的事业。法国那些奉此为圭臬的革命家曾以为他们的这番事业会得到同样发动过革命的英国人的理解,但真正的自由主义者柏克作出的回答是一部充满激情的《法国革命论》。

继承了法国唯理主义传统的中国大多数知识分子将历史分成了光明与黑暗两端,并将其视为各自历史必然性的自我实现。西方是从古代的希腊、罗马、一直到基督教,一直到资本主义,必然地迈向迈向一个光明的现代文明的终端,它为整个人类指明了一条通往永恒天国的惟一通途。而中国,则永远是在黑暗中,中国人永远过着被奴役的生活,不同的只是黑暗的花样而已。因而,他们之遭受全权主义的统治,似乎也是历史的必然,也是他们五千年的老祖宗种下的孽缘。结果,知识分子充满逻辑力量的进步主义,变成了一种无可救药的历史虚无主义,而正是虚无主义为全权主义开辟了一条通途。同样,20世纪80年代的启蒙知识分子通过这种论证,轻松地免除了他们的唯理主义及完全摧毁传统的暴行对于全权主义之兴起的责任,也免除了最重要的自我启蒙、并启全权主义意识形态之蒙的责任。

第二群历史叙述者和传统的言说者则来自是保守主义一方,一直到近些年来那些最热衷于讲述传统(国学)的人。虽然他们对中国传统具有深切的同情,但他们却缺乏对于自由主义和制度建设的深入理解。尤其是 90 年代以来的所谓国学家所发掘出来的东西,充满虚骄之气,当然更是自由主义者所无法接受的。

通过一整套的教育、学术体系,我们接受的便是这样的历史叙述。因此,我们所批判的,也许只是后人为了自己的目的而刻意树立起来的靶子。即使那些叙述是真实的,我们也不免疑惑:还有一些同样真实的东西,却被刻意地遗漏了。传统是复杂的,我们不可能真实地再现传统,关键的问题似乎在于我们如何选择传统,如何讲述传统。而中国向来所缺少的,正是自由主义的历史叙事。

哈耶克曾经说过,辉格党的历史编纂学塑造了整整几代人欧洲自由主义者(参见哈耶克编,秋风译:《资本主义与历史学家》,吉林人民出版社;哈耶克所作之前言《历史与政治》)。人们在为英美保守主义辩护时经常说,英国本身具有自由传统,所以,在英国,保守传统就是保守自由。然而,翻开英国的历史,似乎并不总是阳光灿烂的日子。直到 19 世纪,还有无数进步的思想家在攻击英国的贵族制度、普通法制度。然而,辉格党历史学家却讲述了一个极为连贯的故事,使英国人的历史成为一部争取自由的历史。英国历史上出现过多少个文件,然而,普通法院的法官们和政治理论家们强调的是 7 百年前的大宪章。在英美文化中盛行下面的观念:法律不仅是民事与刑事案件中、也是国家事务中之对与错的终极仲裁者,而对于观念之深入人心贡献最大者,莫过于爱德华·库克爵士,正是他"发明创造"出一幅英国古代宪政的"浪漫化"图景,说这个国家的国王向来就尊重社会之古老习俗,普通法就蕴涵于这些习俗中。而近代以来的学者几乎一致认为,库克爵士对于法律在古代英国历史上之至高无上的描述,实际上是不合乎历史事实的,但这种解释却确立了"法律为王"的观念(见 Richrad Pipes, *Property and Freedom*, New York: Alfred A. Knopf, 1999, pp.131—132)。

因此，如果自由主义是一套整全的知识体系，或者如果自由主义者也准备谈论历史，那么，首先应该有一套自由主义的历史叙述。这套叙述不仅具有知识上的价值，也具有强烈的现实底蕴。它能对于中国未来的自由宪政政体的建设给予某些正当性论证。

启蒙心态

如前所述，现今我们所接受的关于传统的描述，大多数是由具有启蒙心态的知识分子提供的。下面我们分析一下这些知识分子是何以从似乎非常合理的启蒙，而走向全面反传统的荒谬的。

首先我们需要区分两个启蒙传统，简单地可以概括为欧洲大陆式的启蒙传统与英美启蒙传统，或者说是法国的或巴黎的启蒙运动与苏格兰启蒙运动。虽然都是启蒙运动，但两者的区别及其导致的后果却是截然不同的。可惜中国学界对此很少关注，对于苏格兰启蒙运动也缺乏必要的研究。

苏格兰启蒙运动的核心是探究，个人的自发合作如何形成一种有利于自由和繁荣的秩序。在这里，个人面对的资源是有限的，而个人只具有有限的慷慨。但某些具有天赋的人偶然通过合作取得了成功，他会发现，与他人进行合作有利于增进个人的利益。其他人将会仿效他们。于是，这种合作和交换的范围不断扩大，即使是我们不认识，也根本不知道其存在的人，我们也可以通过市场机制为他服务或得到他的服务。而这个过程要顺利进行，需要一整套有关交换与合作的规则，包括道德价值，当然还有法律。这些规则也是从交换与合作过程中自发地形成。随着时间的推移，我们已经不再关注这些规则是如何起源的，而将其不假思索地接受下来。人在做大多数事情的时候，根本就不进行理性的计算。这些规则体现为习俗，宗教，商业惯例，当然也包括大部分的法律规范。因此，在苏格兰启蒙运动看来，人首先是一种遵守规则的动物。

休谟告诉人们，只有生活在信仰、传统、习俗中的人，才知道如何理解他人，如何与他人交流，如何与他人合作，才知道生活的意义，因而，也才有可能是理解自由的人，归根到底，才是一个作为社会性存在的文明人。

反过来再看欧洲大陆式的启蒙运动。法国启蒙运动的核心是理性主义,准确地说是唯理主义,这样可以将其与比较清明的、知道理性之界限的理性主义区别开来。唯理主义的本质就是除了理性之外,什么都不相信,不管是传统、习俗、惯例、迷信、权威,等等,如果不能通过理性的法庭的挑剔的审判,就可以弃如敝屣。

英国保守主义政治家奥克肖特指出:这种唯理主义的……精神态度既是怀疑主义的,又是乐观主义的:说是怀疑主义的,是因为不管观点、习性、信念多么根深蒂固,广为人接受,他都毫不怀疑向其质疑,用他称之为"理性"的东西判断它;说它是乐观主义的,是因为理性主义者从不怀疑他的"理性"(适当应用时)决定事物的价值,观点的真理,或行动的适当与否的力量。

这种唯理主义具有工程师的心态。唯理主义者相信,理性是伟大的,因此,一切美好的东西都应当是由人的理性设计制造出来的。因此,"凡是未经自觉设计的东西,不可能用于达到人类的意图甚至成为其基本前提,这种观点很容易变成如下信念:既然制度都是由人创造的,我们必定也完全有能力以我们喜欢的无论什么方式去改造它们。"(哈耶克:《科学的反革命》,第86页)

因此,唯理主义者有一个突出的特征:怀疑一切,但绝不怀疑自己的怀疑本身,也就是说,怀疑一切,但绝不怀疑自己的理性。因此,唯理主义者是最不可救药的独断论者。他们对于自己的理性充满信心,对于人类运用理性改造自然、社会、宗教、道德等等一切东西的能力充满信心,并且相信,这种改造的结果必将使人类进入终极幸福状态。他们相信,自己可能掌握关于历史、社会、政治的基本规律,而一旦掌握了这些规律,就可以按照这种规律塑造政治、社会、经济以及人的信仰、价值。它把政治变成了一种跟工程没有什么区别的单纯的技术活儿。于是,在政治中也有了"工程"、"项目"之类的话语。

在现实的政治实践中,这种唯理主义从对理性的迷信转换成了对领袖、对权力的迷信:迈克尔·波兰尼曾经直截了当地指出,欧洲大陆式的理性主义所导致的激进的怀疑主义,最终摧毁了欧洲大陆的自由:"思想自由会因怀疑扩展到传统理想的领域而遭到毁灭。"(迈克尔·博兰尼著,冯银江译:《自由的逻辑》,吉林人民出版社2002年版,第105页)。

因为,这种基于理性迷信的对于一切传统、习俗、惯例的怀疑,当然要求运用某种力量改造社会和人的观念,移风易俗,创造新宗教。法国大革命期间,革命派摧毁了天主教而创造了一种理性宗教。

于是,唯理主义的政治从来就充满了狂热和偏见,而且,无一例外地走向了极权主义。奥克肖特指出,"理性主义者用某种他自己制造的东西——意识形态来代替传统,它正式剥夺了包含在传统中的假定的理性真理的基础"(第4页)。唯理主义者总是要将自己对于世界的设计方案强加于社会。

其实,列奥·施特劳斯也指出了这一点。在施特劳斯看来,现代人狂妄地以为整个世界可以而且必须按照"哲学"来改造,其结果就是哲学不断地批判不符合它所幻想之真理的政治,由此既导致现实的政治日益走火入魔(不断革命、摧毁一切非理性和哈耶克所说的"理性不及"的因素),也导致本应满足于求智慧的哲学本身日益走火入魔(不断"批判"、全面"政治化")(参见甘阳:《政治哲人施特劳斯:古典保守主义政治哲学的复兴》,收入列奥·施特劳斯著,彭刚译:《自然权利与历史》,三联书店2003年版,第59页)。欧克肖特也断言,政治中的这种唯理主义对社会是"异常危险"的(第31页)。

早在二百多年前,柏克就以同样的口气批评巴黎的启蒙哲学家。与奥克肖特、施特劳斯同时代的迈克尔·波兰尼和哈耶克也将唯理主义视为一条通往奴役之路:唯理主义者猛烈地批判宗教,有意识地摧毁传统,鼓吹由政府垄断教育,主张对经济实行管制和计划,所有这一切,都源于现代哲学和政治中根深蒂固的唯理主义。而这种唯理主义最终导致极权主义。

不幸的是,20世纪初以来,中国知识分子所了解的启蒙运动,基本上就是欧洲大陆的或法国式的启蒙运动,一方面,他们怀疑、批判传统的一切,包括宗教、习俗、法律、制度等等,另一方面,他们则对自己的理性能力毫不怀疑,比如全盘西化的口号,引进拼音文字。

自由与传统

一个讽刺的事实是:知识分子用批判的武器对付传统,而沿着知识分子的这套逻辑建立起来的政体,则用武器的批判来对付传统及这些知识分子。

从经验上,我们可以看到,任何形态的全权主义制度在其建立之初,总是毫无例外地立刻就着手用暴力、法律、宣传等等手段来摧毁一切传统的因素。在中国,这一点表现得极为典型。20世纪50年代、60年代,可以说是中国传统遭受毁灭性打击的时代,其程度是历史上任何时代都不能比拟的。作为一项深思熟虑的政策,政府及其意识形态机构致力于系统地、全面地摧毁传统的社会制度(家族、教会、民间结社),消灭传统的宗教信仰,丑化并刻意地摧毁社会传统的风俗习惯。

另一方面,有趣的是,在苏联东欧等国家,当极权制度崩溃之后,出现了强烈的传统复兴迹象。传统的宗教、文化、价值、甚至象征符号(俄罗斯的三色旗、地名)都恢复了。人们恐怕还记得,80年代初期,媒体报道说,南方某些地方富裕之后,农民们首先想到的是修建漂亮的坟墓,恢复宗祠。今天,宗教的力量也似乎一直在地下涌动。

这些事实是发人深思的。这可能从正反两方面证明了,传统是不利于维持正统的极权主义意识形态的,也是不利于进行彻底的全权统治的;那么,我们是否可以反推出一个结论:传统是自由的朋友。自由的真正敌人应该是专制,尤其是极权主义体制,而从来不是传统。

为什么这样说?因为,在自由主义者看来,自由也就意味着强制尽可能地小,这种强制大多数来自政府。人类社会要维持和平秩序,离不开政府。

一旦摧毁了这一切,人也就丧失了自由,因为一个人失去了这一切的保护而赤裸裸地由权力支配时,哪怕这权力是最仁慈的,他也是不自由的。

对于一个自由主义者来说,最重要的一点是知道理性的界限。

启谁之蒙?

在我看来,正是源于对自由与传统之错误理解,自由知识分子在一定程度上是在跟风车大战。事实上,倡导启蒙的知识分子,首先需要回答一个问题:在中国当代的语境中,启谁之蒙?事实上,不管是中国和欧洲大陆,启蒙似乎都指向了错误的方向。法国的启蒙思想家指向了宗教,法国大革命的一个重大内容就是摧毁天主教。对此,柏克、阿克顿曾再三提出批评(阿克顿的批评散见于 Lectures on the French Revolution)。同样,中国的启蒙者也错误地批判的方向指向了儒教及其他宗教、指向了中国人传统的生活方式。

阿克顿认为,这种批判确实是启蒙,但却不是自由主义的。自由主义从来没有全盘重构社会的野心,像休谟、哈耶克再三阐明的,我们之所以需要自由,正因为我们意识到理性之有限和知识之分立。如果启蒙者自认为是自由主义者,那么,他就只能对民众自发形成的社会制度、宗教信仰、传统习俗保持尊重之心,最起码也都有同情的理解。因为,自由的真谛就在于给人们选择的自由,而所有这些传统因素本来就是无数民众在历史的长河中自发选择之结果。批判传统,即是强迫民众改变其价值观念和生活方式,有违自由主义的宽容和多元化。尤其是当启蒙的话语通过革命而转换为暴力摧毁传统的组织形态和符号系统,则显然属于直接侵犯民众信仰、生活之自由,完全违反自由主义的理念。

在我看来,惟一合乎自由主义精神的启蒙是启僵硬的意识形态之蒙,因为这种意识形态是无所不及的,并且它与世俗权力紧密结合在一起,它本身就是世俗权力的一个组成部分。事实上,真正束缚人们的理性之健全成长和发挥的,正是这种意识形态体系,而不是什么传统。因为,对于传统,自觉了的人是可以拒绝的,可以选择别的传统,而只要传统不与建制化的权力结合,对于人们的选择是无法以伤害其自由的方式作出反应的。违反传统者当然需要承担某种压力,甚至是强大的压力,但这并不意味着他失去了自由。能够令他失去自由的,是政治性暴力。能够令他失去思想自由和表达自由的,是极权主义的意识形态。

如果把启蒙仍然理解为摧毁传统,最起码也属于找错了方向。传统的生活方式、信仰、习俗,等等,确实是理性所不能理解或解释的,然而,事实上,这些私人性的、社会性的内容,或许根本不需要理性的理解和解释。这些属于哈耶克所强调的理性不及因素。人的理性不能理解它的性质或功能,但它对于人的生活本身具有不可或缺的作用。这些传统,如果与专制暴力并没有必然的、可见清楚辨析出来的紧密联系,那么,它本身就不应该是启蒙的对象。知识分子应该对此敬而远之。

举一个家族制在经济层面上的表现的例子。那些过于相信理性的经济学家妄谈什么现代企业制度,然而面向真冷静的经验研究显示,家族制企业的效率与所谓的现代企业制度是完全等价的,从经济学的逻辑上,我们甚至可以证明,前者的效率优于后者。看过美国企业的道德风险大规模暴露之后,再来看许多人把家族制作为东南亚经济需要解决的一个结构问题提出的论述,恐怕令人有事后诸葛亮的快感。而近代以来,中国有多少人在斥责家族制度!其实,那些斥责者所理解的个人主义,正是哈耶克所说的伪个人主义,而不是真个人主义。他们又何曾正确地理解家族制度对于保障个人之免受政府暴力的侵害提供了在当时几乎是惟一的保护。如果没有这种保护,个人赤裸裸地面对强大的权力,将是何等的脆弱。我们已经看到过,家族制度及家庭伦理被摧毁之后,一度甚嚣尘上的告密文化及一再上演的父子、夫妻相仇的人伦惨局。回头再来看,"子为父隐"及从中可以发展出来的"父为子隐"、"夫为妻隐"等等,是否可以为保障个人之权利提供一种有力的论证?它与强调个人隐私、强调家庭是个人最后的城堡这样的自由主义理念是否有某种相通之处?而这类资源,在中国的传统中似乎并不匮乏。它当然没有西方当代的理念更为整齐,但它的力量未必小于西方更高级的概念。

在中国传统中寻找自由政体的完整形态可能确属枉然,因而自由政体如果如哈耶克所说,乃是自发形成的,则其当然是偶然因素凑合而成,我们无法从古希腊、基督教、大宪章、美国立宪中间找不到所谓历史必然的逻辑链条;那么,中国及世界上的大多数文明没有生成自由政体,也不是什么令人惊奇的事情。然而,对于低调的自由主义者来说,或者首先需要思考的是一个社会如何能够正常地运转,然后才思考这个社会是不是一个自由社会。人们需要过的只是人的生活而已,而不是非得过理性的生活和所谓科学的生活。而一个能够顺畅地长期维持下去的制度,必然是一种适合于人的生活的制度。相反,那种高度理性设计的现代全权社会总是勃然而兴、倏忽而灭,从反面证明了这一点。

根据政治科学的逻辑和政体比较的经验研究成果,我们确实能够明确地知道,在政治层面,有什么因素会妨碍或摧残自由,因为这些是我们可以用理性把握的;但如果我们不是那么迷信理性,那么,我们或许就不会过于肯定地相信,自己能够辨别清楚,在传统的宗教、习俗、惯例、广泛的社会组织形态中,有哪些因素可以保障个人自由,而哪些不可能保障个人的自由。因为,所有这些属于信仰、观念领域的东西,本身并不具有垄断暴力的性质,也没有与国家暴力结合在一起,他们与政府的权力有相当遥远的距离,需要一种复杂的转化过程,才可能会对政府的构成和权力的运作发挥某种影响,然而,我相信,理性不大可能清晰地辨认出这种转化机制,也无法准确地确定这种作用之性质、范围和程度。我们可以肯定地断言,警察、监狱与专制政体之间的存在着确切的关系;但谁能够论证出神父、祠堂与专制政体之间的关系?但中国的学者却经常底气十足地说,家长制与君主制之间存在某种关系。其实,人们的谈论,更多地不过是一种类比而已,谁能够确凿地证明家族制度与君主制度之间必然存在因果关系?

极端而言,即使某些可能被我们认为有利于传统的君主专制统治的价值或制度,假如它能保护人们免受现代全权主义之侵害,也是善的和正当的。更何况,有很多传统仅仅是人作为社会性存在而必须的,而并不具有政治的含义。如果我们把社会中的一切都理解是国家权力的有机组成部分,那我们的思维方式就跟极权主义者就没有什么差别了。可能只有根据这一点,我们才能作出一个看似荒唐、但我认为能够接受的判断:科威特的君主专制政府,可能比萨达姆统治下的伊拉克似乎更为现代,更为人道,更适合于人生活。因为依靠传统惯例和习俗进行分散的统治的政体,起码能够不依靠赤裸裸的暴力就能自我维持。而伊拉克那样的政权,却永远不能避免短期内崩溃的命运,它只能靠暴力来维持其存续,因而它是自我毁灭的。

在宪政制度建设中,理性也许是最有力的工具。因为,在最抽象的层面、或者说离人们的现实生活最遥远的那部分制度,是完全可以靠理性进行设计的,并且,其实行也许并不像很多人想象的那样困难。问题是我们还需要为这种最基本的宪政骨架上添上血肉,也就是说建设一个厚实的社会基础和价值支撑,而在这个层面,理性的作用是有限的,我们基本上只能听由生活着、赚着钱、做祷告、教育孩子的人们通过在最基本的宪政规则下之主体间的行动形成秩序,至于蕴涵在其行动背后的价值、信仰、观念等等,在很大程度是理性不及的,因而也不是启蒙的对象。而只要其不直接为国家暴力所利用,则必然能为个人提供一种免受政府权力之侵害的保护层,而其保护机理亦常常为理性所不能理解。权力总是具有无限扩张的趋势,能够制约权力的,除了权力之外,还有很多社会的制度与价值、观念、信仰,甚至迷信。一个自由的社会,不是一个至善的社会。这些传统、制度、信仰、迷信,本身确实似乎是不完善的,也不是理性的,但它却对于防范权力的扩张具有功能性作用,尽管我们并不确切地知道其功能。

一个"厚实"的社会,才有可能是自由的社会,而一个"薄"的社会,一个个人直接面对国家的社会,必然是一个奴役的社会。历史一再证明,当所有这些保护普通民众的、也许并不合乎理性原则的社会制度与观念,被理性自负的知识分子摧毁之后,他们建立的号称现代的政体,不过是一种令人们更加无处逃避的奴役制度而已,他们所许诺的现代文明不过使整个民族再野蛮化而已。

人们津津乐道于欧洲大陆、尤其是法国的启蒙运动,然而,启蒙理性最为鼎盛的时代,法国人得到了什么?跟在法国之后的另一个启蒙大国——德国又得到了什么?我们不敢断言,启蒙过剩导致了欧洲大陆 19 世纪以至 20 世纪政体的失败,但从经验上看,自负的理性总是与狂暴的破坏紧密关联。纯粹生活在理性中的人,跟野蛮人一样野蛮,因为每一个理性自负的人都自认为已经掌握了关于世界的终极知识,而其他人在他们眼里不过是纯粹的客体而已。自负的理性使人与人成为敌人。相反,最成功的自由宪政国家,却从来没有进行过大陆式的启蒙。

恢复文明的过程,正是重建传统和信仰的过程,而这一过程,正是争取自由、为自由创造坚实的基础的过程。一个除了摧毁之外,不知道如何面对自己的传统的民族,一个除了摧毁之外,不知道如何安顿民众的宗教信仰的民族,一个除了批判之外,不知道如何评价普通民众的生活方式的民族,恐怕不能算是为自由做好了准备的民族。

负责任的知识分子的首要知识职责是知道自己的理性之正当范围和界限,当他们以"启蒙"自任,狂妄地攻击一切传统的时候,他们恰恰在侵蚀自由所赖以维持之基础。他们以为只有自己才掌握了自由的奥秘,从而可以对历史和几千年形成的、人们赖以维持其作为文明人之生活的观念和规则作出终极判决。这种自负之可怕,一点都不下于那些号称掌握了历史规律的人。

自由政体与传统

那么,自由主义者应该对传统保持一种什么样的态度?甚至我们是否可以设想,可以从传统中寻找自由宪政观念和制度之正当性论证?或者传统的某些因素具有保障自由的功能?

自由宪政政体为什么需要传统来论证?也许是因为,人是一种惰性的动物,是一种习惯性的动物,也是一种需要用言词来确定自己的位置的动物。正当性就是一种信服。文物之珍贵,并不仅仅因为其少,也是因为其时代久远。一种政体的正当性来自何处?按照休谟的说法,正当性就来自人们的认可,时间本身就可以赋予某种东西以神圣性。设想我们未来的宪法的第一句话如果是两千年前的格言"民为贵,君为轻,社稷次之",那将是何等的气魄,具有何等的说服力!它比什么人权高于主权、人民主权之类的说法,可能更容易获得民众的认可,因为漫长的时间就赋予了这一话语以神圣性和先验性。它不是任何人能用理性或貌似理性的话语可以驳倒的。当我翻阅美国最高法院的案例的时候,我深深地为最高法院的大法官们的思维方式所折服。他们对于历史和传统的敬畏,对于历史资源的征用,使他们对于法律的解释具有了一种慑人的信服力。

当然,当我们面对中国的传统与来自西方的我们认为值得珍视的价值的时候,我们经常会非常气馁。通常的比较研究采取这样一种方法:我们珍视某种价值或制度,并且我们经过起源学的研究发现,这种价值与比如说犹太教或基督教中的某种观念有直接的关系,然后我们也在中国的传统中寻找与此相同的观念,不幸的是,我们没有找到,于是,学者们立刻就宣布,中国传统根本生成不了我们所珍视的那种价值或制度。

这种方法作为一种纯粹知识的探究方式当然是无可指责的,但我隐约觉得,我们似乎不应这样理解传统并借助传统理解我们的现实。我相信,只要我们能够从中国的传统中找到一种制度或观念,从中按照不同的逻辑,也可以推导出我们所珍视的来自西方的某种价值或制度,这也就足够了,不一定也需要中、西最初的那两个观念也完全一一对应。

如果我们不去苛责先人,如果我们抛弃天真的自由主义(或者哈耶克所说的"法国式自由主义"),那么,传统中并非完全没有自由的因素,我们可以按照辉格党人的历史学观念,对照哈耶克所说的英美式自由主义传统,重新讲述中国历史的脉络。我们可以去探讨传统政治体制中的分权设计,知识分子限制皇权的理念,儒学、佛学等等知识分子的学术、观念共同体是如何实现自治的,乡村社会是如何自治的,商人是如何在民间自发的组织下向城镇提供公共品的,宗教组织如何分散了政治权力,如何承担起了社会保障的功能,如何凝聚民众的信仰。合法的、非法的贸易是如何改进沿海民众的生活的,与外部世界的交流如何增加新物种、提高农业产量的。研究家族制度是如何保护贫弱,教育是如何经由民间的组织而不断扩展的,等等。

这并不是要证明,中国自身就能在封闭的条件下发展出自由宪政制度本身——那是无视历史;也不是要证明中国传统中蕴涵着多少自由宪政的制度成分。最抽象层次的社会规则——自由政体是可以透过审慎的理性创建出来的。但这种政体必须获得社会层面的支撑和价值层面的论证。重新解释传统,就是要证明,自由宪政制度运转所需要的某些社会层面制度和观念,在中国的传统中并不是没有。而在当代开放的环境中,在竞争的压力下,透过某种学习、模仿过程,这种社会和观念会向着有利于建立自由宪政政体的方向演进,从而为自由宪政政体未来之建立确立稳固而厚实的基础。

透过对于传统的重新阐释,我们指出这些社会制度和观念,我们可能会对于自由宪政制度的正当性给出一个论证。这种论证背后的假设是:西方与中国的传统并非完全对立,中国人也不是需要劳烦某些人来进行改造的人种,他们跟西方人一样,是普遍意义上的人,而不是需要由那些历史学家另类相待的人,他们跟西方人一样,向往自由、安全和和平,他们也渴望自己的财产得到切实的保障,他们也希望自己决定自己的命运,而不是由他人任意操纵。他们也希望获得法律平等的保护,他们也对政府滥用权力深恶痛绝,他们也曾勇敢地反抗不正当的权力和残暴的压迫。重新阐释历史,我们可以塑造出一个中国人争取自由、维护自由的历史,从而驳倒文化决定政体的简单解释。如果像那些虚无主义者一样反复地讲述历史上的中国人毫无自由,那么自由又有何必要?

事实上,如果不能获得传统资源的论证,则中国的自由主义观念和制度都是无根的。我不能想象,一个国家的民众可以靠一种完全舶来的理念体系安排自己的生活;我也不能设想,一个自由社会可以靠全盘地剥夺民众民族的生活方式的办法而建立起来。我更不能设想,一群完全无视本民族传统,或者将本民族的历史视为一团漆黑的知识分子,能够冷静地理性而审慎地设计纷繁复杂的宪政制度。有些人设想,只有在摧毁了传统之后,中国人才能得到自由。然而,如果失却了作为人的存在本身,谈论自由又有何意义?这个世界上或许并不存在什么普遍的自由。任何自由都是面对具体语境的自由,是为了使人恢复作人的尊严和意义、因而总是与自身的传统、价值不一不二的自由。当然,我立刻要声明,我不是相对主义者,因为我不相信,中国人天生就喜欢被人奴役;同样,我也不相信,中国的传统仅仅就是使中国人被人奴役的传统。

结　语

透过审慎的政体设计辩论,我们可以建构出一个自由的宪法。但我们无法透过理性来构建一个自由社会。自由社会只能自发地生成的。所谓的自由社会,无非是一个正常的、合理的、健全的、能够不依靠外部的暴力而可自我维续的秩序而已。设计这样的秩序,超出了任何人的理性之限度。而这样的社会秩序,自然而然是一个自由政制的基础,不管它的具体内容是什么。英国的贵族社会和美国的乡镇自治社会,同样支持了健全的自由政体。因此,自由政体的设计者会给信仰留出余地,对传统、习俗保持一种敬畏心态。一个逻辑的结论是:中国未来如果建立起自由政体,则中国人的传统、信仰、社会组织也会经历一次伟大的复兴。人们将会找到自己的信仰,人们会为自己的精神找到亲切的家园,人们会为自己的生活找到一种更为熟悉的组织形态。那时,人们才将宪法中的自由变成现实的自由。

我不反对启蒙,但我坚决反对欧洲大陆式的、以摧毁传统、摧毁宗教、摧毁道德、摧毁传统社会结构为己任的启蒙。自由的敌人从来不是普通民众及其价值、道德、信仰和生活方式,相反,自由的敌人是那些妨碍普通人自由地过其认为正当的——可能是出于个人选择但更多地是出于习惯的约束——的生活的权力,及为这种权力提供正当性论证的知识分子,而这才是知识分子启蒙的目标。简单地说,启蒙的对象就是知识分子自己及其所呼唤出来的权力怪兽。

参 考 文 献

柏克著,何兆武等译:《法国革命论》,商务印书馆 1998 年版。

哈耶克著,邓正来译:《法律、立法与自由》(第一卷,第二、三卷),中国大百科全书出版社 2000 年版。

哈耶克著,冯克利译:《科学的反革命——理性滥用之研究》,译林出版社 2003 年版。

迈克尔·奥克肖特著,张汝伦译:《政治中的理性主义》,尤其是《政治中的理性主义》、《论保守》两章,上海译文出版社 2003 年版。

迈克尔·博兰尼著,冯银江、李雪茹译:《自由的逻辑》,尤其是《前后矛盾的危险》一章,吉林人民出版社 2002 年版。

阿克顿著,秋风译:《法国革命讲稿》,贵州人民出版社 2004 年版。

休谟著,关文运译:《人性论》(上、下册),商务印书馆 1996 年版。

斯密著,蒋自强等译:《道德情操论》,商务印书馆 1997 年版。

刘海波:《政治科学与宪政政体》,载《宪政主义与现代国家》(公共论丛第七辑),三联书店 2003 年版。

经过哈耶克重新发现和转化传统

回顾近百年来的中国自由主义,不能不承认,就知识成就而言,自由主义实在乏善可陈。大体上,新文化运动和二十世纪三四十年代的自由主义,除了在台湾一脉相传外,与大陆 80 年代以来重新出现的自由主义之间,没有多少知识上的传承关系。因此,后来的自由主义者没有更上层楼的成就,两代人都处于西学常识的介绍阶段,几乎没有人构建出一个连贯而整全的自由主义知识体系。与此相反,倒是新儒家,取得了非常客观的知识成就。用我的朋友范亚峰博士的话说,近代以来惟一的哲学成就就是新儒家。

导致这种局面的一个重要原因可能在于,自由主义的思考缺乏精神上和知识上的根基。在很大程度上,自由主义的学术基本上就是西学之介绍;而由于视野的局限和急功近利,当时学者对于西学的介绍,又相当肤浅[1],对于自由本身的理解,尤其是由此导致对现代与传统之理解,多有错谬荒唐之处。在这种情况下,中国传统的思想资源始终处于中国现代大多数学者的视野之外,使自由主义与中国传统的思想和本土性知识截为两橛,从而限制了自由主义思考的深度和力度。

不过,在受到哈耶克影响的中国自由主义者,对于传统普遍地秉持一种比较亲合的态度,20 世纪中期之最典型者,即为本书作者周德伟先生。

---

[1] 举例来说,1927 年到 1937 年间,曾出现过一次宪政热潮,然而,国人所翻译的英国宪政史的著述,仅为《英国宪政史谭》,其著者籍名,甚至后人无从查靠其生平、经历。见 S.李德·布勒德著,陈世弟译:《英国宪政史谭》,中国政法大学出版社 2003 年版。而梅特兰所著之经典英国宪政史却迄今仍无中文译本。

现代中国自由主义的误区

林毓生所说的"全盘性反传统主义"[①]的意识形态,乃是现代中国思想界一个最突出的特征,这一点,在现代中国自由主义者身上表现得最为明显。胡适被认为是自由主义的代表人物,而他的反传统、全盘西化的观点,也是众所周知的。

中国现代自由主义之拒斥传统,是由其思想路径所决定的。林毓生将其归因于中国传统的一元论和唯智论的思想模式,从而形成了"借思想文化以解决问题的途径"。它所包含的信念是:"文化改革为其他一切必要改革的基础,进一步设想,实现文化改革——符号、价值和信仰体系的改革——的最好途径是改变人的思想,改变人对宇宙和人生现实所持的整个观点,以及改变对宇宙和人生现实之间的关系所持的全部概念,即改变人的世界观"[②]。

林毓生并且特别排除了西方思想对中国现代知识分子形成这种全面反传统心态有多少影响。[③] 这种说法诚然是合理的。不过,从逻辑上说,对于后来大量接触西学的现代中国知识分子来说,全盘反传统的思维方式也得到了西方一个思想传统的支持,甚至其理据主要来自这一传统,即唯理主义。

综观近代以来的中国思想史,可以发现,中国人所引进的自由主义,基本上属于哈耶克所说的"伪个人主义"[④] 或者"法国式的自由主义"[⑤]。这种自由主义的哲学基础则是哈耶克所说的"建构论的唯理主义"[⑥]。

[①] 参见林毓生著,穆善培译:《中国意识的危机——"五四"时期激烈的反传统主义》,贵州人民出版社1986年版。

[②] 同上书,第43—44页。

[③] 同上书,第73—74页。

[④] 参见《个人主义:真与伪》,收入F.A.冯哈耶克著,邓正来译:《个人主义与经济秩序》,三联书店2003年版。

[⑤] 参见弗里德里希·冯·哈耶克著:《自由宪章》,中文译本见邓正来译:《自由秩序原理》,三联书店1997年版,第四章《自由、理性与传统》。

[⑥] 哈耶克在《自由秩序原理》中将其称为"唯理主义"[即通常所说的理性主义],而到了《法律、立法与自由》中则将其称为"建构论唯理主义",参见哈耶克著,邓正来译:《法律、立法与自由》第一卷,中国大百科全书出版社2000年版,第一章《理性与进化》。

与之相对的,则是真个人主义,即英国式的自由主义,或者说进化论的(批判性)理性主义(我则宁愿将其称为"基于有限理性的理性主义",以突出其对于理性之限度的强调)。

在哈耶克看来,这两种自由主义的最大差异,正在于其对于传统的不同态度。唯理主义认为,"人生来就具有智识和道德的禀赋,这使人能够根据审慎思考而形构文明"[①],比如他们确信,他们能够轻易地发现适合于人性的种种道德规则。而各种制度、习俗、信仰等等一切有效用的制度都产生于人的理性之深思熟虑的设计,只有通过这种的设计,这些制度才能有益于人的发展和历史进步,相反,若非经由如此设计之制度,或者说,不能被人的理性"极清楚、极明白地设想"(笛卡儿语)的制度,则是无益于或者简直可以说就是有害于人类的幸福,应将其拿到人类理性的审判台前进行审判。因此,唯理主义的口号是"怀疑一切",然后理性地设计一切。基于这样的哲学观念,法国式自由主义就是以激烈地摧毁传统的基督教和教会为象征的,将一切理性所不能证明的东西斥之为"迷信"[②]。

继受了此一自由主义谱系的现代中国自由主义,同样继受了这一反传统的教义内核。即使林毓生关于现代知识分子全盘性反传统主义的思想根源在于中国古代之唯智论传统的说法是正确的,中国知识分子所继受之自由主义所立基于其上之建构论唯理主义,也强化了那一思维模式。

中国具体的政一经情景更强化其反传统的烈度。因为,中国所处之情形比之法国当年更为悲惨,因而,知识人拯救中国的心情更为迫切。借由西学的导入,他们自认为已经掌握了救国救民之道,比如五四时代的口号,"科学与民主";然而,运用自己的理性在对中国固有观念与制度进行一番检视——迄今为止的很多比较研究,仍然不自觉地以当代西方成熟的某套观念或制度,与中国古典的某种观念或制度进行比较,而从来没有意识到其方法论上的谬误——之后,他们绝望地发现,中国固有观念与制度中,竟无丝毫科学与民主迹象,因而,他们立刻得出一个

---

① 参见哈耶克的论述,哈耶克著:《自由秩序原理》上,第68页。
② 同上书,第70—75页。

自认为"科学"、"理性"的结论：中国传统无益于中国之现代化；又经由所谓科学研究，他们更进一步断言，中国固有之观念和制度，反将妨碍中国之现代化。结论是显而易见的：欲现代化，先需摧毁中国传统。当然，与此相应，他们也相信自己的理性设计能力中国自由主义欲建设新道德，新语言，新文体，新信仰，新教育，总之，他们相信自己能够塑造"新人"，建设"新文化"。

正是这种对于固有观念和制度的绝望和对于理性设计能力的信念，导致了"全盘性反传统主义"的意识形态，且经由新文化运动之后的新式教育体系而深入人心，并一直延续至少20世纪80年代。迄至今日，大多数学者仍然以传统为其思想上的敌人。

当然，很多学者之反传统的声音，乃是一种隐晦的写作技艺。然而，当这种技艺被过于频繁、顺手地使用，则可能连使用者自己都相信他的文字所传达的反传统意旨了。

此种反传统弥漫于各种学术流派。主流意识形态用一套规程框架——比如曾经用唯物主义、用辩证法——来对传统思想进行判断和剪裁，所谓"取其精华、去其糟粕"，就是这种意识形态背后唯理主义自负的集中表现，而这种剪裁最终就以暴力的形态来进行。自由主义者则以现代西方成熟的个人自由观念和民主制度来对传统思想资源和制度进行衡量和批判，当然只能绝望和不满。

在这种知识气氛下，新儒家的努力弥足珍贵。不管其价值和智识取向如何，新儒家比现代自由主义更为深刻地意识到了中国转型过程的复杂性，此种复杂性注定了借全盘地反传统来实现现代化，乃是一种知识上的偷懒，且将导致社会之全面失序。他们尝试了由中国传统中开出现代民主之可能性，尽管我们不能肯定地说，他们的努力取得了多大成就。

哈耶克理论的双重意义

不过，一些具有思考力且审慎的自由主义者则改变了其全盘反传统的意识形态。值得注意的是两个人：周德伟和林毓生，而这两位都直接受教于哈耶克。

我们注意到,这两位学者最感兴趣的话题之一,是比较基于有限理性的理性主义与法国启蒙运动时代的唯理主义。比如,在《西方的自由哲学与中国的圣学》①一文中,周德伟专门辟出一节讨论《自由与传统》,其中对于两种自由主义传统之梳理,完全源于哈耶克《自由宪章》之第四章《自由、理性和传统》,而融入古典儒学的相关观念予以阐释。林毓生也专门有一篇文章讨论《什么是理性》②,援引哈耶克的理论资源,区分了"天真的理性主义"和"批判式的理性论",并特别对罗素之类理性主义者思想之浅薄提出了批评。

这样的讨论,完全是哈耶克式的。事实上,对于这两种理性主义——也即两种自由主义——传统的分疏,是哈耶克式自由主义的起点。从学术历程看,专门批判法国启蒙运动之唯理主义的《科学的反革命——理性滥用之研究》,乃是哈耶克由经济学转向政治哲学的里程碑,《通往奴役之路》不过是这一研究的附带产品而已;从文本结构看,哈耶克两本最重要的著作:《个人主义与经济秩序》、《法律、立法与自由》,开篇都是讨论两种自由主义之分野,《自由秩序原理》中在进行了关于自由概念的一般性讨论后,也立刻辨析这两种自由主义。哈耶克的最后一本书《致命的自负》,则仍然以批判唯理主义为宗旨。

近代以来的自由主义是一个高度混杂的观念和制度体系。仅以观念方面而言,在很多当代西方自由主义者那里,甚至连霍布斯都被尊为自由主义的创始人之一,可见其内部歧见之深,甚至不小于各个流派与其他思想派别之间的分歧。

然而,中国知识分子在学习西方自由主义的时候,普遍地没有意识到自由主义内部的这种紧张状态,因而,都缺乏一种谱系的自觉,而在不知不觉间走上了法国式的、建构论唯理主义的理路。这也许是因为唯理主义本身对于观念人具有强烈的诱惑力,诚如哈耶克所说,它们高扬"人的自尊和抱负"③。

而哈耶克——以及迈克尔·波兰尼——则具有一种谱系的自觉,他

---

① 收入本书。
② 收入林毓生著:《中国传统的创造性转化》,三联书店1988年版。
③ 哈耶克著:《自由秩序原理》上,第64页。

们可能是在自由主义知识史上,第一次凸现了自由主义内部的紧张。他们通过对于两种自由主义的分疏,反叛了一直占据知识话语主流的法国式自由主义体系,自觉地接续了一直隐而不彰的英国式自由主义的传统。

这里不准备详尽分析两种自由主义,或者说两种理性主义的具体内容,只是想简单地指出一点:与基于建构论理性主义的法国式自由主义之激烈反传统相反,基于有限理性的英国式自由主义发展出了一种解释文明演进的理论,这种理论认为,有益于个人之生存和发展、有益于公共福利的种种规则、制度,不是某些人有意发明设计的产物,而是个人行动的非意图的后果,而人类文明的大多数知识就体现在这些不能被用语言阐明、甚至未被人们意识到、但却被遵守的规则或制度中,即使我们并不能清晰地把握这些制度之功能,它们也有助于我们实现自己的目标,因为这些规则与制度中,包含着"超过了任何个人所能拥有的丰富经验"[①]。

因此,在哈耶克看来,一个文明人,"不仅是一种追求目的的动物,而且在很大程度上也是一种遵循规则的动物"[②],同样,"一个成功的自由社会,在很大程度上将永远是一个与传统紧密相连并受传统制约的社会(tradition-bound society)"(《自由秩序原理》上,第 71 页)。对于这些规则与制度,我们并非不能改变,但只能在边际上进行创新,即进行一种"内在的批评",而"绝不能够从整体上对它们做彻底的重新建构,而且即使在我们努力改进这些制度的过程中,也还是必须把诸多我们并不理解的东西视为当然。这就意味着,我们必须始终在那个并非我们亲手建构的价值框架和制度框架内进行工作"[③]。

从这个角度看,一个哈耶克式的自由主义总是倾向于成为一个保守主义者,尽管哈耶克在《自由宪章》的《跋》中曾辩解说他不是一个保守主义者。此处所谓的保守,当然不是指保守当权者或统治阶级之既得利益,而毋宁说是对传统的价值、观念、信仰、习俗、惯例、制度持一种消极

---

① 哈耶克著:《自由秩序原理》上,第 71 页。
② 哈耶克著:《法律、立法与自由》第一卷,第 7 页。
③ 哈耶克著:《自由秩序原理》上,第 73—74 页。

的、无为的态度,除非其显著地违背理性与正义,否则不会去主动地透过外力去改变它。

源于英国的、哈耶克式的自由主义理论,从两个层面上为自由主义提供了面对传统的恰当方式。

首先,从情感上,哈耶克的理论化解了自由主义必须反传统这样的心结。

困扰近代以来中国知识分子的一个繁难问题是:在中国传统的观念与制度资源中,似乎找不到民主、平等、个性解放、妇女解放等东西。因此,全面反传统似乎是不可避免的。这种态度越激烈,似乎越具有自由主义精神,于是,在新文化运动、在80年代的启蒙运动中,出现了一场"奔向最绝对的反传统的竞赛":谁越激烈地反传统,谁就是中国文化的英雄。因而,在当代,道德的沦丧也被一些浅薄的自由主义者欢呼为自由精神的成长。

然而,哈耶克,还有与哈耶克属于同一谱系的迈克尔·波兰尼、迈克尔·奥克肖特都是纯正的自由主义者,但他们对传统却是亲和的。更重要的是,颇有点出乎中国一些学人的预料[1],这些自由主义者希望予以保护的,不仅仅是所谓的自由的传统,更包括大量通常被认为与自由并无直接关系的传统观念、信念、制度,比如传统道德、传统宗教。

在化解了情感上的心结之后,在第二个层面上,即在知识上,哈耶克的理论证明了,传统中的大多数成分,比如宗教、语言、习俗等等,属于"理性不及(non-rational)"[2]的领域,他们不是理性所设计的,在绝大多数情况下,我们也无从清晰地判断他们对于我们的效用。在这种情况下,明智的态度是让他们自发地演进。

哈耶克进一步证明,这些自发地演进的传统未必是自由的妨碍者和敌人,相反,传统是自由的朋友。最起码,大量经过文化的选择而获保

---

[1] 有一些学者即曾反复强调这一点,参见陶东风著:《社会转型与当代知识分子》,上海三联书店1999年版,他说,"哈耶克得出自由与传统协调的理论是有其特殊原因的,从而这个理论也就不具备必然的普适性"(第113页),而"无论是社会以前的传统,还是社会主义的传统,总体上说都不合乎哈耶克所说的自由主义传统或自生自发的秩序"(第115页),因而,中国自由主义之主张激进变革才是合理的。

[2] 哈耶克著:《法律、立法与自由》第一卷,第6页。

有其存在的传统,尽管其本身并不构成自由本身,但却可以与自由兼容。比如,传统的宗教信仰可以为自由秩序提供某种支撑。哈耶克本人是个不可知论者,但他却坦率地承认,"我们应把某些习惯的维持,以及从这些习惯中产生的文明,在一定程度上归因于一些信仰的支持,这些信仰从科学的意义上讲是不真实的,即无法证实或无法检验的,并且它们肯定不是理性论证的结果",但我们却不能仅仅因为它是不"科学的",或者我们无法清晰地辨析它如何对社会产生有益功能就摧毁它,"过早失去我们视为不真实的信仰,会使人类在我们正享受着的扩展秩序的长期发展中失去一个强有力的支持"①。哈耶克举例说,"一方面是宗教,另一方面是一些形成并推动了文明的价值观念,如家庭和分立的财产,他们之间有着无可怀疑的历史联系。"②

当然,这种联系并不是内在地就具有的,而是文化的历史演进而形成的。但不管怎样,维持这样的宗教,对于维持自由秩序之基础——家庭和财产制度,乃是至关重要的。同样,自治的传统对于自由也是重要的。所有这些制度之所以是重要的,因为它们均可向个人提供免于国家权力侵犯之保障,尽管它们并非为了此一目的而被刻意地创造出来。相反,摧毁传统,却可能招来极权主义。在波兰尼看来,正是普遍的怀疑论导致了虚无主义,而这种虚无主义则为极权主义的出现大开方便之门。③

当然,最重要的是,在哈耶克式的自由主义中,所追求的已经不再是法国式自由主义所最为热衷的民主和人权,也不是德国美学自由主义及受其影响的密尔所追求之个性的解放,而是英国普通法背景下的法治与宪政。这样的追求所处理的,不是个人的意志,个性,个人的道德生活和社会生活,而仅仅局限于政体层面之考察,旨在为个人自由提供某种制度框架。诚如法国大革命与美国制宪所清晰揭示出来的,"法国革命是一场涉及人类生存的所有领域、所有场面那种意义上的革命。与它相

---

① 哈耶克著,冯克利等译:《致命的自负》,中国社会科学出版社2000年版,第158页。
② 同上书,第159页。
③ 迈克尔·波兰尼著,许泽民译:《个人知识》,贵州人民出版社2000年版,第361页:"虽然哲学虚无主义是激进的个人主义者,但他们却很自然地倾向于同情目的在于全面摧毁社会的革命运动"。

反,美国革命是一种纯粹的政治替换。"①

因此,至少从所要处理的问题的范围的角度来看,延续哈耶克谱系的自由主义者的知识任务,要比建构论唯理主义者简单得多,那就是宪政框架之思考和设计,而对于除此之外的其他关于个体之意志、价值、观念、行为模式及社会之习俗、宗教乃至自发形成之组织,均视为"理性不及"的因素而不予思考,因而,也就根本无所谓审查这些领域、并摧毁这些领域之传统的可能性。当然,在理论的探讨中,自由主义者可能会证明这些惯例与制度与自由宪政之兼容性,但此种兼容性在逻辑上乃是自明的,因为自由宪政乃是这样一种制度,它本来就是给个人以更大自由空间,给那些自发生成之惯例与制度以更大演进空间。因而,自由宪政与人类文明之成就自然地是契合的。仅仅是由于唯理主义之扰乱,才使现代知识分子无从认识这一点,反而将个人自由与基本的文明价值和成就对立起来。

以周德伟、林毓生为例

而经过简单的学术传记研究,我们可以断言,周德伟和林毓生之所以对本土传统采取了亲和、同情甚至与西方资源一视同仁的倾向,正是因为哈耶克的理论。

1933年,周德伟留欧负笈至英国伦敦政治经济学院,投入当时经济系主任莱昂内尔·罗宾斯教授门下,而哈耶克也正在这里任教教授,并与罗宾斯互相激励。周参加了哈耶克主持的经济学讨论班,仔细研读哈耶克的经济学论述。这段时间,也是伦敦政治经济学院最鼎盛的时期,哈、罗两位与剑桥大学的凯恩斯展开论战,从而形成了诺贝尔经济学奖得主詹姆斯·布坎南所说的"伦敦学派",在国家干预主义方兴未艾之际,成为当时世界上最主要的自由市场经济学重镇。

周德伟与哈耶克之交往想必相当频繁,因为周德伟有不错的德文功

---

① J.F.塔尔蒙著,孙传钊译:《极权主义民主的起源》,吉林人民出版社,第31页。这本书论证了法国建构论的唯理主义是如何导致一场通往极权主义民主制度的革命的。哈耶克在《自由宪章》第四章讨论两种自由主义传统时引用了该书,见哈耶克著:《自由秩序原理》上,第64页。

底,而德文正是哈耶克的母语。哈耶克特别指导周德伟研究奥地利学派创始人门格尔在与德国经济学中的历史学派展开的"方法论大论战"中的著述①。伦敦经济学院学习两年后,周德伟转学到柏林大学哲学研究院进修,但哈耶克继续以书信方式指导他撰写完成了研究货币理论的论文。

退休之后的周德伟先生,翻译了哈耶克的名著《自由宪章》(中国内地目前译本将书名译为《自由秩序原理》)。又曾于1965年连续写作《介绍海耶克给中国知识群众》、《海耶克学派的社会思想的研究》②两篇长文,前者系统介绍哈耶克的经济学思想,尤其是其经济周期理论,该理论之艰深系经济学界所公认,以笔者有限的知识,华人学术圈对于该理论的理解,无出周氏之右者。后文系介绍哈耶克的政治哲学,侧重于分疏两种个人主义及其政治后果。在其他政治哲学讨论中,周先生所持的自由观念,完全是哈耶克式的。周曾向胡适先生介绍《科学的反革命》。张佛泉之《自由与人权》系现代中国最为重要的系统论著,而周曾与张就天赋人权进行争论。

林毓生最早接触的自由主义,是殷海光的思想和罗素的理论。后来,殷海光翻译的《到奴役之路》在杂志上连载,林毓生阅读后,立刻感到"其深刻、精微而有系统"③。他挣到第一笔稿费后,购买的第一本外文原版书就是《到奴役之路》的英文本。随后,就仔细对照中译阅读,"我发现海耶克先生的思想远比罗素的思想深刻得多;愈读下去,愈不喜欢罗素,愈觉得,如果将来有幸能到芝加哥大学从学于海氏之门,那才是幸福哩!"④

然而,四年后,即1960年,他的这个梦想竟然实现了。根据林毓生自己的叙述:

在一九六〇年以一个来自台湾的青年,于到达芝加哥大学后,

---

① 见《我与胡适之先生》,收入周德伟社会政治哲学论著:《尊德性斋》,1968年,第358页。
② 海耶克即哈耶克,在周德伟的著作及译作中都译为海耶克,这里在引用周德伟著作时,仍沿用海耶克。
③ 殷海光、林毓生:《书信录》,上海远东出版社1994年版,《殷海光先生对我的影响》(代序二),第14页。
④ 同上书,第14—15页。

在六年研究生生涯中,除了其中一年的奖学金是由芝大研究院提供外,其余五年连续获得专属由海耶克先生推荐的两个基金会的奖学金;因此得以安心循序接受西方社会与政治思想的教育并攻读博士学位。在这期间,在一九六四年得以返台半载,一边搜集论文资料,一边服侍先严的病,并巧遇内子祖锦女士;后来在一九六五年上半年得以赴胡佛图书馆继续阅读与搜集论文资料,那年下半年到达哈佛大学开始从史华慈(Benjamin I. Schwarz)先生问学并接受他对我的论文的指导——这一切之所以可能,皆是由于海耶克先生长期支持之所赐,饮水思源,终生不忘,衷心感激。①

林求学芝加哥之时,哈耶克任教于芝加哥大学社会思想委员会。在这个委员会还有另一位思想家,爱德华·席尔斯,他著有《论传统》一书,其思想与哈耶克同属一系。另外,受哈耶克影响,林也极为推崇哈耶克的好友及思想同道,迈克尔·波兰尼,他也同样提出了自发秩序的理论,并对欧洲大陆反传统的自由主义提出严厉批评,指出其内在的虚无主义倾向导致了自由的毁灭②。

对于哈耶克,林毓生确实是敬仰有加,他曾评论说:"海耶克先生是一位典型德奥贵族式的学者,货色甚硬,脑筋非常有力,上 tutorial[导师]课的时候,除了谈学问之外,一句闲话不讲,因此必须准备充分,否则几分钟就没有话可说了。"③ 林先生反复强调哈耶克的"精神贵族人格",在他看来,"海氏之成功,除了受惠于他超拔的天资以外,主要是源自他底人格素质"。在这里,"'贵族'二字不是指'远离群众'、'孤芳自赏'那一类的心态与行为,而是指:不是多数人做得到的,不顾一切,遵循理知的召唤与指引的人格素质。这样的素质使'知识贵族'获得'自我的清明及认识事态之间的相互关联'。'人格'的本质,用韦伯的话来解释,"在于人格和某些终极价值及生命意义的内在关系的坚定不渝。"④

---

① 林毓生:《一位知识贵族的陨落——敬悼海耶克先生》,载《读书》1992 年第 9 期。
② 参见迈克尔·博兰尼著,冯银江、李血茄译:《自由的逻辑》,吉林人民出版社 2002 年版。
③ 殷海光、林毓生:《书信录》,第 7 页。
④ 林毓生:《一位知识贵族的陨落——敬悼海耶克先生》。

林毓生求学的时候,哈耶克刚刚出版了他的《自由宪章》,林对此的评价极高:

> 海氏这本大著,……立论之谨严,思想之周密,包罗之广博,与辨析之有力,恐怕自洛克以来无任何人能出其右。海氏在西方自由思想史的地位自《到奴役之路》建立基础,至此书之出版,似有前越古人,后无来者之势。我刚来芝大苦读这本书的时候,就觉得他一气呵成的 argument 逼人得很,读完以后,觉得观念为之系统地清洗了一遍,脑筋自然地产生了一个 working frame of reference,自此以后应用自如。回头读 Locke, Hume, Acton, Mill, Tocqueville 时,反而觉得他们一鳞半爪,虽然各有所见,但所见者似乎没有不被海耶克吸收消化用现代语言重新有系统地报告过的。①

上述学术经历,使得两人的自由主义学识与现代中国一般自由主义者大为不同。最突出者,即是试图打通西方自由哲学与中国传统思想。

在这方面,周德伟是个身体力行者。收入本书的多篇问候系为此一方面的内容,比如《西方的自由哲学与中国的圣学》、《西方的法治思想与中国的儒学》、《论功效哲学与中国儒学》等,读者通过阅读这些著述,自可感受到周对于中国古典的心情。仅从他为自己翻译的《自由宪章》一书所写的前言"写在自由的宪章的前面"中,我们即可清晰看出他会通哈耶克一脉之西方自由哲学与中国儒学的良苦用心:

> 本书近人通译为自由的构成,余经再三考虑径译为自由的宪章。本书全系哲学论辩,不具备宪法条文的形式,何以译为宪章?宪章本为中国之古名。中庸谓仲尼祖述尧舜,宪章文武,文武并未留下宪法,但孔子师文武周公之政,故谓之宪章文武,孔子所肇述之道德律及春秋褒贬,为后世所取法,亦历二千余年之久,吾人之生活及行为规律,均据孔子之教,虽帝王立法莫敢有悖,故吾人可谓中国之文化以孔子之教为宪章。又如近世有名之英国宪法,亦不具备条文形式,包括一二一五之大宪章,及处决查尔斯一世后,巴力门有关基本原则之决议,并包括英国公民历久流传所共信共守之行为规律

---

① 殷海光、林毓生:《书信录》,第32页。

以及政府定期和平转让政权之规律,此皆不成文法,高于巴力门之立法原则,故宪章并不一定具备条文形式。又吾人之行为,服从不成文的一般原则,占吾人生活中之最大部分。若人之行为皆无融和一贯的原则,则社会人群之共生共存,即无从成立。又如学人之为文,法官之写判辞,经常运用演绎法,此演绎并非一定为两前提间之严格形式的演绎,大前提常未明白说出,只是学人所共同信奉的一般原则及法官判案时所必须遵守的更高的原则。海耶克著此书,志在奠定人的自由的基本原则,并保障自由的基本制度,以及根据此类原则确立政府的基本功能,故径名此书为 The Constitution of Liberty,译为宪章,方符海耶克博士之原意。

诚如陈明先生所评论的:周德伟的典范意义在于,"作为自由主义者,他融会进了传统文化;作为儒生,他接引进了自由主义思想。"[①] 在他那里,这两者是融会无间的。

林毓生的贡献,首先在于对五四时代所形成、并一直延续之全盘性反传统主义的现象进行了探究。从 60 年代中期开始,林毓生即对五四运动激烈的反传统倾向提出了严厉批评,甚至认为,"胡适带给中国知识界的灾害恐怕多于恩惠"[②],他认同社会思想委员会另一位思想家爱德华·席尔斯的观点:"传统与自由的关系当然极为复杂,但, In the last analysis,如果一位时代的知识分子完全放弃了传统,他们即使高唱自由,这种自由是没有根基的。"[③] 他的博士论文的一个主题便是,创造一个有生命力的自由主义哲学的失败,与全盘反传统之间的关系。最终以《中国意识的危机——"五四"时期激烈的反传统主义》对这方面的研究进行了总结。

那么,中国自由主义者如何恰当地面对本土固有的传统?林的方案就是"创造性转化"。这是林于 1969 年提出的一个具有创造性的概念,也为如何处理中国传统提供了方法论上的指导。他专门写过一篇文章,回答《什么是"创造性转化"?》。

---

① 陈明:《紫藤庐及其他》,载《博览群书》2002 年第 8 期。
② 殷海光、林毓生:《书信录》,第 111 页。
③ 同上书,第 119 页。

使用多元的思想模式将一些(而非全部)中国传统中的符号、思想、价值与行为模式加以重组与/或改造(有的重组以后需加以改造、有的只需重组、有的不必重组而需彻底改造)，使经过重组与/或改造的符号、思想、价值与行为模式变成有利于变革的资源，同时在变革中得以继续保持文化的认同。①

此处之前提是承认中国传统在现代仍然内在地具有价值，问题在于，这些元素需要经过今人之重组与/或改造，而其目的，则在于继续保持文化的认同。

从周德伟和林毓生的思想中，我们看到一种显著的共同点：即对于中国传统保持一种同情、理解的态度，并进而寻求对于传统的的"创造性转化"。这种倾向无疑是受教于哈耶克，深得英美经验主义传统的精髓，而与欧洲大陆、尤其是法国的唯理主义对待传统的态度截然相反。

如果说周德伟和林毓生因为曾亲受哈耶克的教诲，因而从一开始就对传统抱一种同情态度的话，那么，殷海光(1919年—1969年)则说明了，一个人会随着对哈耶克的理解之加深，而逐渐地放弃其全盘反传统的非理性态度，而转向与传统和解。

殷海光的自由主义信念始终是坚定的，但是，在知识上，他和五四一代及其后主流的自由主义知识分子一样，存在着巨大缺陷。诚如台湾另一位著名自由主义者夏道平先生所说，殷海光所崇拜的是罗素主张的"浪漫的"自由主义，张佛泉则是倾向于杜威的"积极性"自由主义，胡适兼容这两位，而这些都属于米塞斯所说的"非理知的自由主义"的理路。②

殷海光也以罗素为其重要的思想资源，跟胡适一样，提倡所谓"科学方法"，后来他为自己辩护说：

　　我二三十年来与其说是为科学方法而科学方法，不如说是为反权威主义，反独断主义，反蒙昧主义(obscurantism)，反许多形色的

---

① 林毓生著：《政治秩序与多元社会——社会思想论丛》，台北：联经出版事业公司1989年版，第389页。
② 见吴惠林：《哈耶克在台湾》，此文系其为即将由康德出版社出版之《哈耶克传》所写的序言。

ideologies[意缔牢结]而提倡科学方法。在我的观念活动里,同时潜伏着两种强烈的动力:第一是 iconoclasm[反传统思想];第二是 enlightenment[启蒙]。恰好罗素的著作中充满了这些因素,所以我早年便爱上了罗素。①

当殷海光在 50 年代初翻译哈耶克的《通往奴役之路》的时候,他依然没有意识到罗素与哈耶克之间的绝大差异。因此,尽管殷海光认识到了,哈耶克是一位"言行有度、自律有节和肃穆庄严的伟大学人",罗素完全不同,但他仍然在翻译过程中"于不知不觉之间将我的激越之情沾染上去"②。与林毓生就曾评价乃师云:"他[指殷海光]对海耶克先生的奥国主体性经济学[即奥地利学派的主观主义经济学——引者注]的背景不很清楚,以致不知海氏思想中许多重要论点是极力反对他多年来服膺的罗素与逻辑实证论的。"③

殷之翻译《到奴役之路》,是受周德伟之托。殷曾参加从 1951 年冬开始的、在周德伟家进行的私人学术讨论会④。后来通过林毓生,殷海光更多地了解哈耶克的思想,60 年代中期,他的倾向已经发生了微妙的变化。首先,他对胡适等五四一代自由知识分子提出了严厉的批评,认为像胡适这样"'终生崇拜美国文明'的人,怎能负起中国文艺复兴的领导责任?"其次,他指出,"五四人的意识深处,并非近代意义'to be free'[求自由],而是'to be liberated'[求解放]。这二者虽有关联,但究竟注意不是一回事。他们所急的,是从传统解放,从旧制度解放,从旧思想解放,从旧的风俗习惯解放,从旧的文学解放。于是,大家一股子劲反权威、反偶像、反旧道德。"⑤ 从思想资源上,他转而认同哈耶克、与哈耶克英雄相惜的迈克尔·波兰尼。

到 1968 年 10 月 9 日,在写给林毓生的一封信中,他终于抛弃了反传统主义:

---

① 殷海光、林毓生:《书信录》,第 154 页。
② 《到奴役之路·译文自序》,1965 年 9 月,转引自殷海光、林毓生:《书信录》,代序二,第 15 页。
③ 殷海光、林毓生:《书信录》,第 20 页。
④ 见《我与胡适之先生》,《周德伟社会政治哲学论著》,第 369—370 页。
⑤ 殷海光、林毓生:《书信录》,第 156 页。

无疑,直到五年以前,我一直是一个 antitraditionalist[反传统主义者]。现在呢?我只能自称为一个 non-traditionalist[非传统主义者]。虽然,我现在仍然受着中国文化的许多扼制,但是我已跳出过去的格局,而对它做客观的体察。就认知的智识(cognitive knowledge)而言,包括数学与逻辑在内,西方远较东方发达。由这些学识所产生的技术,成为西方"power"[力量]之源。至于政教礼俗,人生观,和世界观,是谁的"好"呢?在世界普同的"人性"从特殊的文化里发现出来愚蠢作必要的建构基据以前,这个问题根本无从解答。①

殷的这一晚年转向具有重大意义,它标志着五四一代及其精神上的一种自我反思:自由真的须以反传统为前提吗?它同时也标画出了自由主义的一种可能性,即通过对传统的创造性转化,在中国的背景下构建一个自由的观念与制度体系。这是一个看似不可能的任务,但这也是中国自由主义者必须面对的任务。

目前大陆也有一批以哈耶克思想为门径的自由主义者,对传统采取同情的态度,甚至通过对传统的重新发现、解释,而实现宪政视角下传统的"创造性转化"。

我们不能不相信,哈耶克的思想取向与中国自由主义之与传统思想资源的关系间,存在某种内在的必然性。我们或许可以提出一个不那么准确的命题:一个中国自由主义者,倾向于英国式自由主义的程度,与其对于传统的亲和程度呈现出正相关。严复也可以作为一个证明,严复本人是在英国接受的自由主义,其成名之作是翻译密尔的《论自由》,然而,他对密尔之强调个性自由的一面,却提出批评,非常有趣的是,哈耶克对这种源于德国美学自由主义的伪个人主义提出批评;严复也对卢梭予以批评。凡此种种证明,严复的思想在不少方面与哈耶克有暗合之处。因而,合乎逻辑地是,在严复那里,也试图将西方的自由哲学与中国古典,包括杨朱的为我、庄子的在宥、墨子的兼爱、儒家的公恕正直、修己及人、舍生取义等理念相结合,既反对顽固守旧、也反对全盘西化,

---

① 殷海光、林毓生:《书信录》,第161页。

也不同意中体西用,他所主张的"针对时势,渐进调适,以教育改革的方式,逐渐将西方文化的长处融入中国文化之中,在此过程中没有一个固定的公式可供依循"①。

传统的创造性转化:范式的扩大

当代中国一批自由主义者正在运用林毓生所提出的知识方法,继续严复,特别是周德伟所开创的事业——尽管并没有这种自觉意识,同样是经由哈耶克的路径,传递摒弃了五四已经深入知识群体骨髓的反传统心结,而致力于对中国传统的某种"创造性转化",力求西方自由主义理论与中国传统的会通。不过,自由主义者的这一波努力,既不同于新儒家,甚至也不同于周林两位。

新儒家的思想贡献是有目共睹的,但是,新儒家在试图调和儒家与民主方面的努力,似乎并未取得多大思想成就。其中一个重要原因在于,与自由主义者宗奉法国式的自由主义相同,新儒家所吸纳的西方思想资源,也不是来自英美,而同样是来自欧洲大陆。兹略论如下。

在哲学上,新儒家的主要代表人物几乎都是吸纳康德—黑格尔一系的唯心主义哲学。如何信全所说,"当代新儒家本乎陆王心学与西方近代康德(Immanuel Kant)、黑格尔(G.W.F.Hegel)之哲学会通,形成以儒学为主体纵摄中西的哲学系统。……整体而言,他们的理论之理想主义(唯心主义-idealism)性格,则十分明显。"② 当然有些学者可能主要在中国固有传统内部寻求融合,比如熊十力梁漱溟之儒学受佛学影响很深。不过,凡是援入西学者,则几乎无一例外撷取自欧洲大陆,尤其是德国。

这种取向,与他们所批评之反传统的现代中国自由主义者异曲而同工,即注重观念,而轻视制度。诚如劳思光所言,"他们采取黑格尔模式,将生活领域化约到理念领域,亦即将存在世界化约为思想,取消生活领域的独立性,将世界视为自觉理念秩序的实现,因而重视内在的精

---

① 黄克武著:《自由的所以然——严复对约翰弥尔自由思想的认识与批判》,上海书店出版社2000年版,第253页。
② 何信全著:《儒学与现代民主》,中国社会科学出版社2001年版,第6—7页。

神如何呈现而为一外在的文化。在此一思想模式之下，常会忽略社会运作与结构（生活领域）的独立性，认为都是思想（理念领域）所产生"①。此种思考使他们试图从某种观念中开出民主制度，从而与现代自由主义者试图从改造人的思想中建设一个新的社会秩序是一种模式。

同样，在政治哲学上，新儒家则跟中国的自由主义者一样，所要会通的西方对象，乃是唯心主义——及唯理主义——所主张的积极自由，"当代新儒家的自由概念，就基本理论性格而言，可以说属于积极自由这个脉络"②。一些具体政策甚至也是相同的，比如，新儒家和现代自由主义者一致主张限制私人财产权，一致反对自由经济，赞成国家统制经济。

也就是说，中国的自由主义者与新儒家走的是同一个方向，尽管路径略有不同。因此，毫不奇怪，新儒家试图从传统中开除的新，不是英美政治哲学中所推崇的自由和宪政，而是受法国式唯理主义所影响的中国自由主义者所提出的大而化之的"民主"。

至于林毓生，尽管提出了"创造性转化"的原创概念，但其具体的创造性转化努力，则似乎仍然局限于观念的创造性转化。比如，他曾指出，儒家"仁"的哲学中蕴涵了自由主义的一个主要观念，"人的道德自主性"，这两个中西概念之融合，甚至可能发展出一套"比德国哲学更完美的中国的自由主义"。在这里，林也提到了英国式自由主义的政治与社会哲学特别强调"自由制度（包括法治与自由经济制度）"③，但就我所见，似乎并未展开予以讨论。

同样，在周德伟先生处，即使是对于法治的处理，也依然是纯粹观念性的。

透过上述简单的批评性梳理，当可已透露出当代自由主义者对于中国传统所进行之创造性转化的内涵。概括而言，当代中国自由主义者由于直接自哈耶克切入英国式自由主义的知识系统与制度设计理念，因而，其所追求的基本目标，乃是自由宪政主义，即强调法治、有限政府、自治和自由市场等等制度，而不是笼统的追求所谓的民主或权利。这是

---

① 转引自何信全著：《儒学与现代民主》，第7页。
② 同上书，第164页。
③ 林毓生著：《中国传统的创造性转化》，第288页。

与现代自由主义者、新儒家大为不同者。

随着视角的变化,当代中国自由主义者所关注的中国固有资源的范围也就发生变化。

自由主义所关注的传统,不同于新儒家。新儒家所解释之旧,主要是陆王心学。以心学的视野来诠释古典儒家,并以此心学化的儒家,与德国的唯心主义融合。然而,诚如《周易》"井卦"所言,"改邑不改井",但欲使井洌寒泉而可食,则需淘挖井底,光靠整修井壁,是无济于事的。因此,自由主义欲回到真正的古典,回到中国文明初始的架构阶段,偏重于三代以至秦汉,也即回到中国人的知识和制度创造性最旺盛的阶段。

当然,自由主义者之回到古典时代,其所关注者不仅仅是儒家,更包括诸家,比如,道家及汉代的黄老之学。道家的无为思想,略相当于西方所说的消极的自由。其自发秩序理论,具有相当强烈的原创性。在司马迁《货殖列传》中,则阐述了劳动分工、自由市场和企业家精神的思想。盐铁之论中贤良文学也阐述了某种健全的古典宪政观念。

在观念会通的方法论上,当代自由主义不同于 20 世纪的知识分子。20 世纪的学者习惯于将中西之差异戏剧化,然后进行所谓的对比研究。他们突出的是中西的绝对差异,其结论通常是:因此,中国没有走向现代化,其隐含的结论则是:因此,要现代化,必须要在这些方面西化。本土观念隐含地被作为一种负面的、批判的对象,对比研究不过是为了突出其不适应于现代化因而应被替代。

而当代自由主义更乐意寻找中西、古今之间的家族类似。20 世纪的大量对比性研究,之所以能够大成气候,一个重要原因在于把小国寡民、强调民主与科学的古希腊至欧洲大陆的传统,视为西方的全部,而忽略了西方的另一支传统:从古罗马到英国到美国。在笔者看来,后一传统与中国传统之间具有更多的家族类似。比如,罗马人在观念上也始终以农业为本,罗马人高度重视传统,罗马人讲究的是政体内部的平衡,而不像雅典人那样追求直接民主。当代自由主义者循着哈耶克式的自由主义,所欲借重之西方资源,主要来自后一传统。

在家族类似的前提下,中西、古今资源就是平等的,而无高下之分,先进与落后之分。本土观念,在当代自由主义者的知识地图中,可能居于中央,也可能位处偏远。因而,无所谓由旧开新的问题,也不是中体西用或西体中用的问题。当代学者保持一种双向开放的心灵。当代学者不再将任一方、任一家的观念视为不可拆分的有机体。也不为了比较孰优孰劣,而是致力于中西古今家族类似之观念簇的双向甚至多向的互补性解释。比如,以哈耶克解老子①,以斯密解司马迁,以孔子解柏克,等等。当代自由主义者由此,寻求其间同而不和、和而不同之处,而追求中西古今观念之中和,从而为中国的宪政提供一个中道的正当性论证。

而且,与新儒家和周、林二位之独重观念不同,自由主义所要重新解读的,除了古典中国的观念之外,同样侧重于对于中国固有可能有益于自由宪政之制度本身的发掘、解读和创造性转化。

此一差异乃是基于下属事实:不像新儒家,多系哲学背景者,相反,今天致力于发掘传统者,多系接受过社会科学训练者。因而,他们并不完全从形上层面解决问题,而是侧重于解决制度层面的问题。

比如,有学者发掘出中国古典判例法传统②,这一传统,对于权力具有相当强大的约束力,此种制度可资探讨中国实行普通法之可能性。学者们也在探讨周的分封制中所蕴涵的联邦主义因素。中国古代源远流长的民间自治传统,对于保障个人相对于国家权力的自由来说,也是根本性的。

在探索创造性地转化这类制度因素时,自由主义对于西方的宪政制度,大体上取其最为抽象的基本制度框架,而其具体细节,则可能是多方拼凑而成的,有可能来自西方,也可能来自本土。自由主义社会当然是一个无可置疑的目标,不过,自由主义者不相信一次立宪即可达成此一目标,相反,它把立宪视为一个不断趋于完美的过程,尽管从来都不可能达到完美。事实上,只要确立一个基本的宪政框架,则该框架本身透过试错,就可能发现比较恰好恰当的细节性规则和制度。同样,比如,作为宪政基础的法治,我们并不需要具体地研究中国需要什么样的

---

① 石元康的《自发的秩序与无为而知》是一个尝试,收入其著作《当代西方自由主义理论》,上海三联书店 2000 年版。
② 武树臣:《法学文集》,中国政法大学出版社 2004 年版,提供了很多有益的论证。

民法，更不需要操心立法问题，只要确定了一个基于中国古典判例法传统的普通法制度，则这一制度本身就能够生成我们当下的社会所需要之法律规则，而这些规则，是不可能被清晰地界分究竟是为本土的还是外来的。

在哈耶克式的自由主义者看来，对于现代化来说，至关重要的不是人们观念的变化，也不是社会层面上人们的行为模式和惯例、规则的变革，而是建立自由宪政的基本制度框架。此一框架的确立，在很大程度上，乃是一个知识性过程。

此种知识，惟有基于对于人类治理经验的审慎考察才能探寻到，而中国数千年来之治理经验，当然也在此一考察范围之内。因此，立宪之知识，是无分古今中西的，因为，人类的经验已经证明，至少在某些最基本的问题上，优良的政治性治理之原理可能并不是异常复杂以至于无从探究的。

自由主义者对于这类宪政知识之期许，不同于唯理主义赋予理性之重负，因为，宪政仅关涉至最抽象层面上的制度框架，涉及到权力分割、制衡之程序与规则，而并不触及具体的规则和制度细节，当然，更不涉及广泛的社会生活之其他方面及观念、价值层面，所有这些，仍然是自发秩序的领域，而宪政制度无非是为这些领域之自发过程提供更为良好之制度框架而已，因而，严格地说，传统的习俗、道德、信仰、价值并在自由主义者所讨论的范围内。

当然，自由主义也不是不关心社会和个人生活领域。但由于哈耶克式的自由主义者明智地将其事业限制于关于政治性治理结构的设计以限定国家权力之界限，因而，如果说，自由主义必须有所表示的话，那么，从逻辑上说，对于一切无害于宪政根本、而能够防范、分散国家权力的观念和制度元素，自由主义学术均予以支持性论证，假如这些元素暂时地未必有益于民主或其他很珍贵的价值，则保持一种"善意的疏忽"态度。

统而言之，当代中国的一批自由主义者，经由哈耶克理论，解开了近代以来自由主义必反传统的心结，转而将中国传统——尤其是古典时代——的观念与制度，视为一种宝贵的思想资源，透过其与基于有限理性的英国式自由主义观念及自罗马—英国—美国一脉相承的建立在法治之上的宪政主义之会通,试图发展出一套宪政治理理念。由于认识到了理性设计之限度,因而,他们对中国固有思想和制度资源保持一种谦卑心态,而由于追求消极自由和法治宪政,因而,扩展了自中国固有传统中探究的范围。

结　语

我是在学习奥地利学派经济学的时候,通过新竹清华大学的同道黄春兴先生知道周德伟先生的大名的,知道他是一位现代中国杰出的自由主义者,而且,是罕见的哈耶克式自由主义;又通过陈明先生的文章《紫藤庐及其他》惊讶地知道,周德伟先生原来是现代的一位儒者。这种一身两任,在他身上体现得么和谐而自然,更坚定了我和几位朋友原来略显模糊的信念:伟大的思想传统中,相通的地方总是要比浅薄的进步主义者和唯理主义者所设想的要多得多。对于自由主义者来说,与传统的对话,乃是深化其知识体系、坚定其自由信念的不二法门。或者如林毓生所说,"中国自由主义的前途"[①]端赖于其能否整合西方自由理论与本土丰厚的知识和价值传统,从而发育出一种新的知识体系。

因此,当陈明先生命我为周德伟先生在中国大陆出版的文集写一些话的时候,我非常兴奋。阅读过周先生的著述后,更深为周先生对自由、与对中国传统之诚挚所感动。所以,一口气写了这么一篇超长的议论,此无他,仅为表达一个后学的敬意及踵武先贤的心意而已。但不管怎样,到了立刻结束本文的时候了。

美国学者列文森对于近代以来的中国知识分子有一个著名的论断:理智上他们大体上选择了西方的价值与制度,而在情感方面却丢不开中国的旧传统[②]。这种说法或许有一定道理。不过,将理智与情感截然分开,本身可能即是一种唯理主义的产物,因为它假定,可以清晰地辨析人们的某一行为是基于情感的驱动,还是理智的理由。

---

① 参见林毓生:《五四时代的激烈反传统思想与中国自由主义的前途》中相关论述,收入林毓生著:《中国传统的创造性转化》。

② 参见列文森著,郑大华、任菁译:《儒教中国及其现代命运》,中国社会科学出版社 2000 年版。

所幸，如周德伟所预示的，当代自由主义已经经由哈耶克理论的启发，走出了传统与现代二元对立的思考模式。因为，他们所追求的乃是一种自由宪政，他们意识到此一任务基本上乃是一种相对单纯的政治转换，而并不要一场全盘性的社会改造。此一结论的知识依据在于：他们意识到，传统之习俗、惯例、道德、信仰、价值，乃是人之理性所无法设计的。不过，他们也相信，这些传统的因素，可以维系一个社会之基本秩序，而这则可以为宪政制度提供一个基本的支撑。

大体上，我们可以推测，在立宪时期，传统的习俗、惯例和制度所维系之稳定秩序，可以支撑宪政之从容设计，并可为宪政提供一些最基础的元素，比如财产权的观念和制度、社会自治制度，自然的市场秩序，对于权威的尊重，稳定的家庭所提供的社会保障，等等。立宪本身并不追求整全的自由，尤其不在于追求被法国式自由主义所高扬的那些价值，而仅在于确定能够保障最根本的个人自由的制度框架。进入宪政巩固时期，宪政将可诱导传统之自发演进、调适，从而扩展个人自由的范围和深度。在宪政制度的框架下，自由获得保障之个体的创造性活动，能够使传统的观念和制度本身不断地演进，并诱导传统与宪政所隐含的价值不断调适。我们或许可以把这一从立宪、宪政巩固及之连续性过程，概括为"传统与宪政之双向互动模型"，尽管两者事实上处于不同的层面。同时，从理论角度看，一种以中国语言表述的有关自由宪政正当性的论证，将可以使立宪这一事件本身自然地嵌入进民族的生命中，且丰富中国本身的政治哲学话语体系，从而使传统的政治语汇具有更为现代的涵义，足以表达当代中国人的政治理念。

孔子反对铸刑鼎的宪政涵义

公元前536和513年，发生了中国法律史上具有重大意义的两个事件：郑子产铸刑书，晋铸刑鼎，也就是颁布成文刑律。

深受欧洲大陆成文法传统影响的今人，肯定觉得，颁布成文法律是历史的一大进步。然而，当时一些明智的人士却对此提出了严厉批评。晋国的叔向对郑子产铸刑书提出批评：

> 昔先王议事以制，不为刑辟，惧民之有争心也。犹不可禁御，是故闲之以义，纠之以政，行之以礼，守之以信，奉之以仁，制为禄位，以劝其从，严断刑罚，以威其淫。惧其未也，故诲之以忠，耸之以行，教之以务，使之以和，临之以敬，莅之以强，断之以刚，犹求圣哲之上、明察之官、忠信之长、慈惠之师，民于是乎可任使也，而不生祸乱。民知有辟，则不忌于上。并有争心，以徵于书，而徼幸以成之，弗可为也。……民知争端矣，将弃礼而征于书，锥刀之末，将尽争之。乱狱滋丰，贿赂并行，终子之世，郑其败乎？（《左传·昭公六年》）

孔子则对晋铸刑鼎予以猛烈抨击：

> 晋其亡乎，失其度矣！夫晋国将守唐叔之所受法度，以经纬其民，卿大夫以序守之，民是以能尊其贵，贵是以能守其业。贵贱不愆，所谓度也。文公是以作执秩之官，为被庐之法，以为盟主。今弃是度也，而为刑鼎，民在鼎矣，何以尊贵？贵何业之守？贵贱无序，何以为国？且夫宣子之刑，夷之蒐也，晋国之乱制也，若之何以为法？（《左传·昭公二十九年》）

关于各国铸刑书、刑鼎究竟意味着什么、孔子的批评究竟是何含义,学者们众说纷纭。①。除去一些具有强烈意识形态色彩的评论之外,通常人们普遍从法律发展的角度对这种法典化的努力赞赏,如杨鸿烈以子产铸刑书为"中国首先打破法律秘密主义的第一人"。他援引梅因《古代法》的研究结论,在这种法律秘密主义时代,"法律仅为极少数人所掌握,绝不令一般人民识其内容"②。

按照一般意见,这样的成文化法典可以令民知所行止,从而增加法律的确定性。然而,我的朋友危舟在一篇评论布鲁诺·莱奥尼的《自由与法律》(吉林人民出版社,2004年)的书评中指出:

> 表面上看,因为有着精准字句描述的文本摆在那里,成文法似乎更具确定性。但事实与之相反,由于对立法行为的乐此不疲,朝令夕改就成为普遍现象。而法律之有效在于符合人的预期,如果起床时做的事情合法,睡觉时做同样的事情则违法,法律的确定性从何谈起?缺乏长期的确定性正是立法之法的弊端之一。孔子"为后世立法",当是指西塞罗所言的永恒之法,绝不是为了解决眼前的某一具体问题的立法,故有"后世"一说,也只有这样的法才是久远而恒定的。其实,撇开时间因素,成文法也不能说因其诉诸文字而更具优势。世界纷繁复杂,任何描述都不可能穷尽其一切。世界的真实情况是无数个体在互动中达致平衡,用群体决策代替个体决策本身就是不正当的。立法之法"必然包含着对那些遵循立法规则的人们之某种程度的强制",这也是群体决策中很难避免的。因此,法律是而且只能是,在保持司法独立的前提下,每个人都有机会涉入其中,并由法学家和法官在一个个判例中发现的东西,而不是由一帮人坐在那里向壁虚构得出的抽象原则。

诚哉斯言。这一点或者可以作为对于孔子反对铸刑鼎的一种理由,尽管看起来有点过度诠释之嫌。

而俞荣根本人的结论是,"孔子讥刑鼎,并不是反对公布成文法,正如明代丘浚所说,孔子讥刑鼎,是'以为[铸晋刑鼎的]范宣子所谓非善

---

① 可以参见俞荣根的综述,参见俞荣根著:《儒家法思想通论》,广西人民出版社1998年版,第61—66页。

② 杨鸿烈著:《中国法律发达史》,商务印书馆1993年版,第50页。

也,非谓圣王制法不可使人知也'"①,就是说,孔子所反对的是晋刑鼎中的内容,而非刑鼎这种法典化的法律形式本身。

本文则准备提出另外一个解释。笔者认为,明智如夫子,对于铸刑鼎作如斯断言,语气如此强烈,自有其深意焉。孔子由于洞见当时诸侯铸刑鼎所隐含的宪政巨变迹象,此一时间意味着,这些诸侯国开始改变由世袭的法律贵族所维系的判例法传统,而这一传统是天子与贵族共和的支柱;取而代之的将是君主按照自己意志创制法律的宪法制度,从而使判断之权与统治之权合一,导致君主专制政体之形成。

古典法律家与贵族共和政体

关于古典中国(本文中系指秦以前)比如周的司法制度,普通的意见认为,"当时在审判中并不具引法律的条文,而是由司法官依据有关礼的原则为指导来判定是非、决定相应的处理方式,包括执行刑罚"②。也即是说,实行的是一种不成文的判例法制度。

武树臣教授尤其力主此说,他从儒家法律思想、从古典法律制度中,梳理出了一个源远流长的判例法传统,并明确指出,这种判例法与英美普通法比较相似:

> 西周、春秋时代的法律样式是"议事以制、不为刑辟"的"判例法"。当时的"世卿世禄"的世袭制,和"帅型先考"的孝观念,是"判例法"的制度上和观念上的保障。当时的法律规范主要表现为具体的判例,它们或者藏之于王宫,或者铸之于礼器,以示威严与不朽。与"判例法"相适应的思维方法便是归纳推理。法官在审理案件时,从已往的判例、故事中寻找法律依据,如果找不到,就从礼仪风俗或公认的观念中去寻找。这种思维方式与英国法系十分相近。③

根据武树臣的分析,从法律的形态看,在殷商、西周并无整全的成文法典。尽管当时不乏成文法律,甚至不乏"宪则",但这些立法要么为就

---

① 俞荣根著:《儒家法思想通论》,第190页。
② 叶孝信主编:《中国法制史》,复旦大学出版社2002年版,第47页。
③ 武树臣:《儒家法律传统》,法律出版社2003年版,第100—101页。

具体事项之立法,如周公的多项命令,要么为刑、罪分立的立法,两者没有合为一典,统而言之,便是所谓的"单项立法"。这种单项导致的直接结果就是判例制度:

> "单项立法"给司法带来的直接后果是使司法处于核心地位。他们把"名例项"[即规定违法犯罪行为的立法]、"刑法项"适用于具体案件,作出判决,是为判例。这种审判方式即《左传》昭公六年叔向所言"议事以制,不为刑辟",和杜预所注"临事制刑,不豫设法"。①

西周重视判例,而这些判例"或存之于典册,或存之于老臣"②。同时,这些判例也大量铸在礼器之上,被置于贵族的庙堂之中,以示威严。这样一来,判例只能由贵族来掌握,自然无由"观鼎"。——顺便说一句中,《周易》中的很多爻辞似乎就是判例。

有学者根据出土文物得出结论,一直到战国时的楚国,仍然存在着"制定法缺失"现象,该学者还从另一出土文献《五行篇》中解读出一种"以法官为中心的伦理",并指出,"一个强调司法自主判断的法律体系是国家权力分散的形式,这种形式也许是将远距离的国家干预减至最少的理想模样"③。

而解释这些判例、发现和适用法律的,则是世袭的贵族"法律家"。

根据武树臣的研究,最早的法官之一皋陶历尧舜禹三代,可以推测,他不是一个人,而是部落的名称,该部落——笔者要补充的是,更准确地说是其部落中的贵族——"因其长于断讼,工于刑政而世代因袭司法之职"④。

《尚书·洪范》记载殷商时有司寇。另外,"遇到疑难案件是要卜筮的,那么,卜筮之官也间接参与司法活动,并负责保管有关法律文献"。西周仍有司寇,而太史也参与司法事务,"因为当时实行的是'判例法',

---

① 武树臣:《从"判例法"时代到"成文法"时代》,收入《武树臣法学文集》,中国政法大学出版社 2003 年版,第 122 页。
② 武树臣:《儒家法律传统》,第 193 页。
③ 罗凤鸣:《出土文献:战国的法律与哲学》,收入高道蕴等编:《美国学者论中国法律传统(增订版)》,清华大学出版社 2004 年版,第 154—155 页。
④ 武树臣:《寻找最早的"法"》,收入《武树臣法学文集》,第 29 页。

太史掌管判例故事，自然也就参与审判活动"①。

最有趣的是《尚书·立政》篇中，周公在给成王的建议中，曾对太史说了一句话："太史，司寇苏公，式敬尔由狱，以长我王国。兹式有慎，以列用中罚"。疏云：忿生为武王司寇，封苏国，能用法。敬汝所用之狱，以长施于我王国。言主狱当求苏公之比。正义云：以其太史掌废置官人，故呼而告之曰："昔日司寇苏公既能用法，汝太史当敬汝所用之狱，以长施行于我王国。"欲使太史选主狱之官，当求苏公之比也。"此刑狱之法，有所慎行，必以其体式，列用中常之罚，不轻不重，当如苏公所行也"。② 这段话似乎相当清楚地表明，周所行者系为判例法，苏公系为一著名法律家，他的判例故事保存于太史府中。尤可注意者，似乎太史有权依其对于判例故事的解释，而在挑选官员、包括司法官员的过程中发挥重要作用。

不管是司寇、太史，所有这些与司法有有关的官员，都是世袭的。有两个家族被杨宽作为西周奉行的官爵世袭制的典范，而他们恰恰与法律事务有关，即虢季氏世代为师和微氏世代为史③。司马迁在《太史公自序》中也说，司马氏"世典周史"，重黎氏"世序天地"④。

因而，司法职位之世袭殆无疑问，与其他职位并无二致。而这种职位的世袭制，对于古典的判例法是决定性的。正是这一点，保证了保存和解释法律的人员的权威性和独立性。

这些法律家家族本身并不拥有立法的权力，他们自己也未必亲自审理案件。他们的职能在于保存古老的判例，并在必要的时候，对其进行解释，从而使得裁判者——它可能是私人仲裁者、也可能是行政官员或贵族——能够正确地适用法律。他们的权威并不是来自于国家的授权。在神法时代，他们的权威来自于神明的启示。在世俗化的时代，他们的权威则来自于他们对于判例的理解和解释。而学习这样的知识并理解其中所蕴涵的法律原则，将其与礼融为一体，则需要投入长期的时间和

---

① 武树臣著：《儒家法律传统》，第212页。
② 李学勤主编：《十三经注疏(标点本)·尚书正义》，北京大学出版社1999年版，第478—479页。
③ 见杨宽著：《西周史》，上海人民出版社2003年版，第366—372页。
④ 《太史公自序》，《史记》。

全副的智力,而世袭则可以为这样的训练提供最优越的条件。同样,因为在文字新创而传播极难的时代,保存判例乃是一件成本昂贵的事业,因而,唯有世袭才能降低这种保存成本。

而且,在古典时代,法律家的知识越隐秘,其权威性越大。而使法律知识隐秘的重要手段,就是坚持以判例决案。不过,这并不意味着法律是不确定的。因为,这些法律家在解释、适用法律时,有一超验的价值在,这或者是神明,或者是礼及其中所蕴涵的社会主流价值。而这些价值是为社会所普遍地承认的,因而,一个受过基本的礼制训练的人士,只要秉着其基本精神和原则行事,就不会触犯法律[1]。

这就是布鲁诺·莱奥尼所说的法律的"长远确定性"。不少论者根据梅因在《古代法》中的理论,将上述早期人类不以成文法审理案件的做法,称为"法律秘密主义"。此种法律秘密主义固然意味着世袭的贵族法律家对于法律保存与解释权的垄断,然而,这并不意味着他们也同样垄断了法律规则本身,因为,通常的法律规则不待法律家解释,即已存在于社会之中[2],而根据社会所公认之"礼",人们是可以稳定地推测出究竟什么样的行为合法、什么样的行为不合法。

这是一种基于原则的法律。也就是说,法律并不是法律家、当然也不是周天子的意志,而是社会所公认的、合乎普遍的神意或礼制原则的正当行为规则。这样的法律,不会因为君王意志的一时心血来潮或政治利益集团的一时盛衰而发生变化,就像《荀子·荣辱》篇所言,这样的法律家谨遵先王的宪典和司法先例,"父子相传,以侍王公,是故三代虽亡,治法犹存"。统治者虽然换了几次,但法律传统却一以贯之。当然,法律的这种原则性,对于法律家本身的解释也构成一个刚性约束,法律家不可能任意地对它的判例故事进行解释。

---

[1] 在同样以判例法为基本造法模式的普通法制度下,"如果一个人按照社会认为正确的方式行事,他会被认为是在做合法之事;如果一个人被社会认为是错误的事情所伤害,他将受到法律的保护。"迈尔文·艾隆·艾森伯格著,张曙光等译:《普通法的本质》,法律出版社 2004 年版,第 211 页。

[2] 参见弗里德里希·冯·哈耶克在《法律、立法与自由》第一卷、尤其是第四章《变化中的法律概念》中的相关论述。

以法律约束权力

因此,在这种以判例法为主的、由世袭的贵族法律家通过对判例的解释而生成法律的制度下,法律的权威和效力,来自于法律家所阐明的这些超验的价值,而不是来自于世俗的权力。在崇信鬼神的殷商时代,这些价值来自神明的启示。

在后世有关史的论述中,祝宗卜史经常连言,显示其间有密切关联。而所有这些表面上看起来具有宗教、文书功能的官员,在古典的判例法下,均承担着法律家的职能。美国学者从一件法律铭文发现,该铭文中的"'告'字以及誓言之格式本身就具有宗教象征,而此二者被用在法律诉讼中便有助于赋予法律程序以权威性。"这位学者的结论是,在西周时代,"至少对诉讼双方来说,法律之所以能有约束力,在某种程度上必须依赖宗教的权威性及其约束性"①。

在西周时代,判例似乎主要由史官保存和解释,法律的权威主要来自法律家的理性,来自受过历史训练的"技艺理性"② 对于礼的精神、原则的准确把握。他的解释得到礼的支撑,因而,可以超乎一时之政策考虑,而不管统治者之好恶。这样的法律家之法不会在君王的统治权力面前屈服,从而保持其相对于君王及其军政官员的独立性。相反,一种源于古老时代的神秘权威反而可以令世俗的君王和军政官员屈服。

诚如武树臣所说:"在宗法贵族政体下,贵族的政治权力即对领域的统治权,在政治上来源于国家最高权力,在时间上靠嫡长继承制得以延续,在空间上靠其他贵族的承认和平共处得以维系,在内部靠贵族集体的合作得以实现。在形式上看,贵族的权力是从祖先那里凭借血缘标志继承而来的。这种权力是稳定的、无约制的,得到社会的普遍认可和尊重。掌握权力的贵族的心态是从容的,没有危机感。他没有必要刻意地

---

① 郭锦:《法律与宗教:略论中国早期法律之性质及其法律观念》,收入高道蕴等编:《美国学者论中国法律传统(增订版)》,第79页。
② 这是普通法中的一个重要概念,为普通法历史上最伟大的法律家爱德华·库克所提出。参见拙作《试论自发地发现法律的程序与两权分立的政体框架》中"理性之治而非权力之治"一节的论述。

说什么和做什么以保住自己的权力。他关心的是如何才能不辱父辈之命,并为后世留下好的范例。"① 这段中所说贵族的权力来自"国家最高权力",可能是不准确的,因为,天子对于他的权位通常只是予以形式上的认可而已,受到礼制的约束,并不能任意废置。另外需要补充的是,贵族法律家群体的权力——准确地说是权威——更多地来自于其在世袭所提供的便利条件下通过深入而持续的研究所获得的"技艺理性"。

这种以独立的法律家为支柱的判例法制度,正是孔子所向往的"古典贵族共和"政体的一个根本性组成部分,正是这种法律制度提供了贵族共和的宪制框架。

《左传·成公十三年》中说了一句名言:"国之大事,在祀与戎"。"戎"是军事权力,可以引申为以暴力为后盾的一般性统治权力。戎固然是重要的,然而,文明社会的任何统治,均需要规则,而祀就在于提供和解释规则。而由于祀的活动的特殊性质,由此生成的规则,不仅包括统治者可以利用来治理人民的,也包括约束统治活动本身的规则。古典文献中记载了不少占卜不吉而改变君王决策的故事。

在殷商、西周,暴力的统治权固然操控在君主手中,但法律的创制权、解释权却掌握在祝、宗、卜、史的手中,尽管法律之执行需仰赖于君王的暴力。贵族法律家固然不具有统治之权,如司马迁在《太史公自序》中说,"太史公既掌天官,不治民"。但是,他们却保存着法律判例、礼,并拥有对这些判例和法律原则的解释权。因此,也就拥有在每一个案件中创制法律之权。除了个别宪章性质的法律之外,法律大多是由拥有祭祀、文书性质的法律家通过解释活动分散地创制出来的。不要说一般民间争议,即就是君主的一切决策,都取决于他们的卜筮、预言,并接受他们的审议和判断。法律家拥有判断的权力。君王可以颁布单个的成文法,但在很大程度上,需要由法律家予以记录、认可和论证,方可产生效力。而在未来的法律解释中,他可根据自己对于神明的启示和礼的理解,对其作出解释。这一过程甚至类似于普通法下的司法审查。

也就是说,在古典中国的政体中,法律的创制和解释之权,或者更广泛而言,对于何为正当行为规则——不管是天子、诸侯还是庶人——的

---

① 武树臣著:《武树臣法学文集》,第134页。

判断之权,是一种与统治权并列、独立于统治权之外、另外拥有自己的来源的权力。

这才是古典判例法的真正意义:统治的权力归君主,但发现和解释法律及更为广泛的正当行为规则的权力,却并不归君主。相反,正当行为规则,法律与道德,都是由一个大体上世袭制的贵族群体所保存和解释。正因为他们的权力独立于君王,因此,法律本身也就在君王的权力之外生长。因此,君王的权力是有限的,因为它缺乏专制君主任意发布法律的权力。这正是古典贵族共和制下的宪政元素。

成文法典与君主专制政体的关联

而在颁布成文法的郑、晋二国,已经出现了郡县制的雏形。从某种意义上说,封建与郡县制的区别,在政体上,实际上就表现为贵族共和制与君主制之间的区别。尤其是在晋国,"早期郡县制的发展,使国家权力逐渐集中于执政手中,从而酿成了中央集权政体的最初雏形"①。后来的君主专制,就是在此基础上发展起来。

如果我们从上述判断权与统治权两分的视角来观察君主专制,则可以对这种政体得到一个新认识:问题并不在于在统治的顶层是否有一个君主,而在于,这个君主是否在掌握了统治权之外,又掌握了判断之权。法律从来都是君主依靠暴力来执行的,问题在于,法律的保存、阐明、解释的权力是否也由君主垄断。

郑晋铸刑鼎,显示了统治者僭取法律之阐明和解释权的最初迹象。这种中国历史最早的成文法典,首次实现了罪刑合一,从而使得贵族法律家之解释成为多余。中国法律史专家普遍地对于这种变化予以赞赏。瞿同祖延续杨鸿烈——实际上是援引梅因的结论——有关中国古典法律制度系"法律秘密主义"的说法,指出,郑晋颁定刑书,"法律才由秘密转为公开,不再是贵族的秘藏,这一重大的转变在中国法律史上是极端重要的的事,这种改变对于治人者及治于人者,双方皆有重大的影响。从贵族方面来说实际处于不利的地位,所以每一次法典公开的运动都引

---

① 武树臣著:《武树臣法学文集》,第179页。

起他们极端的骚扰不安与严重抗议。"而"法家之努力便在打倒贵族之把持与专断,使法律公开于一切人之前"①。武树臣也说:"法的客观性与准确性不仅使官吏、人民有法可依,而且剥夺了旧贵族的特权。明确的法律条款,使断狱者失去了'议'的机会和权力,从而也使旧贵族丧失了在'议'中所享有的一切轻刑、免刑的特权,相对杂乱无章、重视等级的礼来说,法的公平性是毋庸置疑的。"②

这两位先生反对法律秘密主义、赞赏法律文本的确定性的观点,令人想起欧洲大陆法学家、尤其是法律实证主义者对于普通法之繁难的批评。从法律技术角度看,这种看法当然有道理。然而,如果从更深层次的宪政角度看,则此一变化的含义要复杂得多。

晋铸刑鼎,将法律条文化、固定化,实际上等于使法律家贵族所保存的古老判例及他们所理解的法律原则归于无效,也剥夺这个阶层通过对判例进行解释的法律创制权,而将这种至关重要的判断权,悉归拥有统治之权者,从而从根本上颠覆了原来的政体安排,而悄然地代之以一种新的政体形态:君主专制。

在这些事件之后出现的法家,则清晰地阐述了这种政体的基本原则:《管子·任法》篇云:"生法者君也,守法者臣也。"在贵族法律家保存、阐明和解释正当行为规则的时代,法律乃是在统治的权力之外生长的,诸侯、甚至天子也必须服从此一为贵族法律家所解释之规则体系。然而,随着这种成文法典之出现,法律不再由世袭的法律家群体所保存和解释,相反,它成为君主所刻意颁布的、用于实现其特定目的的工具。法律从具有普遍约束力的正当行为规则,变为统治者约束臣民的一个命令体系。由郑晋两国实际掌握统治权力的人颁布成文法,不啻告诉臣民:你们必须服从统治者所颁布的法律,而且,只有统治者所颁布的成文条文才是真正的法律。

其实,这正是近世西方法律实证主义理论的核心:法律即等于主权者之命令,是统治者意志的体现,这不仅表现为君主立法权垄断,也表

---

① 瞿同祖:《中国法律与中国社会》,收入《瞿同祖法学论著集》,中国政法大学出版社1998年版,第218页。
② 武树臣著:《武树臣法学文集》,第102页。

现为对法律的解释权和司法权的垄断,而且,必然要求法律是成文的,为所有臣民所公知。霍布斯对这种逻辑进行过一番经典的论述。首先,立法权全部属于君主:

> 在所有的国家中,不论主权者像君主国家中那样是一个人,还是像民主与贵族国家中那样是多数人组成的会议,都唯有主权者能充当立法者。……国家的主权者不论是个人还是会议,都不服从国法。……我们既然看到,所有的成文法与不成文法,其权威与效力都是从国家的意志中得来的,也就是从代表者的意志中得来的;在君主国中这代表者就是君主,在其他国家中则是主权会议。那么,在某些国家的杰出法律家的著作中竟直接间接地认为立法权取决于平民或下级法官,这种意见是从哪里来的就令人大惑莫解了。①

其次,所谓司法,不过是从主权中派生出的一种权力。在集权的君主制下,君主就是拥有全部立法权的主权者,法家所说的法,均是君主所立之法。而解释及执行法律的司法官员,也不过是该主权者的一个专业执行人员人员而已。总之,法律的一切权威来自于统治者,诚如霍布斯所言,他掌握着关于法律的"最终因的知识"②,法官的一切判决都可被认为是他的判决:

> 法律决不能违反理性,以及法律之所以成为法律,不在于其文字也就是不在于其每一部分的结构如何,而在于其是否符合于立法者的意向,这是我们的法律家所同意的。……构成法律的便不是法官的慎虑或低级法官的智慧,而是我们这位人造的人——国家的理性和命令。……在所有的法庭中,实行裁判的是主权者,也就是国家法人,下级法官应当尊重主权者订立这一法律的理由,以便使其判决与之相符;这样一来,他的判决就成了主权者的判决,否则就是他自己的判决,同时也是不公正的判决。③

从逻辑上说,这样的法律必须是成文的,且为所有臣民所公知:

---

① 霍布斯著,黎思复、黎廷弼译:《利维坦》,商务印书馆1995年版,第206—209页。
② 同上书,第214页。
③ 同上书,第209—210页。

法律是一种命令,而命令则是通过语言、文字或其他同样充分的论据发布命令的人之意志的宣布或表达。根据这一点,我们就可以认识到,国家的命令,仅仅对于能了解的人说来才是法律。……除开自然法而外,所有其他法律都有一个必不可缺的要点,那便是以大家知道是来自主权当局者的语言、文字、或其行为向有义务服从的每一个人公布。因为别人的意志除开根据他自己的语言或行动来了解,或是根据他的目标与范围加以推测来了解以外,便无从得知。……法律单是以明文规定并加以公布还不够,还必须要有明显的证据说明它来自主权者的意志。①

在法家那里,这种法律为臣民所知,竟然变成了臣民的一种强制性义务。商鞅提出,法制由君王颁布,而普告天下之民,"民敢忘主法令之所谓名,各以其忘之法令明罪之……[官员]有敢剟定法令一字以上,罪死无赦。"②。实际上,法律必须为人所知,正在于保证霍布斯所说的君主命令之至高无上性。

在这种司法框架中,即使是法官在君主颁布的成文法没有触及到的领域,偶然依据非成文的自然法作出判决,也不能僭夺主权者的垄断权力:

自然法的解释就是主权当局规定来听审与决定属于这类纠纷的法官所下的判决词,此种解释在于将自然法应用于当前的案件上。因为在裁判中,法官所做的只是考虑诉讼人的要求是不是合乎自然理性和公道,所以他所下的判决词便是对自然法的解释。这种判决词之所以成为权威的解释,并不因为这是他个人的判决,而是因为他是根据主权者的权力下判决的;这样一来,这一判决就成了主权者的判决,而主权者的判决在当时对于诉讼双方说来就是法律。③

同样,法家也对于官员解释法律的权力予以严厉禁止。这是成文法、实际上是法律等于统治者的命令的法律观念所必需的。

---

① 霍布斯著:《利维坦》,第210—212页。
② 蒋鸿礼撰:《商君书锥指·定分第二十六》,中华书局2001年版,第139—147页。
③ 同上书,第215页。

因而，从成文法典之颁布，我们看到了政体变革的某种迹象。孔夫子的伟大之处就在于他以哲人的眼光见微知著，洞见到了铸造刑鼎的此种意义。孔子指出，在传统共和政体中，掌管法律的"卿大夫"通过对判例的解释来行使发现和执行法律的权力——注意，这些卿大夫的地位是世袭的而非君主所任命。在据此而形成的法律的约束下，"民是以能尊其贵，贵是以能守其业"。这样的法律对于君主及他的属臣也具有约束力，从而使君主不可能任意地剥夺贵族的"业"，也即贵族的事务和责任。

诚然，这种"业"可能是以某种社会地位上的不平等为前提的。判例法传统便于法律家贵族群体对于法律的垄断，这种垄断自然不合乎受过民主理想影响的今人有关法律的理想。不过，遽然批评法律秘密主义而褒扬法家之法律公开原则，可能有失审慎。人们必须在两难之间作出选择：一边是法律家贵族群体对于保存和解释法律的垄断，他们并不拥有统治权；另一边则是君主对于立法权的垄断，而他们本来已经拥有统治之权。

孔子显然选择了前一种垄断而拒绝后一种垄断，尽管当时只显示出其雏形。在后一种格局下，本来拥有法律之解释性创制权的法律家将被单纯的司法官员取代，这些官员的职能不过是机械地适用统治者颁布的法律，从而成为纯粹的君主下属，而他们的判决的效力，也不再来自司法活动本身所显示的神明或理性力量，而来自君主颁布的法律，即来自于君主的权力本身。缺乏了判断权的约束，君主真正地成为至高无上的。

法律家贵族垄断法律的保存解释权当然不是最优的制度选择，不过，相比较于君主之垄断立法、司法权力，前者却更为可取。通过法律的成文法典化，表面上看，现在，普通人民知道了法律条文，因而可以直接按照自己对于法律的理解来调整自己的行为。但实际上，最高的统治者，也即霍布斯意义上的"主权者"，本来就已经拥有以暴力为支撑的统治之权，他又拥有了立法权、司法权，从而得以将统治权与判断权合二为一。则其权力就不受任何约束了。这样的专制政体，固然使法律家贵族成为多余，使一般贵族失去其地位和权力，同时也会使君王对于普通民众的权力增大，因为此时的君王权力不受任何约束，则其演变为残暴权力的几率将大为增加。古典作家早就论证过这一点。

实际上,从内政的角度看,春秋战国以迄秦灭六国,"王道"衰落、"霸道"兴起的重要内容之一,或者说根本的制度性变革,可能就是统治权与判断权由原来的分离而走向合一。因而,反对铸刑鼎而坚持判例法传统,是孔子坚持王道理想的逻辑之内在要求。在孔子看来,传统的判例法被废弃与成文法兴起,意味着开明的贵族共和传统之衰落,君主专制政体之兴起,进而会导致贵族以及人民的自由逐渐缩小以至于被剥夺。后来的历史验证了孔夫子的这一预见:秦国发展出了最为典型的郡县制,因而其君主的权力也最为集中;它的法律完全以成文法为准,因而,那里的人民完全丧失了一切自由。

回头来看孔子,也就知道了他对于判例法何以如此执着,在《论语》里,对其再三致意:比如,"温故而知新,可以为师矣"(这里"师"的原意是指司法人员),"成事不说,遂事不谏,既往不咎"("成事"即指判例),"临事而惧,好谋而成"("成"也指判例),其实所谈论的都是判例法的原则,后来才被引申到更为广泛的教育学或伦理学含义[①]。

以罗马法法典化过程为参照系的讨论

参之以罗马法的历史,则郑晋铸刑鼎之宪政内涵将更为显豁——顺便说一句,20世纪进行中西文化对比者,常以中国与古典希腊进行比较研究,然而,也许更合适的对象是比较研究对象是罗马而非希腊。

在共和时代,规范罗马人民之日常行为的乃是市民法,而"关于法(ius)的传统材料恰恰保存在僧侣们的深宅之中,法的正式解释者正是一个由僧侣组成的团体"[②]。后来,在法律世俗化后,取代祭司的是法学家,他们通过解释传统的法而揭示规范,从而为罗马人民立法。罗马人认为,他们的市民法是"以不成文形式由法学家创造的法"。总之,罗马的市民法是"在城邦机构的权威之外形成并发展起来的规范体系"[③],这

[①] 武树臣著:《儒家法律传统》,第58页。
[②] 朱塞佩·格罗索著,黄风译:《罗马法史》,中国政法大学出版社1998年版,第97页。
[③] 同上书,第95页。

与铸刑鼎之前的古典中国法律体系是类似的。

而罗马法的法典化,也恰好发生于帝制时代。在共和国时期,罗马法的渊源是多样化的,其中主要是市民法、法学家之法和裁判官法,这些法律。当罗马共和制度蜕化为帝制之后,罗马法的渊源开始出现单一化的倾向,即皇帝的谕令:

> "法律"(lex)这一名词被用来指皇帝的谕令,罗马人在法律渊源问题上的多元性消失了,这种意义上的"法律"开始成为成文法(ius scriptum)的统一的、活生生的(仍具有创造性的)表现,是对这种规范的直接确定。①

皇帝大量的立法活动终于使法律渊源成为一元的:

> 法的创制渊源在"君主谕令"中的统一也标志着通过君主所实现的一种发展:一方面,君主制将权力不断地向君主手中集中;另一方面,它使民众的立法活动、裁判官的造法工作、元老院的立法活动和法学理论的创造寿终正寝。②

优士丁尼皇帝则为罗马帝国制订了法典,他的目的很简单,以此来巩固其专制制度,一如秦人之为确立君主专制地位而以成文法典治国,一位学者曾经对比过英国的普通法与罗马法,并指出了优士丁尼编纂法典的活动与君主专制政体之间的内在逻辑关系:

> 帝制秩序的维持需要法令的统一,而这种法令则肯定地是以专制者的意志为中心的。基于前者,出现了后来对共和国各种渊源法律的整理和统一,基于后者则出现了对前任统治者敕令的整理和拣选。于是,专制时期的罗马出现了类似于后来中国宋代那样的频繁的编例、编敕活动,而优士丁尼《国法大全》的编纂无非是这些法律统一活动中的顶峰而已,究其目的、动机却和其他编纂活动并无二致。而专制之所以选择法典的形式,正是因为法典可以协调以前法律条文的矛盾和冲突,法典一出,以前的律条纷纷失效,因为该有的法典中都有了,不该有的自应被舍弃,从今往后一切以法典为准,这

---

① 朱塞佩·格罗索著:《罗马法史》,第393页。
② 同上书,第397页。

与专制的要求是契合的。①

也就是说,法典化乃是君主垄断法律的创制、甚至解释、执行在内的权力的一个必要步骤。通过法典,专制者排斥了除他本人的谕令及他本人认可的其他权威、机构制订、解释的法律之外的一切法律渊源,从而将他确定为惟一的法律渊源。耐人寻味的是,优士丁尼在编纂出权威的法典之后,下令禁止所有法学家对其进行解释。同样,拿破仑也恐惧法学家对其法典进行解释②。这一点,与秦时一模一样。

罗马法从自发的、分散的、不成文的形态,变为皇帝颁布的、成文的法典,意味着君主将高于法律,君主不受法律约束。其实,这是逻辑的必然:如果立法权由君主垄断,法律只能由君主创制,则君主本身自然会超越于法律之上。在罗马帝制基本成型的塞维鲁时代,

> 权力在君主手中的集中,一方面表现为塞第米·塞维鲁对元老院地位和权力的果断削弱(……);另一方面表现为君主掌握了充分的立法权,我们在乌尔比安的下列论述中看到这种议案定律:"君主喜欢的东西就具有法律效力"。与此对应的是乌尔比案的另一段话:"君主不受法律的约束"。③

立法权的垄断及由此导致的君主超越于法律之上,从而实现统治权与法律权的合一,其实正是君主制区别于共和制的关键所在。

在这种情况下,至少对于拥有立法权的君主来说,法律不再具有神圣性,相反,法律仅仅是一种可以随心所欲加以运用的统治工具。后世法家之集大成者韩非的一段话清楚地道明了这一点:

> 人主之大物,非法即术也。法者,编著之图籍,设之于官府,而布之于百姓者也。术者,藏之于胸中,以偶众端,而潜御群臣者也。故法莫如显,而术不欲见。是以明主言法,则境内卑贱莫不闻知也,

---

① 李红海著:《普通法的历史解读——从梅特兰开始》,清华大学出版社2003年版,第265—266页。
② 见约翰·亨利·梅利森著,顾培东、禄正平译:《大陆法系》第二版,法律出版社2003年版,第60—61页。
③ 朱塞佩·格罗索著:《罗马法史》,第378页。

不独满于堂;用术,则亲爱近习莫之得闻也,不得满室。①

"人主之大物,非法即术也",一语道破了春秋以后在法家理论指导下颁布的各种法律的性质:法与术完全可以相互替换。而由于这样的法律是自上而下控制、约束臣民的,当然需要为臣民普遍地知晓,所以说,"法莫如显"。然而,这样的显,显示给臣民的乃是来自于君王的命令。

相反,在古典贵族共和政体下,判例法之所以是共和政体的一个决定性的组成部分,原因在于,只有这样,法律才是在君王之外生成的。君王可能拥有部分的立法权,也拥有一定的执行权,但大部分法律的创制和解释,因而,整个法律体系,基本上是不受君王控制的,而君王为了统治,不得不依靠规则,因而,也不得不依靠贵族法律家群体,从而形成某种共和的格局。在这种共和政体下,君王将受到法律之约束,他不可能任意地解释法律。此时的法律才是真正的法律,它也规范着统治本身。

结　语

孔子不愧为一位伟大的思想家。他敏锐地洞察到成文法与判例法背后的政体差异。不管是从古典中国法律体系演变的历史看,还是从罗马法法典化的过程来看,自发秩序的法律秩序与贵族共和和自由之间,法典的编纂活动与君主的专制之间,呈现某种显著的正相关关系。

当然,这一结论未必适合于近代以后。即使在欧洲大陆法体系中,自由宪政中的其他要素,在一定程度上可以保证即使立法权由国会垄断,也不至于变成专制的工具。不过,这种立法至上主义内在地具有某种严重的弊端和危险,对此,哈耶克、尤其是布鲁诺·莱奥尼有深刻的论述。

笔者以为,上文从对孔子反对铸刑鼎所做的重新解读中所得出的结论,可以为考察秦以后中华法律体系中礼与刑的关系提供一个新的参照系。近世学者一直在争论礼与刑的关系,然而,显而易见的是,在古典

---

① 《韩非子·难四第三十九》,《韩非子集解》,中华书局1998年版,第380页。

的判例法制度下,礼及其内在精神"仁",可以非常自然地融入司法判决中。相反,如果坚持成文法的绝对性,则如何从形式上调和礼、仁与刑,将是一个难解的问题。因此,董子春秋决狱之后,尽管经历了一个援礼入法的漫长过程,然而,在历代成文化法典中,礼与刑却始终处于若即若离状态,刑律中所规定的礼,更多的是一种僵硬的形式化体系。只有在那些勇敢而聪明的司法官员灵活运用"成案"等判例来决案时,才更好地将儒家的基本精神贯彻于司法裁决中,真正做到"揆诸天理、准诸人情,一本于至公而归于至当"①。

---

① 语出乾隆五年御制《大清律例序》。

老、韩分野的秘密

太史公书将老子韩非合传,并在该传中明确指出,韩非"喜刑名法术之学,而其归本于黄老"。后世以迄当代论者普遍地承认这一点。然而,太史公早就强调了老、韩之间的根本差异。《老子韩非列传》传末:"太史公曰:老子所贵道,因应变化于无为,故著书辞称微妙难识……韩子引绳墨,切事情,明施肥,其极惨礉少恩。"然而太史公一句"皆原于道德之意,而老子深远矣"却令人莫名其妙。老子之与韩非,岂止是深远,所展示出来的简直是两种完全不同的气象:一方面,"李耳无为自化,清静自正"(《老子韩非列传》),因为具有自发秩序的自由主义的强烈特征;另一方面,韩非所主张的法,"可以行一时之计,而不可长用也,故曰'严而少恩'"(《太史公自序》)。秦用法家则二世而亡,确实是不可长用。而秦为暴政,也是后世公论。在此暴政中,"严而少恩"的法律是其中重要组成部分,典型地体现了秦之政体的精神。

因此,从老子到法家,其实发生了一个重大转折,是从具有某种自由主义色彩的自发秩序,向支撑暴政的法律秩序的一次堕落。这一堕落的关节何在,便是本文所研究的课题。

老子无为理论所蕴涵的自发秩序法律观

对于老子五千言的性质,尽管存在各种争论,但考虑到所著时代的特征,它确实主要是一部深刻的政治哲学著作,其中关于生、身的论述,在中西古典政治哲学中都所在多有,不足为奇。

纵观老子的政治哲学思想,可以归纳为两个概念:"无为","自正(自化)"。一般论者多强调无为,而忽视了自正(自化)。然而,从某种程度上说,无为乃是一种治理方式,而自正(自化)则是此一治理模式所导致的社会政治秩序形态,即某种自由的自发秩序。因此,美国自由至上主义者穆雷·罗斯巴德曾称"道家为世界上第一批自由至上主义者"①,石元康也指出,"根据道家的政治哲学所建立起来的社会、政治、道德及经济的秩序与根据自由主义所建立起来的秩序,有许多相似的地方。换句话说,我想要指出的是,道家的政治哲学可以为自由主义所建立起来的社会秩序提供一些哲学上的理据"②。

我们看到,在老子的整个论述中,"无为"与"自正(自化)"之间,存在着直接的逻辑关系。老子一书中有两处明确言之:

> 以正治国,以奇用兵,以无事取天下。吾何以知其然也哉?夫天下多忌讳,而民弥贫;民多利器而国家滋昏;人多伎巧,而奇物滋起;法物滋彰,而盗贼多有。是以圣人之言曰:我无为而民自化,我好静而民自正,我无事而民自富,我无欲而民自朴。(德经第五十七章③)

道经最后一章:

> 道恒无名,侯王若能守之,万物将自化。化而欲作,吾将镇之以无名之朴。镇之以无名之朴,夫将不欲。不欲以静,天下将自正。(道经第三十七章)

无为在老子政治哲学居于根本位置,此为古今论者公认。根据高明先生的统计,老子一书,共有十一处论及"无为"④,无为显系老子思想中的最高德性,不仅是为人之最高德性,也是为政之最高德性。

然而,人们却常常以老子的"无为而无不为"将老子设想为一阴谋家,并认定由这一点发展为韩非的以法治臣,乃是完全合乎逻辑的。然而,文献考证表明,这显然是基于错误的文本而对老子的误解。前引道经第三十七章第一句通行本一般均作"道常无为而无不为",然而,更好

---

① Murray N. Rothbard, *Economic Thought before Adam Smith: An Austrian Perspective on the History of Economic Thought*, vol. I, Edward Elgar, 1995, p.23。在这里,作者也称同样尊奉黄老的司马迁是"自由放任的鼓吹者"(p.26)。
② 石元康著:《当代自由主义的理论》,上海三联书店2000年版,第117页。
③ 本文所引老子文本均据帛书老子乙本,收入高明:《帛书老子校注》,中华书局1996年版。
④ 高明:《帛书老子校注》,第422—423页。

保存了古书原貌的帛书两本却均作"道恒无名"。

高明先生通过对近世出土之帛书老子的辨析,明确指出了所谓"无为而无不为",根本不是老子思想,而是后来的道家支流、尤其是法家对老子思想的改造:

> 通过对帛书甲、乙本之全面校勘,得知老子原本只讲"无为",或曰"无为而无以为",从未讲过"无为而无不为"。"无为而无不为"的思想本不出于《老子》,它是战国末年出现的一种新的观念,可以说是对老子"无为"思想的改造。曾散见于《庄子·外篇》、《韩非子》、《吕览》及《淮南子》等书。如《庄子·外篇·至乐篇》:"曰:天地无为也,而无不为也,人也孰能得无为哉。"《天道篇》:"故古之人贵夫无为也。上无为也,下亦无为也,是下与上同德,下与上同德则不臣;下有为也,上亦有为也,是上与下同道,上与下同道则不主。上必无为而用天下,下必有为而为天下用,此不易之道也好。"这种上下共无为则"不臣"、"不主"的思想,与《老子》所讲"无为"有根本的不同。①

"无为而无不为",与"无为而无以为",含义完全不同。所谓无为而无不为,是以"无为"为手段,而以"无不为"为目的,以无为始,而以为所欲为终。这当然是典型的阴谋论。然而,无为而无以为,意思却是,无为本身即是目的。无为不为别的,就是为了得到无为的结果,也即自正、自化的虚静境界。

此一辨析对于理解老子思想极为关键。事实上,韩非本人对于老子的这种思想作了非常透彻的解析。德经开篇即云"上德无为而无以为",韩非解曰:

> 所以贵无为无思为虚者,谓其意无所制也。夫无术者,故以无为无思为虚者也。夫富以无为无思为虚者,其意常不忘虚,是制于为虚也。虚者,谓其易无所制也。今制于为虚,是不虚也。虚者之无为也,不以无为为有常,不以无为为有常则虚,虚则德盛,德盛之谓上德。②

---

① 高明:《帛书老子校注》,第424页。
② 《解老第二十》。本文所据文本为王先慎撰,钟哲点校:《韩非子集解》,中华书局1998年版,第131页。

也就是说,所谓无为而无以为,就是圣人、君主真正地"忘虚",而别无他图。也就是说,圣人出于对"有为"的真正的戒惧而最大限度地节制自己的权力、欲望、意志、理性:

> 圣人恒无心,以天下为心。(德经第四十九章)
> 罪莫大于可欲,祸莫大于不知足,咎莫大于欲得。(德经第四十五章)
> 是以圣人去甚,去泰,去奢。(道经第二十九章)
> 前识者,道之华也,而愚之首也。(德经第三十八章)
> 不自是故彰,不自见故明,不自伐故有功,弗矜故能长。(道经第二十三章)

而只要做到这一点,则人民自可自发地形成秩序,改善自己的境遇。即"我无为而民自化,我好静而民自正,我无事而民自富,我无欲而民自朴"。"道恒无名,候王若能守之,万物将自化"。所谓自化、自正、自富,就人民来说,就是民之自繇、即人之自然。老子道经第二十五章云:"人法地,地法天,天法道,道法自然"。唯有合乎自然的状态,才算归于道。因而,人民的自化、自正、自富状态,就是人民之道,从治国者的角度看,使民处于自化、自正、自富状态,就是国家之道。

因而,所谓的自化、自正、自富,大体上相当于亚当·斯密所说的"最明白最单纯的自然自由制度"(the obvious and simple system of natural liberty)[①]。民之自化、自正、自富,是通过我无为得到的无为的状态,不管是就手段还是就结局而言,都是无为,因而都是"道"。因而,尽管德经第五十一章说:"道生之、畜之、长之、育之、亭之、毒之、养之、覆之",

---

[①] 斯密著,郭大力、王亚南译:《国民财富的性质和原因的研究》下卷,商务印书馆1997年版,第252页。斯密说:"一切特惠或限制的制度,一经完全废除,最明白最单纯的自然自由制度就会树立起来。每一个人,在他不违反正义的法律时,都应听其完全自由,让他采用自己的方法,追求自己的利益,以其劳动及资本和任何其他人或其他阶级相竞争。这样,君主们就被完全解除了监督私人产业、指导私人产业、使之最适合于社会利益的义务。要履行这种义务,君主们极易陷于错误;要行之得当,恐不是人间智慧或知识所能做到的。"有美国学者曾著文讨论亚当·斯密与老子的关系,见 James A. Dorn, China's Future: Market Socialism or Market Taoism, in *Cato Journal*, Vol. 18, No. 1 (Spring/Summer 1998),译文见思想评论网站(http://www.sinoliberal.net/china/china%20future%20tao%20or%20socialism.htm),该文作者说,"中国可以通过信奉和拓展老子的思想而回到本国的自由传统,不过通过深入理解古典自由主义的经济思想、研究自由市场制度和公共选择而对其予以完善。因此,中国在打碎计划经济精神时,可以同时从自己的传统和西方中获得教益"。

但紧接着就说,"生而弗有,为而弗恃,长而弗宰,是谓玄德",也就是说,此处所为的生、畜、长、育、亭、毒、养、覆,主体其实就是人民自己,而非外部的权力的赐予。诚如石元康所说:

> 简单地说,无为政治的根据就是"道"本身。由于道本身是无为的,而且宇宙间一切万物皆由道所生,因此,政治如果要合乎道,就必须无为;道之所以能生化万物正是由于它无为。同样的,为政者如果要使人民能发展创造生机,也唯有施行无为政治。由于行无为才能做到不禁各物之性,而使万物生长化育,因此,当我们说万物乃由道所生时,生的意思在这里并不是像神从无创造万物那样,生的意思在这里是一种"不生之生"。"不生之生"所指的是万物能顺其自然而自生自长,不受外力的干扰。①

老子全书并未直接谈论法律。通行本所说的那句"法令滋彰而盗贼多有",不见于帛书中。尽管如此,在自正、自化、自富中,自然地形成了一种自发的秩序,这样的秩序可以说是哈耶克所说的"内部秩序"②。而在论"道"的著名段落中,老子则清晰地指出了王与道、自然的关系:

> 有物混成,先天地生。寂呵寥呵,独立而不改,周行而不殆,可以为天地母。吾未知其名也,字之曰道。吾强为之名曰大,大曰逝,逝曰远,远曰返。故道大,天大,地大,王亦大。国中有四大,而王居其一焉。人法地,地法天,天法道,道法自然。(道经第二十五章)

君王确实是天下四大之一,但也仅为四大中之一大,而且,他应师法天、地、道,尤其是自然。所谓自然,就是事物、人民的自然本性,或者说,人民通过交往与合作而形成的自发秩序,其实也就前文所说的"我无为而民自化,我好静而民自正,我无事而民自富,我无欲而民自朴"。因此,根据老子的逻辑,假如国王制定法律,则这种法律必须就是人民自然而然地在其交往与合作中所形成的那些惯例、规则,而不是从外部强加规则,因而,这显然不合乎道。因此,老子无为的自发秩序观念,内

---

① 石元康著:《当代西方自由主义理论》,第136页。
② 参见弗里德里希·冯·哈耶克著,邓正来译:《法律、立法与自由》,中国大百科全书出版社2000年版,第二章《内部秩序与外部秩序》。

在地蕴涵着自发秩序的法律理论①。

韩非转化老子的关节:体道

老子本人确实没有发展出一套清晰的法律理论,这一法律理论由后世的法家、尤其是韩非在老子理论的基础上发展出来。然而,在这一发展过程中,一个不是非常引人注目的转弯,却完全逆转了老子自发秩序理论的逻辑。如徐复观先生所说的:"老子所说的道,是虚静无为的性格;在韩非手上,却成为人君隐秘自己、洞察人臣的最高权术的神秘殿堂。"②

老子的自发秩序理论,已经非常清晰地指出,形成秩序的主体,乃是人民,即所谓"民自正"。能自正,则说明有自然有秩序在,而秩序自然只能在规则之下形成。因此,在老子的理论中,他所谓的王,不过是一个完全被动的角色,即使他立法,也需法天,法道,也即师法人民中间所形成的正当行为规则,对其予以阐明、确认、系统化或补充而已。事实上,老子并没有谈到由一个人格化的王来发现和阐明法律。发现和阐明法律的人格化主体之缺失,是老子理论的逻辑所必需的。否则的话,那个王很有可能出于一己之私立法,从而会损害道。

然而,到了法家,则试图为这一自发的法律生成过程安排一个外部的人格化的发现、阐明、确认和执行的主体,很自然地,这个主体就是世俗的君王。而一旦确定了这个主体,他却反客为主,成为主宰者。

根据哈耶克的论述,规则——当然包含法律——从根本上说是为了协调、交换分散于个人中间的高度分散的知识。韩非是聪明的,令他所焦虑的是,拥有全部统治权力的君主,面临着知识上难以克服的难题:如何辨析群臣的贤愚、忠奸,要监督他们也存在极大难度。解决这一问题的惟一办法是创制法律,以督责群臣,从而解决君主在行政过程中所面临的知识上的难题:

---

① 关于这种自发秩序的法律理论,参见拙文《试论自发地发现法律的程序与两权分立的政体框架》。
② 徐复观著:《两汉思想史》第一卷,华东师范大学出版社 2000 年版,第 81 页。

夫为人主而身察百官,则日不足力不给。且上用目则下饰观,上用耳则下饰声,上用虑则下繁辞。先王以三者为不足,故舍己能而因法数,审赏罚。先王之所守要,故法省而不侵。独制四海之内,聪智不得用其诈,宪政躁不得关其佞,奸邪无所依。①

因此,法律乃是一种激励—惩罚机制,迫使群臣贡献自己的知识,或者不敢向君主隐瞒自己所掌握的知识:

人主者,非目若离娄乃为明也,非耳若师旷乃为聪也。一任其数,而待目以为明,所见者少矣,非不弊之术也;不因其势,而待耳以为聪,所闻者寡矣,非不欺之道也。明主者,使天下不得不为己视,使天下不得不为己听。故身在深宫之中,而明照四海之内,而天下弗能欺者,何也? 闇乱之道废,而聪明之势兴也。②

在老子看来,法出于道。韩非子当然清楚这一点。因而,君主如欲造法,则必须先把握道。这是一个知识上的难题。韩非要让君主拥有立法之权,则必须首先论证,君主具有把握道的能力。因此,从论证的角度看,在《韩非子》一书中,关键的一篇是《主道》篇。在这一篇中,韩非并不是系统地讨论君主之道,而是讨论君主如何能与老子的道合而为一,成为道的化身。这样的过程,韩非称为"体道":"夫能有其国保有身者,必且体道"③。

这种"体道"活动的一个知识论假设是:君主且只有明君,具有全面地把握道的能力:"道者,万物之始,是非之纪也。是以明君守始以知万物之源,治纪以知善败之端"④。战国后期的另一道家著作《鹖冠子》也更为明确地指出:"惟圣人究道之情,唯道之法"。

体道之术,则在于老子所言的"虚静":"故虚静以待令,令明自命也,令事自定也。虚则知实之情,静则知动者正。"为此,君主必须节制自己,遮掩自己的好恶、喜怒,而以一种极端平静的心态观察臣子们的表演,从而洞悉其本来面目:"故曰:君无见其所欲,君见其所欲,臣自将

---

① 《有度第六》,王先慎撰,钟哲点校:《韩非子集解》,第36页。
② 《奸劫弑臣第十四》,王先慎撰,钟哲点校:《韩非子集解》,第100—101页。
③ 《解老第二十》,王先慎撰,钟哲点校:《韩非子集解》,第140页。
④ 《主道第五》,王先慎撰,钟哲点校:《韩非子集解》,第26页。

雕琢；君无见其意，君见其意，臣将自表异。故曰：去好去恶，臣乃见素；去旧去智，臣乃自备。"①

君主如能做到虚静，则自可辨明臣下的优劣、长短、忠奸，使其各各为我所用："故有智而不以虑，使万物知其处；有行而不以贤，观臣下之所因；有勇而有不以怒，使群臣尽其武。是故去智而有明，去贤而有功，去勇而有强。群臣守职，百官有常；因能而使之，是谓习常。"②

在这种情况下，明君无为，群臣有为，且完全是为我而为，所以，君主可以处于万无一失、永保绝对权力的地位：

> 故曰：寂乎其无位而处，漻乎莫得其所，明君无为而上，群臣竦惧乎下。明君之道，使智者尽其虑，而君因以断事，故君不穷于智；贤者敕其材，君因而任之，故君不穷于能；有功则君有其贤，有过则臣任其罪，故君不穷于名。是故不贤而为贤者师，不智而为智者正。臣有其劳，君有其成功，此之谓贤主之经也。③

从性质上说，君主所体之道是隐秘的，仅为君主一人所独享，而不能透露于他人："体道则其智深；其智深则其会远；其会远众人莫能见其所极。唯夫能令人不见其事极，不见其事极者为能保其身，有其国。"④

事实上，"主道"必须是隐秘的，只有这样，才能发挥作用："道在不可见，用在不可知。虚静无事，以暗见疵。见而不见，闻而不闻，知而不知。……保吾所以往而稽同之，谨执其柄而固握之。……大不可量，深不可测，同合刑名，审验法式，擅为者诛，国乃无贼。"这种道是不可轻易地示之于人的，"此人主之所以独擅者，非人臣之所以得操也"⑤。

从自然到作为权力的法律

在论证了明君可以"体道"之后，韩非似乎又回到了老子的命题：法律应合乎道。按照老子的逻辑，可以推论说，道生法。后来法家则谈论

---

① 《主道第五》，王先慎撰，钟哲点校：《韩非子集解》，第26—27页。
② 同上书，第27页。
③ 同上书，第27—28页。
④ 《解老第二十》，王先慎撰，钟哲点校：《韩非子集解》，第140页。
⑤ 《主道第五》，王先慎撰，钟哲点校：《韩非子集解》，第28—29页。

"道法",韩非也大谈因循自然之道的"道法","故先王以道为常,以法为本,本治者名尊,本乱者名绝……故智能单,道不可传于人,而道法万全,职能多失。"下面一段话对于"道法"的论述最为全面:

> 古之全大体者,望天地,观江海,因山谷,日月所照,四时所行,云布风动;不以智累心,不以私累己;寄治乱于法术,托是非于赏罚,属轻重于权衡,不伤情性;不吹毛而求小疵,不洗垢而察难知;不引绳之外,不推绳之内;不急法之外,不缓法之内;守成理,因自然;祸福生乎道法而不出乎爱恶,荣辱之责在乎己而不在乎人……因道全法,君子乐而大奸止;澹然闲静,因天命,持大体。①

俨然是老子无为而治的理想。韩非也将行事是否合乎"自然之道"列为判断是否属于明君的标准,他说,"守自然之道,行毋穷之令,故曰明主"②。而只有守自然之道,才有成就大业,此亦老子之理想:"夫缘道理以从事者,无不能成。无不能成者,大能成天子之势尊,而小易得卿相将军之赏禄。"③

然而,把老子的人法道与韩非的体道观结合起来后,则道生法,既变为君生法。因为,既然君主、并且只有君主——当然需要是圣明的君主——能够"体道",而法律必须合乎道,那么,逻辑的结论就是:君主将垄断法律的创制之权。同时,既然只有能够体道的君王可以制定出合乎道的法律,这自然意味着,除君王之外,任何人都不得有创制法律的权力。相应地,除了能够体道的君主本人之外,任何人也不得拥有解释法律的权力。

事实上,在战国后期的黄老道家著作《黄老帛书》中,就明确地提出了"执道者生法"的观点:"道生法。法者,引得失以绳,而明曲直者也。故执道者生法而弗敢犯也,法立而弗敢废也。能自引以绳,然后见知天下而不惑矣。"(《经法·道法》)这一点,是与霍布斯从契约论中得出的结论完全相同:主权者具有立法和司法的全部权力。法律就是至高无上者的命令。只不过在霍布斯那里,主权者是依靠契约获得这一权力的,而

---

① 《大体第二十九》,王先慎撰,钟哲点校:《韩非子集解》,第209—210页。
② 《功名第二十八》,王先慎撰,钟哲点校:《韩非子集解》,第208页。
③ 《解老第二十》,王先慎撰,钟哲点校:《韩非子集解》,第136页。

在韩非那里,君主是靠体道这一知识上的优势获得这一权力的。

据此,韩非得出一个合乎逻辑、并且似乎与现代法治理论完全一致的推论:官员必须严格遵循法律,而不能有丝毫损益。

法家均高度强调法律的确定性,也即一致性,任何人,甚至包括君主自己,不能基于任何理由对法律作任何形式的变更。这是法家的老传统,如商鞅说,"法已定矣,不以善言害法。"① 韩非也明确指出:"人主使人臣虽有职能不得背法而专制,虽有贤行不得踰功而先劳,虽有忠信不得释法而不禁,此之谓明法"②。这一要求当然是基于两个前提:第一,君主的法律权威是至高无上的,任何人都不得稍加侵夺;第二,君主的法令是全知全能的,因而,任何人如果有所扭曲,也必将有悖于道,从而扰乱国家秩序,损害公共——其实是君主——的利益。

君王既然能够掌握道,则这种知识上的优越性也赋予了君王以超越于一切臣民之上的"势",法律正是创造和维护"势"的一种工具:"势重者,人主之渊也;臣者,势重之鱼也。时失于渊而不可复得也,人主失其势重于臣而不可复收也……赏罚者,利器也。君操之以制臣,臣得之以拥主……故曰:'国之利器不可以示人'"③。

在这里,法律乃是一种权力,是赏罚的权力。这种法律完全就是哈耶克所形容的有关政府组织的规则④。在《扬权》篇中,韩非将臣子比为老虎,"主施其法,大虎将怯;主施其刑,大虎将宁。法刑苟信,虎化为人,复反其真。……黄帝有言曰:'上下一日百战。'下匿其私,用试其上;上操度量,以割其下。故度量之立,主之宝也。"⑤ 这种法律确实是君主的命令,君主据以进行统治。

因此,在商鞅、韩非等法家的论述中,法律经常被等同于赏罚之工具。所赏者,系严格执行君主命令者,所罚者,则是没有严格执行君主命令者。赏罚均出于君主,而法律不过是规定了赏罚之规则而已。因

---

① 蒋鸿礼撰:《商君书锥指》,第77页。
② 《南面第十八》,王先慎撰,钟哲点校:《韩非子集解》,第118页。
③ 《内储说下六微第三十一》,王先慎撰,钟哲点校:《韩非子集解》,第244页。
④ 哈耶克反复强调区分自发形成的、作为正当行为规则的法律,与立法机构颁布的仅仅用于规范政府之运作的组织规则,参见哈耶克著:《法律、立法与自由》,第六章《外部规则:立法的法律》。
⑤ 王先慎撰,钟哲点校:《韩非子集解》,第50—51页。

而,执行法律,其实就是行使某种权力。正因为法律是一种权力,因而,颁布和解释法律的权力必须完整地掌握在君主本身手中,"权势不可以借人,上失其一,臣以为百"①。

因而,法律,对于君主来说,最终不过是一种控制的工具而已。掌握了上述所说的"道",并依靠"势",君主便可随心所欲地使用"术"、"法"、"德",来确保自己绝对的权力:

> 术者,因任而授官,循名以责实,操生杀之柄,课群臣之能者也,此人主之所执也。法者,宪令著于官府,刑罚必于民心,赏存乎慎法,而罚加乎奸令者也,此臣死所师也。君无术则弊于上,臣无法则乱于下,此不可一无,皆帝王之具也。②

隐秘是这种"术治"的基本特征:"藏之于胸中,以偶众端而潜御群臣者也。"

同样,根据韩非的论述,所谓的"德",也是御臣之术的一个组成部分。《韩非子·二柄》云:

> 明主之所以导制其臣者,二柄而已矣。二柄者,刑、德也。何谓刑德? 曰:杀戮之谓刑,庆赏之谓德。为人臣者畏诛罚而利庆赏,故人主自用其刑德,则群臣畏其威而归其利矣。……人主者,刑德制其臣者也,今君人者,释其刑、德而使臣用之,则君反制于臣矣。③

所谓"刑德",就是赏罚,即法家所谓的法的主要内容。这种法律乃是完全操之于君主的控制工具。

从"无为而无以为"到"无为而无不为"

经过这一番转换之后,韩非又回归至老子的清静无为。这是韩非理论迷惑很多论者的地方,韩非在其论证的开端和结尾,似乎都本乎老子。在《主道》篇中,韩非也大量使用了老子的术语,比如"道"、"虚"、

---

① 王先慎撰,钟哲点校:《韩非子集解》,第39—40页。
② 《定法第四十三》,王先慎撰,钟哲点校:《韩非子集解》,第397页。
③ 王先慎撰,钟哲点校:《韩非子集解》,第39—40页。

"静"、"自定"、"素"、"常"、"寂"、"漻"、"静退"、"去智"等等。不能说韩非子不理解老子所用的这些概念,因为,毕竟,他专门就老子写过两篇长文《解老》、《喻老》,而且,一般认为他对老子的解释是相当精辟的。

然而,韩非却对老子的理论进行了一番巧妙的转换。尽管仍然使用了清静无为的概念,但此时的清静无为者,已经不是老子所主张的"无为而无以为",而是一位居于至高无上地位的君主的统治策略,是"无为而无不为"。也就是韩非自己所评论的,"制于为虚,是不虚也"。

事实上,这时的清静无为,是君王在掌握了道、法、势之后的一种有意识的自我谦退。这是一种刻意的姿态,是一种御下之术,而事实上,他仍然拥有对于局势完全的控制权,在上者固然无为,在下者却必定有为,而君主则可以无为而责有为,从而掌控局面:

> 权不欲见,素无为也。事在四方,要在中央,圣人执要,四方来效;虚而待之,彼自以之,四海既藏,道阴见阳,左右见立,开门而当。勿变勿易,与二俱行。夫物者有所宜,材者有所施,各处其宜,故上下无为。使鸡司夜,令狸执鼠,皆用其能,上乃无事。上有所长,事乃不方。矜而好能,下之所欺。辩惠好生,下因其材。上下易用,国故不治。用一之道,以名为首,名整物定,名倚物徙。故圣人执一以静,使名自命,令事自定。因而任之,使自事之;因而予之,彼将自举之;正与处之,使皆自定之。上以名举之,不知其名,复修其形;形名参同,用其所生。谨修所事,待命于天。毋失其要,乃为圣人。圣人之道,去智与巧,智巧不去,难以为常。……故曰:道不同于万物,德不同于阴阳,衡不同于轻重,绳不同于出入,和不同于燥湿,君不同于群臣。凡此六者,道之出也。道无双,故曰一。是故明君贵独道之容。君臣不同道,下以名祷,君操其名,臣效其形,形名参同,上下和调也。①

君之无为,实际上就是为了保持绝对的权力,他随时可以惩处一切有悖于我之道、我之法、蔑视我之势的臣下。此时之清静无为,暗藏着肃杀之气:

---

① 《扬权第八》,王先慎撰,钟哲点校:《韩非子集解》,第44—47页。

人主之道,静退以为宝。不自操事而知拙与巧,不自计虑而知福与咎。是以不言而善应,不约而善增。言已应而执其契,事已增则操其符。符契之所合,赏罚之所生也。故群臣陈其言,君以其言授其事,事以责其功。功当其事,事当其言即赏;功不当其事,事不当其言则诛。明君之道,臣不得陈言泰国不当。是故明君之行赏也,暧乎时时雨,百姓利其泽;其行罚也,畏乎如雷霆,神圣不能解也。①

　　从臣下方面来看,尽管君王无为,但其对臣下的约束却是无处不在的:尽管君主"寂乎其无位而处,漻乎莫得其所,明君无为而上",但其结果是,"群臣竦惧乎下"②。所谓的无为,成为一种地地道道的统治权术。君主的"无为"不过是一种手段,或者说是一种阴谋,而"无不为"、也即掌握着绝对权力的"为所欲为",才是目的。

　　因此,所谓的清静无为,已经完全是一种用于控制臣下的权术,诚如徐复观先生所评论的,在韩非那里,"法与术相合,对臣防制愈严,通过法中的严刑峻罚以抑制挫折臣民的意味更重;于是皇帝的崇高不可测度的地位,更由臣民的微末渺小在对比中彰著"③。然而,这又是完全合乎韩非之所谓"道"的,因为,君不同于群臣,既然君之法出乎道,则君以无为而责臣之有为,就是道本身之要求。因此,所谓道法,或者说君主通过体道所制定出来的法律,完全变成君王的一种统治工具。

　　韩非与商鞅一样,所追求的是一种霸王之功,而他们所设想的法律,正是君主实现这种目标的一种手段,因而就像哈耶克在讨论立法机构所颁布的大多数法律时所说的那样,是具有特定目的的。在法家那里,这个目的向来是非常明确的:强兵强国。所谓"操法术之数,行重罚严诛,则可以致霸王之功。"④ 韩非子用以说明法律之效果的例子则是,"孝公得商君,地以广,兵以强。"(同上)因此,韩非的结论是单一、明确而直截了当的:"奉法者强则国强,奉法者弱则国弱"。

---

① 《主道第五》,王先慎撰,钟哲点校:《韩非子集解》,第29—30页。
② 同上书,第27页。
③ 徐复观著:《两汉思想史》第一卷,第81页。
④ 《奸劫弑臣第十四》,王先慎撰,钟哲点校:《韩非子集解》,第105页。

这样的法律,完全不能达到民自化、自正、自富,相反,它将民众变成了服从法律命令的工具。法家当然也设想到了利用人的自然本性,主要是趋利避免害的本能。然而,这个自然是为我所用,由我所激励或强制,而不是民自化、自正、自富。在法家之法的督责下,官、民是按照自然之性而活动的,但却不是追求自己为自己设定的目的,而是为了实现君主的目的。君主通过操纵法律,而创造出了官、民的目的。

总而言之,自发秩序的道转化为君王之道,由此所制定的法,完全是君王的意志的贯彻,且旨在实现君王自己的目标。因而,韩非之法,是有悖于老子无为而自正的内在逻辑的。从这个角度看,太史公、包括后来以迄当代诸多论者作出法家出于道家的论断,尽管是有道理的,但却是不完整的,因为,这些评论都忽视了民自正所可能形成的法,与法操之于君的重大区别。

发现道法的程序:绕开韩非的理论陷阱

因此,在韩非从老子理论中所发展出的法律观念中,法律既为君主所立,当然亦以保障、维护君主利益为指南,所谓"尊主卑臣,名分职不得相逾越"①。法律不过是君主的意志,这样的法律对于君主自然是没有约束力的,而纯然成为君主对于人民的命令。立法越繁复,则人民的自由越受限制。中国传统民众畏惧法律,正是理所当然的事情,因为,他们从来没有参与过这样的法律的形成过程。而历史已经证明,这样的法律自然"可以行一时之计,而不可长用也"。

因此,关键的问题:是否存在一种位于君主的统治性权力之外的程序,它既具有发现道法的能力,而同时又不受制于君主的权力?哈耶克和布鲁诺·莱奥尼关于英国普通法和古典罗马法的讨论,可以填补从老子的无为理论到自发秩序的法律观所缺失的一环,从而使我们绕开韩非等法家法律学者所设置的理论陷阱,构成一个完整的自发秩序的法律秩序理论。

韩非清楚地认识到了,法律活动的目的首先在于发现"道法",即

---

① 《史记·太史公自序》。

"体道"。

但他却轻易地假定,君主可以体道,且惟有君主可以体道。正是韩非的这一知识论的假定使他走上了歧途。既然是道生法,则当然是君生法,道法最终落实为君法,从而使本应合乎于道的法律却沦为君主进行统治的工具。

哈耶克则指出了,企图通过一种集中、自上而下的程序获得隐含于人们的行为的法律规范,乃是一种知识上的僭妄。哈耶克反驳计划经济的过程中,发现了知识分工及分散的个人知识在社会过程中的决定性作用[①]。在《法律、立法与自由》中,哈耶克进一步将这一经济学的洞见运用于法律科学,他指出,有些人自认为可以为社会制定其所运行之规则,这些人的这种幻想是建立在一种虚构的基础之上的,他们虚幻地以为,"某个人知道所有相关的事实,而且他有可能根据这种关于特定事实的知识而构建出一种可欲的社会秩序",然而,问题在于,"我们没有能力把深嵌于社会秩序之中的所有资料或数据收集起来,并把他们拼凑成一个可探知的整体"[②]。

法律规则就是这样的知识。法律规则是在人们的交往与合作过程中自发地生成的,它先于任何立法活动而存在。而由于人们知识上"必然的且无从救济的无知"[③],没有一个人可以声称,他可以把这些隐含于人们的行为中、为人们所遵循、但却"未被阐明的规则"[④],统合为一个整全的法律体系,如莱奥尼所说:

> 任何立法者都不可能光凭本人而不与相关的每个人合作,创建

[①] 在《知识在社会中的运用》一文中,哈耶克写下了下面一段经典论述:"合理经济秩序的问题所具有的这种独特性质,完全是由这样一个事实决定的,即我们必须运用的有关各种情势的知识,从来就不是以一种集中的且整合的形式存在的,而仅仅是作为所有彼此独立的个人所掌握的不完全的而且还常常是相互矛盾的分散知识而存在的。……据此我们可以说,社会经济问题毋宁是这样一个问题,即人们如何才能够确使那些为每个社会成员所知道的资源得到最佳使用的问题,也就是如何才能以最优的方式把那些资源以实现各种惟有这些个人才知道其相对重要性的目的的问题。简而言之,它实际上就是一个如何运用知识——亦即那种在整体上对于任何个人来说都不是给定的知识——的问题。"哈耶克著,邓正来译:《个人主义与经济秩序》,三联书店2003年版,第117—118页。

[②] 哈耶克著:《法律、立法与自由》第一卷,第11—12页。

[③] 同上书,第8页。

[④] 参见哈耶克著:《法律、立法与自由》第一卷,第四章中《阐释或阐明管惯例的过程》一小节,第119—123页。

出指导所有人现实活动的规则,因为在现实生活中,每个人都生活在与所有人无穷无尽的关系网络中。不管是民意调查,还是全民公决,或者是政治磋商,都不可能使计划经济中的局长们发现各种商品和服务的供给和需求,那么,同样,也不可能真正地使立法者具备决定这些规则的能力。在现实生活中,人们总是不断地地调整自己的行为以适应变动不居的环境。人们口头所表达的意愿和欲望,不能与市场中的"有效"需求相混淆,同样,民意调查之类的活动所了解的人们的意见,是不能等同于人们的现实活动的。[1]

一个君主不可能单靠自己的智力,把握道之全体,从而为人民制定出整全的法律。在这种情况下,即使是一位一心为民的君主,也只能自以为是,而这恰恰是与老子的教诲相悖的。而假如是一位有私欲的君主,则必然将自己的私欲掺进他所体悟到的道法中,从而使法律成为自己的工具。计划经济必然成为通往奴役之路,而这种君主垄断立法,也必然导致法律之暴政。

相反,罗马法是一个由无数祭司、法学家、裁判官经过几个世纪,通过解决一个个案件,逐渐地积累、发展出来的。同样,普通法也是在无数法官通过解决一个个案件而逐渐地发展出来的。不管是在古典罗马法还是在英国普通法中,发现、确认作为正当行为规则的法律的活动,不是一个集中、由一个人可以一次性完成的立法事件,而是一个由无数人承担的、持续不断的过程。也就是说,在自发地发现法律的程序下,"造法的过程,绝不是某个具体的个人、某个集中了一切人的智慧的人(brain trust)、某个时代、或某代人所能完成的。"[2]

用法家的术语来说,一切法律活动的目的均在于发现"道法",但是,道法不是一个君主——不管他有多圣明——一次就可以完成的,相反,需要无数人物,在一个历史过程中,分散地、不断地探索、发现和确认。也就是说,"体道"是一个分散的、持续的过程。只有透过这样的复杂的、分散的过程,"道法"才会被发现、被确认,从而逐渐地生成一套切合于人民的法律体系。

---

[1] 布鲁诺·莱奥尼著,秋风译:《自由与法律》,吉林人民出版社2004年版,第25页。
[2] 同上书,第93页。

这样的"体道"过程既然是分散的,当然也就不能由君主一人所垄断,当然也就不可能服务于君主的意志、欲望,相反,这样所生成的法律,将会服务于"社会"的目的。这样的造法过程,完全合乎老子所揭示的自发秩序:君主在法律方面也无为无思,而法律在独立于君主权力之外的司法过程中自发地生长出来,从而给社会提供正当行为规则,使人民"自正"、"自富",社会"自化"。这样所形成的法律框架,大体上能够有益于增进人民的自由。

　　在补充了哈耶克、莱奥尼的法律知识论之后,从老子的自发秩序理论自然地可以通往一个自由的法律理论。而"道"或者说"道法"这个概念本身,也可以在法律哲学中显示出某种重要意义。

　　在老子那里,道是万物之源,先于万物,而生万物(见道经第二十五章"有物混成,先天地生,寂呵廖呵,独立而不改,可以为田地母,吾未知其名也,字之曰道")。因而,道是一个最高范畴。然而,就在本章中,老子接下来又说:"道法自然"。似乎有又有所师法。对此,严灵峰先生给予一个周全的解释:"从来研究老子的人都以'道'字为最高范畴,其实,自宇宙本体眼之,则为'道';自演化的程序言之,则以'自然'为极致。"①韦政通先生解释说,老子

> 在发挥了道的生成意义之后,又提"道法自然"的命题,说明道之创生天地万物不是处于神的意志,也不同于人的意志。它只是因任自然,自然就是它自己本来如此,不含有任何造作在其中,道与自然都是万物的自性,所谓"辅之万物之自然而不敢为"者是。创生或演化的历程不是突然地自无到有,它不服从任何人为的律则,自然就是它惟一的律则。②

　　明乎此,再来探究"道法"概念。《鹖冠子》中即将道、法结合,《兵政》云,"道生法,法生神,神生明"。《环流》:"惟圣人究道之情,唯道之法,公政以明。"《管子》也曾将道法连用。然而,最值得注意的,还是荀

---

① 转引自韦政通著:《中国思想史》上,上海书店出版社2003年版,第103页。
② 韦政通著:《中国思想史》上,第103—104页。

子,他也曾提到"道法",如《正名》篇"壹于道法而谨于循令"云云①。这些作者所理解之道法,大体与韩非类似,即圣人(明君)通过"体道"而得道,进而执道以生法,或执道以变法。

然而,按照老子之道法自然理论,结合哈耶克之法律哲学,我们却可以作出另外一种解释。就人类社会秩序这一形而下的角度而言,所谓"道",就是那些在人们的合作与交换关系中所生产的法律规则,这些规则是自然生成的,不待某人之刻意制定,因而是自然的规则,适应该社会之自然秩序的规则,且塑造了该社会之自发的秩序。因而,我们可以说,这些法律规则,就是该社会之"道法"。这种"道法"是独立于统治者的意志的。就是哈耶克所说的"能够产生一种自生自发秩序且目的独立的行为规则"②。

这样的"道法",经由法律家的探索、阐明,即可成为中国人普通所说的"王法"。笔者认为,"王法"之"王",乃系王霸之分中的"王",也即"王道"之"王"。所谓王,不是霍布斯所说的主权者,不是从外部将自己的命令强加于人民,而是从人民中间发现已经存在之法律规则,而系统化地将其予阐明。其所得到的,就是"王法"。因此,就事物的性质而言,这样的王法自然地是合乎天理人情的。

此即为《易经》"观""咸"(感)两卦之大义。"观天之神道,而四时不忒。圣人以神道设教,而天下服矣"。云:"统说观之为道,不以刑制使物,而以观感化物者也。神则无形者也。不见天之使四时,而四时不忒,不见圣人使百姓,而百姓自服也。"正义则曰:"'神道'者,微妙无方,理不可知,目不可见,不知所以然而然,谓之'神道'……"③。所谓神道,其实就是老子所说的"道",这种道,即使是圣人也不知其"所以然"。然则,圣人所能为者,无非是"观"此道,《象》所谓"先王以省方观民设教",即"省视万方,观看民之风俗,以设于教"④。诚如哈耶克所说,"法律史家一致认为,所有著名的早期'法律给予者'……都不意在创制新的

---

① 关于"道法"一词的源流,可参见龙天轩著:《道与中国法律传统》,山东大学出版社2004年版,第二章的相关论述。不过,作者所得出的结论则与笔者不同。
② 《法律、立法与自由》第一卷,第127页。
③ 李学勤主编:《十三经注疏(标点本)·周易正义》,北京大学出版社1999年版,第97—98页。
④ 同上书,第98页。

法律,而只是要陈述法律是什么及其始终是什么"①。

咸卦所阐述的是同样的道理。"咸,感也。……天地感而万物化生,圣人感人心而天下和平,观其所感,而天地万物之情可见矣。"《象》则更为清晰地描述了感万物之情的方法:"君子以虚受人。"正义云:"君子法此咸卦,下山上泽,故能空虚其怀,不再有实,受纳于物,无所弃遗,以此感人,莫不皆应。"② 也即圣人制法,空虚私我之怀,不抱有自己的目的,而观感万物之情,万民之俗,客观而理性地探究隐含于社会的未阐明的法律规则("道法"),将其定订为法律,也就是"王法"。而人民则不会感觉到这样的法律的不便,因而,百姓自服也,也即老子所说的民"自化"、"自正"、"自富"、"自朴"。这样的法律,才具有服务于自发秩序且与统治者的目的无关甚至恰恰相反——限制其权力——的性质。

当然,观感两卦《象》传不同之处在于,观者,系"先王"以省方观民设教,而感者,系"君子"以虚受人。教者,政教也,故具有一定宪则性质,所以,由"先王"设立,然而,此处之"先王",未必是单数,毋宁说是复数的,因而,"教"也是历代先王所设。而感则对应于日常司法活动,君子在这类活动中也是规则的探索者,而非制定者。如果这样的解释并无过分牵强,则"教"及"王法",都是透过分散的过程而在历史中逐渐地被发现、阐明的。

结　语

道家"无为"思想中对于自发的政治社会秩序的思考,可能是观念史上最早且相当成熟的自发秩序理论。进一步挖掘其涵义,并运用西学资源,重新解读这一自发秩序理论,并对其思想资源进行创造性转化,当具有不小意义。本文便是这方面的一个初步尝试。

从前面的分析我们可以看出,法家如果能够彻底地尊奉道家的无为思想,则本来是可以构筑一套自发秩序的法律形成理论的,如此则法律将成为人民发现、确立、保障、维护个人自由的手段,而不是成为统治者

---

① 哈耶克著:《法律、立法与自由》第一卷,第126页。
② 李学勤主编:《十三经注疏(标点本)·周易正义》,第139—140页。

垄断权力或临时凑合而成的多数进行掠夺和财富转移的工具。

然而,韩非和大多数法家(甚至包括儒家)人士——其实也包括霍布斯以降的西方法律实证主义者——却在不知不觉中犯了一个错误:它假定,君主且只有君主——在霍布斯那里,则是主权者——具有"体道"的知识能力。然而,诚如哈耶克的知识理论所指出的,道法并非以一个整全的形态现成地存在于某处,相反,道法本身就是一个高度复杂、变动不居、因而只有无数人的参与、通过持续的技艺理性才可能发现的过程。法律存在于活生生的社会交往与合作网络中,因而,发现法律的活动就是一个连续不断的过程。因此,类似于普通法的那种分散的创制法律的制度,才是一种发现道法的最恰当的制度。

老子曾经感叹,"不言之教,无为之益,天下希能及之矣"(德经第四十三章)。在法律事务中,人们也总是不能认识到"无为之益",相反,热衷于"有为",热衷于以自己有限的知识,为万民万世立法。韩非就因为过于热衷而走入了君主垄断立法的理论陷阱,但今天,所有法学家,不论中西,都本能地将法律等同于立法,而其理论依据几乎与韩非完全相同,而老子却仍然是寂寞的,或者被刻意地曲解。

(成稿于 2004 年 5 月)

后　记

　　我的文字职业是从报刊记者、编辑开始的，一直主要为报刊写作财经、时政短评。不过，随着读书、学习的进展，也有一些心得，不是短文所能容纳。因此，从2003年起，陆续写了一些稍长的、自认为还有一点学术色彩的文章。高全喜先生劝我将其汇集出版，我检视了一下，觉得可能还有一些价值，于是，就有了这本书。

　　大体上，过去几年我的学术性阅读和学习走过了这样一条路径：从哈耶克入门，在经济学方面，上溯至奥地利学派，在政治科学与哲学方面，上溯至苏格兰启蒙运动，又旁及与哈耶克关系密切的迈克尔·波兰尼的思想。跟随哈耶克晚年的事业和布鲁诺·莱奥尼的思想，研究普通法和共和时代的罗马法。与此同时，也开始研究中国古典的政体和观念。

　　收入本书的第一篇论文，算是对这种思想探索的一个总结吧。未来如果有时间和机会，我希望能更为详尽地探讨该文所涉及的复杂问题。

　　如果说，这几年来，学业上还有一点长进，那么，我首先要感谢我的妻子。是她给我提供了最宽松的环境，让我能够拿出几乎所有的时间阅读、写作。

　　在学术上，我则要感谢范亚峰博士和刘海波博士。过去三年来，我们每两周聚会一次，读书、讨论，让我受益匪浅。对于大多数理论问题，我们逐渐形成了大体一致的看法，尽管术业各有专攻。总的来说，我们的理论背景都是哈耶克，希望由此探讨一种普通法（我更愿意将其称为司法中心的基于自发地发现法律的程序的）宪政主义的理论框架。当然，这是一个知识上的巨大挑战。

秋　风

2004年5月16日